RENCONTRES
392

Série *Études dix-neuviémistes*
dirigée par Pierre Glaudes
43

Relire
Le Cousin Pons

Relire
Le Cousin Pons

Sous la direction de Pierre Glaudes et Éléonore Reverzy

PARIS
CLASSIQUES GARNIER
2018

Pierre Glaudes enseigne la littérature française du XIXe siècle à Sorbonne université et consacre la majeure partie de ses travaux au roman du XIXe siècle.

Éléonore Reverzy enseigne la littérature française du XIXe siècle à l'université Sorbonne nouvelle et s'intéresse en particulier aux représentations romanesques de l'histoire.

ISBN 978-2-406-08969-8 (livre broché)
ISBN 978-2-406-08970-4 (livre relié)
ISSN 2103-5636

AVANT-PROPOS

Les deux « jumeaux de sexe différent » que réunit Balzac sous le titre *Les Parents pauvres* sont nés, dit André Lorant dans la préface de l'édition de la Pléiade, sous le signe d'Éros et de Thanatos : « Éros et Thanatos planent sur le diptyque des *Parents pauvres*. Si l'histoire des amours séniles du baron Hulot fait de *La Cousine Bette* un roman érotique, le récit du destin tragique des deux musiciens dans *Le Cousin Pons* est dominé par des pulsions de mort[1] ». Par bien des aspects, *Le Cousin Pons*, dernier roman achevé par Balzac, est un roman de la fin : roman qui traite de la longue agonie du personnage éponyme, de sa mort et des rites et démarches qui l'accompagnent – jusque dans le détail des gants qu'on peut y gagner *gratis* – et roman qui accompagne, pour Balzac, l'achèvement de multiples projets romanesques plus ou moins anciens ainsi que la reprise d'un certain nombre de textes, tels *Autre étude de femme* ou *Les Comédiens sans le savoir*. On ne peut d'ailleurs s'empêcher de lire ce roman de 1847 du point de vue de la fin tant les lettres que Balzac adresse à Ève Hanska en ces années 1846-1847 reprennent comme une antienne cet épuisement d'un écrivain qui perd ses mots[2], contraint à la « masturbation du cerveau[3] »…

---

1 *Le Cousin Pons*, *in Les Parents* pauvres, *La Comédie humaine*, Paris, Gallimard, coll. « Bibliothèque de la Pléiade », 1977, t. VII, p. 455.

2 « M. Nacq[uart] m'a beaucoup effrayé à cause de mes énormes travaux. Ni lui ni personne de ses amis médecins ne conçoivent qu'on puisse soumettre le cerveau à de pareils travaux, il me dit que ça finira mal ; il me supplie de mettre de la raison dans ces débauches de cervelle. Les efforts de *La Cousine Bette*, vomie en deux mois, l'ont effrayé. Il m'a dit : – Cela finira par quelque chose de fatal. Le fait est que je cherche, dans la conversation, les substantifs. La mémoire des *noms* m'échappe. » (lettre datée du 20 décembre 1846, *Lettres à Mme Hanska*, éd. Roger Pierrot, Paris, Laffont, coll. « Bouquins », 1990, t. II, p. 477).

3 « Allons, idole de mon âme, il faut te quitter pour essayer ce que j'appelle la masturbation du cerveau ! C'est effrayant mais il faut le réveiller à tout prix. », écrit-il à Mme Hanska le 8 décembre 1846 (*ibid.*, p. 451).

Cet écrivain fatigué déclare qu'il ne peut plus inventer[4] et pourtant, Lisbeth Fischer et Sylvain Pons sont des personnages neufs dans *La Comédie humaine*, comme chargés de se pencher sur ce monde ancien des types balzaciens qui reviennent dans ce dernier roman, parfois au simple détour d'une phrase. Sans doute les idées et passions qu'incarnent ces nouveaux venus viennent-elles de la mémoire du romancier qui puise « dans tous les trop-pleins de son immense imagination de jadis et de naguère », pour citer Anne-Marie Meininger[5]. Mais, en menant une lecture des *Parents pauvres* du point de vue de la mort, à la Gogol (celui des *Âmes mortes*), on ne peut s'empêcher de voir Bette et Pons comme les gardiens d'un temple ou d'un cimetière, où bien d'autres personnages, les âmes balzaciennes, sont déjà ensevelis.

Et pourtant Balzac se pose en lutteur : il entend avec *Les Parents pauvres* faire pièce à « cette littérature bâtarde[6] » que représentent alors Sue, Dumas ou Élie Berthet, les grands feuilletonistes contemporains qui ont démodé le feuilleton qu'il avait inauguré, dix ans plus tôt, avec *La Vieille fille*. C'est donc sur le terrain de ces auteurs à succès et en particulier sur celui de l'auteur des *Mystères de Paris* que Balzac décide de donner de nouvelles preuves de son incommensurable talent : représentation, non des bas-fonds ni des tapis-francs de l'île de la Cité, mais d'un Marais limoneux hanté de figures inquiétantes (le médecin de quartier, l'homme de loi), reprise et détournement des personnages de portiers, complots et rebondissements, insistance sur cet excès du Mal que paraissent incarner certaines figures (la Cibot rappelle la Chouette des *Mystères de Paris*), et bien sûr la capitale comme le territoire où le crime le dispute au Bien. Le découpage capitulaire – qui n'est pas équivalent d'ailleurs aux feuilletons du journal – accentue encore l'effet d'une poétique qui cherche le lecteur par l'émotion, l'empathie, l'horreur ou la compassion. Mais c'est l'inquiétante étrangeté, celle de l'intérieur, du proche (la portière toute dévouée à ce ménage de vieux garçons, le médecin du quartier, le ferrailleur de la rue) que peint Balzac : la menace

4 « Si ce qui me reste à faire, n'était pas inventé, je ne l'inventerais plus ! », écrit Balzac à Mme Hanska le 17 janvier 1843 (*Lettres à Madame Hanska*, éd. citée, t. I, p. 633).

5 Introduction au *Cousin Pons*, Paris, Garnier Classiques, 2014 [1974], p. XIV.

6 « Le moment exige que je fasse deux ou trois œuvres capitales qui renversent les faux dieux de cette littérature bâtarde, et qui prouveront que je suis plus jeune, plus frais, et plus grand que jamais. » (lettre du 16 juin 1846, *Lettres à Mme Hanska*, éd. citée, t. II, p. 213).

ne vient pas de pittoresques bas-fonds, peuplés d'êtres aux frontières de l'humanité, mais du familier, de l'amical, et du familial – même si le pauvre Pons a sans doute le tort d'avoir une vision un peu extensive du cousinage et des liens qu'il crée entre les individus. À l'évidence, *Le Cousin Pons* joue *et* se joue des codes feuilletonesques. Balzac n'avait pas dit son dernier mot. Du moins le croyait-il.

Dans ce roman très sombre, pourtant deux êtres, Pons et Schmucke, unis par une *philia* qui les conduit à bricoler une relation fraternelle et amoureuse en dehors des codes familiaux[7], échappent à la laideur morale généralisée et aux fausses valeurs de la société de la monarchie de Juillet : ne se souciant pas des « résultats » (65), terminant l'année avec « zéro dans la bourse » (70), ils pratiquent et aiment la musique pour le plaisir qu'elle leur procure et s'aiment pour le partage d'un quotidien professionnel et amical. Certes Schmucke ne comprend ni le goût de son ami pour les bonnes tables, pas plus qu'il n'admire les *primporions* (190) que Pons *chine* et entasse, mais leur vie commune, les soins dont ils s'entourent mutuellement prouvent à l'évidence que, contrairement aux familles qui dysfonctionnent en nombre dans *La Comédie humaine* et en particulier dans *Les Parents pauvres*, ils ont inventé une forme égalitaire d'estime et d'affection unique dans le roman. Dans ce partage qui est surtout partage des douleurs, Balzac fait deux Christ de l'amitié, l'un crucifié par sa famille, l'autre par les héritiers de Pons : la famille se venge.

Ce n'est cependant pas ce couple auquel s'intéresse le plus la narration mais une fameuse collection, « l'héroïne de cette histoire » (381), et les convoitises qu'elle suscite. La dynamique romanesque n'est en effet pas portée par des individus mais trouve son origine dans des choses, ce bric-à-brac réuni par Sylvain Pons et qui devient Musée : c'est autour de sa collection que tourne l'action du roman. Éveillant les concupiscences en haut et en bas, dans le Marais comme rue de Hanovre, la collection est, telle la princesse du conte dont le lecteur se demande qui l'épousera, l'unique source d'une énergie qui gagne certains obscurs personnages (de la Cibot à Fraisier) et qui refait famille autour du cousin de cousin qu'est Pons pour les Camusot de Marville et les Popinot. L'héritage est paradoxalement ce qui redonne sa place au parasite – celui qui justement

7 Voir à ce propos les réflexions de Michael Lucey dans *Les Ratés de la famille. Balzac et les formes sociales de la sexualité*, Paris, Fayard, trad. de D. Éribon, 2008 [2003], p. 188-191.

est toujours obligé de la gagner moyennant empressements et services[8] – et qui donne *in extremis* à ce néant social qu'est le célibataire[9] une raison d'être – posthume. Toute l'amertume que ressent le lecteur de la dernière scène du roman pourrait bien être causée par cette récupération.

Car indépendamment de l'obsession des résultats, c'est bien toutes les formes d'envie que ce tableau de la monarchie bourgeoise propose au lecteur : envie d'une portière qui, longtemps honnête, est soudain touchée par le désir d'être couchée sur le testament du vieux garçon, envie d'un Poulain et d'un Fraisier qui moisissent dans des rôles qui ne sont pas à la hauteur de leurs ambitions, passion envieuse de la Présidente, envie de Gaudissard d'entrer au conseil d'État… Cette « passion démocratique[10] », qui traverse les classes, trouve dans le roman des déclinaisons variées et épargne les deux musiciens qui, pour n'être pas des artistes complets, n'en sont pas moins seuls à aimer la Beauté, pour rien. Les valeurs de l'art qu'ils représentent comme Élie Magus dans son inaccessible musée – rêve balzacien d'une œuvre à l'écart des masses ? – paraissent en effet préservées, à condition cependant de ne pas oublier que la collection est une pratique bourgeoise imitée des loisirs aristocratiques de la société d'Ancien Régime. Pons ignore et parfois sait la valeur des objets qu'il détient, pris lui-même dans l'économie de l'art, la circulation des œuvres, ce qui n'est pas encore spéculation mais s'en approche (ainsi Watteau, apprend M. Camusot en gourmandant sa femme, est « très à la mode », 121).

À bien des égards, *Le Cousin Pons* apparaît ainsi comme un roman de la complexité. La critique a parfois jugé bon de le lire, dans une perspective téléologique, comme un roman annonciateur de la manière de Flaubert : primauté de la description sur le récit proprement dit (le spencer de Pons préfigurerait la casquette de Charles Bovary), accentuation

---

8 « Se comportant d'ailleurs en artiste, il offrait des exemplaires de ses romances à tous ses amphitryons, il *touchait le forte* chez eux, il leur apportait des loges à Feydeau, théâtre pour lequel il travaillant ; il jouait même quelquefois du violon chez ses parents en improvisant un petit bal. » (63).

9 À ce titre Pons est un parasite au carré, ou double, à moins de considérer son comportement de pique-assiette comme le signe de son inutilité sociale. Sur le célibataire voir Jean Borie, *Le Célibataire français*, Paris, Le Sagittaire, 1976 et Claudie Bernard, *Penser la famille au XIXe siècle (1789-1870)*, Saint-Étienne, Presses de l'Université de Saint-Étienne, 2007, p. 83-86.

10 Voir le livre de Fabrice Wilhem, *L'Envie, une passion démocratique au XIXe siècle*, Paris PUPS, 2013.

du pessimisme, de la platitude des passions mesquines ou tristes, qui agitent les temps démocratiques, émergence de personnages d'orginaux grotesques allant par couple (Pons et Schmucke mettant par avance leurs pas dans ceux de Bouvard et Pécuchet). Sans doute cette lecture n'est-elle pas sans fondemment, comme celle au reste, qui met l'accent sur le mixte de fantaisie et de gravité, de tragique sombre et de comédie, qui prévaut dans le roman ; comme celle aussi qui souligne à raison la réversilité du grotesque en sublime (et réciproquement) dans cette œuvre testamentaire faisant jouer à plein, on ne le remarque pas assez, le parti pris dialogique du roman moderne, tel que l'a inauguré Cervantès : la face de Pons n'est-elle pas « commandée par un nez à la don Quichotte » (55) ?

Balzac, dans son exploration du réel, cherche non pas le point de vue unique et superficiel du premier venu, mais se veut un « plongeur littéraire[11] » qui ramène à la surface ce qui est à la fois enfoui et dispersé dans les profondeurs. Le lecteur, lorsqu'il considère les idées ou les faits qui lui sont ainsi proposés, constate qu'ils sont doubles, sinon multiples. Balzac recherche cet effet, il s'efforce de le produire et demande à être lu de cette façon qui multiplie les angles de vue. On ne saurait apprécier *Le Cousin Pons* et *La Cousine Bette* sans embrasser d'un même regard les deux romans. « Tout est double, même la vertu. Aussi Molière présente-t-il toujours les deux côtés de tout problème humain », peut-on lire dans la dédicace des *Parents pauvres*[12]. Car, ajoute le romancier, « la plupart des disputes humaines viennent de ce qu'il existe à la fois des savants et des ignorants, constitués de manière à ne jamais voir qu'un seul côté des faits et des idées ; et chacun de prétendre que la face qu'il a vue est la seule vraie, la seule bonne[13] ».

D'où cette poétique du contraste – « la littérature actuelle manque de contrastes[14] », se plaint Balzac – et ces jeux d'opposition qu'il met en œuvre dans *Le Cousin Pons* pour parvenir à une saisie du monde s'étendant à toutes ses faces. Dans *Petites misères de la vie conjugale*, il affirme qu'« un auteur [...] doit ressembler à Janus » : « voir en avant et en arrière, se faire rapporteur, découvrir toutes les faces d'une idée,

11 *Le Père Goriot*, dans *La Comédie humaine*, éd. citée, t. III, p. 59.

12 *Les Parents pauvres*, *ibid.*, t. VII, p. 54.

13 *Ibid.*

14 *Splendeurs et misères des courtisanes*, préface, *ibid.*, t. VI, p. 425.

passer alternativement dans l'âme d'Alceste et dans celle de Philinte, ne pas tout dire et néanmoins tout savoir[15] ». *Le Cousin Pons* n'illustre-t-il pas cette idée, ô combien balzacienne, que « tout est bilatéral » dans la création romanesque comme dans « le monde de la pensée[16] » ? De cette idée ancrée dans des certitudes auxquelles Balzac est resté fidèle, découle la conviction qu'un esprit humain ne saurait dire que partiellement ce qu'est une Société ou, plus largement encore, ce qui constitue le Réel, s'il ne s'efforce pas de tendre, par la multiplication des angles d'attaque, vers l'unité d'un point de vue absolu et totalisant.

Fidèles à cette vision des choses, ne pouvons-nous pas voir également dans *Le Cousin Pons*, ce roman de la fin, marqué par une tonalité crépusculaire et des signes d'épuisement, un regain de jeunesse ? Balzac ne semble-t-il pas éprouver une profonde jubilation à individualiser des personnages hauts en couleur et à leur prêter de savoureux idolectes, sans craindre de prendre quelque liberté avec la prétendue vulgate réaliste ? Ne retrouve-t-il pas une goguenardise désenchantée, un goût des sinuosités et des ondulations déconcertantes, que met encore en évidence la pirouette finale, en faisant jouer, de manière fort ambivalente – suprême dérision ? coup de théâtre alors que triomphait le Mal ? – une ironie du sort dans laquelle le narrateur voit l'intervention de la Providence ? Le romancier qui compose *Le Cousin Pons* n'est peut-être pas aussi éloigné qu'on le pense d'ordinaire de celui qui place en épigraphe de *La Peau de chagrin* les moulinets dessinés dans les airs par la caporal Trim avec son bâton.

Ce sont bien les bigarrures et les disparates de cet ultime roman que se propose de mettre en évidence ce volume, qui en explorera les aspects poétiques, esthétiques, idéologiques et le retentissement sur la représentation des mœurs du temps.

Pierre GLAUDES
et Éléonore REVERZY

15 *Petites misères de la vie conjugale*, *ibid.*, t. XII, p. 103.
16 *Illusions perdues*, dans *La Comédie humaine*, éd. citée, t. V, p. 457.

ANTICONSTITUTIONNELLEMENT

La fabrique médiatique du *Cousin Pons*

La critique a souvent souligné l'influence de l'esthétique du roman-feuilleton sur *Les Parents pauvres* sans forcément d'ailleurs toujours distinguer *La Cousine Bette* et *Le Cousin Pons* qui répondent de manière différente à l'injonction feuilletonesque. Elle semble plus évidente dans *La Cousine Bette*, roman doté d'un détournement de fiancé, de l'érotomanie de vieux notables, de la séduction exotique d'un amant brésilien, de meurtres commandités que dans *Le Cousin Pons*, sombre affaire de captation d'héritage entre le Marais populaire et la bourgeoisie de la Madeleine[1], même si la prolifération des femmes vieilles, laides et méchantes dans *Le Cousin Pons* peut être considéré comme un sûr indice de l'influence de la Chouette des *Mystères de Paris*[2] et si *Le Cousin Pons* « s'exerce à concrétiser [...], à travers les multiples détours de son intrigue le combat du Bien et du Mal, de l'Esprit et de la Matière, qui constitue le support essentiel du roman-feuilleton[3] ». Les deux romans certes, comme l'a montré René Guise[4], participent d'un retour en gloire du Balzac romancier-feuilletoniste terrassé dans un premier temps par Sue et Dumas mais là encore peut-être faudrait-il distinguer les deux jumeaux[5] car si le succès de

1 On peut en profiter pour résoudre l'énigme souvent posée par la critique de la connaissance par Balzac de la nouvelle des *Deux bassons* d'Albéric Second, qui semblait avoir été éditée seulement en 1854 chez Lecou (voir André Lorant, Les Parents pauvres *d'Honoré de Balzac*, Droz, 1967, p. 221). Balzac a effectivement pu s'en s'inspirer puisque cette nouvelle était auparavant parue dans *Le Siècle* le 17 août 1841. En mai 1841, Albéric Second avait d'ailleurs servi de secrétaire à Balzac.

2 André Lorant, *ibid.*, p. 327.

3 Ruth Amossy, « L'Esthétique du grotesque dans *Le Cousin Pons* », dans *Balzac et* Les Parents pauvres, études réunies et présentées par Françoise Van Rossum-Guyon et Michiel Van Brederode, CDU/SEDES, 1981, p. 140.

4 René Guise, « Balzac et le roman-feuilleton », *L'Année balzacienne 1964*, p. 283-338.

5 André Lorant souligne bien pour sa part la différence de traitement entre les deux œuvres, même si nous discuterons sa lecture du positionnement formel du *Cousin Pons* :

La Cousine Bette ne semble pas faire de doute, la réception du *Cousin Pons* témoigne d'un relatif silence, à peine rompu par de personnels et discrets enthousiasmes.

Pour analyser ce succès du feuilleton, la critique s'est peu intéressée au contexte éditorial particulier qui entoure les deux œuvres. Elles paraissent dans le feuilleton du *Constitutionnel* dans un grand format inédit sur deux colonnes, celui de la page d'un livre prêt à être relié. Cette mise en page, lancée en 1846 par le nouveau directeur du journal, le réclamiste Louis-Désiré Véron, tranche avec la présentation traditionnelle du feuilleton et suscite une polémique importante dans la presse car elle paraît de nature à bouleverser totalement le marché du roman et sans doute aussi sa poétique. Balzac, toujours attentif au support, prend visiblement acte dans ses deux romans cousins et spécialement dans *Le Cousin Pons*, plus tardif, de ces mutations. Le découpage en chapitres-feuilletons le montre spécialement attentif à ce que l'édition fait au roman. Sans doute reconnaissant à Véron de l'avoir sorti de son placard éditorial, il reste silencieux sur les conséquences de la révolution du *Constitutionnel* sur la littérature. Mais son roman montre cependant ses inquiétudes et ses divergences d'abord, comme l'a montré Ruth Amossy[6], par la tentation parodique qui court *Le Cousin Pons* mais aussi et c'est ce qui nous occupera finalement dans cet article, par la manière dont l'obsession du support fait retour dans l'œuvre elle-même de manière décalée en empruntant les imaginaires du rez-de-chaussée et de la collection.

« Remarquons cependant que, s'il se soumet, dans *La Cousine Bette*, aux exigences de la forme particulière du feuilleton, dans *Le Cousin Pons*, il s'en affranchit délibérément. Aussi la critique contemporaine ne s'intéresse-t-elle qu'à la première partie des *Parents Pauvres* dont le succès fait scandale. » (*op. cit.*, p. 13).

6 Ruth Amossy, « L'Esthétique du grotesque dans *Le Cousin Pons* », art. cité, p. 135-145.

LA RÉVOLUTION VÉRON

Comme on a parlé d'une révolution Girardin pour l'importation du roman dans le journal en 1836[7], on pourrait évoquer une révolution Véron avec *Le Constitutionnel.* Le docteur Louis-Désiré Véron[8], personnage essentiel du paysage médiatique français de la monarchie de Juillet, a fait sa fortune en développant dans la presse la réclame pour la pâte pectorale Régnault qui devait calmer les asthmes, pacifier les catarrhes et guérir les grippes les plus obstinées. Il fut ensuite le fondateur en 1829 de la *Revue de Paris*, dirigea à partir de 1831 l'Opéra de Paris où il fit représenter *Robert le diable* de Meyerbeer et devint le directeur et l'administrateur-gérant exclusif du *Constitutionnel*, journal à la solde de Thiers, à partir de 1844. Au *Constitutionnel*, il commence par réduire le prix de l'abonnement et à publier *Le Juif Errant* d'Eugène Sue qu'il achète 100 000 francs.

Le 1er juin 1845, dans le cadre d'une course des journaux au gigantisme[9], *Le Constitutionnel* prend le très grand format du *Times*, double son volume rédactionnel et crée la « bibliothèque choisie » – c'est-à-dire la réédition de romans dans le journal – complétée en 1846 par la « Bibliothèque des romans nouveaux ». Véron, consacrant un espace plus conséquent dans la case feuilleton pour les romans, s'attache par contrat la collaboration des deux plus grands feuilletonistes de l'époque, Eugène Sue et Alexandre Dumas. Le 1er juin 1846, *Le Constitutionnel* divulgue une nouvelle mise en page pour le feuilleton, dorénavant prédécoupé en feuilles, prêtes à être reliées grâce à des couvertures spéciales offertes par le journal avec l'abonnement. Véron annonce que l'abonné recevra chaque année avec son journal douze volumes de romans nouveaux, deux ou trois volumes de la bibliothèque choisie, et un ou deux volumes du magasin théâtral (contenant les meilleures pièces de l'année). Véron crée donc une véritable collection éditoriale sous la tutelle du journal.

7 Voir Marie-Ève Thérenty et Alain Vaillant, *1836, l'an I de l'ère médiatique*, Paris, Nouveau monde éditions, 2001.

8 *Ibid.*, p. 120-121, notamment n. 2 et Louis-Désiré Véron, *Mémoires d'un bourgeois de Paris*, Librairie nouvelle, 1856, tome III, chapitre 8 notamment, p. 264 *sq.*

9 Voir Claude Bellanger, Jacques Godechot, Pierre Guiral, Fernand Terrou (dir.), *Histoire générale de la presse française*, PUF, 1969, t. 2, p. 123.

L'ensemble de la presse réagit de manière pincée ou satirique à ce qui lui paraît relever de ce qu'on appelle à l'époque le règne de l'annonce (Balzac ne parle-t-il pas lui-même dans *Le Cousin Pons* d'un « temps où l'annonce est toute-puissante, où l'on dore les candélabres de la place de la Concorde pour consoler le pauvre en lui persuadant qu'il est un riche citoyen », 216-217). Pendant plusieurs années, *Le Tintamarre* ne cesse de fustiger le « besoin de piller les vieux bouquins » (15 juin 1845) et se moque de la « bibliothèque moisie » du *Constitutionnel* qu'on peut « couper par tranches et emporter à la campagne » (19 juillet 1846). Cette politique offensive permet en tout cas au docteur Véron de remonter le tirage du *Constitutionnel* de 3 600 à 25 000 abonnés.

Martin, l'enfant trouvé le nouveau roman d'Eugène Sue qui paraît en juin 1846, est tellement éreinté par la critique que Véron, sous la pression des actionnaires de son journal, interrompt la publication de ce roman pour insérer *La Cousine Bette* : « Quelques détails trop peu garés de ce roman socialiste ont effarouché la pudeur des abonnés du Patriarche et paraissent même avoir nui à la vente des pianos-Pape. Les amours de la mère Major, de Bamboche et de Basquine ont scandalisé plusieurs membres du Conseil de rédaction ; ils trouvent que M. Eugène Sue s'occupe trop de Bamboche[10]… » Cette dégringolade relative de Sue explique la carte blanche à Balzac et la possibilité qu'il a eue de donner une extension maximale à ce qui était originellement une nouvelle : « J'ai vu hier Véron qui veut autant de feuilles que j'en pourrai faire. C'est une bonne nouvelle. Cela veut dire que Sue dégringole. Il n'y a qu'un cri sur sa publication ; on trouve cela hideux et honteux[11] ». Effectivement *Les Parents pauvres* encadrent et même contrôlent *Martin, l'enfant trouvé*, puisque le roman de Sue reprend après la fin de *La Cousine Bette* et qu'entre la fin de *Martin*, le 5 mars 1847, et le début de *Pons*, le 18 mars 1847, n'est insérée qu'une tragédie de Ponsard, *Agnès de Méranie*.

Balzac, qui faisait si peur au *Constitutionnel* encore en 1838 que publiant en feuilleton *Les Rivalités en province*, le journal adressait une note préliminaire à son public pour se désolidariser de ses opinions politiques[12], semble finalement en 1847 moins effrayer Véron que le socialiste Sue.

10 *La Semaine*, 28 octobre 1846 cité par Lorant, *op. cit.*, p. 323.

11 Lettre du 5 août 1846, *Lettres à Madame Hanska*, Robert Laffont, coll. « Bouquins », 1990, t. II, p. 291.

12 « Mais nous n'avons pas besoin d'avertir nos lecteurs que cette collaboration est toute spéciale et uniquement littéraire. M. de Balzac, qui se réserve ses opinions, demeure

Et ceci alors même que *Le Cousin Pons* peut être considéré comme un roman d'actualité. Remarquable est en effet à la fin de *Pons* l'opération d'étirement du roman jusqu'à la coïncidence avec la temporalité du journal : la scène de salon chez Popinot se déroule « il y a peu de jours » écrit Balzac dans le feuilleton du *Constitutionnel* le 10 mai 1847 après avoir évoqué l'élection de 1846. Mais si Balzac réagit au haut-de-page et à l'actualité, c'est de manière qui semble assez feutrée, comme l'a montré Gabriel Moyal[13], en créant par exemple un contrepoint entre la gourmandise de Pons et les discrets faits divers évoquant la famine de 1847. En fait la critique de la monarchie de Juillet est dans *Le Cousin Pons* plus insidieuse, plus désespérée et, nous le verrons, peut-être plus pernicieuse, que celle du Balzac ostentatoirement légitimiste dix ans plus tôt.

Balzac, qui a d'excellentes relations avec le directeur de son journal et dont *Les Parents pauvres* sont publiés dans la bibliothèque des romans nouveaux, fait même un clin d'œil à Véron en intégrant dans *Le Cousin Pons* sa célèbre cuisinière, Sophie, extraordinaire cordon bleu dont rêve Pons lorsqu'il est banni (109). Sophie devient dans le roman la cuisinière de Popinot mais s'il n'est pas exclu que Balzac se soit un peu inspiré de Véron pour élaborer son personnage de parvenu pair de France, c'est sans aucun doute Gaudissart, ancien associé de Popinot d'ailleurs pour le succès de la Double pâte des sultanes et de l'eau carminative, directeur d'un théâtre voulant produire un opéra pour le peuple, tentant comme Véron (et Balzac d'ailleurs) de spéculer sur les chemins de fer et d'accéder à la députation, qui emprunte le plus de traits au directeur du *Constitutionnel* dans un portrait mitigé.

complètement étranger à la rédaction politique du *Constitutionnel.* » (*Le Constitutionnel*, 22 septembre 1838).

13 Gabriel Moyal, « La faim de l'histoire : *Le Cousin Pons, Le Constitutionnel* et la politique de la cuisine », dans A. Oliver et S. Vachon (dir.), *Réflexions sur l'autoréflexivité balzacienne*, Toronto, Centre Sablé, 2002, p. 97-118.

CHAPITRES ET FEUILLETONS

Car mitigé, Balzac l'est sans doute par rapport à la révolution Véron mais en même temps, il s'adapte, comme souvent, au support. André Lorant voit dans la matrice du feuilleton une contrainte qui contrevient à l'esthétique du *Cousin Pons* parce que Balzac devrait créer artificiellement des suspens à la fin de chaque chapitre[14]. Nous ne partageons pas cette analyse. D'abord parce que si effectivement *Le Constitutionnel* promeut une esthétique du chapitre-feuilleton, nuancée, elle ne se fonde pas exclusivement sur la péripétie finale de chaque feuilleton. *Le Constitutionnel* veut à la fois la complétude et la relance de chaque livraison, plaidant pour une formule qui rallie à la fois l'idée du chapitre et celle du feuilleton :

> Tout en publiant les feuilletons dans un cadre typographique invariable, nous avons tenu à leur conserver cet intérêt de composition qui fait, pour ainsi dire, de chaque feuilleton, un petit roman isolé, ayant une exposition et un dénouement. Ainsi la nouvelle disposition typographique, que nous adoptons pour les romans nouveaux seulement, fera que la lecture de chaque jour ne s'arrêtera pas sur une phrase inachevée, mais sur un sens complet et même sur un incident, dont l'inattendu excite plus ou moins la curiosité du lecteur pour le feuilleton suivant[15].

Cette formule qui pense la fin de chaque livraison comme un dénouement provisoire, même s'il est suspensif, nuance la préconisation d'un suspense échevelé. L'idée d'un petit roman isolé correspond bien en fait à la manière balzacienne[16]. Et Balzac après avoir expérimenté une esthétique du contre-temps parodique[17] pour *La Cousine Bette* se ravise donc et opte pour l'adéquation entre le chapitre et le feuilleton dans

14 André Lorant, *op. cit.*, p. 557.

15 *Le Constitutionnel*, 16 mai 1846.

16 Voir Isabelle Tournier, « Les mille et un contes du feuilleton : portrait de Balzac en Schéhérazade », dans Isabelle Tournier, Claude Duchet (dir.), *Le Moment de la Comédie humaine*, Presses universitaires de Vincennes, 1993, p. 77-109.

17 Marie-Ève Thérenty, « Chapitres et feuilletons : les scansions fantômes de *La Comédie humaine* », *Balzac et alii, génétiques croisées. Histoires d'éditions*, actes du colloque international du GIRB, Jacques Neefs et Takayuki Kamada dir., http://balzac.cerilac.univ-paris-diderot.fr/wa_files/Therenty.pdf.

Le Cousin Pons. Pour que ce propos soit clair, il faut immédiatement préciser que la division en chapitres dans le journal diffère fortement de celle donnée dans l'édition Garnier-Flammarion réalisée par Gérard Gengembre qui reprend sur ce point le choix fait par Anne-Marie Meininger de plaquer le chapitrage et les titres de l'édition Pétion sur le texte de l'édition Furne, qui, elle, selon le dispositif préconisé pour l'ensemble de *La Comédie humaine*, a supprimé tous les chapitres. Dans *Le Constitutionnel*, le texte est divisé en 31 chapitres-feuilletons titrés, ce qui évidemment introduit une scansion du texte beaucoup moins frénétique et beaucoup plus périodique que les 78 chapitres (avec la conclusion) de l'édition Pétion. Ces fins de chapitres-feuilletons constituent selon la formule balzacienne « le lieu d'une forte inscription de l'auteur, de ses particularismes et de ses choix, celui où il se déclare et se découvre le plus, en conciliant habilement le contrôle de l'information et l'intérêt de l'intrigue[18] ». On y trouve souvent un peu de suspense, dans la mesure où Balzac adhère modérément à cette esthétique, mais il pratique surtout un art de la charnière, faisant de cet espace un lieu auctorial par excellence :

> Ici commence l'histoire curieuse d'un fils prodigue de Francfort-Sur-Mein, le fait le plus extraordinaire et le plus bizarre qui soit jamais arrivé dans cette ville sage. (fin du chapitre VII, *Le Constitutionnel*, 25 mars 1847)

> Devenue pateline, douce, attentive, inquiète, elle s'établissait dans l'esprit du bonhomme Pons avec une adresse machiavélique, comme on va le voir (fin du chapitre XIV, *Le Constitutionnel*, 8 avril 1847).

Évidemment, dans cette logique la charnière principale, la plus grandiloquente et la plus osée du roman (226), est conclusive du chapitre-feuilleton XVII, celui du 11 avril 1847.

> Ici commence le drame, ou, si vous voulez, la comédie terrible de la mort d'un célibataire livré par la force des choses à la rapacité des natures cupides qui se groupent à son lit, et qui, dans ce cas, eurent pour auxiliaires la passion la plus vive, celle d'un tableaumane, l'avidité du sieur Fraisier, qui, vu dans sa caverne, va vous faire frémir, et la soif d'un Auvergnat, capable de tout, même d'un crime, pour se faire un capital. Cette comédie, à laquelle cette partie du récit sert en quelque sorte d'avant-scène, a d'ailleurs pour acteurs tous les personnages qui jusqu'à présent ont occupé la scène.

18 Isabelle Tournier, *op. cit.*, p. 102.

Cette charnière est mise en valeur dans le feuilleton par une interruption du récit pendant onze jours et par l'ajout d'un surtitre un peu incongru, en l'absence de mention d'une première partie, « Deuxième partie : les crimes d'en haut et les crimes d'en bas » (22 avril), sur lequel nous reviendrons. Faute de disposer de la correspondance avec madame Hanska qui se trouvait à Paris lors de la rédaction finale du *Cousin Pons*, nous n'avons que peu d'éléments pour en documenter la genèse mais ces éléments paratextuels laissent à penser que le roman n'était pas achevé avant avril[19].

À deux exceptions près (le 24 mars 1847 où le feuilleton contient deux chapitres et le 23-24 avril où sans doute à la suite d'une erreur à l'imprimerie le titre du chapitre « la Cibot au théâtre » a été malencontreusement avancé le 23), un feuilleton coïncide avec un chapitre. À deux exceptions près également, toutes les coupures des feuilletons correspondent à des scansions capitulaires chez Pétion, les chapitres-feuilletons englobant à chaque fois entre deux et quatre feuilletons Pétion. Ces deux exceptions sont intéressantes car elles montrent une active réflexion dans la pratique de la coupe. Le chapitre-feuilleton XIII « Traité des sciences occultes », le 4 avril, se conclut sur l'efficace « Avoir ou n'avoir pas de rente, telle est la question a dit Shakespeare » (180) abandonnée dans le livre pour une coupure moins significative (181). Le 28 avril 1847, le chapitre « Avis aux vieux garçons » s'arrête à la réplique suivante de Rémonencq : « Si Dieu voulait appeler à lui ce Cibot, qui est bien malade déjà, reprit Rémonencq, j'aurais une fière femme pour tenir un magasin, et je pourrais entreprendre le commerce en grand » (282). Cette coupure a le double avantage d'éviter le côté abrupt du paragraphe suivant qui voit sans transition la Cibot saluer Fraisier mais surtout elle met en valeur à la charnière l'assassinat de Cibot, qui constitue comme une concession ironique ou parodique à la thématique feuilletonesque. Cet assassinat invraisemblable, rocambolesque et impuni judiciairement parlant clignote significativement à la charnière aussi bien à la fin du chapitre-feuilleton XXII que du XXIII (« Remonencq qui vit venir le docteur Poulain ne demandait pas mieux

---

19 Pour justifier cette hypothèse, nous avons ce billet de Robin avant le 13 avril : « M. Véron se plaint de ne pas voir de votre copie. Veuillez donc nous en envoyer ». (*Correspondance*, Garnier, t. V, p. 214). C'est aussi l'hypothèse de Donald Adamson, *The Genesis of* Le Cousin Pons, Oxford University Press, 1966, p. 8.

que de disparaître » (29 avril 1847)) et même dans les dernières lignes de la conclusion : « Cette fin, digne de ce scélérat, prouve en faveur de la Providence que les peintres de mœurs sont accusés d'oublier, peut-être à cause des dénouements de drame qui en abusent » (10 mai 1847). Cette scansion significative, qui contredit la neutralisation du crime dans le roman, montre la manière dont la poétique du support peut s'articuler avec les énoncés littéraux et les nuancer.

En fait il nous semble globalement que la scansion feuilletonesque est plus « balzacienne » que celle de l'édition Pétion. D'abord précisons d'emblée que la division capitulaire chez Pétion tient tout autant du paradispositif, selon la définition d'Ugo Dionne[20], que celle du feuilleton. En effet, la multiplication frénétique des chapitres dans l'édition Pétion vise à blanchir l'édition et à étendre *Les Parents pauvres* à douze volumes selon un procédé commercial souvent dénoncé par la critique. De plus on distingue une différence de style entre les titres des chapitres ajoutés dans l'édition Pétion, plats et contrastant avec beaucoup des titres spirituels des chapitres-feuilletons : « Où l'on voit que les enfants prodigues finissent par devenir banquiers et millionnaires quand ils sont de Francfort-sur-Mein » (26 mars), « Pons enseveli sous le gravier » (2 avril), « L'Or est une chimère. Paroles de M. Scribe. Musique de Meyerbeer. Décors de Remonencq » (3 avril) ou encore « Le fraisier en fleurs » (25 avril). Les moments de seuils (titre et charnières) sont dans le journal les lieux où s'exprime avec le plus de netteté un Balzac ironiste sur la poétique du feuilleton et soulignant par la charge tous ses excès. L'examen du support d'origine confirme les conclusions de Ruth Amossy sur le rôle de la parodie dans la dénonciation du roman-feuilleton. Ces espaces de jointure révèlent la même distanciation ironique que celle adoptée par Balzac lorsqu'il décline l'onomastique des romans de Sue (Tortillard/Topinard ; la Chouette / la Sauvage) ; lorsqu'il fait de ses personnages des caricatures exagérées (230, 232) ; lorsqu'il introduit un crime odieux improbable et impuni ; lorsqu'il mobilise certaines expressions hyperboliques et outrancières, comme les regards de tigre (319) ou de vipère (238) ; lorsque le jeune couple traditionnel du *romance* est transformé

20 Le dispositif (divisions en parties, en chapitres) est proposé par l'auteur tandis que le paradispositif provoqué par le passage à la publication correspond le plus souvent à une segmentation en livraisons. Ici le chapitrage de l'édition Pétion relève aussi du paradispositif. Voir Ugo Dionne, *La Voie aux chapitres. Poétique de la disposition romanesque*, Paris, Seuil, 2008, p. 85.

en l'association mortifère d'un homme-empire et de sa bien-aimée, la collection ; lorsqu'il transforme surtout les bas-fonds en marais où les personnages, nous dit le texte, plus ou moins métaphoriquement, pataugent (218 et 295).

LE MARAIS POUR LE REZ-DE-CHAUSSÉE

Les commentateurs de l'époque voient dans la double page du journal une forme de mise en espace symbolique de l'imaginaire social. Dans les années 1840, le discours contre le feuilleton prend rapidement un tour fantasmatique, la métaphore du rez-de-chaussée se file, Berlioz parle de « marécage », Sainte-Beuve de « cave ». Cet imaginaire diffus conduit finalement beaucoup de conservateurs de l'époque de manière plus ou moins virulente à évoquer une maison-journal envahie, engloutie par le bas de ses colonnes. C'est fait avec humour par un Thiers, alors patron politique du *Constitutionnel*, déclarant « Avouez, mon cher, qu'il est bien désagréable d'occuper le premier étage d'une maison dont le rez-de-chaussée est si mal habité[21] ». De manière plus dramatique, le critique conservateur Alfred Nettement s'indigne de voir la maison-journal subir le putsch du roman-feuilleton :

> L'espace matériel manque : la place que la critique occupait dans le journal, le roman l'a prise, le feuilleton appartient aujourd'hui au roman. Il y est entré d'abord modestement, comme tous les gens qui entrent ; il a demandé un coin dans le logement de la critique ; il a été doux, humble, courtois ; il s'est fait petit comme Tartuffe, lorsqu'il est pour la première fois reçu chez Orgon. Mais une fois dans la place, il a gagné chaque jour un pied, puis deux, tant qu'enfin il s'est rendu maître du logis, et quand la critique a songé à se fâcher et à le mettre dehors, il a changé de ton, et s'est écrié comme le personnage de Molière : La maison est à moi, c'est à vous d'en sortir[22].

Ce petit résumé pourrait sans beaucoup de transformation constituer le synopsis du *Cousin Pons* et décrire la manière dont l'espace intime des deux amis est finalement violé par des personnages venus du dessous,

21 Charles Robin, *Les Tablettes du diable*, Albert frères, 1847, p. 20.

22 Alfred Nettement, *Études critiques sur le feuilleton-roman*, Lagny éditeurs, 1847, p. 66.

cette expression renvoyant à la fois à l'architecture des immeubles du bien-nommé Marais, à l'espace du journal, autant qu'à un imaginaire social. Transposer par la métaphore les espaces parisiens dans la structure verticale du journal, et réciproquement, constitue donc une forme topique de l'imaginaire de la critique conservatrice d'époque toujours prompte à prendre au sens propre l'image du rez-de-chaussée de journal et à dénoncer les ingérences du personnel populaire dans le feuilleton du journal comme représentatives d'une démocratisation catastrophique de la société et de la littérature.

La prolifération du personnage du concierge dans les romans-feuilletons[23], inventé par Henri Monnier mais popularisé par Eugène Sue avec son couple Pipelet, paraît donc à certains tout à fait significative du péril que fait peser l'imaginaire du rez-de-chaussée sur le roman et sur la société. Lors de la campagne de presse qui fustige la révolution Véron, *Le Constitutionnel* est significativement surnommé « le vieux pipelet » : « Oui, monsieur, le *Constitutionnel* s'est fait révolutionnaire ! Ce vieux pipelet de l'horizon politique et de la bibliothèque moisie casse les réverbères de son entresol et dépave son rez-de-chaussée[24] ! » Lorsque *Le Tintamarre* imagine le 19 juillet 1846 une parodie de roman pour sa « Bibliothèque moisie », il choisit comme titre : *Michel ou les mémoires d'un portier.*

Si Balzac ne prend donc pas position ouvertement contre la révolution Véron dans la polémique des années 1845-1846[25], sa correspondance témoigne de sa crainte et surtout *Le Cousin Pons* montre les effets de la « rez-de-chausséisation » de la société. *Le Cousin Pons* dévoile donc avec une certaine fascination le réseau des loges de concierges, leur collaboration et leurs complots ; il dénonce une société où l'information passe par l'espace de la porte cochère qui laisse circuler les moqueries (95), les rumeurs (156) et les insultes (95) ; il montre qu'avec la fonction de concierge s'introduit « le panoptisme au niveau des micro-structures du pouvoir[26] » comme en témoigne le « guichet grillagé, formidable »

23 Voir sur ce sujet l'article de Cécile Stawinski, « Les portiers de *La Comédie humaine* », dans Emmanuelle Cullmann, José-Luis Diaz et Boris Lyon-Caen (dir.), *Balzac et la crise des identités*, Saint-Cyr sur Loire, Christian Pirot, 2005, p. 111-124.

24 *Le Tintamarre*, 24 mai 1846.

25 Voir sur ce point *La Querelle du roman-feuilleton. Littérature, presse et politique, un débat précurseur* (1836-1848), textes réunis et présentés par Lise Dumasy, Grenoble, Ellug, 1999.

26 Lucienne Frappier-Mazur, « Le discours du pouvoir dans *Le Cousin Pons* », dans *Balzac et* les Parents pauvres, *op. cit.* p. 21-32.

de la maison de Magus (185) ; avec la Cibot, il décrit aussi le massacre de la langue française. Finalement cette description aboutit à plusieurs reprises à une dénonciation de cette société de « plain-pied » (227) où l'on ne peut que finir par la haine (« N'est-ce pas à concevoir toutes les haines de la démocratie ? », 229) et par « l'avilissement » des mots (cette apparente digression lexicale, en fait explication essentielle du roman, est d'ailleurs mise en valeur à la charnière du roman, 226). Si les notations politiques sont moins explicites que dans les années antérieures, finalement la critique est plus globale, comme l'explicite le titre de cette deuxième partie « Les crimes d'en haut et les crimes d'en bas » qui, dans le journal, renvoie dos à dos le haut et le bas, la société des parvenus de la Madeleine et du haut-de-page, les Camusot et consorts, et le grenouillage des petits, les Cibot, Rémonencq et c^ie^, du côté du Marais et du rez-de-chaussée.

« Le monde se répète en toute chose partout » (96). Cette société du rez-de-chaussée est guettée par l'homologie. Au niveau social, cette répétition sans différenciation entraîne une société sans hiérarchie, sans saveur constamment menacée par la duplication, le clonage, le plain-pied ou la daguerréotypie (173). La critique a déjà montré combien le roman était hanté par la duplication[27] et Gérard Gengembre a souligné ce que le nom de Pons devait peut-être au poncif (22) : effectivement le roman laisse poindre à plusieurs reprises une réflexion sur le double, la copie, le stéréotype (382), « l'archidit » (253) spectre fatal pour la société et pour le romancier dont les Raphaël pourraient alors être confondus avec les Dubufe de Sue[28]. Le passage par le journal fait courir le danger de la platitude et de la répétition en imposant la nécessité de rendre tout « très visible » (396) ou très lisible comme le montre l'avertissement « quasi littéraire » et en tout cas très ironique de Balzac dans *Le Constitutionnel*.

Dans *Les Mystères de Paris*, Eugène Sue avait fait de l'arlequin, ce plat populaire de restes, une forme de symbolisation de la démocratie française. L'arlequin au début du roman de Sue constituait le premier plat partagé entre Rodolphe et les exclus du champ social. Une note

---

27 Nous adhérons donc tout à fait à la lecture de José-Luis Diaz sur le double. Voir « Destins du deux. Oxymore, ironie, répétition dans *Les parents pauvres* » (*ibid.*, p. 199-208).

28 Une lettre adressée à Madame Hanska le 17 septembre 1844 déclarait à propos de Sue : « Je dois faire voir, par des succès littéraires, par des chefs-d'œuvre en un mot, que ses œuvres en détrempe sont des devants de cheminée, et exposer des Raphaël à côté de ses Dubufe ». (voir *Lettres à Madame Hanska*, *op. cit.*, t. I, p. 910).

éclairait sa composition : « Un arlequin est un ramassis de poissons et de toutes sortes de restes provenant de la desserte de la table des domestiques et des grandes maisons. Nous sommes honteux de ces détails mais ils concourent à l'ensemble de ces mœurs étranges[29]. » La description du plat semblait être la version populaire du magasin d'antiquités dans *La Peau de Chagrin* ou la version comestible de la descente dans les égouts des *Misérables*, deux métaphorisations selon Jacques Rancière d'une écriture de la démocratie[30]. Cette description avait marqué le lectorat bourgeois au point de faire passer le mot argotique dans le langage courant. Balzac, fasciné semble-t-il aussi, ne cesse de reprendre cette description et de décrire du côté du rez-de-chaussée des compositions culinaires toutes plus dégoûtantes les unes que les autres mais qui signifient surtout chez lui son profond rejet de l'amalgame sans hiérarchie. On remarque même, au fur et à mesure que le roman avance, la détérioration des rebuts, de plus en plus dégradés et avariés, ce qui correspond à la fois à l'aggravation de la situation du héros mais aussi à une forme d'assombrissement politique du roman :

> Ce dîner consistait en un certain ragoût, dont l'odeur se répandait dans toute la cour. C'était des restes de bœuf bouilli achetés chez un rôtisseur tant soit peu regrattier, et fricassés au beurre avec des oignons coupés en tranches minces jusqu'à ce que le beurre fut absorbé par la viande et par les oignons de manière ce à ce que ce mets de portier présentât l'aspect d'une friture. (101-102)
>
> Remonencq et sa sœur se nourrissaient de pain et de harengs, d'épluchures, de restes de légumes ramassés dans les tas d'ordures que les restaurateurs laissent au coin de leurs bornes. (161-162)
>
> Les placards devaient recéler des restes de pâtés moisis, des assiettes écornées, des bouchons éternels, des serviettes d'une semaine, enfin les ignominies injustifiables des petits ménages parisiens, et qui de là ne peuvent aller que dans la hotte des chiffonniers. (217)

Toutes ces descriptions d'anticollections mettent en valeur, *a contrario*, un imaginaire de la collection, comme forme permettant de sortir de la hantise du rez-de-chaussée et du rebut.

---

29 Eugène Sue, *Les Mystères de Paris*, *Journal des débats*, 21 juin 1842 ou dans l'édition moderne, Quarto, Gallimard, 2009, p. 48.

30 Jacques Rancière, *Politique de la littérature*, Paris, Galilée, 2007, p. 21.

LA COLLECTION CONTRE LE REZ-DE-CHAUSSÉE

Plusieurs commentateurs, à l'instar de Nicole Mozet ou de Boris Lyon-Caen[31], ont déjà souligné combien dans l'imaginaire balzacien, *La Comédie humaine* s'apparentait à une collection qu'il s'agissait de préserver pour pouvoir la transmettre dans son intégrité à la postérité. Le discours préfaciel souligne régulièrement cette homologie. La préface du *Cabinet des Antiques* expose « la manière dont l'auteur compose une œuvre immense comme collection de faits sociaux[32] ». La préface de *Pierrette* précise que « l'auteur a l'intention formelle de flétrir [les célibataires] en les piquant sous le coton, sous verre, dans un compartiment de son Muséum, comme on fait pour les insectes curieux et rares[33] ». C'est dans l'avant-propos de 1842 que le romancier énonce le plus clairement l'homologie entre divisions de l'œuvre et classification de la collection :

> Ce nombre de figures, de caractères, cette multitude d'existences exigeaient des cadres, et, qu'on me pardonne cette expression, des galeries. De là, les divisions si naturelles déjà connues de mon ouvrage en Scènes de la vie privée, de province, parisienne, politique, militaire et de campagne. Dans ces six livres, sont classées toutes les études de mœurs qui forment l'histoire générale de la société, la collection de tous ses faits et gestes, eussent dit nos ancêtres[34].

Pour Balzac, dans ce cas, la signification éditoriale du mot collection recoupe celle patrimoniale du trésor de richesses. La transmission de ce trésor devait passer par une forme éditoriale adéquate et totalisante, reposant sur une classification, sur la suppression des seuils, sur l'éradication des doublons etc., que Balzac avait trouvée chez Furne.

Les commentateurs ont beaucoup insisté sur l'intégration au roman de Pons des préoccupations courantes de Balzac en 1845-1847 – la

31 Nicole Mozet, « Le passé au présent. Balzac ou l'esprit de la collection », *Romantisme*, 2001, n° 112, p. 83-94 et Boris Lyon-Caen, « Balzac et la collection », *L'Année Balzacienne 2003*, 1, p. 265-284.

32 Pl, t. IV, p. 964.

33 Pl, t. IV, p. 24.

34 Pl, t. I, p. 18. Cet extrait et les deux qui précédent sont cités par Boris Lyon-Caen dans son article sur la collection.

passion pour le bric-à-brac, la détestation d'une mère et d'une sœur mesquines, la crainte d'une servante-maîtresse devenue exigeante et à un moindre niveau l'obsession de la baisse des chemins de fer – sans se focaliser sur les craintes qui environnaient la transmission de la Collection. Quelles menaces pèsent spécifiquement sur la collection de Balzac, sur *La Comédie humaine*, en 1846-1847 pour qu'il éprouve le désir de métamorphoser une nouvelle sur l'amitié de deux musiciens en un grand roman de la collection ?

Non seulement, comme on l'a vu précédemment, l'œuvre de Balzac risque de passer au laminoir du roman-feuilleton, mais la bibliothèque choisie du *Constitutionnel* et la révolution Véron font peser en 1846-1847 d'autres menaces plus spécifiques, montrent d'autres tentations pour le romancier et d'autres périls pour l'œuvre. En 1847, l'écrivain suite à l'ameublement d'une maison, rue Fortunée, pour accueillir madame Hanska, a des besoins impératifs d'argent qui le poussent à accepter de vendre l'œuvre à l'encan, par morceaux. Il cède à la bibliothèque choisie du *Constitutionnel* plusieurs fictions, ce que le journal annonce triomphalement le 12 mars 1847 :

> D'ici au 1er juin 1847 *Le Constitutionnel* aura publié par demi-suppléments, même format que le journal les ouvrages suivants de M. de BALZAC, qui n'ont été imprimés dans aucun journal :
> *La Grenadière ;*
> *Le Réquisitionnaire ;*
> *El Verdugo ;*
> *Le Colonel Chabert ;*
> *Eugénie Grandet.*
>
> Ces cinq ouvrages (trois nouvelles, deux romans) formeront neuf demi-suppléments ou dix-huit bibliothèques. Les abonnés auront reçu, d'ici au 1er juin 1847, ces demi-suppléments avec leur journal, sans frais. […]
>
> Les personnes qui désireraient collectionner les romans de M. de Balzac annoncés plus haut, sont prévenues qu'elles devront prendre leur abonnement au *Constitutionnel* à compter du 1er avril prochain, ces demi-suppléments ne devront pas être donnés en primes aux abonnés nouveaux des expirations suivantes[35].

Parallèlement, il vend par un traité[36] plusieurs autres romans au Musée littéraire du *Siècle* consacré « à la reproduction de tous les ouvrages de notre littérature contemporaine, française et étrangère, ayant paru dans

35 *Le Constitutionnel*, 12 mars 1847.

36 Traité du 22 janvier 1847, *Correspondance*, t. 5, *op. cit.*, p. 186-190.

n'importe quelle publication que leur succès et leur mérite appellent à prendre place dans cette sorte de Musée littéraire[37] ». Ces collections qui dépècent les scènes de *La Comédie humaine* et agrègent parfois les romans de Balzac avec des récits d'autres auteurs, si elles ne mettent pas en péril l'entreprise Furne qui continue parallèlement, minent l'idée de l'intégrité de la *Collection* en faisant surgir des contre-collections peu opportunes littérairement, même si elles sont financièrement intéressantes.

La révolution Véron et plus largement la publication en rez-de-chaussée font donc peser des menaces multiples sur le grand œuvre : la platitude, la redondance, la fragmentation, la dispersion, et surtout peut-être la question de l'autorité et de la propriété. Qui décide à partir du moment où les directeurs de feuilletons ont le pouvoir unilatéral de décision ?

> Les fragments de l'œuvre entreprise par l'auteur subissent alors les lois capricieuses du goût et de la convenance des marchands. Tel journal a demandé un morceau qui ne soit ni trop long, ni trop court, qui puisse entrer dans tant de colonnes et de tel prix. L'auteur va dans son magasin, dit : J'ai *La Maison Nucingen* ! Il se trouve que *La Maison Nucingen*, qui convient pour la longueur, pour la largeur, pour le prix, parle de choses trop épineuses qui ne cadrent point avec la politique du journal. *La Maison Nucingen* demeure sur les bras de l'auteur. [...] Donnez-nous [dit le directeur du journal] quelque chose entre le sermon et la littérature, quelque chose qui fasse des colonnes et pas de scandale, qui soit dramatique sans péril, comique sans drôlerie ; guillotinez un homme, ne peignez ni fournisseur impuissant, ni banquier trop hardi, cela n'existe pas. Que faire de ces deux tableaux retournés dans l'atelier ? On les expose dans les deux premiers volumes venus. Il faut subir les exigences de la librairie. [...] Ainsi, quant à la manière bizarre ou peu ordonnée dont l'auteur publie son œuvre, c'est la faute des circonstances actuelles et non la sienne [...].
>
> Si vous voyez *La Maison Nucingen* séparée de son tableau correspondant, *César Birotteau*, (sans comparaison avec Léonard, messieurs les critiques) le réfectoire de *L'Estafette* n'avait de place que pour une boutique de parfumeur[38].

Pour contrecarrer ce pouvoir du rez-de-chaussée et de la démocratie, de la platitude et de la recopie, Balzac produit un grand roman de la collection où grâce à un métadiscours invasif, il réussit à préciser par trois fois que *La Comédie humaine* joue avec la répétition tout en l'évitant

37 « Avis essentiel à nos abonnés », *Le Siècle*, 20 juin 1847.

38 Préface à *La Femme supérieure, La Maison Nucingen, La Torpille*, édition Werdet, octobre 1838.

(69, 178, 182), et par une symbolisation évidente, à prévoir que malgré bien des péripéties, la Collection va finir par échapper aux entreprises menées par le rez-de-chaussée, pour rejoindre, à peu près intacte, un salon gouverné avant l'heure par le capitalisme esthétique. Car Popinot, authentique amateur, est loin d'être un personnage déprécié dans *La Comédie humaine*. Le roman raconte donc, avec cette collection rescapée, malgré quelques brèches, de son combat mené contre l'avilissement et la dispersion, l'histoire du compromis trouvé par l'écrivain avec l'époque.

L'attitude de Balzac vis-à-vis du *Constitutionnel* est donc fondamentalement ambiguë. Avec *Le Cousin Pons*, selon son pragmatisme habituel, il adapte au maximum sa poétique aux nouvelles propositions éditoriales et marchandes si bien que l'on peut regretter que le découpage capitulaire adopté par les éditions modernes ait plutôt repris le paradispositif Pétion que le dispositif-feuilleton. Mais malgré son silence dans la polémique, Balzac se révèle bien *anticonstitutionnel* car il vomit autant la maladie sociale qu'incarne selon lui le journal que la situation qu'il fait à la littérature devenue commerciale autant qu'industrielle.

Marie-Ève THÉRENTY

PREMIÈRE PARTIE

POÉTIQUE DU *COUSIN PONS*

UNE POÉTIQUE DE LA COMPOSITION

Les chapitres mobiles du *Cousin Pons*

Roman à la genèse éditoriale très complexe, *Le Cousin Pons* connut quatre publications corrigées et contrôlées par l'auteur dans le bref laps de temps d'un an (entre 1847 et 1848), dans lesquelles les variantes les plus considérables concernent la composition du texte, et notamment son découpage interne en chapitres. On sait que Balzac, lors de l'édition Furne de *La Comédie humaine*, choisit de supprimer les chapitres de ses romans, ce qui est le cas aussi de la quatrième et dernière version du *Cousin Pons* – nous reviendrons en conclusion sur cette décision et sur ses valeurs herméneutiques. Il n'en reste pas moins que les trois versions précédentes, qui seront commentées à partir de tableaux synoptiques dans cet article, présentaient un chapitrage polymorphe, parfois repris dans les éditions modernes pour des raisons pratiques et commerciales, comme précisément pour le texte de référence du concours de l'Agrégation qui réintroduit les titres de chapitres de l'édition Pétion de 1847, c'est-à-dire de la deuxième version du roman. Il semble donc nécessaire de décrire d'abord le cas éditorial d'un texte dont les scansions sont différentes pour chacune de ses versions, afin d'observer, dans un deuxième temps, les enjeux de cette mobilité dans la genèse éditoriale de l'œuvre, ainsi que de réfléchir à la valeur stylistique des titres de chapitres, particulièrement décevants dans l'édition Pétion ; enfin, l'analyse des transitions entre les chapitres, notamment ceux qui ont été ajoutés dans l'édition Pétion, permettra de lancer l'hypothèse d'une « plasticité » du texte balzacien, dont les enchaînements logiques peuvent fonctionner comme point d'union ou de séparation, ce qui explique la capacité du texte à s'adapter à des supports différents.

LE *COUSIN PONS*, OU L'ART DE VARIER LES CHAPITRES

La question des chapitres est particulièrement sensible dans le roman balzacien à cause de son histoire éditoriale, et notamment de la multiplication des supports de publication de l'œuvre. La division en chapitres fonctionne aussi comme un principe de l'organisation complexe qui fonde *La Comédie humaine*, œuvre à scansions multiples partagée en trois blocs inégaux (études de mœurs, études philosophiques, études analytiques), dont le premier est à son tour scindé en scènes, regroupant ensuite des romans (qui constituent, selon les vœux de l'auteur, autant de chapitres de *La Comédie humaine*[1]), eux-mêmes parfois divisés en parties, histoires ou épisodes à géométrie variable (c'est le cas précisément des *Parents pauvres*), et qui contiennent des chapitres dans les publications antérieures (en revue, en feuilletons ou en volume) à l'édition Furne.

Ce partage en plusieurs niveaux participe ainsi d'une dialectique entre le tout et la partie qui acquiert une valeur fondamentale. Voulant donner une représentation complète de la société contemporaine, Balzac crée une œuvre monumentale, qui tend à une chimérique unité ; et dans ce dessein il ne peut que multiplier les parties comme autant de pièces de mosaïques, dont les relations formeraient un ensemble. On peut donc lire *La Comédie humaine* comme une œuvre-réseau dans laquelle les liens se font entre les niveaux, et aussi d'un texte à l'autre : la question du chapitre devient alors mimétique d'un questionnement global sur la composition de l'œuvre.

L'analyse du chapitrage mobile du *Cousin Pons* permet d'observer cette tension à travers un exemple particulièrement emblématique, comme on peut le constater grâce à un tableau qui décrit les quatre versions du texte corrigées et contrôlées par Balzac.

1 Balzac l'affirme dans l'« Avant-propos » de *La Comédie humaine*, Paris, Gallimard, coll. « Bibliothèque de la Pléiade », 1976, t. I, p. 10-11.

Constitutionnel	Pétion	« Musée littéraire » du *Siècle*	Furne
Le Cousin Pons ou les Deux Musiciens, feuilleton paru dans *Le Constitutionnel* du 18 mars au 10 mai 1847 en 30 livraisons.	*Le Cousin Pons*, dans *Les Parents pauvres*, Paris, Chlendowski puis Pétion, 1848, t. VII (p. 177 et suiv.) – t. XII.	*Le Cousin Pons*, dans *Les Parents pauvres* – deuxième épisode (Deuxième partie : Les deux musiciens), paru dans le « Musée littéraire » du *Siècle*, du 7 septembre au 1er novembre 1847.	*Le Cousin Pons*, dans *La Comédie humaine*, Paris, Furne, 1848, t. XVII, *Les Parents pauvres*, Deuxième épisode, p. 380-650.
30 chapitres titrés et numérotés, plus une conclusion	**77 chapitres titrés et numérotés, plus une conclusion**	**45 chapitres numérotés, sans titre, plus une conclusion**	**Pas de chapitres**
(la 5e livraison contient deux chapitres) Indication d'une « Deuxième partie », après le chapitre XVII, avec titre « Les crimes d'en haut et les crimes d'en bas », alors qu'il n'y avait pas d'indication de la première partie	Édition dite de « Cabinet de lecture », très aérée. En dépit de la date de 1848, le tome VII (début de l'ouvrage) est en vente le 15 avril 1847.	Les 25 premiers chapitres sont ceux de l'édition Pétion, les 20 suivants suivent la scansion du *Constitutionnel* (à partir de son chapitre XI).	
L'édition en feuilleton de La Cousine Bette comptait 38 chapitres	*La Cousine Bette : 132 chapitres*	*La Cousine Bette : suppression des chapitres*	*La Cousine Bette : suppression des chapitres*

TAB. 1 – Versions du *Cousin Pons*.

Ce tableau mérite quelques commentaires. En ce qui concerne la publication dans *Le Constitutionnel*, on peut observer une solidarité quasi totale entre feuilletons et chapitres, c'est-à-dire que chaque numéro du journal ne contient qu'un chapitre, à la seule exception de la 5e livraison, qui en contient deux ; la dernière présente enfin une conclusion non numérotée. L'édition « originale » chez Pétion[2], qui regroupe *Les Parents pauvres*, compte en tout douze tomes, dont environ cinq et demi pour *Le Cousin Pons*, car la typographie est très aérée, et surtout parce que les chapitres sont plus que doublés : si l'on considère aussi la conclusion, on passe de 31 à 78 (pour *La Cousine Bette* l'amplification des chapitres a été encore plus spectaculaire, allant de 38 à 132). Un élément d'explication, sur lequel on reviendra, réside dans le fait qu'à chaque chapitre l'éditeur gagne en moyenne quatre pages en insérant le titre seul sur une belle-page suivie d'une page blanche, le texte commençant en bas de la nouvelle belle-page. La troisième version, publiée à nouveau en feuilleton dans le « Musée littéraire » du *Siècle*, compte 45 chapitres non titrés et simplement numérotés, plus une conclusion[3]. Comme le montre le tableau, cette édition constitue un montage des deux précédentes, si bien que les 25 premiers chapitres correspondent à ceux de l'édition Pétion, les 20 suivants à ceux du *Constitutionnel* : Balzac (ou son éditeur) mélange la logique de chapitrage des deux versions antérieures, créant ainsi un déséquilibre dans la structure du texte, dont les scansions sont plus fréquentes dans sa première moitié. Enfin, l'édition Furne des *Parents pauvres* supprime les chapitres et fait d'ailleurs commencer le texte du *Cousin Pons* à la suite immédiate de *La Cousine Bette*, dans la page de gauche et non dans une belle-page, le titre étant précédé de la mention « Second épisode[4] » : la solidarité devient ainsi plus marquée entre ces deux œuvres qui forment un ensemble (*Les Parents pauvres*), lui-même considéré comme un « chapitre » de *La Comédie humaine*.

Nous sommes devant le cas très rare d'une œuvre dont les multiples versions, de surcroît très rapprochées dans le temps, *présentent des scansions toujours différentes*. D'ailleurs, les plus grandes variantes entre ces quatre versions concernent précisément la division en chapitres, élément structurel sur lequel se concentre donc le travail de correction.

2 Éditeur quasi inconnu, Louis Pétion est vraisemblablement un prête-nom de Chlendowski, qui avait publié les six premiers tomes de cette même édition des *Parents pauvres*. Pétion fera faillite immédiatement après le début de la publication, causant quelques soucis financiers à Balzac (voir *Lettres à Madame Hanska*, Paris, Robert Laffont, coll. « Bouquins », 1990, t. II, p. 563, 572, 580 et 615).

3 Quelques commentateurs donnent le chiffre de 44 chapitres pour cette édition, à cause d'une erreur de numérotation du feuilleton dans les derniers chapitres, où l'on retrouve deux fois le numéro 43, puis le numéro 44, pour un total effectif de 45 chapitres (suivis d'une conclusion).

4 Le frontispice de ce tome XVII de *La Comédie humaine* annonçait en revanche deux « parties ».

Il faudrait alors se demander quelle est la part de l'auteur dans cette affaire, question que l'on pourrait aussi théoriser afin de comprendre si le texte balzacien est « liquide », comme on dit aujourd'hui dans le domaine du numérique, c'est-à-dire qu'il s'adapte au changement de taille qu'impose son support, ou s'il repose plutôt sur une forme de modularité conçue par l'auteur.

D'une part, on pourrait penser que Balzac se prête au jeu des éditeurs, en étirant ou en compactant son texte pour respecter des impératifs commerciaux : ainsi, un même texte (*Les Parents pauvres*, en l'occurrence) peut faire douze tomes chez Pétion et un seul chez Furne. Marie-Ève Thérenty, spécialiste de la poétique du support, soutient cette thèse en donnant d'ailleurs l'exemple de l'édition Pétion :

> L'histoire éditoriale des romans de *La Comédie humaine* confirme ce constat. Balzac, homme du livre, est sensible aux arguments éditoriaux et s'adapte aux impératifs de support. Un Balzac peu rétif se prête alors à l'aération de ses romans en démultipliant tous les chapitres. En témoigne par exemple l'introduction complaisante de soixante-quinze chapitres dans l'édition Chlendowski de *Modeste Mignon* ou l'incroyable édition en douze volumes de *La Cousine Bette* [et du *Cousin Pons*, N.d.A.] réalisée par Chlendowski et Pétion. Balzac lie donc étroitement la division capitulaire au projet éditorial[5].

D'autre part, il est également possible de concevoir une sorte de « modularité » du chapitrage qui deviendrait un élément dynamique de la genèse de l'œuvre dans son devenir éditorial, comme le souligne toujours Marie-Ève Thérenty : la coupe du chapitre n'est pas, pour Balzac, « une articulation immanente de *La Comédie humaine* mais fait partie d'un dispositif poétique circonstanciel que l'on peut adapter à chaque support en ne s'interdisant pas d'ailleurs le degré zéro du chapitrage[6]. » La critique actuelle, particulièrement attentive à la question du support, imagine donc une influence réciproque entre le mode de publication et la structuration de l'œuvre, émettant l'hypothèse que Balzac aurait une conscience accrue de la modularité du chapitre et de ses possibilités poétiques, notamment à partir de la publication de ses

---

5 Marie-Ève Thérenty, « Chapitres et feuilletons : les scansions-fantômes de *La Comédie humaine* », dans Jacques Neefs et Takayuki Kamada (éd.), *Balzac et alii. Génétiques croisées*, publié en ligne sur le site du GIRB en 2012 (http://balzac.cerilac.univ-paris-diderot.fr/balzacetalii.html).

6 *Ibid.*

romans en feuilletons en 1836 ; Takayuki Kamada parle à ce propos de « la mise en place d'une chapitration très active, diversifiée », qui offre à son œuvre « une nouvelle donne avec différents modes d'articulation et de connexion transversales[7]. » Pour ma part, j'ai choisi d'apporter une contribution à ce débat en étudiant la modularité des chapitres dans les deux premières versions du *Cousin Pons*.

LA VALEUR DES TITRES (ET LEUR PATERNITÉ)

La comparaison entre le feuilleton du *Constitutionnel* et l'édition originale chez Pétion est logiquement la seule pertinente en ce qui concerne les chapitres, étant donné que le feuilleton du *Siècle* est un montage de ces deux versions, et que l'édition Furne supprime les chapitres. Le tableau suivant permet d'observer les modifications entre les deux premières versions.

Chapitres du *Constitutionnel*	Chapitres de l'édition Pétion
I. Un glorieux débris de l'Empire	I. Un glorieux débris de l'Empire II. Un costume comme l'on en voit peu
II. La fin d'un grand prix de Rome	III. La fin d'un grand prix de Rome IV. Où l'on voit qu'un bienfait est quelquefois perdu
III. Les deux casse-noisettes	V. Les deux casse-noisettes VI. Un homme exploité comme on en voit tant
IV. Une des mille jouissances des collectionneurs	VII. Une des mille jouissances des collectionneurs VIII. Où l'infortuné cousin se trouve très mal reçu IX. Une bonne trouvaille
V. Une des mille avanies que doit essuyer un pique-assiette	X. Une fille à marier XI. Une des mille avanies que doit essuyer un pique-assiette

7 Takayuki Kamada, « Modes de publication et poétique du chapitre chez Balzac », article téléchargeable à l'adresse https://core.ac.uk/download/pdf/154966356.pdf.

VI. Spécimen de portier (mâle et femelle)	XII. Spécimen de portier (mâle et femelle) XIII. Profond étonnement
VII. Un vivant exemplaire de la fable des *Deux pigeons*	XIV. Un vivant exemplaire de la fable des *Deux pigeons* XV. Une chasse au testament XVI. Un type allemand
VIII. Où l'on voit que les enfants prodigues finissent par devenir banquiers et millionnaires, quand ils sont de Francfort-sur-Mein	XVII. Où l'on voit que les enfants prodigues finissent par devenir banquiers et millionnaires, quand ils sont de Francfort-sur-Mein XVIII. Comment on fait fortune XIX. À propos d'un éventail
IX. Où Pons apporte à la Présidente un objet un peu plus précieux qu'un éventail	XX. Retour des beaux jours XXI. Ce que coûte une femme XXII. Où Pons apporte à la Présidente un objet un peu plus précieux qu'un éventail
X. Une idée allemande	XXIII. Une idée allemande XXIV. Châteaux en Espagne
XI. Pons enseveli sous le gravier	XXV. Pons enseveli sous le gravier XXVI. Le dernier coup XXVII. Le chagrin passe à l'état de jaunisse
XII. L'or est une chimère (paroles de M. Scribe, musique de Meyerbeer, décors de Rémonencq)	XXVIII. L'or est une chimère (paroles de M. Scribe, musique de Meyerbeer, décors de Rémonencq) XIX. Iconographie du genre brocanteur XXX. Où la Cibot commence sa première attaque
XIII. Traité des sciences occultes	XXXI. Beau trait de continence XXXII. Traité des sciences occultes XXXIII. Le grand jeu
XIV. Un personnage des Contes d'Hoffmann	XXXIV. Un personnage des Contes d'Hoffmann[8] XXXV. Où l'on voit que les connaisseurs de peinture ne sont pas tous de l'Académie des Beaux-arts
XV. Ragots et politique des vieilles portières	XXXVI. Ragots et politique des vieilles portières XXXVII. Où l'on voit l'effet d'un beau bras XXXVIII. Exorde par insinuation

8 Dans le feuilleton, le début de ce chapitre se trouvait environ une page plus tôt, après les mots « a dit Shakespeare » (p. 180 de l'édition GF).

XVI. Corruption parlementée	XXIX. Corruption parlementée XL. Assaut d'astuce XLI. Où le nœud se resserre
XVII. Histoire de tous les débuts à Paris	XLII. Histoire de tous les débuts à Paris XLIII. Tout vient à point à qui sait attendre
XVIII. Un homme de loi	XLIV. Un homme de loi XLV. Un intérieur peu recommandable XLVI. Consultation non gratuite
XIX. Le fin mot de Fraisier	XLVII. Le fin mot de Fraisier XLVIII. Où la Cibot est prise dans ses propres filets
XX. La Cibot au théâtre	XLIX. La Cibot au théâtre L. Une entreprise théâtrale fructueuse LI. Châteaux en Espagne
XXI. Le Fraisier en fleurs	LII. Le Fraisier en fleurs LIII. Conditions du marché
XXII. Avis aux vieux garçons	LIV. Avis aux vieux garçons LV. La Cibot se pose en victime
XXIII. Où Schmucke s'élève jusqu'au trône de Dieu	LVI. La part du lion[9] LVII. Où Schmucke s'élève jusqu'au trône de Dieu
XXIV. Les ruses d'un testateur	LVIII. Un crime punissable LIX. Les ruses d'un testateur
XXV. Le testament postiche	LX. Le testament postiche LXI. Profond désappointement
XXVI. Où la femme sauvage reparaît	LXII. Première catastrophe LXIII. Proposition fallacieuses LXIV. Où la femme sauvage reparaît
XXVII. La mort comme elle est	LXV. La mort comme elle est LXVI. Sensibilité d'une garde-malade LXVII. Où l'on voit qu'il n'y a que les morts qu'on ne tourmente pas
XXVIII. Continuation du martyre de Schmucke, où l'on apprendra comme l'on meurt à Paris	LXVIII. Où l'on apprendra comme l'on meurt à Paris LXIX. Un convoi de vieux garçon LXX. La mort est un abreuvoir pour bien des gens à Paris

9 Dans le feuilleton, le début du chapitre « Où Schmucke s'élève jusqu'au trône de Dieu » se trouvait environ une page plus loin, après les mots « entreprendre le commerce en grand… » (p. 282 de l'édition GF).

XXIX. Où l'on voit que ce qui s'appelle ouvrir une succession, consiste à fermer toutes les portes	LXXI. Pour ouvrir une succession, on ferme toutes les portes LXXII. Du danger de se mêler des affaires de la Justice LXXIII. Apparition des trois hommes noirs
XXX. Les fruits du Fraisier	LXXIV. Les fruits du Fraisier LXXV. Un intérieur peu confortable LXXVI. Où le Gaudissart se montre généreux
Conclusion	LXXVII. Manières de rattraper une succession Conclusion

TAB. 2 – Comparaison des titres des chapitres.

La première donnée factuelle est que l'on retrouve dans l'édition Pétion tous les titres de chapitre du feuilleton, sans exception aucune et avec deux seules variantes par abréviation (« Continuation du martyre de Schmucke » est supprimé au début du chapitre XXVIII) ou par synthèse au chapitre XXIX. Les chapitres originaux sont régulièrement fragmentés, le plus souvent divisés en deux, mais parfois aussi en trois nouveaux chapitres dans l'édition Pétion. Le titre original du chapitre se trouve d'habitude en tête du nouveau groupement, à l'image des quatre premiers chapitres ; plus rarement, il est intégré en deuxième ou troisième position, comme c'est le cas du chapitre V, qui donne lieu à deux chapitres où le titre original intervient après un nouveau titre (même cas de figure aux chapitres IX, XIII, XXIV, XXVI, et dans la Conclusion).

Bref, l'opération consiste essentiellement à re-découper le texte initial en y ajoutant des chapitres et de nouveaux titres. On peut voir dans cette opération un exemple de la modularité du chapitrage qui permet de réaménager les scansions initiales du texte sans rien perdre de celles-ci. Exception faite – qu'il me soit permis ce détour qui relève du jugement de valeur – d'une perte stylistique, et par conséquent sémantique.

Pour résumer ma pensée de manière quelque peu abrupte : les titres du feuilleton sont généralement de l'ordre de la connotation, dans la mesure où ils apportent du sens et s'ouvrent à l'interprétation ; alors que les titres ajoutés dans l'édition Pétion relèvent de la dénotation, et ne font qu'indiquer assez platement leur contenu.

Pour ce qui est du premier cas, on peut prendre l'exemple du titre du chapitre VI, « Spécimen de portier (mâle et femelle) », qui renvoie sous un trait d'ironie à cette obsession taxinomique propre au roman balzacien : elle consiste à définir des types humains et à les étudier « scientifiquement » selon les paradigmes de la zoologie, c'est-à-dire en les traitant comme des espèces – d'où la parenthèse « mâle et femelle », qui introduit précisément une distanciation ironique. Le titre est à la fois dénotatif (il s'agit en effet de présenter le couple Cibot) et connotatif, car il fait référence à un mode d'appréhension du réel autant qu'à une poétique du roman, aussitôt mise en doute par l'ironie. De même, le titre du chapitre XII, « L'or est une chimère (paroles de M. Scribe, musique de Meyerbeer, décors de Rémonencq) », introduit un trait comique par l'association des deux auteurs réels de l'opéra *Robert le Diable* (très apprécié de Balzac, et dont le titre du chapitre est d'ailleurs une citation) et du personnage fictif de Rémonencq, comble de la trivialité. Mais au-delà de ce contraste qui prête à rire, le titre contribue à la caractérisation du personnage en renvoyant à la cupidité du brocanteur, et surtout annonce en filigrane la suite du roman : si pour Balzac le monde est un théâtre (et *vice versa*), son démiurge est moins l'auteur (librettiste ou compositeur en l'occurrence) que celui qui s'occupe du décor, qui en connaît l'endroit et l'envers (où se trouve la vérité, si l'on filait la métaphore balzacienne), qui actionne les ressorts cachés et les machines sous les planches. D'une certaine manière, ce titre nous suggère que Rémonencq sera le *machiniste* du roman.

Dans cette édition en feuilletons, il me semble que même les titres les plus convenus, qui renvoient à des modèles du siècle précédent, gardent une portée connotative et herméneutique : c'est le cas du titre descriptif d'un personnage, comme le premier introduisant Pons, « Un glorieux débris de l'Empire », qui se fonde à l'aide d'un oxymore sur le contraste significatif entre le gloire du passé et la déchéance du présent ; ou des titres-sommaires, qui donnent un résumé narratif souvent veiné d'ironie, comme celui du chapitre VIII, « Où l'on voit que les enfants prodigues finissent par devenir banquiers et millionnaires, quand ils sont de Francfort-sur-Mein ».

Or, les titres ajoutés dans l'édition Pétion sont, de toute évidence, d'une moindre valeur sémantique, voire d'une grande platitude. Les titres descriptifs du personnage deviennent purement connotatifs, comme le chapitre X, « Une fille à marier », ou XVI,

« Un type allemand » ; de même pour les indications spatiales, par exemple, des chapitres XLV, « Un intérieur peu recommandable » et LXXV, « Un intérieur peu confortable ». Surtout, les titres-sommaires se multiplient en perdant toute charge ironique, comme dans le cas du chapitre VIII, « Où l'infortuné cousin se trouve très mal reçu », qui correspond au passage, capital dans l'œuvre, où Pons est effectivement très mal reçu par sa cousine qui le chasse de chez elle… Le sommaire, ici comme ailleurs, dit simplement ce qui se passe dans le chapitre. Par ailleurs, l'indéfini « on » devient omniprésent dans ces titres narratifs (on retrouve « on voit » dans les trois premiers titres ajoutés) et concourt à cet effet de platitude, sorte de « degré zéro » du chapitrage.

Cette banalité accrue et généralisée que montrent les titres de l'édition Pétion pourrait même jeter un doute sur la paternité balzacienne de ceux-ci. Auraient-ils été ajoutés par l'éditeur, soucieux d'étirer le texte pour augmenter le nombre des pages, et des tomes ? En l'absence de témoignages, car la correspondance est muette à cet égard, cette hypothèse ne peut que rester à l'état de conjecture, même si l'écart stylistique entre les deux séries de titres est patent et que, de surcroît, la troisième version du texte garde les scansions des deux premières mais par une simple numérotation : les titres sont donc supprimés même avant l'édition Furne, par un choix peut-être auctorial. Soulignons enfin qu'une erreur grossière s'est glissée dans l'édition Pétion, car le titre – très stéréotypé – « Châteaux en Espagne » revient à deux reprises, aux chapitres XXIV et LI : signe que cette édition a été pour le moins peu relue et contrôlée par l'auteur…

LA PLASTICITÉ DU TEXTE

Ce qui frappe, cependant, dans l'analyse de ce chapitrage mobile entre les deux premières versions du texte, c'est le bon agencement des coupes et des transitions, moins dans le sens de la « mise en suspens » typique du feuilleton, que Balzac pratique mal, qu'en termes de transitions logiques.

Prenons l'exemple du chapitre III du feuilleton, « Les deux casse-noisettes », qui donne lieu à deux chapitres dans l'édition Pétion, numérotés V et VI, le premier gardant le titre original, le second en introduisant un nouveau, « Un homme exploité comme on en voit tant ». Le tableau des différentes versions permet d'observer cette coupe :

Constitutionnel	Pétion	« Musée littéraire » du Siècle	Furne
Depuis la réunion de ces deux vieillards, leurs occupations, à-peu-près semblables, avaient pris cette allure fraternelle qui distingue à Paris les chevaux d'un fiacre. Levés vers sept heures du matin en été comme en hiver, après leur déjeûner ils allaient donner leurs leçons dans les pensionnats où ils se suppléaient au besoin. Vers midi, Pons se rendait à son théâtre, quand une répétition l'y appelait, et il donnait à la flânerie tous ses instans de liberté. Puis les deux amis se retrouvaient le soir au théâtre où Pons avait placé Schmucke. Voici comment.	Depuis la réunion de ces deux vieillards, leurs occupations, à peu près semblables, avaient pris cette allure fraternelle qui distingue à Paris les chevaux d'un fiacre. Levés vers les sept heures du matin en été comme en hiver, après leur déjeûner ils allaient donner leurs leçons dans les pensionnats où ils se suppléaient au besoin. Vers midi, Pons se rendait à son théâtre quand une répétition l'y appelait, et il donnait à la flânerie tous ses instants de liberté. Puis les deux amis se retrouvaient le soir au théâtre où Pons avait placé Schmucke. Voici comment :	Depuis la réunion de ces deux vieillards, leurs occupations, à peu près semblables, avaient pris cette allure fraternelle qui distingue à Paris les chevaux de fiacre. Levés vers les sept heures du matin en été comme en hiver, après leur déjeuner ils allaient donner leurs leçons dans les pensionnats où ils se suppléaient au besoin. Vers midi, Pons se rendait à son théâtre quand une répétition l'y appelait, et il donnait à la flânerie tous ses instants de liberté. Puis les deux amis se retrouvaient le soir au théâtre où Pons avait placé Schmucke. Voici comment :	Depuis la réunion de ces deux vieillards, leurs occupations, à peu près semblables, avaient pris cette allure fraternelle qui distingue à Paris les chevaux de fiacre. Levés vers les sept heures du matin en été comme en hiver, après leur déjeuner ils allaient donner leurs leçons dans les pensionnats où ils se suppléaient au besoin. Vers midi, Pons se rendait à son théâtre quand une répétition l'y appelait, et il donnait à la flânerie tous ses instants de liberté. Puis les deux amis se retrouvaient le soir au théâtre où Pons avait placé Schmucke. Voici comment.

Au moment où Pons rencontra Schmucke, il venait d'obtenir, sans l'avoir demandé, le bâton de maréchal des compositeurs inconnus, un bâton de chef-d'orchestre !	Un homme exploité comme on en voit tant [saut de page] VI. Au moment où Pons rencontra Schmucke, il venait d'obtenir, sans l'avoir demandé, le bâton de maréchal des compositeurs inconnus, un bâton de chef-d'orchestre !	VI. Au moment où Pons rencontra Schmucke, il venait d'obtenir, sans l'avoir demandé, le bâton de maréchal des compositeurs inconnus, un bâton de chef-d'orchestre !	Au moment où Pons rencontra Schmucke, il venait d'obtenir, sans l'avoir demandé, le bâton de maréchal des compositeurs inconnus, un bâton de chef-d'orchestre !

TAB. 3 – Comparaison chapitres V-VI.

Comme on peut le constater, la nouvelle scansion est introduite après l'expression typiquement balzacienne « Voici comment », qui annonce une explication des causes par un retour en arrière chronologique. La coupe s'effectue donc d'une manière très naturelle, soit par l'ajout d'un titre de chapitre doublé d'un chiffre et avec un saut de page, qui fait « attendre » la suite déjà annoncée ; soit, dans le feuilleton du « Musée littéraire » du *Siècle*, dans la même page, par la simple indication du chiffre. La variante introduite dans ces deux versions, qui remplace le point, après « Voici comment », par les deux points, contribue à créer un effet de continuité. Enfin, l'édition Furne, par la suppression de tous les chapitres, nous fait revenir exactement à l'état initial.

Cet exemple microscopique témoigne de la complexité de la genèse éditoriale chez Balzac, en même temps qu'il montre la modularité du texte. Pour reprendre la métaphore évoquée plus haut, il me semble que si le texte balzacien s'adapte facilement aux changements de supports, c'est moins en vertu d'une *liquidité* (toujours au sens actuel du numérique) qui lui ferait subir des modifications de taille du support même, que d'une extraordinaire *plasticité* : c'est-à-dire que ses changements de forme relèvent d'une volonté auctoriale, et sont possibles car le texte est, dès sa conception, « ponctué ». Je veux dire par là que la poétique de la composition propre à Balzac rend explicites et visibles

les « soudures », ces relations qui tissent le texte et qui marquent à la fois des lignes de partage, comme l'avait montré Lucien Dällenbach[10]. Le « voici comment », ou globalement le retour en arrière à fonction explicative, fonctionne comme un seuil à double sens qui unit et sépare et qui permet d'insérer « naturellement » un titre de chapitre là où à l'origine il n'y en avait pas, et ensuite de l'enlever.

Ces relations qui permettent la plasticité du texte sont d'ordre causaliste (comme dans l'exemple choisi), mais aussi logique (notamment dans la suite des actions), spatio-temporel (dans l'agencement des parties narratives et descriptives) ou analogique (dans le lien entre le particulier et le général). On sait que Barthes, dans *S/Z*, dénonçait cet aspect du roman balzacien comme exemple d'une catégorie démodée, le texte « lisible », où tout se tient et s'enchaîne par des soudures qui empêchent la participation du lecteur ; en même temps qu'il admirait précisément la mobilité plastique de cette organisation qui permet au texte de revêtir des formes multiples, de se présenter à la fois comme tresse, partition, étoilement. Le cas du chapitrage du *Cousin Pons* participe de cette plasticité dans la mesure où les scansions sont mobiles *sans être arbitraires*. Dans le passage du feuilleton à l'édition Pétion, on pourrait multiplier les exemples d'ajouts de chapitres qui s'effectuent de manière logique, et que je ne fais ici qu'indiquer au lecteur : le chapitre XI du feuilleton est scindé en deux chapitres, la scansion se faisant au moyen d'une indication temporelle qui établit à la fois une rupture et une continuité (p. 150 de l'édition GF) ; les deux nouvelles scansions du chapitre XVI du feuilleton sont marquées par des suites logiques dans l'ordre des actions (208 et 211) ; la deuxième scansion du chapitre XVIII du feuilleton relève de la relation causale, la portière de Fraisier annonçant à la Cibot qu'elle trouvera, dans la description de l'appartement qui suit, la réponse à ses questions (229).

Pour conclure, on peut affirmer que si l'organisation des chapitres diffère remarquablement entre les deux premières versions du texte (tout comme la valeur stylistique des titres…), elle n'a cependant rien de fortuit : dans les deux cas, les scansions se trouvent justifiées grâce à la plasticité d'un texte qui sait changer de structure sans rien perdre de ses enchaînements.

---

10 Je renvoie à ses articles fondateurs sur la question du fragment chez Balzac (L. Dällenbach, « *La Comédie humaine* et l'opération de lecture », *Poétique*, 40, 1979 et 42, 1980).

Il n'en reste pas moins que, si le texte permet ce chapitrage plastique, la lecture n'est absolument pas la même selon les versions, comme le prouve le cas éditorial du *Cousin Pons* qui fait varier le nombre de chapitres de manière si considérable. De toute évidence, la division en 78 chapitres ramène le roman à la fois vers des modèles du siècle précédent (dans le choix des titres) et vers une littérature industrielle qui se coule dans les livres de petit format à la pagination très aérée, alors que la suppression des chapitres, et d'un grand nombre d'alinéas, confère au texte un caractère austère, voire décourageant pour la lecture.

Pour arriver à la fin de cette histoire éditoriale, il faut revenir sur la décision de supprimer les chapitres dans la monumentale édition Furne de *La Comédie humaine*, à propos de laquelle la critique est partagée entre l'hypothèse d'une soumission de l'auteur aux impératifs de l'éditeur, soucieux de réduire le nombre de tomes (ce qu'affirmait le bibliophile balzacien Spoelberch de Lovenjoul) et d'une décision délibérée de Balzac, qui la justifie d'ailleurs dans l'« Avant-propos ». La tradition critique plus récente montre que pour Balzac cette compacité du texte, fruit de la suppression des chapitres et d'un grand nombre d'alinéas, était une valeur et que la tentative de créer une œuvre complète justifiait ce changement de niveau des chapitres. Ajoutons à ce débat quelques autres raisons qui auraient pu inciter l'auteur à ce choix : la première est que la noblesse du format éditorial *in-octavo*, tout à fait inusuel pour le roman, nécessitait une grande austérité du texte ; la deuxième est que la légitimation du genre romanesque passait aussi par une lecture exigeante, obligée de défier un texte compact ne présentant aucun point de repère ; la troisième réside dans la volonté d'effacer les marques de narrativité typiques du feuilleton, à l'image des titres-sommaires des chapitres, afin d'affirmer une nouvelle vision du roman comme œuvre de connaissance.

Cependant, le texte de l'édition Furne ayant une grande compacité, forte est la tentation pour les éditeurs modernes de réintroduire des chapitres, contre le vœu de l'auteur. C'est le cas de l'édition que les agrégatifs doivent lire, qui donne la « lettre » de l'édition Furne, en respectant le principe philologique d'éditer le texte de la dernière version approuvée par l'auteur ; mais pour des raisons sans doute commerciales, ont été réintroduits tous les chapitres de l'édition Pétion. Nous avons là un « monstre » philologique dans lequel on lit le texte de la dernière édition mais avec les chapitres d'une version antérieure. Faudrait-il pour autant les effacer ? ou déchirer les pages du volume ? Il me semble au contraire que l'analyse de ce chapitrage mobile aura permis non seulement de décrire la genèse de l'œuvre dans son devenir éditorial, si important chez Balzac, mais aussi d'observer une poétique de la composition particulièrement dynamique en contribuant à créer un texte d'une grande plasticité, qui bouge tout en gardant la fermeté de ses liens : un texte qui, au fond, *résiste* aux entorses éditoriales.

Andrea Del Lungo

CENTRES DE GRAVITÉ, CENTRES D'ATTRACTION

Dans un roman, plus encore qu'au théâtre, le personnage semble en liberté *surveillée*. Plusieurs raisons peuvent expliquer cette impression. D'une part, le texte n'est pas tout entier recouvert par l'intrigue : celle-ci réfléchit ou laisse affleurer la patte de l'écrivain, d'une façon plus ou moins ostensible. D'autre part, le développement du héros et des seconds couteaux reste contraint, par le scénario lui-même mais aussi – en régime réaliste – par les hiérarchies constitutives de la société « à représenter ». Enfin, ce développement fait l'objet d'une appréhension qui n'est pas purement narrative : le lecteur y retrouve des codes, des schémas, toute une symbolique en un mot qui confère à telle ou telle donnée *syntagmatique* une portée *paradigmatique* ; Tzvetan Todorov voyait là, du reste, deux lignages littéraires distincts :

> Ce sont là deux types différents d'intérêts, et aussi deux types de récit. L'un se déroule sur une ligne horizontale : on veut savoir ce que chaque événement provoque, *ce qu'il fait*. L'autre représente une série de variations qui s'empilent sur une verticale ; ce qu'on cherche sur chaque événement, c'est *ce qu'il est*. Le premier est un récit de contiguïté, le second, de substitutions[1].

Les remarques qui suivent voudraient déterminer la part respective occupée par ces deux centres d'intérêt, dans *Le Cousin Pons*. Il s'agira ainsi d'étudier ce qu'accorde le « dernier Balzac » à ses créatures. Nous examinerons quelques principes gouvernant leur développement, expliquant leur consistance et leur envergure. Ces principes excèdent des questions d'ordre thématique : ils sont structurants. Mettant les personnages (et les péripéties) *en contact*, selon des modalités qui restent à observer, ils ont une incidence capitale sur la composition même du roman.

1 Tzvetan Todorov, *Poétique de la prose*, Paris, Seuil, 1971, p. 143 (nous soulignons).

DU ROMAN COMME TOILE D'ARAIGNÉE

Sans doute la publication du *Cousin Pons* en feuilletons contribue-t-elle à dynamiser la « ligne horizontale » dont fait état Todorov. Centrées sur le héros et sa mystérieuse escapade, les pages initiales placent même le récit sous le signe d'une véritable tension narrative et d'une forme de *suspense*[2]. Pourtant, les personnages successivement rencontrés par le lecteur sont très vite identifiés par lui (mais *pas* par le héros éponyme, trop naïf) en fonction de leur position respective. Ils dessinent une configuration, dont le caractère mouvant constitue d'ailleurs un défi lancé à l'analyse structurale. Leur poids respectif et leur inégale influence en font, selon les cas et selon les chapitres, autant de centres de gravité et de satellites romanesques.

Pons et son histoire croisent deux formes de parasitismes. Le « cousin des cousins » (77) est d'abord le « pique-assiette[3] » des Camusot de Marville – situation littérairement plus rentable que ne l'est la seule gourmandise ; sans séduire personne, sans rien perturber, sans porter aucun masque[4], il se caractérise comme leur parasite et comme « une espèce d'égout aux confidences domestiques » (92). *Puis* « les riches eux-mêmes se mêlent de parasitisme[5] ». Retournement cruel, qui voit cette famille privilégiée en passe de « dépouiller un pauvre parasite[6] », Cécile aidant. Les positions respectives du héros et de sa « société » ainsi constituées, un certain nombre de circonstances et essentiellement de

2 « [Se produit] un effet de *suspense* quand, face à une situation narrative incertaine [...] dont l'interprète désire impatiemment connaître l'issue, il y a un retardement stratégique de la réponse » (Raphaël Baroni, *La Tension narrative. Suspense, curiosité et surprise*, Paris, Seuil, 2007, p. 99).

3 L'expression revient sept fois dans le roman. Voir Stéphane Gougelmann, « Une société d'écornifleurs. Le personnage du pique-assiette au XIXe siècle », *La Cuisine de l'œuvre au XIXe siècle. Regards d'artistes et d'écrivains*, sous la direction d'Éléonore Reverzy et Bertrand Marquer, Strasbourg, Presses de l'Université de Strasbourg, 2013, p. 129-143.

4 Trois caractéristiques traditionnellement conférées au parasite. Voir le volume collectif intitulé *Figures du parasite*, sous la direction de Myriam Roman et Anne Tomiche, Clermont-Ferrand, Presses Universitaires Blaise Pascal, 2001, et tout particulièrement les p. 95-109 (Véronique Gély, « Le parasite et sa séduction ») et 111-132 (Corinne Saminadayar-Perrin, « Les théâtres du parasite »).

5 Plaute, *Stichus*, IV, 2.

6 Myriam Roman, « Sociétés de parasites », *Figures du parasite*, *op. cit.*, p. 173.

dysfonctionnements viennent compliquer la donne, retarder la victoire des Marville et étoffer le roman. Ces éléments sont autant de défis lancés au feuilletoniste, parce qu'ils s'avèrent situés sur des plans très différents. Parmi eux, se présente d'abord au lecteur l'intrigue de la « fille à marier » (91). Une intrigue fort peu nécessaire, d'un point de vue narratif, et quasiment abandonnée par Balzac passé le chapitre XXVI. Son tissage paraît toutefois structurant : c'est en transformant le parasite en metteur en scène ou en chef d'orchestre que le roman « entre en collection » (comme on entre au couvent) ; la collection à léguer, la collection initialement présentée comme un prétexte à la rencontre de Cécile et de Fritz[7] (132) : « Voilà deux affaires en train » (138)…

Pour que le roman existe, c'est-à-dire désormais pour qu'il soit *occupé* par la « chasse au testament » (106), une autre condition s'avère indispensable. (Et nous verrons qu'elle aussi a des conséquences notables sur la constitution des personnages en système.) Tel Raphaël de Valentin dans *La Peau de chagrin*, Pons *doit* mourir à petits feux – et d'une façon telle, qu'il gratifie ses meurtriers d'un legs… reconnaissant. Le crime à lui tout seul ne suffirait pas. La bienveillance du cousin non plus. Pour ménager les deux pendants de ce paradoxe, Balzac ne dispose alors que d'une solution : disjoindre les causes et les conséquences des blessures affectant Pons ; faire que celles-ci ne soient pas imputables à leurs auteurs, qu'elles ne semblent pas *provoquées* par eux, et idéalement qu'elles poussent la victime dans leurs bras. Elles doivent *faire* événement, si l'on peut dire. Et le roman, devenir structurellement « ironique ». Le premier des « grain[s] de sable invisible[s] » (72), le premier des « gravier[s] introduit[s] dans le cœur de Pons » (105), c'est précisément l'intrigue secondaire évoquée plus haut – qui tourne d'ailleurs si mal pour le héros[8] qu'elle joue en défaveur des Marville (ils disparaissent du paysage pendant une cinquantaine de chapitres). Notons que l'image reparaîtra à la fin du roman à propos de Schmucke (« [il] prit le papier, le lut, et en se voyant traité comme il l'était […], il reçut un coup mortel. Ce gravier lui boucha le cœur », 380) – signe qu'une relève ou qu'une forme de substitution s'est produite.

7 Tel est ce que « fait » au roman l'histoire de Fritz Brunner et de Wilhem Schwab (chap. XVI-XVIII). Concernant ce qu'elle « est » (voir la distinction proposée par Todorov), nous renvoyons à la troisième « partie » du présent article.

8 « Sans cette rupture il serait gai comme un pinson » (265), indique crument Fraisier.

À considérer *Le Cousin Pons* d'un point de vue « fonctionnaliste » ou structural, une troisième nécessité – complémentaire – se fait jour. Elle consiste à *activer* le centre de gravité qu'est l'heureux possesseur de la collection. Sans résistance de sa part, le roman resterait une courte nouvelle et ne laisserait jamais aucun espoir au lecteur. Cette activation et cette résistance, entravant pour partie les menées adverses et relançant l'intérêt romanesque, reposent sur trois leviers. D'une part, le collectionneur est périodiquement « réveillé par l'instinct de la conservation de son trésor » (285), « comme un éclair zèbre un ciel orageux » (288). D'autre part, son « don de bien voir » (302) est converti par Balzac en lucidité et en défiance (Pons « devenu défiant », 170 ; sa « défiance [...] devenue absolue », 300). Enfin, une quinzaine de pages sont consacrées aux « ruses [du] testateur » (titre du chap. LIX) : alors que la terre d'accueil du parasite « traditionnel » est habituellement l'espace de cruelles révélations, c'est la collection elle-même qui devient ici un théâtre ; le théâtre d'un piège et d'un flagrant délit ; un théâtre dont le personnage de Schmucke (à déciller) et la figure du lecteur (à conforter) sont les deux destinataires. Comme l'écrit Corinne Saminadayar-Perrin, « le théâtre réalise idéalement l'espace de conversion où le parasite, opérateur de vérité, fait basculer le rapport scène/coulisse[9]. »

La charpente du récit et la distribution des personnages évoluent au rythme d'un dernier paramètre, essentiel : Balzac met aux prises *deux* ensembles de prédateurs. Il associe ainsi au schème de la « persécution » celui de la « rivalité », également chers au roman populaire[10]. Une fois « la famille déshéritée » (346), temporairement en tout cas, le trio de la rue Fontaine prend le relais et tient la corde dans la « course à la succession » (239) : la Cibot, Rémonencq et Magus sont les « oiseaux de proie » (285) qui reconfigurent le roman. Notons qu'il s'agit là des pierres angulaires d'une alliance elle-même « intestinement agitée[11] » : se greffe en effet sur ces « personnages patibulaires » (284) un couple, un nouveau couple, inquiétant celui-là, qui fera revenir la famille (elle-même réticulée) dans le jeu et qui mettra ainsi en contact le « haut »

9 Corinne Saminadayar-Perrin, art. cité, p. 125.

10 Voir Lise Queffélec, *Naissance du roman populaire moderne à l'époque romantique. Étude du roman-feuilleton de « La Presse » de 1836 à 1848*, Thèse de Doctorat sous la direction de Madeleine Ambrière-Fargeaud, Université Paris-IV, 1983, t. II, p. 215-230.

11 Balzac, *La Vieille fille*, La *Comédie humaine*, Paris, Gallimard, coll. « Bibliothèque de la Pléiade », t. IV, 1976, p. 879 [désormais *CH* suivi de l'indication de tome et de page].

et le « bas » de l'échelle sociale (298). Il s'agit du duo Poulain-Fraisier. Couple pivotal – sa présentation enjambe d'ailleurs le roulement de tambours métadiscursif du chap. XLIII[12] – dès lors que l'avocat se retourne contre la Cibot et offre ses services à la présidente (au chap. LII), dont il devient « le couteau » (297). Tel Valenod dans *Le Rouge et le noir*, tel Rassi dans *La Chartreuse de Parme*, Fraisier est la clef de voûte du roman[13], décidant à lui seul de l'« odieuse captation » (376) opérée par la famille dominante[14].

À lui seul ? Sans doute pas. Bien des personnages lui sont connectés, par la bande, comme un « satellite[s] dans l'orbite de » sa « planète[15]. » Ainsi en est-il du petit monde de Mantes (Olivier Vinet, madame Vatinelle...), évoqué par lui au chap. LII ; cette évocation *intéressant* la présidente (266) est la pierre de touche d'un roman possible, que Balzac n'investit pas véritablement. Ainsi en est-il des connaissances de Fraisier (225), parmi lesquelles le notaire Trognon et la Sauvage : deux personnages-clés introduits *in situ*, conformément à la stratégie de l'entrisme et au jeu d'*influences* qu'exige le paradoxe évoqué plus haut. Le notaire[16] doit sa présence sur le théâtre des opérations à son nom (fort significatif), glissé subrepticement à l'oreille du collectionneur (300-301) ; signe parmi d'autres que *Le Cousin Pons* est le livre de l'« insinuation » (335). La Sauvage, quant à elle, cette domestique de l'avocat qui « vaut Fraisier lui-même » (324), n'est en position de « tramer une toile en fil de fer autour des deux musiciens, et de veiller sur eux comme l'araignée veille sur une mouche prise » (329), qu'en vertu de madame Cantinet, elle-même approchée par son médecin (le docteur Poulain), l'*alter ego*

12 « Ici commence le drame, ou, si vous voulez, la comédie terrible de la mort d'un célibataire livré par la force des choses à la rapacité des natures cupides qui se groupent à son lit, et qui, dans ce cas, eurent pour auxiliaires la passion la plus vive, celle d'un tableaumane, l'avidité du sieur Fraisier, qui, vu dans sa caverne, va vous faire frémir, et la soif d'un Auvergnat capable de tout, même d'un crime, pour se faire un capital. Cette comédie, à laquelle cette partie du récit sert en quelque sorte d'avant-scène, a d'ailleurs pour acteurs tous les personnages qui jusqu'à présent ont occupé la scène » (p. 225-226).

13 Anne-Marie Meininger note que son développement, sur le manuscrit, fut pourtant tardif (Honoré de Balzac, *Le Cousin Pons*, Paris, Garnier, 1974, p. 362-363).

14 Sur ce couronnement, voir Lucienne Frappier-Mazur, « Le discours du pouvoir dans *Le Cousin Pons* », *Balzac et « Les Parents pauvres »*, études réunies par Françoise Van Rossum-Guyon et Michiel Van Brederode, Paris, CDU-SEDES, 1981, p. 21-22.

15 *Le Curé de Tours*, *CH*, IV, p. 194.

16 *Le Cousin Pons* comporte en son sein quatre notaires. Trognon, Cardot, Berthier et Hannequin (le seul « vertueux », 307).

de Fraisier. Autant de « personnages-tampons » qui, à l'instar de la concierge[17] Mme Cibot[18], permettent d'entreprendre « par des moyens doux » (192) l'« attaque *ad testamentum* » (214) que l'on sait. Autant de personnages satellisés par l'avocat et par Balzac, dans un roman construit à la façon d'une « toile d'araignée » (240) ou d'une partition orchestrale aux lignes nécessairement complexes[19].

DES « CURIOSITÉS VIVANTES » (53)

Ces lignes directrices ne constituent pas de véritables *cadres*, ordonnant chaque chapitre à une configuration globale. Leur tracé, leurs arabesques contraignent si peu l'écrivain, que notre texte abonde en particularisations soudaines. Il accorde à certaines figures bien précises, selon les termes utilisés dans la préface des *Employés*[20], la possibilité de « sortir de leurs gaines pour sourire au passant ». Il permet au romancier « d'asseoir des manières de démons sur les gargouilles, de pendre quelques grosses physionomies grimaçantes entre deux supports. » La saillance ainsi accordée à ces physionomies présente des ressorts et des implications complexes – d'ordre à la fois esthétique, sociologique, psychologique et axiologique.

Elle implique d'abord une véritable théâtralisation. Avec force battements de tambour, les centres de gravité et les moments forts du récit sont surlignés par le narrateur, lui-même qualifié de « moraliste » (66), d'« historien » (97) ou de « peintre de mœurs » (283). Le roman devient un spectacle, à la faveur de procédés multiples ; le métadiscours, par exemple, ou les indications de régie de ce type : « [la Cibot] joue un

17 Voir Caroline Strobbe, « Concierge : la difficile (recon)naissance de la femme », *Romantisme*, n° 159, 2013/1, p. 135. La place nous manque pour situer plus précisément la place de la concierge dans le roman, et le rôle qu'y joue sa petite « pelote » (209, 245, 255).

18 Sur cette figure et sur ses avatars chez Balzac, voir André Lorant, *« Les Parents pauvres » d'Honoré de Balzac. « La Cousine Bette » et « Le Cousin Pons ». Étude historique et critique*, Genève, Droz, 1967, t. I, p. 245-248 ; et la « Postface » à l'édition du *Cousin Pons* procurée en « Folio » (Paris, Gallimard, 1973, p. 375-378).

19 Faut-il accorder une valeur particulière à la profession de Topinard, « la seule âme digne de Pons » (383) ? « Cet homme était un gagiste du théâtre, le garçon chargé de mettre les partitions sur le pupitre à l'orchestre » (346)...

20 *Les Employés*, *CH*, VII, p. 882.

si grand rôle dans le drame qui dénoua cette double existence, qu'il convient de réserver son portrait au moment de son entrée dans cette Scène» (72). Jouent un rôle comparable le recours au modèle théâtral, singulièrement à Molière (156, 164, 218, 318) et au «mélodrame[21] » (170, 353), aussi bien que l'usage du modèle pictural (89, 111, 188, 285, 313), conférant au *Cousin Pons* l'allure d'une galerie de portraits. Ces portraits – ceux de Pons (55-56), de la sœur de Rémonencq (161) ou de la Sauvage (230)... – transforment chaque «curiosité vivante» en «énormité à crever les yeux» (53-54) : ils participent d'une esthétique du grotesque, dont Ruth Amossy a très bien rappelé qu'elle n'atténuait pas mais *accentuait* la force pathétique et critique des scènes représentées, conçues comme des moments de révélation[22]. Du reste, les grimaces de la comédie sociale» (131) s'avèrent d'autant plus spectaculaires (parlures comprises), qu'elles servent un manichéisme apparent – opposant les «consciences pures» (80) ou les «gens de cœur» (142), aux «*hômes à face de digres*» (366)[23], caractérisés par leur infinie «scélératesse» (192, 380). Cette opposition déterminante[24], que nous aurons à nuancer, donne un singulier relief aux figures rencontrées par le lecteur.

De *qui* ou par *qui* le théâtre du *Cousin Pons* est-il alors peuplé, sociologiquement parlant? Passés «le dernier coup» du chapitre XXVI et la «dernière» promenade de Pons (154), l'accent est mis sur les passions «dont sont dévorées les professions infimes à Paris» (99). Les «gens

21 Ici, «le mélodrame est d'abord un mode d'intensification qui permet à la structure romanesque d'approcher l'excitation ouverte et le choc du drame théâtral» (Peter Brooks, *L'Imagination mélodramatique. Balzac, Henry James, le mélodrame et le mode de l'excès* [1976], Paris, Garnier, 2010, p. 178).

22 Ruth Amossy, «L'esthétique du grotesque dans *Le Cousin Pons*», *Balzac et «Les Parents pauvres»*, *op. cit.*, p. 145. Maurice Ménard considère que «Balzac donne à son lecteur la possibilité de prendre ses distances par rapport à des aventures qui l'empoignent», dans «un double mouvement d'investissement et de "déprise"» (*Balzac et le comique dans «La Comédie humaine»*, Paris, PUF, 1983, respectivement p. 14 et 75). Sur ce point, voir aussi Sandrine Berthelot, *L'Esthétique de la dérision dans les romans de la période réaliste en France (1850-1870). Genèse, épanouissement et sens du grotesque*, Paris, Honoré Champion, 2004, p. 10-13.

23 Au chapitre des comparants animaliers, le roman ajoute à l'image du tigre (166, 319, 364) celle – plus diabolique – du serpent (192, 238, 261, 285).

24 «L'opposition majeure, qui donne à l'œuvre sa signification profonde, c'est celle qui inspire *La Comédie humaine* tout entière, la grande antithèse romantique entre la Pureté et le Vice, l'Innocence et le Crime, les Anges et les Démons» (Bernard Guyon, «Préface» au *Cousin Pons*, *L'Œuvre de Balzac*, sous la direction d'Albert Béguin et de Jean A. Ducourneau, Paris, Le Club français du livre, 1954, t. X, p. 472).

du peuple » (formule employée huit fois[25]), « la basse classe » (296), les « classes inférieures » (255), les « classes populaires » (272), constituent dès lors l'essentiel du personnel romanesque. Non sans quelque rappel au modèle du genre : *Les Mystères de Paris*, d'Eugène Sue (1842-1843)... N'était leur bassesse morale, du reste, « le jeune avocat sans causes, le jeune médecin sans clients » (218), le brocanteur et la concierge apparaîtraient au lecteur comme les victimes d'un état social foncièrement détestable – et diagnostiqué de la sorte, on ne peut plus crûment :

> Partout, et en toute chose, éclate à Paris l'inégalité des conditions, dans ce pays ivre d'égalité. Cette immuable force des choses se trahit jusque dans les effets de la Mort. [...] En ceci, comme dans la répartition des impôts, le peuple, les prolétaires sans aide, souffrent tout le poids de la douleur. (334)

La fin du roman, plus particulièrement les chapitres LXXIV et LXXV, doit à ce titre être comparée à la descente aux enfers prolétariens du baron Hulot, dans *La Cousine Bette*, et aux formes prises par l'enquête sociale au cours des années 1830[26]. Balzac, en « docteur ès sciences sociales[27] » conduit ici le lecteur cité Bordin, au niveau de la Porte-Saint-Martin : un de ces « cancers », « une des verrues de Paris » où logent le pauvre Topinard et « le peuple des fabriques » (366). Le cadre de vie et l'intérieur de la famille du gagiste sont décrits par le menu, comme le firent par exemple Frégier, Buret et Villermé dans leurs enquêtes de 1840[28]. Ce n'est là qu'un exemple, choisi parmi d'autres. Mais une telle ethnologie des « familles de la classe inférieure » (368), justifiée par le portrait du « seul homme qui aimât Pons » (379), miroir inversé des pages consacrée aux Camusot de Marville, élargit considérablement le spectre de la représentation littéraire.

---

25 Aux pages 98, 176, 178, 201, 227, 266, 272 et 331.

26 Sur l'enquête sociale, voir notamment Louis Chevalier, *Classes laborieuses et classes dangereuses à Paris, pendant la première moitié du XIXe siècle* [1958], Paris, Hachette, 1984, p. 246-259 ; Michelle Perrot, *Enquêtes sur la condition ouvrière en France au XIXe siècle*, Paris, Microéditions Hachette, 1972 ; et Dominique Kalifa, « Enquête et culture de l'enquête au XIXe siècle », *Romantisme*, 2010/3, p. 3-23.

27 *La Cousine Bette*, *CH*, VII, p. 104.

28 Pour quelques éléments de comparaison, voir Jérôme David, « Régimes descriptifs du XIXe siècle : le typique et le pittoresque dans l'enquête et le roman », *Pratiques de la description*, sous la direction de Giorgio Blundo et Jean-Pierre Olivier de Sardan, Paris, éd. de l'EHESS, 2003, p. 185-210 ; ou Judith Lyon-Caen, « Enquêtes, littérature et savoir sur le monde social en France dans les années 1840 », *Revue d'histoire des sciences humaines*, n 17, 2007, p. 99-118.

Balzac ne s'arrête pas là. Dans le contexte qui est le leur, celui de la monarchie de Juillet, il confère ou il accorde à ses créatures des désirs de changement, d'ascension sociale, qui irriguent leurs « sales intrigues » (266). Soit qu'elles cherchent à « être sur le premier plan[29] », soit qu'elles expriment la « fureur d'être quelque chose[30] », elles croient dans l'« élasticité des destinées sociales[31] » ; certaines forcent le trait, surjouent la détresse et instrumentalisent la question sociale pour émouvoir leur interlocuteur (tel est le cas de la Cibot[32]) ; et toutes sont traversées par ce type de fantasme :

> Habitant en idée une commune aux environs de Paris, [la concierge] s'y pavanait dans une maison de campagne où elle soignait sa basse-cour, son jardin, et où elle finissait ses jours, servie comme une reine, ainsi que son pauvre Cibot, qui méritait tant de bonheur, comme tous les anges oubliés, incompris. (164)

Même projection de Balzac et du lecteur dans les projections (spatio-temporelles) de Rémonencq :

> Il voyait ainsi ses capitaux presque triplés, il pensait quelle excellente commerçante serait la Cibot et quelle belle figure elle ferait dans un magnifique magasin *sur le boulevard*. Cette double convoitise grisait Rémonencq. Il louait une boutique au boulevard de la Madeleine, il l'emplissait des plus belles curiosités de la collection de défunt Pons. Après s'être couché dans des draps d'or et avoir vu des millions dans les spirales bleues de sa pipe, il se réveillait face à face avec le petit tailleur, qui balayait la cour, la porte et la rue au moment où l'Auvergnat ouvrait la devanture de sa boutique et disposait son étalage[33]. (256)

---

29 *Modeste Mignon*, *CH*, I, p. 518.

30 *Les Petits Bourgeois*, *CH*, VIII, p. 107.

31 Christèle Couleau, « Le pantographe, ou la société à géométrie variable », *Revue des Sciences Humaines*, n° 323, 2016-3, « Balzac et *l'homme social* », p. 71. Sur ce point, voir Boris Lyon-Caen, « Balzac e la lotta di posizione », *I personaggi minori. Funzioni e metamorfosi di una tipologia del romanzo moderno*, a cura di Stefania Sbarra, Pisa, Pacini Editore, « I libri dell'Associazione Sigismondo Malatesta », 2017, p. 85-98.

32 Par exemple aux p. 197-198 et 202. Ainsi présentée par Balzac, la « lutte pour la considération sociale » n'est pas nécessairement – comme voudrait le montrer Axel Honneth – un effet de l'idéal méritocratique et égalitaire et la conséquence d'une stigmatisation indue (voir *Ce que social veut dire. I. Le déchirement du social*, Paris, Gallimard, 2013, p. 16 ; *La Lutte pour la reconnaissance* [1992], Paris, Cerf, 2007, p. 150 ; et *La Société du mépris. Vers une nouvelle théorie critique*, Paris, La Découverte, 2008, p. 179 et 261).

33 Nous soulignons. Revenant plusieurs fois dans le roman (par exemple aux p. 162, 209, 321), l'expression « sur le boulevard » revêt le caractère (presque citationnel) d'une représentation figée.

Dernier *roman possible* : celui qui habite Fraisier[34] ; celui d'« une vie heureuse et bien rentée » (270), associée à la réussite de son *alter ego*, le docteur Poulain :

> Et, en revenant [...], il se laissait aller au cours de ce rêve d'or. Il se laissait aller au bonheur d'être à jamais hors du besoin ; il pensait à marier mademoiselle Vitel, la fille du juge de paix, à son ami Poulain. Il se voyait, de concert avec le docteur, un des rois du quartier, il dominerait les élections municipales, militaires et politiques. Les boulevards paraissent courts, lorsqu'en s'y promenant on promène ainsi son ambition à cheval sur la fantaisie. (300)

La « convoitise » (241) des personnages les plus cupides est ainsi arrimée à des représentations, à des croyances, à des rêves de *distinction* qui les situent dans l'espace social. Et qui les hiérarchisent, peut-être, dans l'esprit des lecteurs...

Cette hiérarchisation ne va pourtant pas de soi, tant Balzac complique les personnages mis au contact du cousin Pons. Il arrive que leur particularisation trouble la partition essentiellement binaire qui structure l'axiologie du roman. Tel est par exemple le cas de *« l'invâme Zibod ! »* (347) : même stratégiques, ses longues jérémiades peuvent susciter l'empathie du lecteur ; sa dénonciation des « gens sans entrailles » (202), sa théorie selon laquelle « tout le monde est de la canaille » (209), progressivement déconnectées de leur visée initialement intéressée, ne sont d'ailleurs pas très éloignées de la morale de la fable. Même la Sauvage ou Godeschal, situés dans le « mauvais » camp, se voient prêter des réactions et des qualifications qui redorent légèrement leur blason[35]. Balzac confère surtout à deux figures secondaires, *a priori* éloignées des intérêts de Pons et de Schmucke, sinon une ambiguïté, du moins une plasticité bien utile. Toutes deux *sortent* du monde du théâtre. La première, Héloïse Brisetout, lorsqu'elle prend fait et cause pour le malheureux héros, affirme d'ailleurs que son cas « n'est pas une affaire de théâtre, c'est sacré, ça, pour une artiste. » (308). Héloïse est à ce titre la réécriture ou la duplication de Josépha, ce personnage de *La Cousine Bette* qui se convertit au bien (au chapitre 104) et qui met ainsi en contact l'univers de la courtisanerie et celui de la conjugalité vertueuse. La seconde figure, Gaudissart, évolue – elle – au contact de Schmucke : c'est « pris de

34 Sur les ambitions de Fraisier, voir notamment les p. 240-241, 264, 270, 282 et 297.

35 Respectivement au chap. LXXIII et p. 347.

pitié pour cet innocent, [la] larme à l'œil » (372), qu'elle « pass[e] de son côté » (373)[36] ; le généreux discours qu'adresse le directeur du théâtre à la présidente, en faveur du pauvre Allemand (378), a d'ailleurs son importance : il contribue à retourner la présidente contre Fraisier et donc à modifier l'issue de la « course à la succession » (239). Voilà qui n'est pas sans conséquences sur le schéma actantiel : dans un roman où le héros lui-même reste marqué par certains vices, où son double carnassier (Élie Magus) est – pourtant – de « ceux dont l'âme est ouverte au beau idéal, au sentiment ineffable que cause la perfection dans l'art » (207), les personnages secondaires disposent souvent d'une valeur trouble et contribuent chacun, de près ou de loin, à redistribuer les cartes.

LA GALERIE DES GLACES

L'axe syntagmatique du récit est singulièrement étoffé dans *Les Parents pauvres*. Tout à sa faconde de feuilletoniste, Balzac l'enrichit d'une étonnante diversité de figures. Nous venons ainsi de rappeler, brièvement, pourquoi et comment le projecteur était braqué sur leurs particularités. Il convient alors de pointer le paradoxe suivant, qui permet peut-être d'apprécier l'originalité de la *composition* balzacienne : loin d'émietter le récit, loin d'égarer le lecteur, loin de valoir pour sa seule dimension pittoresque, la particularisation sert une réflexion globale et presque systématique. La « collection » est l'objet principal de cette réflexion, mais indique également une des formes ou un des visages qu'elle prend, dans le cadre plus général d'une poétique de la *variation*. Cette poétique intègre les unités consécutivement présentées, par quoi Saussure définissait l'axe syntagmatique[37], à des classes « paradigmatiques[38] » faisant

36 Ceci, après avoir cruellement rabroué Topinard (357-359) et signalé des ambitions peu reluisantes (250).

37 C'est « en vertu de leur enchaînement » que « deux ou plusieurs unités consécutives » constituent des syntagmes, à « caractère linéaire » (Ferdinand de Saussure, *Cours de linguistique générale*, Paris, Payot, 1967, p. 170).

38 Au sens linguistique du terme, un *paradigme* est constitué lorsqu'« une classe d'éléments » : peut être placée « à une même place de la chaîne » (Louis Hjelmslev, *Le Langage. Une introduction*, Paris, Minuit, 1966, p. 56).

résonner tout un jeu d'équivalences et de substitutions. Elle opère à des échelles elles-mêmes variées, qu'il convient de distinguer avec netteté.

À un premier niveau, la collection tient lieu pour Pons de succédané[39]. L'investissement libidinal que cristallise « l'héroïne de cette histoire » (381) a tout d'un déplacement. C'est là, à en croire l'archéologie extrêmement précise que nous en propose l'auteur du *Chef-d'œuvre inconnu*, « quelque chose d'équivalent » (57) à la passion amoureuse et à la sexualité, tenant essentiellement lieu de « compensation » (60) : le collectionneur « se [sent] au cœur l'amour de l'amant pour une belle maîtresse » et « [possède] son musée pour en jouir à toute heure, car les âmes créées pour admirer les grandes œuvres ont la faculté sublime des vrais amants » (62). Il est à noter que l'érotisation de la collection[40] ne vient pas seule : elle inscrit l'objet du désir dans une série, horizontale celle-là, dans une chaîne conférant à la gourmandise puis à l'amitié le même statut *transférentiel* : d'un côté, « la bonne chère et le Bric-à-Brac furent pour lui la monnaie d'une femme » (67)[41] ; de l'autre, la relation avec Schmucke procure « des jouissances presque égales à celles de l'amour » (290), les deux personnages masculins agissant « à la manière des amants » (70) ou « comme des amants » (104).

Mais le « Musée-Pons » (190) appartient à une deuxième série, *pour le lecteur* : la série des « *pric-à-prac* » (212) jalonnant le roman. Le héros éponyme lui-même apparaît, dès le premier chapitre, comme une véritable pièce de musée[42] : « un homme-Empire, comme on dit un meuble-

---

39 *Cf.* cette savoureuse tirade de Charlus, dans *Le Côté de Guermantes* : « Pour les meilleurs d'entre nous, l'étude des arts, le goût de la brocante, les collections, les jardins, ne sont que des ersatz, des succédanés, des alibis. Dans le fond de notre tonneau, comme Diogène, nous demandons un homme » (Marcel Proust, *Le Côté de Guermantes*, Gallimard, coll. « Folio », 1994, p. 275).

40 Sur l'articulation ainsi faite de l'érotique, de l'esthétique et de l'économique, voir Michael Lucey, *Les Ratés de la famille. Balzac et les formes sociales de la sexualité*, Paris, Fayard, 2008, p. 192-193.

41 Ruth Amossy y voit deux prises de possession comparables, deux phénomènes d'absorption également « source[s] d'un plaisir strictement personnel » (« L'esthétique du grotesque… », art. cité, p. 142).

42 Sur ce cas particulier, voir Philippe Hamon, *Imageries. Littérature et image au XIXe siècle*, Paris, Corti, 2007, p. 85. Philippe Hamon distingue quatre cas de figure, dans les relations que peuvent tisser la littérature et le musée : 1. le personnage visite un musée ; 2. il élabore un musée personnel ; 3. le personnage semble à lui seul un musée ; 4. « le texte lui-même devient Musée, se constitue comme Musée » (p. 86). Notons que le naïf Schmucke est également une sorte de « *biblot* » (206), lui dont le nom vient sans doute de l'allemand *schmuck* (« bijou ») : « un homme à empailler » (245), « à mettre sous verre » (378).

Empire » (55). Plus significatives sont bien sûr les collections (fictives) qui viennent *doubler* celle de Pons : la brocante de Rémonencq, présentée au chapitre XXIX (« Bientôt la boutique, un moment changée en *Crouteum*, passe au muséum », 161) ; et l'ensemble constitué par « le vieux tableaumane » (182) Élie Magus, présenté au chapitre XXXIV. Celui-ci a pu être interprété par la critique de deux manières différentes. Pour Pierre-Marc de Biasi, il fait exister « dans le roman un ailleurs, une autre authenticité symbolique de la collection [...], qui, à sa manière, "sauve" la meilleure partie de la collection Pons ; [...] une utopie de la collection inaliénable, [...] un arrière-monde mythique [...] ; Élie Magus associe à la fascination du mage ou du maître, l'efficacité du nouveau marchand[43]. » Pour Ruth Amossy, à l'inverse, ce dédoublement ou ce jeu de miroirs fait « grimacer » la collection de Pons – qualifiée du reste par la Cibot de « bataclan » (282, 335, 374) : « il [en] offre un répondant à la fois déformé et significatif [...], où s'affirme une ambivalence constitutive[44]. » Le découplage Pons-Magus, aussi bien d'ailleurs que la mise en partage de la naïveté (entre Pons et Schmucke) et de la méchanceté (entre les Camusot et les Poulain-Fraisier), placent le roman sous le signe de la variation.

Un troisième ensemble de variations apparaît aux yeux du lecteur, débordant le seul *thème* de la collection : il concerne les unités narratives qui composent l'histoire des scélératesses accablant Pons. Celles-ci manifestent en effet un savant jeu de miroirs. Le chapitre IX est à cet égard *la* « bonne trouvaille » de Balzac[45] : le héros, y relatant sa découverte d'un éventail ô combien précieux peint par Watteau, au sein d'un étui joliment enluminé lui-même placé dans un petit secrétaire, semble annoncer malgré lui – sur le mode de l'inversion – les intrusions et les pillages dont son musée sera le théâtre[46] : c'est « dans le cœur de la place » (190) que se jouera l'essentiel. Racontant comment il réussit à ruser en détournant l'attention du brocanteur, discours aidant, Pons donne aussi un avant-goût au lecteur des stratégies qu'emploieront les « personnages patibulaires » (284) pour parvenir à leurs fins. À considérer

43 Pierre-Marc de Biasi, « La collection Pons comme figure du problématique », *Balzac et « Les Parents pauvres »*, *op. cit.*, p. 73, n. 22. Même valorisation sous la plume de Pierre Barbéris, dans *Mythes balzaciens* (Paris, Armand Colin, 1972, p. 262).

44 Ruth Amossy, « L'esthétique du grotesque... », art. cité, p. 144.

45 Voir Boris Lyon-Caen, « Balzac et le coup de l'éventail : lecture du *Cousin Pons* », *Poétique*, n° 184, 2018-2, p. 195-204.

46 Respectivement aux chap. XXXVIII-XLI et LVI-LVII ; et aux chap. LV et LXII.

les épisodes à venir de l'escamotage des tableaux (ch. LV-LVII) et du « testament postiche » (ch. LX-LXI), *Le Cousin Pons* ressemble dès lors à un chiasme : les « tableaux capitaux » (288) subtilisés par les voleurs sont remplacés par des leurres (selon le même modèle du détournement de l'attention), d'une manière qu'inversera le héros en se faisant dérober à dessein un faux testament, pour piéger la Cibot (le discours prononcé devant notaire fonctionnant comme un appât, 303-304)[47]. Des escamotages en série, donc, scandés par trois chutes comparables : Pons tombant net, de surprise et d'émotion (210) ; la Cibot tombant net, de surprise et de frayeur (317) ; Schmucke tombant net, sous le choc de son ultime découverte (380). Notre roman est une galerie des glaces…

Cette galerie fait elle-même l'objet d'une réverbération narrative inattendue. Au sein du *Cousin Pons*, l'intrigue principale est comme *doublée* par une série d'intrigues secondaires qui l'éclairent d'un jour toujours différent. Distinguons ici deux types de modulations ou de variantes. Certaines d'entre elles appartiennent en propre au roman : l'histoire de Fritz Brunner et de Wilhem Schwab, aux chapitres XVI-XVIII[48] ; le lent assassinat de Cibot, au chapitre LVIII ; celui de Rémonencq, marqué d'une ironie tragique, au dernier chapitre… Mais d'autres variantes apparaissent en arrière-plan : signalées par Balzac ou par les personnages, elles sont censées appartenir au *passé* du récit. C'est l'exemple du coiffeur, au chapitre XXVIII, venant « corroborer celui que présente cette histoire » (157). C'est le « fait-Paris », soi-disant rapporté par la *Gazette des Tribunaux*, qui concerne l'« infernale combinaison » conçue par Magus et Abramko pour rendre leurs chiens plus féroces (185-186). C'est l'histoire des *Deux mules noyées*, que fait résonner l'hypocrite présidente à l'esprit de Fraisier (268). Ce sont les anecdotes relatées par la Cibot ou par Fraisier pour effrayer ou pour convaincre leurs interlocuteurs (233, 240) ; pensons ainsi au petit roman de « madame Sabatier » (194-195), apologue stratégique inventé de toutes pièces par la concierge, anamorphose sournoise de l'intrigue *voulue par*

47 « Testament postiche » lui-même soustrait par Fraisier, qui le remplace par une feuille blanche (216)…

48 Autre exemple de doublure, plus marginal : la relation de Rémonencq à sa sœur (161) et la relation du docteur Poulain à sa mère (221), évoquées à la faveur de repas très comparables (réécrivant du reste le « festin » que partagent maître Cornélius et sa sœur, dans une nouvelle rédigée quinze ans auparavant : *Maître Cornélius, CH*, XI, p. 1080-1081).

elle[49]... Toutes ces micro-fictions attestent un prurit narratif étonnant. Étonnant, mais constitutivement... *balzacien*.

Pareil étoilement du récit, en effet, transforme *Le Cousin Pons* en caisse de résonance de *La Comédie humaine* tout entière. Tel est le cinquième et dernier étage de la fusée. Nous avons jusqu'ici pu constater l'évidence suivante : si centres de gravité il y a, dans la personne de Pons et de sa collection, c'est parce qu'un nombre considérable de figures, de sentiments, de dispositifs, de micro-fictions se voient comme *satellisés* par eux. Or le phénomène d'aimantation ne s'arrête pas là. Notre roman-gigogne de 1846 *reclasse*, en les redistribuant, un très large éventail de motifs littéraires que Balzac a élaborés – et parfois recyclés – depuis 1830. Assortis d'innombrables personnages reparaissants[50], ces motifs trouvent ici, et pour la dernière fois dans la carrière du romancier, « chaussures à leurs pieds ». Vient ainsi se greffer sur le scénario de la « fille à marier » (91), cher aux premières *Scènes de la vie privée* (jusqu'à *Eugénie Grandet*), celui de l'« odieuse captation » (376) ou de l'accaparement (*cf.* par exemple *La Rabouilleuse*) ; un roman comme *La Vieille fille*, en 1836, les conjuguait déjà : le trésor que constitue Rose Cormon donnait lieu à la même concupiscence, à la même lutte des places que celles du *Cousin Pons*. De la même manière, le héros éponyme opère une synthèse entre les hommes à « idées fixes », les personnages d'esthètes et les figures de victimes qui jalonnent *La Comédie humaine* : en lui se cristallisent des souvenirs de Raphaël de Valentin, de Gobseck, de Balthazar Claës, de Frenhofer, de Gambara, du curé de Tours, de Chabert, de Goriot, etc. Un livre ne suffirait pas à préciser ce qu'il en est, dans le détail, de cet impressionnant palimpseste. Il faudrait d'ailleurs prendre la mesure des reclassements opérés entre les deux romans jumeaux – ou cousins – qui composent *Les Parents pauvres* (le premier d'entre eux, *La Cousine Bette*, étant également structuré autour de couples de personnages[51]) : Pons

49 À comparer, donc, au scénario divinatoire énoncé par madame Fontaine, au chapitre XXXIII. Sur ce chapitre, voir David Bell, « Statistical Thinking in Balzac : *Le Cousin Pons* », *SubStance*, vol. 23, n° 2 (74), 1994, p. 27-29.

50 Parmi lesquels Schmucke, Gaudissart, Mme Fontaine, Magus, Cardot... Des références explicites ou implicites sont aussi faites à Bianchon (218) et à Desplein (220), à Nucingen (182) et à du Tillet (103), à Esther et à Lucien (336), à Pierre Grassou (370) et à Josépha (106) – mis dès lors sur le même plan que des individus de chair et d'os. Crevel, par exemple, est « mort il y a quelques jours » (308)...

51 Où Balzac rencontre une structure chère au roman populaire. Voir Lise Queffélec, *Naissance du roman populaire moderne à l'époque romantique. Étude du roman-feuilleton de « La Presse »*

est une hybridation de Bette et de Hulot, de même que Bette est une hybridation de Pons et de Fraisier…

Balzac joue sur plusieurs tableaux, en somme. La place qu'il accorde aux principaux personnages semble *d'abord* déterminée par leur fonction. Leur saillance nous apparaît *ensuite*, à la faveur des stratégies qui les particularisent. Seules ces stratégies permettent de les caractériser, *enfin*, selon leur signification : celle-ci tient à une pensée et à une poétique de la variation, singulièrement féconde en termes de composition romanesque. La cohabitation heureuse de ces différents plans s'explique elle-même par le statut du *Cousin Pons*, tout à la fois roman-feuilleton et *terminus* de *La Comédie humaine*, « course à la succession » (239) et réflexion sur l'art : elle célèbre en retour, ou par la bande, la force d'attraction du fait littéraire.

Boris LYON-CAEN

de 1836 à 1848, *op. cit.*, t. I, p. 118-120 (« Le héros dédoublé »).

FICTION DE L'ONOMASTIQUE DANS *LE COUSIN PONS*

Tout dernier roman achevé de Balzac à être publié, *Le Cousin Pons* dans le domaine de l'onomastique capitalise un grand nombre de noms de personnages. Le procédé du retour y est très actif, mais pas à un tel degré cependant que dans *Splendeurs et misères des courtisanes* dont la quatrième partie, *La Dernière Incarnation de Vautrin*, est contemporaine de *Pons*. Cela tient à ce que le roman de *Splendeurs et misères* a des racines très anciennes, Jacques Collin (*alias* Vautrin) remonte au *Père Goriot* (1834-1835) et Corentin au *Dernier Chouan* (1829). S'il y a beaucoup de personnages reparaissants dans *Le Cousin Pons*, il y a encore plus de personnages apparaissants, de nouveaux venus, à commencer par le personnage éponyme[1].

La question à se poser à leur propos, qu'il s'agisse des personnages reparaissants ou des personnages apparaissants, est non pas tant leur identité que leurs noms mêmes. Très souvent, en effet, un personnage, c'est d'abord un nom. Cela est évident en ce qui concerne les personnages reparaissants[2]. Certains d'entre eux jouent un rôle de premier plan, comme Camusot de Marville, mais la plupart ne sont là que sous la forme d'une mention de leur nom, qui renvoie à leur passé dans *La Comédie humaine*, et Balzac puise dans les listings qu'il a constitués au fil des années. En la circonstance, dans *Le Cousin Pons* il exploitera le listing des commerçants du Sentier. Mais comment procédera-t-il pour les nouveaux personnages ? Il lui faudra d'abord inventer des noms et ce n'est qu'alors que ces personnages acquerront une identité et deviendront des personnages composant « le personnel du roman[3] », pour participer

1 Gérard Gengembre dans son édition du roman, Paris, GF-Flammarion, 1993, p. 399 dénombre 166 personnages, dont 70 reparaissants, soit 96 nouveaux.

2 Là-dessus voir notre *Fabrique de « La Comédie humaine »*, Besançon, Presses universitaires de Franche-Comté, 2013, p. 89-112, en particulier p. 93-97.

3 Cette expression sert de titre à un ouvrage de Philippe Hamon, *Le Personnel du roman. Le système des personnages dans* les « *Rougon-Macquart* » *d'Émile Zola*, Genève, Droz, « Titre

à l'intrigue romanesque elle-même. Notre hypothèse est que c'est par l'invention de noms de personnages que Balzac crée des personnages et que l'onomastique est le point de départ de l'activité romanesque, pour autrement dire de la mise en mouvement du roman.

Notre propos sera d'étudier le système que ces personnages forment entre eux. Ce système peut s'appréhender d'un point de vue dramatique et actantiel, mais ce n'est peut-être pas ce qui est le plus efficace. D'abord, une semblable approche risque d'être uniquement descriptive, elle risque surtout de ne pas rendre compte dans toute leur complexité des rapports que Balzac fait entretenir à ces personnages, et qui ne sont pas que dramatiques. Ils peuvent être aussi de nature poétique, en ce qu'ils engagent la poétique du roman, ou de nature fantasmatique, ou encore de nature sociocritique. C'est pourquoi nous envisagerons ce système des personnages à travers les noms de ces personnages ; l'onomastique sera notre « point de vue exclusif » (Baudelaire, *Salon de 1846*, ch. 1), il est celui, poserons-nous, qui « ouvre le plus d'horizons[4]. »

LE PERSONNEL DU ROMAN, LE SYSTÈME DES PERSONNAGES

Préalablement, nous commencerons pourtant par laisser de côté l'onomastique du *Cousin Pons*, en proposant une description dramatique et actantielle des personnages du roman, afin de montrer que ce point de vue est insuffisant et qu'il ne permet pas de dégager efficacement la poétique du roman. Disons que des romans qui précèdent *Le Cousin*

courant », 1998 [1983].

4 On peut se reporter à Claude Duchet, « De A à Z : Balzac faiseur de noms », *Magazine littéraire*, n° 373, février 1993, p. 48-51, qui ouvre de nombreuses pistes. Certaines d'entre elles ont été suivies brillamment par Isabelle Tournier dans son article « Traces, tracés et trajets des noms propres : la stratégie onomastique d'*Illusions perdues* », *in Illusions perdues*, José-Luis Diaz et André Guyaux dir., Paris, Presses de l'Université de Paris-Sorbonne, 2004, p. 245-256. Depuis lors, une thèse de doctorat (à paraître), « "Faire concurrence à l'état civil" : poétique des noms de personnages et esthétique réaliste dans *La Comédie humaine* de Balzac », a été soutenue à l'Université de Paris Ouest-Nanterre par Ada Smaniotto. De la même autrice, voir également « Le paradigme indiciaire dans *La Comédie humaine* : le cas de la cognomologie », *Études françaises*, vol. 49, n° 3, 2013, p. 103-118.

Pons, Balzac hérite principalement et même presque exclusivement des personnages appartenant à la tribu bourgeoise des Camusot-Popinot : le vieux Camusot, ancien amant de la Coralie d'*Illusions perdues*, devenu pair de France ; son fils Camusot dit de Marville, et Madame, née Thirion, dont les exploits sont racontés dans *Le Cabinet des Antiques* ou vont l'être dans la dernière partie de *Splendeurs et misères*, et leur fille unique, Cécile ; Anselme Popinot, l'ancien commis, aujourd'hui pair de France, ministre, qui a fait bien du chemin depuis ses débuts dans *César Birotteau* ; ainsi que tous ceux qui de près ou de loin leur sont apparentés ou gravitent autour d'eux comme les Cardot, Berthier, Lebas, Chiffreville, etc., tous bourgeois, commerçants de leur état, ou notaire (Berthier). Ils se sont constitués en dynastie et sont en train d'accéder à la noblesse louis-philipparde, ou bien en étant anoblis, comme Popinot, désormais comte, ou en s'inventant un patronyme noble, comme Camusot fils se faisant appeler Camusot de Marville et espérant sans doute devenir M. de Marville, et déjà désigné de ce nom par sa femme (298) ; sans oublier Gaudissard, qui doit à la faveur de Popinot et à leur vieille amitié la direction d'un théâtre.

Cette société ne suffit pas pour faire un roman, il faut d'autres personnages. Ce sera en premier lieu le malheureux Pons, jusqu'alors inconnu de *La Comédie humaine*, dont Balzac fera le cousin lointain et obscur – et pauvre – des Camusot, mais son introduction dans le petit monde des Camusot-Popinot n'est pas encore en soi suffisante : d'une part, ils peuvent se débarrasser de leur pique-assiette attitré, ce qu'ils font au début du roman, sans plus se soucier de lui ; d'autre part, il peut les déshériter, sans qu'ils puissent rien faire, étant donné que, dans ce scénario où il serait en conflit avec eux et eux avec lui, la manœuvre de captation de l'héritage ne serait même pas envisageable, du fait de l'absence de relations entre eux et lui et entre lui et eux, puisque le cousin pauvre aurait été renvoyé à sa solitude. C'est pourquoi il importe de créer un personnage qui fasse le lien entre les Camusot-Popinot et Pons. Ce personnage est Fraisier, l'homme de loi véreux qui habite le quartier où vit Pons. Non seulement, il mettra en relation les deux mondes des Camusot-Popinot et de Pons-Schmucke et sera l'artisan de la spoliation dont sera victime le casse-noisette survivant, mais il fera entrer dans le roman et mettre en mouvement tous les autres personnages du quartier de Pons, la Cibot, Poulain, Magus, Rémonencq, Mme

Fontaine, la Sauvage, etc. En amont, les Allemands Brunner, Schwab et Graff seront intervenus, préalablement, pour précipiter malgré eux dans la première partie du roman la chute de Pons lors de l'épisode du mariage raté de Cécile Camusot et de Brunner.

Cet agencement des personnages entre eux s'opère au moyen d'une généralisation de la métonymie qui se déploie en plusieurs chaînes. Première chaîne, la chaîne métonymique familiale : Camusot-Popinot-Pons ; deuxième chaîne, la chaîne métonymique professionnelle : Pons-Schmucke-Brunner ; troisième chaîne, la chaîne métonymique vicinale : Cibot-Rémonencq-Magus-Fraisier-Poulain. Ces trois chaînes se nouent entre elles pour proprement enchaîner les deux musiciens, Pons et Schmucke. Des déterminations secondaires viennent s'ajouter à ces réseaux métonymiques et donnent corps aux relations que les trois chaînes forment ensemble. Déterminations sociologiques, esthétiques, linguistiques, entre autres. Déterminations sociologiques : monde bourgeois/monde populaire ; argent/pauvreté. Déterminations esthétiques : monde bourgeois/monde artiste ; déterminations linguistiques : français/patois ou sabir. Ces différentes déterminations ne se superposent pas toujours, elles peuvent s'échanger, s'inverser. Par exemple, le cousin pauvre, l'artiste déclassé qu'est Pons est bien plus riche que ses parents ; le parler tudesque de Schmucke n'est pas celui de Rémonencq ou de la Cibot, et de son côté, l'Allemand Brunner parle un français parfait. Et ainsi de suite.

Chaînes métonymiques et déterminations secondaires contribuent à la mise en forme dramatique du roman, mais elles ne suffisent pas à le constituer en roman. À tout prendre, elles permettent son fonctionnement de roman, mais elles ne rendent pas compte du roman lui-même dans sa textualité et dans sa poétique. Elles forment une armature, solide et efficace, sauf que ce n'est qu'une armature. En continuant sur cette voie, on arriverait à l'idée que *Le Cousin Pons*, c'est *La Maison du chat-qui-pelote* (1830) et *César Birotteau* (1837) une quinzaine ou une dizaine d'années plus tard, les mutations historiques expliquant les nouvelles modalités de la représentation de la socialité romanesque, de « la société du roman[5] ». Ce n'est pas faux, mais ce n'est pas suffisant. Que les Camusot-Popinot tiennent aujourd'hui dans les années 1844-1846 le haut du pavé est dans l'ordre des choses et que ceux qui n'entrent pas

5 L'expression est de Claude Duchet.

dans leur système, comme Pons et Schmucke, soient exclus de leur sphère est également dans l'ordre des choses, mais cette exclusion elle-même n'est pas de nature seulement sociale ou sociologique, ou, au bout du compte, historique, « l'héroïne de cette histoire » (381) est la collection Pons, et ce qui constitue l'enjeu sociocritique de ce roman est la part de l'art à l'époque de la bourgeoisie triomphante, quand l'art devient une valeur économique et que l'esthétique est intégrée dans le circuit de la socialité bourgeoise[6].

Qu'a à faire l'onomastique dans cette configuration idéologique, politique, sociocritique de l'art à l'époque de la « modernité » ? rien d'autre que la constitution d'un espace romanesque où cette configuration puisse fonctionner, et dont l'élément central est le personnage nommé Pons. Toute notre étude consistera dès lors à montrer comment « Pons », avec des guillemets, est le nœud de la textualité du roman et que la construction de son nom est déterminante dans l'élaboration du texte.

L'INVENTION ONOMASTIQUE

Pour comprendre comment une société des noms s'invente dans *Le Cousin Pons*, quelques rappels sur l'onomastique balzacienne sont nécessaires. Celle-ci obéit à une loi de formation des noms propres qui relève d'un système. Elle ne se réduit pas à la création ponctuelle de noms au gré des romans, car ces noms forment un ensemble et c'est par rapport à un tel ensemble que les noms se sont mis à proliférer. Cet ensemble, il est possible de voir comment Balzac l'a découvert et peu à peu lui a donné forme. Il remonte au début des années 1830, très exactement quand Balzac envisage d'écrire en avril 1834 un roman intitulé *Histoire de la grandeur et de la décadence de César Birotteau [...]*, avec épigraphe, liste de personnages et liste des chapitres[7]. Une trentaine de pages sont écrites. Ce projet est laissé de côté, mais sera repris deux ans plus tard en

6 Qu'il suffise de renvoyer aux analyses décisives de Pierre Barbéris dans ses *Mythes balzaciens*, Paris, Armand Colin, 1972, p. 257-263.

7 Voir Balzac, *César Birotteau*, *in La Comédie humaine*, éd. sous la direction de P.-G. Castex, Paris, Gallimard, coll. « Bibliothèque de la Pléiade », 1976-1981, t. VI, p. 1122-1123.

1836, et le roman paraîtra en 1837. De ce premier *Birotteau* de 1834 est à retenir la liste des personnages : une petite société est mise en place ; parmi les personnages sont présents principalement des commerçants du Marais. Se remarquent particulièrement des personnages aux noms en [o], comme, évidemment, César Birotteau (il est le frère de l'abbé Birotteau du *Curé de Tours* en 1832), avec femme et fille (Madame et Césarine), Anselme Popinot, et Pillerault. Deux remarques. La première est que, pour la première fois, un personnage, l'abbé Birotteau, suscite l'apparition d'un personnage portant le même nom. Seconde remarque : ce nom de Birotteau se décline phoniquement en deux autres noms en [o], Popinot et Pillerault. Une double germination est à l'œuvre : le retour des personnages, dans une sphère familiale ; l'apparition d'un conglomérat onomastique de personnages en [o], jusqu'à présent réduit à un très petit nombre, les Hulot et Cibot du *Dernier Chouan*. Quelque chose se passe alors. La suite immédiate de l'œuvre de Balzac montre de quoi il s'agit, lorsque, à la fin de cette année 1834, commence à paraître *Le Père Goriot*. C'est le premier roman à pratiquer de manière systématique le retour des personnages, et lui-même est un roman onomastique qui voit la prolifération de noms en [o]. À la suite de cette suite, *César Birotteau* aura entériné en 1837 le retour des personnages, spécialement ceux en [o]. C'est un fait d'une importance capitale pour l'onomastique balzacienne : celle-ci s'est constituée à partir de cette prévalence des noms en [o][8], seuls les noms en -et, en -ville et, tardivement, en -vel ont pu, ultérieurement, concurrencer les [o], mais absolument jamais sans les supplanter, les -et, -ville et -vel, même réunis, forment des bataillons infiniment moins fournis que les noms en [o].

Au terme de son œuvre, Balzac dans *Le Cousin Pons* célébrera une dernière fois la gloire des [o], dont ce roman voit leur présence envahissante, presque à chaque page. Cela tient, bien entendu, à la tribu des Camusot-Popinot et apparentés, qui paraît ramifier tout le quartier du Marais et s'imposer de manière écrasante : le monde en 1846 est celui des Camusot-Popinot, rien ne leur résiste. Cela tient aussi à l'introduction massive de nouveaux noms en [o]. Car il fallait bien de nouveaux personnages, mais il est significatif que Balzac a multiplié

8 Le lecteur ici est prié de nous faire confiance, la démonstration de l'importance des noms de personnages en [o] est faite par nous dans une étude, inédite encore, intitulée « Histoires d'o ».

ceux dont le patronyme était en [o] : Abramko (homme de main d'Élie Magus), Chapoulot, Cibot, Garangeot, Pastelot, Tabareau, Villemot, Vitelot, et, pour faire bonne mesure, le collectionneur Sauvageot, bien réel (1784-1861). Tous ces noms ont en commun d'être nouveaux, et d'avoir été créés pour *Le Cousin Pons*. À l'exception de Cibot, qui est un des plus vieux patronymes balzaciens. L'idée d'aller repêcher ce nom dans *Le Dernier Chouan* est peut-être venue à Balzac de ce qu'il avait emprunté à ce même roman pour *La Cousine Bette* le nom d'Hulot, encore que cela se justifiât par l'arrière-plan napoléonien attaché à ce patronyme, lequel arrière-plan est important dans ce roman qui montre la dégénérescence de la gloire impériale à l'époque contemporaine. C'est le cas aussi dans *Le Cousin Pons*, il est vrai, mais n'affecte aucunement le nom de Cibot, qui est tout sauf glorieux dans le roman des *Chouans*. Façon peut-être pour Balzac de nouer la boucle onomastique entre le premier roman et ce qu'il devine être son dernier roman ? Pourquoi pas ?

Ce personnage de la Cibot en tout cas occupe une place de premier plan dans *Le Cousin Pons* ; et il l'occupe en qualité de personnage en [o]. La Cibot fait office de lien entre les Camusot-Popinot et la rue de Normandie avec Pons et Schmucke – et les cloportes qui grouillent autour d'eux. Sans doute ne rencontre-t-elle jamais la présidente Camusot de Marville (bien qu'elle ait pu la croiser chez Pons, lors de la visite arrangée entre elle et sa fille, et Brunner), mais c'est elle qui, en se rendant chez Fraisier, établit une corrélation entre deux milieux sociaux apparemment fort éloignés l'un de l'autre, le monde aristocratico-bourgeois des Camusot et le monde de la *lumpen*-bourgeoisie prolétarienne du monde Cibot-Fraisier-Poulain. Cette corrélation est presque une connivence, de nature onomastique et sociocritique ; elle est là pour rappeler d'où sont sortis les Camusot-Popinot. Car la caque sent toujours le hareng : la rue de Hanovre, où est sis l'hôtel Camusot, n'est guère éloignée de la rue de Normandie, et les manœuvres de la Camusot sont aussi ignobles que celles de la Cibot. Toute l'ignominie des [o] est illustrée par ces deux femmes répugnantes, l'une et l'autre pareillement ignorantes en matière d'art et de culture : il est remarquable de ce point de vue que, lors de la scène, pour ainsi dire primitive, où Pons offre un magnifique éventail à la Camusot, cet éventail soit de… Watteau, dont la harpie ignore même le nom.

La puissante locomotive qu'est la Cibot entraîne derrière elle tout un train de [o], ce sont les wagons de la conspiration contre Pons, et ils parviendront chacun à leur petite destination. Toute seule cependant, la Cibot, même en tirant les Garangeot, Chapoulot et autres Tabareau, ne peut pas faire grand-chose, juste de la volerie circonstancielle, de la rapine. Il faut qu'elle soit dirigée. C'est le rôle qui revient à Fraisier, il sert d'intermédiaire présentable, ou à peu près, entre la Camusot et la Cibot. Ce n'est pas à première vue un [o], mais n'est-ce pas un [o] déguisé ? Ce n'est pas impossible. Balzac aurait pu, il est vrai, l'appeler Poireau. Ç'aurait été grotesque, sans doute, mais Fraisier l'est-il moins ? Ici apparaît pleinement le génie onomastique du texte balzacien. Des variations sont ménagées et des diversions fantaisistes autant que rigoureuses introduites à l'intérieur du système. Fraisier, donc. Son meilleur ami, est Poulain, médecin de son état, et aussi misérable, dans tous les sens du terme, que lui. Ces tristes sires ont à leurs ordres une Sauvage (femme de charge de Fraisier), un Trognon (notaire), et, sans qu'ils y soient pour rien, une Mme Fontaine. Ces noms ridicules, vulgaires, triviaux, pour ne pas dire ignobles, sont sociologiquement représentatifs de ce petit peuple misérable, criminel si on lui en donne l'occasion[9]. Les personnages que ces noms désignent sont des choses au sens large (objets, plantes, animaux), et de fait leurs noms propres sont proprement des noms communs. Comment interpréter cette invention onomastique, incontestablement délibérée ? Mépris de classe de la part de Balzac à l'égard de ce menu fretin populaire ? C'est fort possible, mais c'est surtout un moyen de suggérer l'ignominie matérialiste à l'œuvre, qui, du côté des petites gens de la rue de Normandie, est l'expression de leur réification, de leur aliénation.

Camusot-Popinot-Cibot-Fraisier-les noms choses : tout ce petit monde, très petit, s'agglutine. Ces condensations sont subtiles, le texte travaille de manière perlée à tisser des liens onomastiques. Ainsi l'incongruité du Fraisier trouve sa justification, peut-être, dans le fait que l'ancien second clerc de Cardot, aujourd'hui notaire des Camusot-Popinot, s'appelle Berthier. Plus cryptiquement, la Mme Fontaine, diseuse de bonne aventure, présente dans *Les Comédiens sans le savoir* (1845), n'est

9 Cette représentation du peuple misérable est celle-là même de Hugo, dont le roman de *Jean Tréjean*, puis des *Misères*, est exactement contemporain du *Cousin Pons* : les misérables sont des criminels en puissance, ou de fait.

peut-être pas non plus étrangère au nom donné au prétendant allemand envisagé un moment de Cécile Camusot, Brunner, lequel nom signifie en français « puits » ou « fontaine[10] ». Ce ne sont là que de minuscules détails, mais il est d'autres déterminations onomastiques plus puissantes. Brunner justement forme avec ses amis Graff et Schwab un petit groupe de personnages allemands, qui sont en relation avec Pons par l'intermédiaire de Schmucke, lui-même Allemand. Pour prendre un mot typiquement balzacien, ces personnages aux noms allemands constituent onomastiquement une « sphère[11] », au même titre que les Camusot-Popinot dans la référence à la matrice [o] et les Fraisier-Poulain-etc. dont les noms propres sont aussi des noms communs. À ces trois sphères onomastiques deux autres, de plus modeste dimension, mais jouant un rôle important dans le roman, doivent être rattachées, la sphère du théâtre et la sphère de l'art. La sphère du théâtre est représentée par les musiciens allemands, déjà rencontrés, aux patronymes *sui generis*, mais aussi Gaudissard, le directeur de l'Opéra-Comique, et sa maîtresse Héloïse Brisetout. Du point de vue de l'onomastique il n'y a rien à dire à propos de ces deux personnages. Leur présence dans *Le Cousin Pons* vient simplement de ce qu'il faut un théâtre où soient employés les deux casse-noisettes et des personnages travaillant dans ce théâtre. L'illustre Gaudissard comme directeur de ce théâtre s'impose, et d'autant plus qu'il est un très vieil ami d'Anselme Popinot ; quant à Héloïse Brisetout, au nom en lui-même savoureux, Balzac vient de l'inventer dans *La Cousine Bette*, il serait dommage de ne pas lui réserver au moins un petit rôle dans le nouveau roman. Cela n'empêchera pas que soit fabriquée une petite sphère onomastique où ils trouveront place. Héloïse Brisetout n'y a pour le coup aucune part, contrairement à Gaudissard. C'est son nom qui va susciter la création du malheureux Topinard, et c'est à la relation qu'il entretient avec Popinot que peut s'expliquer l'entrée en scène d'un Garangeot, qui est chargé d'évincer Pons malade comme chef d'orchestre. Topinard a été inventé spécialement pour *Le Cousin Pons* ; Garangeot aussi, à cette petite différence près que Balzac dans le projet de son roman du *Grand Propriétaire* (1835)

10 Ce nom lui-même allemand de Brunner s'inscrit dans une configuration de germanité avec Schwab et Graff, qui signifient respectivement souabe et comte, nous fait remarquer Sylvain Ledda.

11 Voir Per Nykrog, *La Pensée de Balzac. Esquisse de quelques concepts-clés*, Copenhague, Munksgaard, 1965, p. 179-263.

avait envisagé de faire jouer un rôle à un personnage ainsi nommé ; le projet ayant avorté, il a exhumé son nom et l'a réemployé dans *Le Cousin Pons.* Ces deux exemples de Topinard et de Garangeot montrent que ces noms, et non pas ces personnages, ont été intégrés au *Cousin Pons* pour leur valeur onomastique, parce qu'ils participaient à un système de noms déjà constitué. La même analyse peut être faite à propos de la dernière sphère de noms du roman, celle relative à l'art, à la brocante et au bric-à-brac. Cette sphère est principalement représentée par deux personnages : Élie Magus et Rémonencq. Les considérations onomastiques à leur sujet sont à peu près nulles, c'est facile à comprendre : Magus existe depuis longtemps (*Le Contrat de mariage*, *Pierre Grassou*), son emploi de marchand d'art véreux est fixé dans *La Comédie humaine*, comme celui de Gobseck, par exemple, en tant qu'usurier, et il serait absurde d'inventer un autre marchand d'art dont le nom serait plus onomastiquement satisfaisant au vu du système général des noms dans *Le Cousin Pons.* Il participera cependant à la marge à ce système, métonymiquement, par l'adjonction d'un portier à lui tout dévoué, Abramko, qui n'apparaît que dans ce roman, sans doute parce que sa création a été motivée uniquement par le fait qu'il pouvait, par le o final du nom que Balzac fabriquait pour lui, s'inscrire dans la configuration des [o] et de la sorte rattacher son maître à celle-ci marginalement. Qu'il fût Juif, d'autre part, comme Magus, lui-même les raccordait lui et le marchand d'art aux autres Juifs du romans, comme Virlaz, l'oncle de Brunner. Reste Rémonencq. Il est Auvergnat, comme beaucoup de brocanteurs ou de débitants de café chez Balzac, et c'est donc un nom auvergnat qui est inventé pour lui, et est donné à son patronyme la coloration auvergnate qui est requise, à quoi s'ajoute bien entendu son parler bougnat. Seul de son genre avec sa sœur, son nom dans le roman peut sembler isolé dans le roman parisien du *Cousin Pons* et apparaître comme une sorte d'hapax onomastique détaché du système, mais pas tant que cela : Balzac lui fait entretenir une relation très étroite avec un personnage dont le nom en [o] est constitutif du système onomastique du roman, la Cibot, et de cette façon il se trouve pris dans le système d'ensemble des noms dans *Le Cousin Pons.*

FICTION DE L'ONOMASTIQUE

Ces sphères onomastiques sont en communication les unes avec les autres et de multiples liens s'observent de l'une à l'autre. Les personnages sont mis en rapport, explicite ou implicite, les uns avec les autres par les intérêts qu'ils ont entre eux dans le cadre de la fiction romanesque, comme c'est le cas dans la plupart des romans, mais ce qui est original chez Balzac, et en particulier dans *Le Cousin Pons*, c'est que ce rapport est porté par les noms eux-mêmes. Un réseau serré de noms est mis en place et c'est de l'inter-réaction des noms que procède l'élaboration dynamique de la fiction romanesque. Car les relations des personnages en soi ne suffisent pas à faire tenir ensemble tous les éléments de l'intrigue, elles ne peuvent que dessiner des schémas actantiels entre différents groupes de personnages, ceux-ci se distribuant en de micro-ensembles principalement socio-culturels, comme le petit monde de la rue de Normandie, le théâtre avec Gaudissard, la société naguère commerçante des Camusot-Popinot. Ces micro-ensembles ont chacun leurs propres caractéristiques qui permettent sans difficulté de les identifier : lieux d'habitation, langage, argent, vêtements, etc., avec pour conséquence qu'ils sont étrangers les uns aux autres, isolés dans leurs particularismes. Il faut donc que des personnages transitent d'un micro-ensemble à un autre. C'est le cas de Fraisier, c'est le cas aussi de Brunner, pour ne prendre que deux exemples. Ainsi dans le cas de Fraisier bien d'autres personnages sont requis afin que s'opère la conjonction entre la rue de Normandie et l'hôtel Camusot. De toute façon ce sera toujours insuffisant et cela restera limité à des connexions de nature dramatique, consistant à réunir les personnages en fonction de leurs motivations au sein de l'intrigue romanesque, à savoir la captation de la collection Pons. Ensemble ces connexions formeront un réseau actantiel, rien d'autre.

Si les personnages sont appréhendés, au contraire, par leurs noms, une configuration bien autrement complexe se donne à voir. Il ne s'agit pas seulement des liens inavouables qui peuvent exister entre tel ou tel personnage, comme la parenté sociale des Camusot-Popinot, c'est-à-dire des [o] qui ont fait leur chemin, avec d'autres congénères en [o] peu reluisants, mais, beaucoup plus profondément, ce qui est à l'œuvre, c'est le travail sociogénétique dans l'élaboration du roman. En la circonstance on a affaire à un processus de germination qui s'étend à la façon d'un rhizome. Nous partirons des [o], étant donné qu'ils forment l'ossature onomastique du roman. Leur sphère de ce point de vue onomastique a la particularité très significative de ne pas être limitée au seul groupe des bourgeois qui sont, dans tous les sens du terme, aux affaires ; leur sphère onomastique déborde complètement leur classe, et révèle, nous l'avons vu, leur origine sociale peu ragoûtante. Attachons-nous maintenant à montrer comment ces [o] étendent leur emprise onomastique sur les autres noms de personnages qui entrent à leur contact. Parmi les [o] se distinguent immédiatement les -ot, ils représentent les nouvelles puissances de la société issue de la révolution de Juillet et semblent avoir passablement oublié leurs relations passées avec d'autres [o] qui appartiennent à leur préhistoire et qui ne sont pas des -ot purs : leur ancêtre Birotteau est mort depuis longtemps, et le vieux Pillerault, oncle de Césarine Birotteau et grand-oncle de Mme Anselme Popinot, a quatre-vingts ans bien sonnés (il est né en 1764). L'un et l'autre, Birotteau et Pillerault, étaient, le premier un marchand parfumeur[12], et le second un quincaillier : pour un président de tribunal (Camusot) ou un ministre (Popinot), ce n'est pas très reluisant. Birotteau étant mort et enterré depuis plus de vingt ans, la présence elle-même de Pillerault, seul vestige de l'âge héroïque, est très discrète dans le roman : il est l'oncle à succession dont on attend la mort. Il aura quand même à son insu indirectement été l'un des éléments de l'odieuse intrigue fomentée par Fraisier et la Camusot en ayant été le patient de l'infâme Poulain. Cela peut expliquer que les nouveaux [o] qui se rencontrent dans *Le Cousin Pons* sont presque exclusivement des -ot, à la seule exception de l'huissier Tabareau, cette quasi-anomalie en ce qui le concerne pouvant être attribuée à un souci de variation. Les -ot ne se contentent pas pour autant de susciter d'autres -ot, ils sont assez inventifs, et leur inventivité pour l'occasion se traduit par l'entrée en scène d'un certain nombre de -et et de -el(le) qui viennent s'agréger à eux. Les -et existent depuis

12 Dans l'édition originale de l'*Histoire de la grandeur et de la décadence de César Birotteau* (décembre 1837) le héros était « parfumeur », mais à partir de la 2e édition (décembre 1839), il devient « marchand parfumeur », comme le signale Stéphane Vachon dans son ouvrage *Les Travaux et les jours d'Honoré de Balzac. Chronologie de la création balzacienne*, Saint-Denis-Paris-Montréal, Presses de l'Université de Vincennes-Presses du CNRS-Les Presses de l'Université de Montréal, 1992, p. 168.

très longtemps (Cerizet, Cointet, Grandet, Pingret, Poiret, etc.), mais ils n'ont jamais été des concurrents dangereux pour les -ot, ceux-ci sont beaucoup plus nombreux. Les -et paraissent bien avoir tenté un coup de force dans *Ursule Mirouët* et *Les Héritiers Boirouge*, mais cela a fait long feu, les -ot les ont ramenés à la raison, en se mariant à eux et en composant des familles mixtes de [o] et de [e], comme les Minoret-Levrault dans *Ursule Mirouët* ou les Popinot-Mirouët dans *Les Héritiers Boirouge*. Les -et ne seront jamais que des [o] bâtards, ou du moins des clients, au sens romain, des [o]. Révélateur de ce traitement le substitut Olivier Vinet. Ce n'est pas un personnage inventé dans *Le Cousin Pons*, Balzac lui réservait un rôle dans *Le Député d'Arcis*, et surtout il est le fils de son père, avocat à Provins et depuis aspirant garde des sceaux, qui s'est ignoblement illustré dans *Pierrette*. Pourquoi ne pas utiliser cet Olivier Vinet ? C'est donc fait, et dans ses fourgons il amènera Bouyonnet, avoué à Mantes. L'alliance, d'origine judiciaire, entre les -ot (Camusot) et les -et (Vinet) s'étant opérée, Balzac en si bonne voie fait éclore d'autres -et : Cantinet (garde-malade), Sonet (entrepreneur de pompes funèbres) ; accessoirement, peut-être à la suite de la réapparition dans *La Cousine Bette* du personnage de Crevel, l'ancien commis de Birotteau, sont créés deux -el(le) : Vatinelle (notaire à Mantes) et Vitel (juge de paix à Paris). Tous deux sont des hommes de loi que Fraisier a intégrés à son plan et qu'il utilisera dans son entreprise de captation d'héritage. Un minuscule détail vaut ici d'être relevé, il montre le phénomène de germination onomastique pour ainsi dire *in nuce* : à côté de Vitel le juge de paix se rencontre dans *Le Cousin Pons* un Vitelot, artiste de monuments funéraires ; il aura suffi d'adjoindre la magique désinence -ot pour créer un nouveau personnage, et le plus beau est que ce Vitelot, qui se trouve naturellement pourvu d'une femme, Mme Vitelot, est employé par le marbrier Sonet. Un petit bout de rhizome, une radicelle s'entr'aperçoit : Vitel-Vitelot-Sonet, c'est très simple, et très économique textuellement, il aura suffit de faire jouer entre elles des désinences -el, -ot, -et.

Arrêtons-nous ici dans l'exploration du jeu des noms dans *Le Cousin Pons* ; non seulement ce jeu est sans fin, ce qui vient d'être fait par nous à propos de quelques noms seulement peut donner une idée du caractère exactement infini de l'invention onomastique dont témoigne le texte de Balzac. Cela pourrait surtout conduire à une fausse conception de l'onomastique balzacienne. Disons donc que si cette onomastique, particulièrement celle du *Cousin Pons* est systématique, en ce sens qu'elle obéit à un système, ce serait cependant une erreur de croire qu'elle est concertée rationnellement et que Balzac est le maître d'œuvre conscient de ce système, qu'il dispose de noms de personnages et qu'à partir de ces noms il en invente d'autres et organise une configuration onomastique hyper-élaborée. L'exemple qui vient d'être développé précédemment oblige à penser que les choses ne se sont pas faites ainsi en ce domaine, tant il est clair que les liens, les relations, les connexions que nous avons essayé de mettre au jour lui ont échappé ou ne lui sont peut-être même jamais venus à l'esprit. C'est pourquoi s'en remettre à l'intentionnalité de Balzac en matière d'onomastique risque d'être sans grande pertinence. Car ses romans résultent moins d'une écriture à programme que d'une écriture à processus ; Balzac le dit lui-même dans la préface d'*Illusions perdues* en 1837 : « à l'exécution tout a changé[13] ». Sans qu'il soit nécessaire de convoquer l'idée d'inconscient du texte, qu'il suffise d'avancer qu'il y a un *travail* du texte et que ce travail rend compte, pour l'essentiel[14], de la configuration onomastique qui se met en place.

Quelles conclusions tirer de cela ? d'abord, que l'onomastique chez Balzac pourrait bien être première par rapport à la fiction, et non pas seconde, qu'elle porte la fiction plus qu'elle n'est portée par la fiction. De multiples exemples se présentent ; pour se limiter à un tout petit nombre de romans, on pourra citer le cas du *Père Goriot*, qui met en scène un père dont les filles aristocratiquement mariées renient autant la paternité que le nom de ce père, celui d'*Ursule Mirouët*, qui s'organise en grande partie autour de la quasi-identité onomastique Mirouët/ Minoret, celui d'*Illusions perdues*, dont le héros s'emploie à quitter son nom de Chardon pour celui de Rubempré et qui finira pour changer d'état civil par s'acoquiner avec un ancien bagnard aux multiples identités. De ce point de vue le nom constitue le noyau génétique de la fiction, aussi bien comme signifié que comme signifiant. Importe donc moins l'onomastique de la fiction que la fiction de l'onomastique. L'onomastique de la fiction n'est elle-même pas envisageable dans la

13 Balzac, *Illusions perdues*, *in La Comédie humaine*, t. V, p. 110.

14 Le point de départ du nom balzacien se trouve quelquefois, et même assez souvent, dans ce qu'il est convenu d'appeler la réalité, et les balzaciens ont pu repérer l'origine factuelle de tel ou tel nom (Goriot, par exemple), mais ce n'est qu'un point de départ ; le nom développe ensuite ses virtualités génétiques et textuelles, au moins indépendamment de ladite réalité, sinon de Balzac lui-même.

poétique balzacienne du roman, sauf sous la forme d'un relevé descriptif qui renvoie aux personnages et qui supposerait que Balzac construit ses romans en fonction de situations dramatiques jouant des relations que les personnages entretiennent entre eux. Mais un roman de Balzac n'est pas une collection de personnages qui seraient mis en relation les uns avec les autres et à qui seraient donnés un état civil et une identité rassemblés l'un et l'autre dans un nom ; ils sont avant tout des noms. Les noms de personnages chez Balzac ne sont pas les marqueurs d'identité de ceux qui les portent, ils sont les personnages eux-mêmes, ceux-ci ne font que donner une apparence physique aux noms.

Plutôt que des relations entre les personnages, ce sont donc bien davantage des relations entre les noms des personnages qui innervent la fiction, la dynamisent et même la constituent. Tout a lieu comme si le programme génétique de Balzac était de procéder à une exhaustion fictionnelle de tous les possibles génétiques qu'offrait l'invention onomastique. Le procédé du retour des personnages est dès lors particulièrement puissant dans la mesure où il fait reparaître les noms mêmes de ces personnages, associant aux noms déjà connus et ayant leur histoire de nouveaux noms demandant eux aussi à avoir une histoire. Cela peut sembler d'une complexité qui passe le sens ; ce n'est pas le cas. La motorique onomastique est telle qu'il suffit d'inscrire dans le réseau un nouvel élément pour que se déploie une fiction nouvelle. Le cas de Pons est en cela exemplaire. Son nom n'apparaît pas pour la première fois dans le roman qui lui est consacré, mais dans *La Cousine Bette*, quand est faite l'histoire de cette parente pauvre, brodeuse de son état ; on lit : « Au moment où la cousine Bette, la plus habile ouvrière de la maison Pons où elle dirigeait la fabrication, aurait pu s'établir, la déroute de l'Empire éclata[15] ». Balzac dans un premier temps, au lieu « de la maison Pons », avait écrit « de la vieille et fameuse maison [Dallemagne *rayé*] Pons [frères *rayé*] ». Le nom de Dallemagne existait réellement, c'était celui d'une maison de passementerie ; Balzac a préféré lui substituer un nom de fiction, Pons, et c'est compréhensible : au moment où il écrit *La Cousine Bette*, il envisageait une nouvelle sur notre musicien ; la logique expansionniste et totalisante de son œuvre a dû lui suggérer d'établir un lien entre les deux textes. Lien minime, minuscule, qui ne tenait qu'à un nom. Celui-ci était, dans une incise de *La Cousine Bette*, pour ainsi dire en attente.

15 Balzac, *La Cousine Bette*, *in La Comédie humaine*, t. VII, p. 81.

LE ROMAN DE PONS

Procédons, pour finir, à une application au *Cousin Pons* des hypothèses que nous avons avancées quant à la dynamique fictionnelle de l'onomastique, en restreignant notre propos au titre du roman. Ce titre est programmatique à plusieurs égards. Il fait sens dans une double référence à une identité familiale et à une identité nominale, l'une et l'autre indécidablement associées. Cousin lointain, cousin éloigné, Pons est relégué par son statut familial de raccroc au fin fond des limbes de la socialité Camusot-Popinot. Cousin de tout le monde et de personne[16], il est une pièce rapportée, sa seule identité sociale est celle, infamante, de pique-assiette. Ce qui définit son être socialement, c'est sa pauvreté. Le sur-titre qui coiffe le titre du roman, « Les Parents pauvres », le dit d'entrée de jeu. Pauvre, il l'est de son vivant, et il le sera après sa mort, en étant dépossédé de sa collection par ses parents riches.

La pauvreté de Pons se traduit elle-même dans son propre nom de quatre lettres : pauvre monosyllabe. Les noms monosyllabiques sont rares dans le roman. Citons bien ceux des deux Allemands Graff et Schwab, mais pour signaler aussitôt que la présence des personnages qu'ils désignent est épisodique et que leur fonction romanesque est très faible, sans commune mesure évidemment avec Pons. En tout cas face aux trisyllabiques « Camusot » et « Popinot », le malheureux monosyllabique « Pons » ne fait pas le poids, même s'il reçoit le renfort de « Schmucke », pauvre renfort, qui n'est qu'à peine, à cause de sa désinence féminine, un petit dissyllabe timide. Leur association ne peut produire que deux syllabes et demi, et encore. Va dans le même sens, mais avec une tout autre force, le traitement phonique du nom de Pons. On pourrait ne pas le remarquer, mais Pons est un [o], il appartient onomastiquement à cette tribu pléthorique des Camusot, Popinot, Cibot, Cardot, Garangeot, Chapoulot, Pastelot, Vitelot, etc., qui colonisent le roman du début à la fin. Mais si graphiquement Pons est un [o], c'est un [o] honteux, bien différent des [o] triomphants que sont Camusot et Popinot, qui font sonner leur o, et même, dans le cas de Popinot, le trompette en le redoublant au début et à la fin : Po-pi-not. Le [o] de Pons

16 Remarque de G. Gengembre dans sa présentation du roman, p. 23.

est un [o] nasalisé. Aussi bien, Pons, c'est un nez : sa « face grotesque [...] était commandée par un nez à la Don Quichotte, comme une plaine est dominée par un bloc erratique » (55). Mais ce n'est pas le nez d'un Cyrano. Assurément est-il écrit au sujet de cet appendice nasal : « Le vieux musicien paraissait donner du cor, quand il se mouchait, tant son nez long et creux sonnait dans le foulard » (110), mais ce son du cor se perd au fond de son mouchoir, et, bien vite, suite à ses malheurs, « il ne fait presque plus de bruit en se mouchant » (*ibid.*). Son misérable [o] est désormais tout solitaire entre les trois consonnes de son nom et comme éteint par elles, si jamais il a eu quelque éclat. Bref, le [o] de Pons est enchifrené.

Une grande partie de la fiction du roman est contenue dans le nom du personnage éponyme, avant tout sa relation avec le reste de sa famille. Mais cela n'en reste pas là, puisqu'il participe en raison de son onomastique défaillante avec beaucoup d'autres personnages du roman, ceux qui ont un [o] dans leurs noms, mais également ceux qui, d'une façon ou d'une autre, entretiennent avec les [o] une connexion métonymique. Le plus remarquable, et aussi le plus triste, est que tout le système des noms dans *Le Cousin Pons* gravite autour d'un nom réduit, phoniquement et graphiquement, à presque rien, destiné dès le titre à être effacé. Une fois mort, son effacement affectera son compagnon, lui aussi affublé d'un nom qui le met quasiment hors du système onomastique. Comme on le voit, l'onomastique du *Cousin Pons* a des implications foncièrement sociocritiques et ne saurait se penser selon une optique qui ne serait que formaliste. Sociocritiquement ou, pour être plus précis, sociogénétiquement, nous constatons que le destin onomastique promis à Pons redouble sa mise à l'écart historique et sociale dans le monde des années 1840. Son nom à lui seul est la figuration de cette exclusion. Pons n'est plus en 1844 qu'un « débris de l'Empire » (53), un « glorieux débris » peut-être, un débris quand même. En pleine monarchie de Juillet il est un vestige anachronique, il a quarante ans de retard, il est de ce fait condamné à disparaître. Son nom le prédisposait à une telle disparition. Dans ce monde des années 1840 il n'a plus aucune place, l'image morale et physique qu'il offre de lui-même est celle d'un grotesque, à l'image d'une de ces créatures hoffmaniennes aujourd'hui complètement passées de mode, qui renvoient au romantisme d'autrefois, quand celui d'aujourd'hui est celui de ce que Baudelaire appellera la modernité.

C'est maintenant le temps des Camusot et des Popinot, anciennement commerçants, qui sont les nouvelles puissances politiques et sociales. Ils se sont même emparés de ce qui devait leur être le plus étranger, l'art – sauf que ce n'est peut-être pas une si mauvaise chose, au moins dès lors qu'on suit les analyses de Baudelaire dans le *Salon de 1846*, même si ces bourgeois parvenus mis en scène dans *Le Cousin Pons* n'ont pas vraiment conscience du rôle historique qui pourrait être le leur en matière d'art. La collection Pons récupérée, si les Camusot ont bien le dernier mot, en l'occurrence le nom de Pons (382), qui jusqu'alors leur écorchait la bouche, ce nom lui-même de Pons alors renverra à sa collection, laquelle lui survivra et il est significatif qu'elle n'a pas été vendue à la criée (383), elle reste intacte, ou à peu près. Qu'elle soit désormais la propriété bourgeoise des Popinot ne change rien, elle persiste dans l'ordre esthétique à être une réalité[17]. Selon un bel effet d'ironie romantique, Pons aura fini par retrouver une place dans la chaîne historique et sociale de laquelle onomastiquement il était exclu.

Pierre LAFORGUE

---

17 Voir Pierre Barbéris, *Mythes balzaciens*, *op. cit.*, p. 261.

« LA COMÉDIE TERRIBLE DE LA MORT »

Relire les derniers chapitres du *Cousin Pons*

Le Cousin Pons garde trace de son statut initial de nouvelle dans sa chronologie très resserrée : six mois seulement s'écoulent entre l'apparition de Sylvain Pons sur le boulevard des Italiens à l'*incipit* (« Vers trois heures de l'après-midi, dans le mois d'octobre de l'année 1844 », 53) et la mort du héros éponyme. Son testament olographe est en effet daté du « quinze avril mil huit cent quarante-cinq » (315), il meurt le lendemain et est enterré deux jours après. Par comparaison, l'intrigue de *La Cousine Bette*, roman jumeau rédigé quasi simultanément, court sur sept ans. C'est que l'intrigue du *Cousin Pons* est simple et se concentre sur l'épisode final de la vie du héros : chassé à deux reprises de la maison de ses riches cousins, Pons perd la santé et meurt.

Cependant, le roman ne s'achève pas à la mort de Pons, constatée au chapitre LXV par Mme Sauvage (329) : le texte se prolonge encore treize chapitres. Est-ce la mort qui « vient toujours trop tôt » (337), comme le souligne le narrateur avec ironie ou le roman qui finit un peu trop tard ? Isabelle Tournier note, en effet, à propos des fins balzaciennes : « Elles ne sont pas programmées, sinon par les stéréotypes convenus, avec les deux variantes de la bonne fin (ils vécurent heureux) ou de la mise à mort du personnage éponyme ; mais il s'agit plutôt de se dégager de ces modèles que de les recopier. L'écriture ruse avec eux et les désigne en les dépassant [...] ou les met en scène tout en les déniant et les détournant[1]. » Chez Balzac, commente également Martine Léonard dans son article consacré au « dernier mot » dans les romans de *La Comédie humaine*, « on ne garde pas en souvenirs les fins de romans, comme chez Zola, dont les "clôtures apocalyptiques" éclipsent le roman lui-même. Ici, la fin ne contribue pas à mettre en

1 Isabelle Tournier, « Balzac : à toutes fins inutiles », *in* Claude Duchet et Isabelle Tournier (dir.), *Genèse des fins : de Balzac à Beckett, de Michelet à Ponge*, Saint-Denis, Presses Universitaires de Vincennes, 1996, p. 200.

valeur un événement, mais donne l'impression d'être au-delà (en deçà ?) du romanesque[2] ».

Les derniers chapitres du *Cousin Pons*, les chapitres LXVI à LXVII, auxquels s'ajoute la « conclusion », donnent un exemple particulièrement développé de ces fins-suppléments que Martine Léonard identifie comme spécifiquement balzaciennes : en jouant avec la convention finale de la mort du héros[3], ils débordent le *terminus ad quem* traditionnel, poursuivant « au-delà (en deçà ?) du romanesque ». C'est que dans cette nouvelle devenue roman, Balzac s'autorise à explorer les bornes conventionnelles de la fiction. Le narrateur inscrit ainsi le « commencement du drame » au chapitre XLIII, après la maladie de Pons :

> Ici commence le drame, ou, si vous voulez, la comédie terrible de la mort d'un célibataire livré par la force des choses à la rapacité des natures cupides qui se groupent à son lit, et qui, dans ce cas, eurent pour auxiliaires la passion la plus vive, celle d'un tableaumane, l'avidité du sieur Fraisier, qui, vu dans sa caverne, va vous faire frémir, et la soif d'un Auvergnat capable de tout, même d'un crime, pour se faire un capital. Cette comédie, à laquelle cette partie du récit sert en quelque sorte d'avant-scène, a d'ailleurs pour acteurs tous les personnages qui jusqu'à présent ont occupé la scène (225).

En déplaçant la borne initiale du roman, Balzac peut également faire jouer la borne finale : si tout commence lorsque le héros est déclaré mourant, sa mort, fin conventionnelle, devient en quelque sorte l'élément déclencheur de « la comédie terrible de la mort » que donne à lire le roman, se poursuivant et s'achevant donc *post mortem*. Alors que l'enterrement et l'héritage qui en découle auraient pu être rapportés par un sommaire, ce jeu avec la convention permet au romancier d'aborder un thème souvent esquissé dans les romans mais jamais développé : « comment l'on meurt à Paris » (« Où l'on apprendra comment l'on meurt à Paris »,

---

2 Martine Léonard, « Le dernier mot », *in* Stéphane Vachon (dir.), *Balzac. Une poétique du roman*, Montréal / Saint-Denis, XYZ éditeur / Presses Universitaires de Vincennes, 1996, p. 57.

3 Comme l'écrit Guy Larroux, « [p]armi les thèmes et les événements réalisateurs de la fin, un certain nombre sont facilement identifiables et fortement récurrents, comme le mariage du *happy end* ou la mort, qui contiennent une part considérable de convention. [...] Ces deux thèmes possèdent-ils une aptitude "naturelle" à clore une histoire ? C'est fort possible dans la mesure où ils sont d'emblée perçus par chacun comme des étapes biographiques clés : ils ne s'en trouvent que plus naturellement à leur place à la fin d'un récit » (*Le Mot de la fin : la clôture romanesque en question*, Paris, Nathan, 1995, p. 70).

chapitre LXVIII, 340). « Ici semble finir le récit de cette histoire ; mais peut-être serait-elle incomplète si, après avoir donné un léger croquis de la vie parisienne, si, après en avoir suivi les capricieuses ondulations, les effets de la mort y étaient oubliés », écrivait déjà Balzac en 1834 dans *Ferragus*[4]. Dans *Le Cousin Pons*, le romancier n'oublie pas ces *effets de la mort* : à partir du chapitre LXV, « la fiction construit un univers de mort[5] ». Pons meurt et est enterré, les morts se multiplient : le suivent dans la tombe, de près ou de loin, Cibot, Schmucke et Remonencq. L'omniprésence de la mort se manifeste dans l'appareil titulaire des chapitres, avec la répétition et la polyptote autour du mot : « LXV. La mort comme elle est », « LXVII. Où l'on voit qu'il n'y a que les morts qu'on ne tourmente pas », « LXVIII. Où l'on apprendra comment l'on meurt à Paris », « LXX. La mort est un abreuvoir pour bien des gens à Paris ». Ces treize derniers chapitres explorent donc « les effets de la mort » de Pons – effets sentimentaux, administratifs, juridiques, économiques, commerciaux, moraux, ou encore vestimentaires.

Il s'agira donc de sonder la partie sépulcrale du *Cousin Pons*, ces derniers chapitres où chacun semble vêtu de noir : que permet ce jeu avec la convention finale de la mort du héros et l'analyse pendant plusieurs chapitres des « effets de la mort » de Pons ? En partie « au-delà du romanesque », même si l'intrigue de la succession Pons n'est pas achevée, ces chapitres donnent à voir l'au-delà pathétique de l'histoire d'un individu, « la comédie terrible de la mort », mais aussi l'envers sombre de la *comédie humaine*.

LE DEUIL DE SCHMUCKE – CHRIST DE L'AMITIÉ

Le moment même de la mort de Pons, crainte ou espérée par nombre des personnages du roman, est paradoxalement passé sous silence : la mort est annoncée par le docteur Poulain (« Notre pauvre malade, dit Poulain, commence à se débattre sous l'étreinte de la mort. Il aura expiré

4 Balzac, *Ferragus*, dans *La Comédie humaine*, Paris, Gallimard, coll. « Bibliothèque de la Pléiade », 1977, t. V, p. 891.

5 Gérard Gengembre, « Introduction » (9).

dans quelques heures », 326) puis constatée par le narrateur (« Pons venait de rendre le dernier soupir, sans que Schmucke s'en fût aperçu », 329) et enfin par Mme Sauvage (« le pauvre monsieur est mort !... il vient de passer », 329). La mort de Pons est effacée au profit de ses *effets* – tout d'abord sur son ami, Schmucke, le deuxième musicien du titre double de l'édition pré-originale (*Le Cousin Pons ou les Deux Musiciens*). Schmucke devient ainsi, *in extremis*, le héros temporaire de ce deuil.

La douleur de Schmucke est évidente : il crie (« Schmucke jeta un cri perçant », 327), il pleure (« Schmucke se mit à pleurer », 332). Si Mme Sauvage le détache de Pons « encore tiède » (330), Schmucke ne peut se résoudre à se séparer de Pons :

> Le prêtre trouva Schmucke couché le long de son ami, dans le lit, et le tenant étroitement embrassé. Il fallut l'autorité de la religion pour obtenir de Schmucke qu'il se séparât du corps. [...] Schmucke, resté seul, sourit comme un fou qui se voit libre d'accomplir un désir comparable à celui des femmes grosses. Il se jeta sur Pons et le tint encore une fois étroitement embrassé. À minuit, le prêtre revint, et Schmucke, grondé par lui, lâcha Pons, et se remit en prière.

Il y a de la passion dans ce deuil, une passion folle (« comme un fou »), féminine (« comparable à celui des femmes grosses »), qui interroge la nature de la relation entre Pons et Schmucke[6]. Cette veillée funèbre est ainsi à la fois pathétique et un peu comique : Schmucke retourne dès que possible enlacer le cadavre de son ami (la répétition du mouvement est soulignée par le narrateur : « encore une fois ») et le vieux musicien se trouve pour cela « grondé », comme un enfant, par le représentant de l'Église. Schmucke ne survit pas longtemps à Pons et il « fut obscurément enterré côte à côte avec Pons » (380) : ce n'est donc que dans leur sépulture, voisine, si ce n'est commune, que les deux amis seront réunis.

La douleur profonde de Schmucke est encore accentuée par sa solitude, rendue manifeste au moment du convoi funéraire, par le saisissant contraste avec le cortège fourni de l'autre défunt de la fin du roman, le portier Cibot :

6 « Mais une analyse de la sexualité dans *Le Cousin Pons* doit-elle inévitablement nous conduire à nous interroger sur l'étrange nature de la sexualité de Pons, difficilement lisible ? Doit-on analyser la nature de sa relation avec Schmucke ? À n'en pas douter, le roman nous y incite. » Michael Lucey, *Les Ratés de la famille : Balzac et les formes sociales de la sexualité*, traduit par Didier Éribon, Paris, Fayard, coll. « Histoire de la pensée », 2008, p. 189.

> Par un hasard qui n'a rien d'extraordinaire à Paris, il se trouvait deux catafalques sous la porte-cochère, et conséquemment deux convois, celui de Cibot, le défunt concierge, et celui de Pons. Personne ne venait rendre aucun témoignage d'affection au brillant catafalque de l'ami des arts, et tous les portiers du voisinage affluaient et aspergeaient la dépouille mortelle du portier d'un coup de goupillon. Ce contraste de la foule accourue au convoi de Cibot, et de la solitude dans laquelle restait Pons, eut lieu non seulement à la porte de la maison, mais encore dans la rue où le cercueil de Pons ne fut suivi que par Schmucke, que soutenait un croquemort, car l'héritier défaillait à chaque pas. [...] On remarquait donc la splendeur du char blanc, d'où pendait un écusson sur lequel était brodé un grand P, et qui n'avait qu'un seul homme à sa suite ; tandis que le simple char, celui de la dernière classe, était accompagné d'une foule immense. (347-348)

Le narrateur accentue le « contraste » par des parallélismes et des antithèses. Si le narrateur souligne « la solitude dans laquelle restait Pons », la solitude de Schmucke, marchant seul derrière son ami, est encore plus frappante. Le contraste se poursuit au cimetière :

> Le modeste corbillard de Cibot, escorté de soixante à quatre-vingts personnes, fut accompagné par tout ce monde jusqu'au cimetière. À la sortie de l'église, le convoi de Pons eut quatre voitures de deuil ; une pour le clergé, les trois autres pour les parents ; mais une seule fut nécessaire [...]. Fraisier, Villemot, Schmucke et Topinard tinrent dans une seule voiture. Les deux autres, au lieu de retourner à l'administration, allèrent à vide au Père-Lachaise. Cette course inutile de voitures à vide a lieu souvent. (349)

Le cortège des voitures vides n'est pas sans rappeler un autre enterrement célèbre de *La Comédie humaine* : il tisse un lien discret entre le cousin Pons et le père Goriot, abandonnés tous deux par leur famille. Cette solitude pathétique sera néanmoins fatale à Schmucke : seul face à la famille Camusot, aidé seulement par Topinard, il ne résistera pas aux attaques du groupe et sa solitude même lui sera reprochée, comme marque, non pas de l'abandon de Pons par sa famille, mais des manigances du prétendu intrigant (376).

La tristesse de Schmucke est pourtant dévoilée comme une douleur sincère, s'opposant à l'hypocrisie du rituel social du deuil. L'opposition est manifeste dans le dialogue entre Schmucke et le maître des cérémonies :

> – Vous n'avez pas d'habit noir ? demanda le maître des cérémonies en avisant le costume de Schmucke.

> – *Che zuis doud en noir à l'indérière !...* dit le pauvre Allemand d'une voix déchirante, *et si pien en noir, que che sens la mord en moi... Dieu me vera la craze de m'inir à mon ami tans la dombe, ed che l'en remercie !...* (345)

L'habit noir est la convention sociale mais cette convention est superficielle, comme le souligne le narrateur lorsque le maître des cérémonies enveloppe Schmucke d'un long manteau noir : « Et Schmucke fut *paré* en héritier. » (345) Dans cette courte phrase, placée en hyperbate à la fin du chapitre, le narrateur manifeste par les italiques toute l'artificialité du deuil – artificialité qui relève même de la théâtralité, comme le suggère le commentaire des badauds voyant passer le convoi de Pons ;

> – Ah ! c'est le Casse-noisette, disait l'un... le musicien, vous savez !
> – Quelles sont donc les personnes qui tiennent les cordons ?...
> – Bah ! des comédiens ! (348)

À ce deuil conventionnel et artificiel, s'oppose donc le deuil sincère de Schmucke : le noir gagne son intériorité (« *Che zuis doud en noir à l'indérière !* »). À l'habit de deuil, s'oppose la bile noire de la mélancolie profonde.

La tristesse de Schmucke éclaire la nature de l'amitié profonde qui le liait à Pons – les derniers chapitres donnent en effet à lire le deuil d'un ami :

> – Monsieur est-il le fils, le frère, le père du défunt ?... demanda l'homme officiel.
> – *Che zuis dout cela, et plis... che zuis son ami !...* dit Schmucke à travers un torrent de larmes. (343)

Émerge ici, dans ce fragment de dialogue entre l'employé de mairie en charge de l'état civil et Schmucke, l'opposition entre un discours « officiel » régissant le deuil et, de ce fait, les limites supposées de la famille, et un discours amical. Schmucke propose, dans sa déclaration d'amitié, une définition synthétique de l'ami : un ami, c'est « le fils, le frère, le père », « *dout cela, et plis* ». Il y a, dans l'ami, un modèle de famille en résumé, en condensé, un modèle de « famille alternative » donc, pour reprendre les termes de Michal Lucey dans son ouvrage *Les Ratés de la famille*[7] (*The Misfist of the Family*, dans son titre anglais) : il y a en effet

7 Michael Lucey, *Les Ratés de la famille*, *op. cit.*

non-coïncidence entre l'amitié des deux hommes et le modèle familial officiel. Schmucke ne rentre pas dans le moule de la famille – et cela sera de nouveau visible au moment de la délivrance finale de l'assignation, dont la violence achèvera le musicien : « Schmucke, victime du discours légal, mourra littéralement de la lecture de cette lettre[8]. » Le narrateur utilise des métaphores religieuses pour décrire les souffrances du vieil Allemand endeuillé : c'est un « pauvre martyr » (334) ; il vit « une passion égale à celle de Jésus[9] » (335). La sincérité de sa tristesse, ses souffrances et *in fine* sa mort font de cette figure un pendant de Goriot Christ de la Paternité, un Christ de l'Amitié.

« COMMENT L'ON MEURT À PARIS »

La mort de Pons est également l'occasion pour le narrateur de développements plus généraux sur la mort, comme l'annonce le titre du chapitre LXVIII : « Où l'on apprendra comment l'on meurt à Paris ». Tout un personnel fait ainsi son apparition dans le roman au moment de la mort de Pons – au premier rang duquel Mme Sauvage, aperçue seulement un peu avant dans le roman. Cette garde-malade « accoutumée » (229) à la proximité de la mort, sait vérifier empiriquement la mort (330) et surtout apprêter le mort :

> [...] elle sépara vivement la main de Schmucke de la main du mort.
>
> – Quittez-la donc, monsieur, vous ne pourriez plus l'ôter ; vous ne savez pas comme les os vont se durcir ! Ça va vite le refroidissement des morts. Si l'on n'apprête pas un mort pendant qu'il est encore tiède, il faut plus tard lui casser les membres...

---

8 Lucienne Frappier-Mazur, « Le discours du pouvoir dans *Le Cousin Pons* », *in Balzac et Les Parents pauvres*, Paris, SEDES, 1981, p. 26.

9 Schmucke est déjà comparé à Jésus dans l'autre roman dans lequel il apparaît, *Une fille d'Ève* : « Le maître fut un Allemand catholique, un de ces hommes nés vieux, qui auront toujours cinquante ans, même à quatre-vingts. Sa figure creusée, ridée, brune, conservait quelque chose d'enfantin et de naïf dans ses fonds noirs. Le bleu de l'innocence animait ses yeux et le gai sourire du printemps habitait ses lèvres. Ses vieux cheveux gris, arrangés naturellement comme ceux de Jésus-Christ, ajoutaient à son air extatique je ne sais quoi de solennel qui trompait sur son caractère [...] ». (*Une fille d'Ève*, *La Comédie humaine*, éd. citée, t. II, p. 278.)

> Ce fut donc cette terrible femme qui ferma les yeux au pauvre musicien expiré ; puis, avec cette habitude des garde-malades, métier qu'elle avait exercé pendant dix ans, elle déshabilla Pons, l'étendit, lui colla les mains de chaque côté du corps, et lui ramena la couverture sur le nez, absolument comme un commis fait un paquet dans un magasin. (330)

Mme Sauvage a un rapport direct avec la mort et, plus concrètement, le cadavre : elle le façonne alors qu'il est encore tiède, l'empaquette et n'exclut pas de « casser les membres » d'un cadavre froid. Elle suscite la terreur chez Schmucke mais témoigne d'un lien immédiat avec « la mort comme elle est » (328). C'est par cette « terrible femme » au nom signifiant que « la sauvagerie naturelle[10] » de la mort fait irruption dans le récit, que la mort est « ensauvagée », pour reprendre le mot de l'historien Philippe Ariès dans son histoire de la mort. Il en est tout autre chose pour la série des hommes en noir qui défilent ensuite dans le roman, spécialisés dans différents « effets » de la mort. Si les « trois hommes noirs » du chapitre LXXIII, trois hommes de loi qui jouent un rôle crucial dans la succession Pons, sont des figures d'autorité légale classiques chez Balzac[11], les différents « hommes en noir » qui abordent successivement Schmucke sont des figures plus singulières, que Balzac se plaît à présenter dans *Le Cousin Pons*.

Peu développé, le portrait de l'employé du bureau des actes de l'état civil offre néanmoins une administration froide, enregistrant à la chaîne les décès : « Schmucke dut attendre son tour, car, par un de ces hasards assez fréquents à Paris, le commis avait cinq ou six actes de décès à dresser. » (335) Le narrateur souligne la séparation entre la douleur du deuil et l'administration : la séparation nette est marquée par une « balustrade derrière laquelle le rédacteur des actes de décès s'abrite contre les douleurs publiques » (338). Le narrateur regrette cette contrainte administrative sur le deuil :

---

10 Philippe Ariès, *L'Homme devant la mort. II. La mort ensauvagée*, Paris, Seuil, 1985 [1977], p. 109.

11 L'homme de loi est une des « trois robes noires » : « Ce n'est pas sans raison, mon cher monsieur, que l'on assemble proverbialement les trois robes noires, le prêtre, l'homme de loi, le médecin ; l'un panse les plaies de l'âme, l'autre celles de la bourse, le dernier celles du corps ; ils représentent la société dans ses trois principaux termes d'existence : la conscience, le domaine, la santé. » (*Le Médecin de campagne*, *La Comédie humaine*, éd. citée, IX, p. 433). Sur la question de l'héritage, déjà bien traitée, voir Florence Terrasse-Riou, « La transmission des héritages dans *Le Cousin Pons, L'Interdiction* et *La Cousine Bette* : les dettes reparaissantes », *in Balzac dans l'Histoire*, Nicole Mozet et Paule Petitier (dir.), Paris, SEDES, 2001, p. 237-250.

> On ne se figure pas ce que sont ces tiraillements de la loi sur une douleur vraie. C'est à faire haïr la civilisation, à faire préférer les coutumes des Sauvages. [...] Partout, et en toute chose, éclate à Paris l'inégalité des conditions, dans ce pays ivre d'égalité. Cette immuable force de choses se trahit jusque dans les effets de la Mort. Dans les familles riches, un parent, un ami, les gens d'affaires, évitent ces affreux détails à ceux qui pleurent ; mais en ceci, comme dans la répartition des impôts, le peuple, les prolétaires sans aide, souffrent tout le poids de la douleur. (334)

Dans cette digression anthropologique (la civilisation *vs* les Sauvages) mais aussi sociologique et politique – quasi biopolitique –, le narrateur constate « l'inégalité des conditions » : l'État ne laisse pas pleurer en paix les prolétaires, confrontés personnellement aux « tiraillements de la loi », contraints à accomplir dans le temps imparti les formalités administratives d'enregistrement du décès. L'inégalité n'est donc pas seulement économique (tout n'est pas affaire d'« impôts »), l'État exerce aussi une pression inégalitaire sur les corps et les sentiments des individus, puisqu'il prélève des larmes comme il lève des impôts.

Cependant, c'est l'effet commercial de la mort qui paraît le plus développé dans ces chapitres – et le plus raillé. Balzac développe l'aspect commercial de la mort dans une assez longue digression, qui commence ainsi :

> On a souvent dit que la mort était la fin d'un voyage, mais on ne sait pas à quel point cette similitude est réelle à Paris. Un mort, un mort de qualité surtout, est accueilli sur le sombre rivage comme un voyageur qui débarque au port, et que tous les courtiers d'hôtellerie fatiguent de leurs recommandations. (337)

Le narrateur feint de reprendre la métaphore convenue associant la vie à un voyage et la mort à la fin de ce voyage. Il file néanmoins de manière burlesque cette image, associant l'arrivée sur le « sombre rivage » de la mort et une arrivée dans un port, avec tous ses rabatteurs. Le narrateur poursuit ainsi :

> Autrefois, les entrepreneurs de monuments funéraires, tous groupés aux environs du célèbre cimetière du Père-Lachaise, où ils forment une rue qu'on devrait appeler rue des Tombeaux, assaillaient les héritiers aux environs de la tombe ou au sortir du cimetière ; mais, insensiblement, la concurrence, le génie de la spéculation, les a fait gagner du terrain, et ils sont descendus aujourd'hui dans la ville jusqu'aux abords des Mairies. Enfin, les courtiers pénètrent souvent dans la maison mortuaire, un plan de tombe à la main. (337)

Balzac livre un constat à la fois économique et géographique : les entrepreneurs de monuments funéraires gagnent du terrain à mesure que la concurrence s'intensifie, pour les réalisations sculptées du tout nouveau « culte des morts[12] », étudié par Philipe Ariès. La législation révolutionnaire quant aux normes d'inhumation a démocratisé le principe des concessions perpétuelles et « la personnalisation du lieu de sépulture est devenue la règle absolue[13] ». Le nouveau cimetière du Père-Lachaise, dans lequel Balzac enterre la plupart de ses personnages, se couvre ainsi au fil des siècles de pierres tumulaires[14]. Le narrateur raille toutefois l'insensibilité de ces entrepreneurs de monuments funéraires, sorte de revenants qui sortent des cimetières pour démarcher leur prospect dès le bureau de l'état civil.

Les personnages qui voient dans la mort « un abreuvoir » (348) sont nombreux : les cochers au cimetière[15], le maître de cérémonie dont le *business plan* repose sur le costume imposé par le rituel du deuil[16], ou les divers entrepreneurs qui abordent Schmucke à peine Pons est-il déclaré mort. « Un homme vêtu de noir » aborde ainsi Schmucke alors que ce dernier patiente pour déclarer la mort de son ami.

> – Je suis le commissionnaire de la maison Sonet et compagnie, entrepreneurs de monuments funéraires, reprit le courtier, que Walter Scott eût surnommé *le jeune homme des tombeaux*[17]. Si monsieur voulait nous charger de la commande, nous lui éviterions l'ennui d'aller à la Ville acheter le terrain nécessaire à la sépulture de l'ami que les Arts ont perdu… […] Tous les jours, nous nous chargeons, pour les familles, d'aller accomplir toutes les formalités, disait toujours le courtier encouragé par ce geste de

12 Philippe Ariès, *op. cit.*, p. 226.

13 *Ibid.*, p. 228.

14 Voir *ibid.*, p. 227 pour l'analyse chiffrée de cet accroissement du nombre de pierres tumulaires : en 1804, à son ouverture, le cimetière du Père-Lachaise ne compte que 113 monuments funéraires. Le nombre progresse lentement au tout début du siècle jusqu'aux années 1814-1830, où se construisent 1879 monuments par an (30 000 en tout sur cette période).

15 « […] pleines ou vides, les voitures vont-elles à l'église, au cimetière, et reviennent-elles à la maison mortuaire, où les cochers demandent un pourboire. On ne se figure pas le nombre des gens pour qui la mort est un abreuvoir. » (349)

16 « Je l'ai déjà dit à notre administration, qui a déjà tant introduit de perfectionnements, reprit le maître des cérémonies en s'adressant à Villemot ; elle devrait avoir un vestiaire, et louer des costumes d'héritier… c'est une chose qui devient de jour en jour plus nécessaire… » (345)

17 Walter Scott a écrit *Le Vieillard des tombeaux*, traduit de l'anglais en 1830.

> l'Auvergnat. Dans le premier moment de sa douleur, il est bien difficile à un héritier de s'occuper par lui-même de ces détails, et nous avons l'habitude de ces petits services pour nos clients ? Nos monuments, monsieur, sont tarifés à tant le mètre en pierre de taille ou en marbre... Nous creusons les fosses pour les tombes de famille... Nous nous chargeons de tout, au plus juste prix. Notre maison a fait le magnifique monument de la belle Esther Gobseck et de Lucien de Rubempré, l'un des plus magnifiques ornements du Père-Lachaise. Nous avons les meilleurs ouvriers, et j'engage monsieur à se défier des petits entrepreneurs... qui ne font que de la camelotte, ajouta-t-il en voyant venir un autre homme vêtu de noir qui se proposait de parler pour une autre maison de marbrerie et de sculpture. (336-337)

Le discours commercial de l'entrepreneur de monuments funéraires est bien rôdé : il fait l'article de son produit, citant notamment un exemple de réalisation de la maison Sonet, et insiste sur son bon rapport qualité-prix (« au plus juste prix »). Le narrateur révèle toutefois un peu plus loin la mauvaise foi commerciale de la maison Sonet, qui soumet en réalité au vieil Allemand un plan de monument maintes fois refusé : l'entrepreneur en monuments funéraires tente de vendre au prix du neuf un projet de seconde main, recyclé depuis plus de onze ans (352). Un autre homme en noir se présente à Schmucke pour lui proposer d'embaumer Pons :

> – Monsieur, nous devons au docteur Gannal une découverte sublime ; nous ne contestons pas sa gloire, il a renouvelé les miracles de l'Égypte ; mais il y a eu des perfectionnements, et nous avons obtenu des résultats surprenants. Donc, si vous voulez revoir votre ami, tel qu'il était de son vivant...
>
> – *Le refoir !...* s'écria Schmucke ; *me barlera-d-il !*
>
> – Pas absolument !... Il ne lui manquera que la parole, reprit le courtier d'embaumement ; mais il restera pour l'éternité comme l'embaumement vous le montrera. L'opération exige peu d'instants. Une incision dans la carotide et l'injection suffisent ; mais il est grand temps... Si vous attendiez encore un quart d'heure, vous ne pourriez plus avoir la douce satisfaction d'avoir conservé le corps...
>
> – *Hâlis-fis-en au tiaple !... Bons est une âme !... et cedde ame est au ciel.*
>
> – Cet homme est sans aucune reconnaissance, dit le jeune courtier d'un des rivaux du célèbre Gannal en passant sous la porte-cochère ; il refuse de faire embaumer son ami !
>
> – Que voulez-vous, monsieur ! dit la Cibot, qui venait de faire embaumer son chéri. C'est un héritier, un légataire. Une fois son affaire faite, le défunt n'est plus rien pour eux. (339-340)

Le courtier en embaumement commence par proposer à Schmucke de revoir Pons « tel qu'il était de son vivant » – mais Schmucke n'entend pas la comparaison et, un peu comme Félicité pour son perroquet Loulou dans *Un cœur simple*, espère une véritable résurrection : « *me barlera-d-il !* ». Alors que le courtier explique le protocole d'embaumement, les espoirs de Schmucke s'anéantissent et il renvoie le courtier – malgré l'incompréhension de la Cibot, « qui venait de faire embaumer son chéri ». Balzac rend compte ici de la « passion romantique » pour l'embaumement en France au début du XIXe siècle[18], pratique démocratisée, comme le rappelle le narrateur, par le docteur Gannal. Le dialogue entre Schmucke et le courtier en embaumement est aussi l'occasion de revenir sur la nature duelle de l'homme, l'*homo duplex* évoqué par Balzac dans sa dédicace au prince de Teano[19]. L'embaumement procure « la douce satisfaction d'avoir conservé le corps » mais « *Bons est une âme !...* ». Schmucke s'oppose donc au matérialisme ambiant, qui veut préserver le corps de Pons, par l'embaumement ou plus simplement par un cercueil en « bois de chêne doublé de plomb », comme le recommande le fournisseur des bières[20].

Ces développements sur la mort à Paris, et notamment sur les monuments funéraires du Père-Lachaise, sont également une manière de clore *Le Cousin Pons*, et *La Comédie humaine*. Évoquant « le magnifique monument de la belle Esther Gobseck et de Lucien de Rubempré » (336), mais aussi celui d'Henri de Marsay ou de Charles Keller, réalisés par Stidmann (352), le texte donne à voir une parcelle du cimetière de *La Comédie humaine* et dresse un petit obituaire des personnages de *La Comédie humaine* : Lucien de Rubempré et Esther meurent dans la troisième partie de *Splendeurs et misères des courtisanes* (1846), Marsay est déclaré mort dans *Une fille d'Ève* (1838-1839), et le décès de Charles Keller est annoncé dans le roman inachevé *Le Député d'Arcis* (1847). Dans *Le Cousin Pons* donc, un des derniers romans de l'ensemble romanesque, Balzac pratique curieusement le retour des personnages morts, et les

18 Sur ce point, voir les travaux récents de l'historienne Anne Carol : *L'Embaumement, une passion romantique : France, XIXe siècle*, Ceyzérieu, Champ Vallon, 2015.

19 « Homo duplex, *a dit notre grand Buffon, pourquoi ne pas ajouter* : Res duplex ? » (50). Dans *Histoire naturelle des animaux* (1753), Buffon écrit en effet : « Homo duplex. L'homme intérieur est double ; il est composé de deux principes différents par leur nature, et contraires par leur action. L'âme, ce principe spirituel, ce principe de tout connaissance, est toujours en opposition avec cet autre *principe* animal et purement matériel. »

20 Le plomb conserve les cadavres. Voir Philippe Ariès, *op. cit.*, p. 69.

enterre dans le Père-Lachaise de *La Comédie humaine*. Dans cette sorte de catabase, pour reprendre un mot de Philippe Muray dans son essai *Le XIXe siècle à travers les âges*, le romancier exhume momentanément ses *revenants*[21] pour les fixer dans la mémoire du lecteur.

« DÉNOUEMENT DE DRAME » OU « CONCLUSION » ?

Si l'allusion au genre théâtral apparaît dès l'annonce déjà citée de la « comédie terrible de la mort d'un célibataire » (225), les métaphores théâtrales se font plus nombreuses dans les derniers chapitres du *Cousin Pons*, que ce soit dans les propos des personnages eux-mêmes ou dans les commentaires du narrateur. Topinard, homme de théâtre lui-même, exprime ainsi sa méfiance envers Mme Sauvage :

> – Adieu ! mô-sieu ! dit madame Sauvage à Topinard d'un air qui frappa le gagiste.
>
> – Oh ! qu'avez-vous donc, la bonne ?... dit railleusement le garçon de théâtre. Vous vous posez là comme un traître de mélodrame. (353)

Remonencq, empoisonneur dont le narrateur a déjà souligné le « rôle » (« Rémonencq, depuis dix jours, remplissait le rôle de la Providence », 293), est, quant à lui, identifié par le narrateur, aux derniers mots du roman, comme un personnage type de théâtre :

> Madame Rémonencq, frappée de la prédiction de madame Fontaine, ne veut pas se retirer à la campagne, elle reste dans son magnifique magasin du boulevard de la Madeleine, encore une fois veuve. En effet, l'Auvergnat, après s'être fait donner par contrat de mariage les biens au dernier vivant, avait mis à portée de sa femme un petit verre de vitriol, comptant sur une erreur, et sa femme, dans une intention excellente, ayant mis ailleurs le petit

21 « En faisant *revenir* ses personnages il les condamne à n'être que des revenants. [...] Le déjà-vu, le déjà-mort, les réincarnés, les spectres, les fantômes, les esprits frappeurs, tout cela est vrai, oui, a-t-il l'air de dire, vous avez parfaitement raison, mais non pas dans un autre monde et non pas par-delà la mort, mais dans ce monde-ci, avec vous, avec nous tous. » (Philippe Muray, *Le XIXe siècle à travers les âges*, Paris, Gallimard, 1999 [1984], p. 632-633.)

> verre, Rémonencq l'avala. Cette fin, digne de ce scélérat, prouve en faveur de la Providence que les peintres de mœurs sont accusés d'oublier, peut-être à cause des dénouements de drames qui en abusent. (383)

Le narrateur-régisseur identifie ici une étape de son récit (« dénouements »), tout en se référant à un genre particulier, les « drames », et plus précisément des mélodrames, puisque Balzac fait référence à un personnage type du mélodrame, le « scélérat ». Contrairement à ce que Gérard Gengembre suggère, cette référence générique n'assimile pas *Le Cousin Pons* au « drame, voire au mélodrame » (27) ; elle signale au contraire ce que *Le Cousin Pons* n'est pas, ou ce qu'il n'est que très marginalement : il n'y a du mélodrame que dans cette sorte d'intrigue *bis* du roman, l'histoire d'amour et d'argent qui unit un temps Remonencq et la Cibot. Pour le reste, *Le Cousin Pons* n'est pas un mélodrame et la « conclusion » du roman, à laquelle Balzac attribue une place à part dès la parution dans le *Constitutionnel*, en ne la numérotant pas, livre en réalité l'envers de la fin de mélodrame. La fin de cette « conclusion » s'apparente à un épilogue : légèrement décalées dans la chronologie de la diégèse (qui se prolonge jusqu'en 1846), les dernières pages reviennent sur le destin des personnages encore vivants, Fraisier, les Popinot, les Camusot, Topinard et les Remonencq. Toutefois, le narrateur introduit dans ce sommaire une dernière scène, « une conversation tenue chez le comte Popinot, qui montrait, il y a peu de jours, sa magnifique collection à des étrangers » (381). « Il y a peu de jours » : le temps de la fiction rejoint le temps de l'écriture et de la lecture. Le narrateur se fait chroniqueur de son temps, et « revendique ainsi pour son récit une certaine actualité, et partant une certaine vérité, celle des choses vues[22] ». Et cette dernière scène semble bien donner la véritable conclusion pour le peintre des mœurs qu'est Balzac : l'effet de bouclage et de cadre avec la reprise de l'épisode de l'éventail, que Pons offre à la présidente au début du roman, est un signal fort de la fin du roman[23]. Dans cette conversation, Cécile Popinot et sa mère, la présidente Camusot de Marville, réécrivent l'histoire du cousin Pons, ce « cousin qui [les] aimait beaucoup », et qui « dînait trois ou quatre fois par semaine » chez elle, en passant sous silence l'abandon du cousin Pons et l'assignation pour

---

22 Je reprends ici l'analyse de Guy Larroux à propos de la dernière phrase de *Splendeurs et misères des courtisanes*, dans *Le Mot de la fin : la clôture romanesque en question*, *op. cit.*, p. 146.

23 Sur ce point, voir *ibid.*, p. 50 et suiv.

la captation de l'héritage : « en contrepoint criant avec la vérité connue du lecteur, Mme Camusot inflige à un milord la version officielle des événements qui sont à l'origine de sa collection, réécrivant l'histoire selon les canons de la vraisemblance mondaine[24] », commente José-Luis Diaz. Avec ce résumé biaisé du *Cousin Pons*, ce résumé troué, dans les failles duquel s'engouffrent les mensonges, l'hypocrisie mondaine et le secret d'un « crime oublié[25] », le « peintre des mœurs » donne à voir la « disjonction ironique[26] » entre le discours et le réel.

« Excusez les fautes du copiste ! » (383), s'exclame le narrateur aux derniers mots du texte. Cette exclamation, isolée en un paragraphe, semble rappeler brutalement le lecteur à la matérialité du texte, à son artificialité. Cette fin quelque peu mystérieuse, « pirouette finale du texte[27] », est toutefois une autre manière d'aborder la question du rapport du discours au réel et à la vérité. S'adressant impérieusement au lecteur, le narrateur assume *a priori* un discours *fautif*. Néanmoins, le narrateur choisit de se présenter en simple « copiste », alors qu'il se désignait comme « auteur » dans la publication pré-originale (« Excusez les fautes de l'auteur ! »). Cette apparente destitution est en réalité un gage de véracité : Balzac affichait dès l'Avant-propos de *La Comédie humaine* sa volonté de « copi[er] toute la Société[28] ». Et cette « conclusion » n'est pas sans rappeler l'épilogue d'*Eugénie Grandet* :

> Ce dénouement trompe nécessairement la curiosité. Peut-être en est-il ainsi de tous les dénouements vrais. Les tragédies, les drames, pour parler le langage de ce temps, sont rares dans la nature. [...] Cette histoire est une traduction imparfaite de quelques pages oubliées par les copistes dans le grand livre du monde. Ici, nulle invention[29].

À la dernière ligne du *Cousin Pons*, le « copiste » distingue donc nettement le « dénouement vrai » de son roman du dénouement conventionnel du mélodrame. Distinguant la « conclusion » de son roman du dénouement

24 José-Luis Diaz, « Destins du deux. Oxymores, ironie répétition dans *Les Parents pauvres* », *in Balzac et Les Parents pauvres*, Paris, SEDES, 1981, p. 207.

25 Comme le révèle Vautrin dans *Le Père Goriot*, « Le secret des grandes fortunes sans cause apparente est un crime oublié, parce qu'il a été proprement fait. » (*Le Père Goriot, in La Comédie humaine*, éd. citée, t. III, p. 146.)

26 José-Luis Diaz, art. cité, p. 202.

27 Gérard Gengembre (32).

28 *La Comédie humaine*, éd. citée, t. I, p. 14.

29 *Eugénie Grandet, in La Comédie humaine*, éd. citée, t. III, p. 1201. Cet épilogue est supprimé dans l'édition du Furne.

d'un mélodrame, le peintre des mœurs-copiste souligne simultanément l'absence de morale (de Providence) dans cette histoire et sa véracité.

L'analyse durant plusieurs chapitres des « effets de la mort » du héros éponyme a plusieurs intérêts. En séparant « les deux casse-noisettes », la mort de Pons permet tout d'abord d'éclairer l'amitié profonde qui lie les deux hommes. L'exploration poussée du thème de la mort et la déambulation dans le cimetière de *La Comédie humaine* participe de plus à l'histoire des mœurs que Balzac annonce entreprendre dans l'Avant-Propos : histoire d'autant plus « oubliée[30] » qu'elle a lieu lorsque l'on pense que tout est fini – la vie comme le roman. Ces chapitres contribuent enfin à un assombrissement de la production romanesque de Balzac : romancier et lecteurs sont désabusés. Le crime qui a lieu dans *Le Cousin Pons* n'a pas seulement été oublié, pour reprendre les mots de Vautrin : il a été enterré, seul, sans suite, et il repose au Père-Lachaise.

Ada SMANIOTTO

30 « En dressant l'inventaire des vices et des vertus, en rassemblant les principaux faits des passions, en peignant les caractères, en choisissant les événements principaux de la Société, en composant des types par la réunion des traits de plusieurs caractères homogènes, peut-être pouvais-je arriver à écrire l'histoire oubliée par tant d'historiens, celle des mœurs. » (*in La Comédie humaine*, t. I, p. 11)

DEUXIÈME PARTIE

UNE HISTOIRE DES MŒURS

LE COUSIN PONS, ROMAN DU PARASITE, ROMAN ATYPIQUE

Moins de quinze jours après avoir annoncé son projet d'une *Histoire des parents pauvres*[1], Balzac écrit à madame Hanska avoir « termin[é] *Le Parasite*[2] », premier état d'une nouvelle qu'il avait d'abord songé intituler *Le Bonhomme Pons*, puis *Le Vieux Musicien*. Ce qu'il envisage alors comme un « titre définitif[3] » ne dure en réalité guère davantage, et s'efface devant *Les Deux Musiciens*, avant que le romancier ne se range définitivement aux conseils avisés de madame Hanska[4].

Bien connus de la critique, ces revirements sont révélateurs des tâtonnements d'un écrivain alors fragilisé, conscient néanmoins de pouvoir reconquérir l'opinion avec « deux ou trois œuvres capitales[5] ». Ils reflètent l'ambiguïté constitutive de ce qui fait le véritable *sujet* du roman, à l'image d'un personnage éponyme d'abord caractérisé par une personnalité (il est « bonhomme », « plein de cœur[6] »), puis par une condition (un vieux musicien, un parasite), avant que ne s'impose, pour des raisons de lisibilité et de symétrie, son lien de parenté. Au cœur de la fable initiale, la figure du parasite semble être rapidement débordée, une fois la nouvelle devenue roman, par un type infiniment plus complexe, central dans l'histoire sans en être le véritable protagoniste. La collection, qui semble jouer ce rôle[7], est pourtant absente de ces réflexions autour du titre, qui laissent dans l'ombre la bricabracomanie de Pons alors que,

1 Honoré de Balzac, *Lettres à madame Hanska*, Paris, Éditions du Delta, 1969, t. III, p. 213 [15 juin 1846].

2 *Ibid.*, p. 241 [28 juin 1846].

3 *Ibid.*

4 « [...] tu as raison, je changerai le titre, et l'antagonisme sera mieux compris par *la Cousine Bette, le Cousin Pons.* », *ibid.*, p. 474 [9 novembre 1846]. Voir également sur ce point l'« Avertissement quasi littéraire » (396).

5 *Ibid.*, p. 216 [16 juin 1846].

6 *Ibid.*

7 Dans sa « Conclusion », Balzac la qualifie d'« héroïne de [son] histoire » (381).

de ses deux passions, c'est elle que le romancier choisit de convertir en véritable moteur de l'intrigue. Sa qualité de musicien s'impose à l'inverse durablement à l'esprit de Balzac, si bien que le personnage éponyme confère au roman une cohérence qui ne se définit, en dernière instance, que par rapport à l'œuvre qui lui est complémentaire (la « cousine » appelant le « cousin ») et dans le schème de relation que les « parents pauvres » thématisent.

Cette fébrilité quant au choix d'un titre paraît en outre trahir la difficulté du romancier à définir l'exemplarité dont il souhaite doter son personnage. Elle peut être considérée comme l'indice d'une crise du type tel que Balzac a coutume de le concevoir, au moment où il cherche à se démarquer des « faux dieux » du feuilleton et de leurs personnages trop monolithiques[8]. De quel « modèle du genre[9] » Sylvain Pons est-il, en effet, l'incarnation ? Loin d'emprunter à « plusieurs caractères similaires », ses « singularités[10] » cultivent à l'inverse l'écart, et revendiquent leur monstruosité[11]. Musicien, parasite et collectionneur, le cousin Pons semble proposer, en réponse à une « littérature bâtarde[12] » en perte de vitesse, un type composite qu'une approche biographique ne peut, à elle seule, doter d'une cohérence romanesque[13]. Aussi reste-t-il à interroger l'agencement des exemplarités successives que Balzac envisage pour son personnage, avant de les réduire, dans le titre définitif, aux seuls traits de la relation et de l'écart (un parent pauvre).

---

8 Honoré de Balzac, *Lettres à madame Hanska*, éd. citée., p. 216. Il est à remarquer que Pons est le seul personnage qui se détache nettement du modèle du roman-feuilleton quand Schmucke, Rémonencq, Magus et même Fraisier apparaissent, au même titre que Cibot, comme des types dignes des *Physiologies* des années 1830 (sur cette parenté, voir André Lorant, *« Les Parents pauvres » d'Honoré de Balzac, étude historique et critique*, Genève, Droz, 1967, t. I, p. 227). Pauvre mais généreux, Topinard est, quant à lui, un parfait personnage de roman-feuilleton.

9 L'expression se trouve dans la préface d'*Une ténébreuse affaire* : « [Le type est] un personnage qui résume en lui-même les traits caractéristiques de tous ceux qui lui ressemblent plus ou moins, il est leur modèle du genre. » (Honoré de Balzac, *La Comédie humaine*, Paris, Gallimard, « Bibliothèque de la Pléiade, 1978, t. VIII, p. 492-493)

10 Voir Honoré de Balzac, *Modeste Mignon* : « Il faut souvent, hélas ! deux hommes pour en faire un amant parfait, comme en littérature on ne compose un type qu'en employant les singularités de plusieurs caractères similaires. » (*La Comédie humaine*, éd. citée., 1976, t. I, p. 553)

11 Pons est, on le sait, un « monstre-né » (67).

12 Honoré de Balzac, *Lettres à madame Hanska*, éd. citée., p. 216.

13 Sur ce lien entre le personnage, les passions et les déboires de Balzac, voir André Lorant, *op. cit.*, t. II, p. 17-34.

Le Parasite peut dans cette perspective retrouver une fonction nodale, non parce qu'il renvoie à un type, mais parce qu'il serait, si l'on suit les analyses de Michel Serres, « l'être de la relation » (« [d]'où ses métamorphoses, et la difficulté de le saisir[14] »), et d'une relation rendue possible par l'écart qu'il incarne[15]. En réfléchissant aux principes de composition d'un personnage composite, il s'agira par conséquent d'évaluer la part du parasite dans l'élaboration d'un roman, à bien des égards, atypique.

LE NEVEU ET LE COUSIN
Vertus de l'originalité

Dans son « étude historique et critique », André Lorant a souligné la « grande influence[16] » du *Neveu de Rameau* sur *Le Cousin Pons*, en s'appuyant sur la condition commune des deux personnages (des parasites musiciens), mais aussi sur l'intérêt que Balzac a toujours porté à l'œuvre de Diderot, dont il apprécie la réflexion morale et la critique sociale[17]. La scène de repas qui ouvre *La Maison Nucingen* est de ce point de vue éloquente : la « causerie » initiale des quatre « *condottieri* de l'Industrie moderne », « à qui l'on ne connaît ni rentes ni domaines, et qui vivent bien », fait explicitement allusion au *Neveu de Rameau*, « [c]e pamphlet contre l'homme que Diderot n'osa pas publier[18] », et que Balzac associe,

14 Michel Serres, *Le Parasite*, Paris, Grasset, 1980, p. 144.

15 Pour Michel Serres, c'est l'écart (le « bruit ») qui rend possible la relation. Voir sur ce point les commentaires éclairants de Myriam Roman, « Parasites philosophes », dans Myriam Roman, Anne Tomiche, *Figures du parasite*, Clermont-Ferrand, Presses Universitaires Blaise Pascal, « Littératures », 2001, p. 136-139. Elle y montre que Michel Serres pense le parasite comme une figure qui se « situe exactement aux marges, sur la frontière où s'effondrent les classifications, instaurant une logique de la bifurcation » (p. 138). Le parasite offre ainsi « une réflexion dynamique sur la relation comme écart (et inversement, l'écart comme lien) » (p. 139).

16 André Lorant, *op. cit.*, t. I, p. 445.

17 Voir sur ce point Fabien Girard, « Balzac : une lecture sélective de Diderot », dans Fabien Girard, Nadège Langbour, Berenika Palus, « Vers un "Dictionnaire critique des lecteurs de Diderot". Échantillons », *Recherches sur Diderot et sur l'Encyclopédie*, 2015/1 (n° 50), p. 258-262.

18 Honoré de Balzac, *La Comédie humaine*, éd. citée, t. VI, p. 331. Perdu et jamais publié du vivant de son auteur, le texte de Diderot avait été retrouvé en Russie, porté à la connaissance de Goethe, qui le publie en allemand en 1805. C'est cette version, retraduite en français, qui paraît une première fois en France en 1821. Ce n'est qu'en 1891 que le texte original de Diderot est retrouvé.

à travers son propre texte, à une satire de « l'omnipotence, l'omniscience, l'omniconvenance de l'argent[19]. »

L'histoire de Pons relatée au chapitre IV, ainsi que le portrait qui en est fait au chapitre X, sont porteurs de la même charge satirique. L'attitude du Cousin, devenu « partout une espèce d'égout aux confidences domestiques » (92) évoque ainsi celle du Neveu à qui l'on a « impos[é] la loi de ne jamais parler sans permission », et dont la « bouche condamnée à ne point brailler se vengeait en dévorant ». La « colère concentrée[20] » que provoque ce silence forcé se retrouve chez Pons, qui « dégustait comme une vengeance le verre de vin de Porto, la caille au gratin qu'il avait commencé de savourer, se disant à lui-même : – ce n'est pas trop payé ! » (66). Bien qu'elle soit, de manière à vrai dire surprenante[21], rattachée à « la grande loi promulguée par Molière dans le fameux couplet d'Éliante », l'« *originalité* » (64) de Pons peut de même être perçue comme une réminiscence de celle que Diderot associe étroitement au Neveu dès les premières pages de son texte[22]. Rameau, qui « mêle en lui plusieurs fonctions archétypiques », est de fait lui-même « un hybride[23] » dont le « paradoxe » est « d'atteindre la singularité par son contraire, l'identité multiple[24]. »

Œuvre sous influence diderotienne, l'*Histoire des parents pauvres* revendiquerait donc ses contradictions comme un principe de composition

19 *Ibid.*, p. 331. Avec sa « pantomime », Bixiou apparaît, en particulier, comme le sosie moderne du personnage de Diderot. En général mauvais acteur, Pons est lui aussi capable d'une « admirable pantomime » lorsqu'il s'agit de « racont[er] le triomphe de sa finesse sur l'ignorance du brocanteur » (89).

20 *Le Neveu de Rameau, dialogue, ouvrage posthume et inédit par Diderot*, Paris, Delaunay, 1821, p. 8-9. Nous avons choisi de citer la version traduite par Joseph-Henri Saur à partir du texte allemand de Goethe, dans la mesure où c'est à cette version que Balzac pouvait avoir accès.

21 Ce « couplet », constamment associé à la scène 4 de l'acte II du *Misanthrope*, ne parle en effet pas d'originalité, mais de la manière dont l'amour transfigure les défauts de l'être aimé. C'est donc à la « laideur » de Pons que fait référence l'allusion à Molière, selon un cheminement quelque peu tortueux. Aux vers 1163-1164 (acte IV, scène 1), Éliante fait néanmoins allusion à la « singularité » d'Alceste (« Dans ses façons d'agir il est fort singulier ; / Mais j'en fais, je l'avoue, un cas particulier »). Le terme d'*originalité* n'appartient quoi qu'il en soit pas à Molière, mais à Diderot.

22 Comme le rappelle Pierre Chartier dans son édition du *Neveu de Rameau* (Paris, Librairie Générale Française, 2002, « Le Livre de Poche classique », note 3 p. 44), « originalité » est un terme d'emploi récent, qui a souvent une acception dépréciative, même si Diderot lui donne en général un sens très positif. Les termes « original » / « originalité » sont d'ailleurs plus présents dans le texte de 1821 que dans le texte de Diderot.

23 Jean Starobinski, *Diderot, un diable de ramage*, Paris, Gallimard, 2012, p. 156.

24 Myriam Roman, *op. cit.*, p. 143.

et de signification[25]. Au-delà des similitudes ponctuelles entre Pons et Rameau, Balzac chercherait en particulier à reproduire l'exemplarité complexe du Neveu, en l'adaptant à l'époque qui est la sienne. À la fois au cœur de l'intrigue et maintenu à l'écart de ce qui se trame, le « parasite » Pons permet, comme le Neveu, de révéler l'« individualité naturelle[26] » des personnages qui se structurent en réseau autour de lui. Instrument de la satire, il a la même « valeur de catalyseur » des « dysfonctionnements relationnels[27] », bien qu'il ne soit plus en mesure d'en tirer profit. Le roman de Balzac se focalise en effet sur la disparition des anciennes solidarités familiales, et du crédit que l'hospitalité pouvait conférer à l'amphitryon sous l'Ancien Régime : la dépense pour le parasite, fût-il de sa famille, n'est plus vécue par les Marville comme un signe de distinction, mais comme un investissement en pure perte. Sous la monarchie de Juillet, l'affirmation de la réussite sociale se passe d'objets symboliques (le *potlatch* du don et du contre-don, du bon mot contre un bon repas[28]) pour se cantonner à la mesure de la valeur pécuniaire. Le destin de Pons, qui passe « d'invité perpétuel » (64) à « parasite » (65), dit en creux l'imitation dénaturée des mœurs d'Ancien Régime, dont ne survit plus que l'ostentation.

En reliant le drame social du pique-assiette à une histoire politique, Balzac fait donc bien de son parasite une allégorie de son époque, non parce qu'il la caractérise, mais parce que son statut est révélateur de l'esprit du temps. Le romancier rejoint, de ce point de vue, la lecture que Hegel avait faite du *Neveu* comme incarnation d'un moment historique, mais il prive cette incarnation de son pouvoir proprement révolutionnaire[29] :

25 Dans la dédicace de *La Cousine Bette* adressée au prince de Teano, Balzac se réclame du Diderot de *Ceci n'est pas un conte*, ce qui « pose[rait] le dialogisme, la possibilité d'affirmer une chose et son contraire, comme clé de lecture du diptyque des *Parent pauvres* (*ibid.*, p. 168).

26 L'expression est de Diderot. Le texte de 1821 accentue en outre la dimension exemplaire et « morale » du parasite : « Par les saillies d'une originalité, inconvenante sans doute, mais piquante, et quelquefois utile, ils surprennent et font jaillir les secrètes pensées que voile une habituelle hypocrisie, font ressortir des traits de l'*individualité* naturelle, apprennent à apprécier l'homme de bien, démasquent le fripon. En riant de leurs folies, le sage en fait son profit, voit, entend, réfléchit, et connaît les hommes. » (éd. citée, p. 7).

27 Corinne Saminadayar-Perrin, « Les théâtres du parasite », dans Myriam Roman, Anne Tomiche, *op. cit.*, p. 121.

28 Sur la distinction que le parasite offre à son hôte, et son lien avec le *potlatch*, voir l'introduction de Myriam Roman et Anne Tomiche, *ibid.*, en particulier p. 63-65.

29 Voir Florence Chapiro, Jean Goldzink, « Le Neveu de Rameau après Michel Foucault », *Raisons politiques*, 2005/1 (nº 17), en particulier p. 163 : Le Neveu « s'identifie à son

Le Cousin Pons constate, et n'annonce rien d'autre que la dégradation généralisée d'une société désormais régie par l'égoïsme[30]. Le parasite balzacien est désormais une figure majuscule de l'impuissance. S'il permet l'observation et le jugement, il n'en est pas le maître d'œuvre, et Pons n'est ni bon comédien (il fait partie de ces « Hyacinthes sans le savoir », 54), ni une véritable figure du philosophe (Balzac le qualifie ironiquement par l'oxymore de « Caton friand », 302). S'il sert, du fait de son rôle de révélateur, la dialectique du parasite et du parasité[31], il perd finalement dans ce mouvement son identité propre, puisque c'est de son inutilité que le roman fait récit.

Son éviction apparaît certes comme la conséquence d'un parasitisme généralisé, hissé au rang de règle dans une « société d'écornifleurs[32] ». De fait, exceptés Schmucke et Topinard, la plupart des personnages pourraient prétendre au titre que Pons conquiert bien malgré lui : si le « parasite » désigné disparaît, le parasitisme, lui, semble prospère. En témoigne le récit de l'enterrement de Pons aux chapitres LXVII à LXX[33], ou encore l'évolution historique plus générale que permet d'esquisser, au chapitre IV, la trajectoire personnelle du cousin :

> On jouait beaucoup alors [sous l'Empire] à la royauté, comme on joue aujourd'hui à la Chambre en créant une foule de Sociétés à présidents, vice-présidents et secrétaires ; Société linière, vinicole, séricicole, agricole, de l'industrie, etc. On est arrivé jusqu'à chercher des plaies sociales pour constituer les guérisseurs en société ! (64)

Cette impression d'une prolifération des organismes parasites est néanmoins sans doute trompeuse, car le roman de Balzac refuse en réalité

époque en cristallisant parfaitement la conscience prérévolutionnaire. Hegel lit *Le Neveu de Rameau* à la lumière de la Révolution. »

30 C'est l'« acte d'accusation » qui est « porté en arrière contre [Pons] » (66), et qui n'est que le symptôme révélateur d'un égoïsme dont la « satisfaction » est également centrale dans la « causerie » augurale de *La Maison Nucingen* (éd. citée, p. 331).

31 Cette dialectique est un trait commun aux « textes » du parasite, du moins depuis le XVIIIe siècle, comme le rappellent Myriam Roman et Anne Tomiche (*op. cit.*, p. 43).

32 J'emprunte l'expression à Stéphane Gougelmann, « Une société d'écornifleurs. Le personnage du pique-assiette au XIXe siècle », dans Bertrand Marquer, Éléonore Reverzy (dir.), *La Cuisine de l'œuvre au XIXe siècle. Regards d'artistes et d'écrivains*, Strasbourg, Presses Universitaires de Strasbourg, « Configurations littéraires », 2013, p. 129-144.

33 Les titres sont en eux-mêmes significatifs du parasitisme que favorise le commerce de la mort : voir le chapitre LXVII (« Où l'on voit qu'il n'y a que les morts qu'on ne tourmente pas ») et surtout LXX (« La mort est un abreuvoir pour bien des gens à Paris »).

le *jeu* que la figure du parasite permet traditionnellement d'introduire, au profit d'une fable tragique, et d'une logique de l'accumulation qui n'a que l'apparence du mouvement : la « loi » incarnée par Fraisier[34] et le triomphe de la « famille » de Pons viennent rappeler que le parasitisme balzacien ne redistribue pas, mais qu'il concentre, et qu'il a moins pour modèle la société et l'échange que la nature et la destruction. Aussi la fin pitoyable de Rémonencq et l'évincement final de Mme Cibot ne sont-ils pas affaire de morale : si le crime ne leur profite pas, c'est peut-être qu'ils ont, tout autant que Pons, fait leur temps, dans une société où le parasitisme n'a paradoxalement plus sa place. Les Marville, en refusant « l'impôt » (65) et le « droit de fourchette » (78) de leur cousin, refusent en effet également d'inscrire le parasitisme dans une chaîne, et lui ôtent toute possibilité de *réversibilité*. Ils bloquent, à leur seul profit, le système dont le parasite, en tant qu'« être de la relation », était une pièce fondamentale. La dissémination apparente du parasitisme n'est par conséquent pas incompatible avec la négation de l'utilité sociale du parasite, et du lien qu'il garantissait. Elle équivaut en réalité à l'atomisation du système qui le rendait possible, tout en maintenant la fiction d'une relation[35].

C'est sans doute également de cette fiction que rend compte ce roman atypique, « fertile en moissons et en intrigues » (241-242). Si l'on circule beaucoup autour de Pons, et si l'on échange à tout va, nul mouvement dialogique dans le roman : à l'image du « gravier » dont la présidente obstrue le cœur de son cousin (90), c'est la fatalité de la thésaurisation qui régit un échange désormais factice, et corrompt l'économie du parasite.

---

34 Son apparition dans le roman marque significativement une rupture au chapitre XLIV (« Un homme de loi »), entre « la comédie terrible de la mort d'un célibataire » et celle qui lui « sert en quelque sorte d'avant-scène » (226).

35 Alors que, sous l'Empire, Pons peut encore « se ser[vir] des compliments comme de menue monnaie » (65), la Restauration démonétise le système du parasite (« on ne lui sut aucun gré de tant de courses et de tant de lâchetés. – Pons est un garçon, disait-on, il ne sait que faire de son temps, il est trop heureux de trotter pour nous », 65). La monarchie de Juillet achève ce travail de sape : en « raval[ant] son esprit chez ses amphitryons » pour « y répét[er] leurs idées », Pons est contraint de renoncer à « l'originalité » constitutive de sa double condition d'artiste et de parasite. L'échange qu'il continue de devoir alimenter est désormais d'ordre tautologique (« il les leur commentait platement, à la manière des chœurs antiques », 91), et finalement nié dans sa fonction même : en cessant d'être une figure de l'écart, le parasite réalise une « relation optimale » qui est, pour Michel Serres, « la relation nulle » (Michel Serres, *op. cit.*, p. 144).

MONOMANIE(S) ET TYPE COMPOSITE
La logique des passions

On comprend dès lors que la « collection » devienne, *par principe*, « l'héroïne de cette histoire » (381). Axiologiquement ambiguë[36], l'accumulation à laquelle elle renvoie incarne, au même titre que le parasite, un système en pleine mutation, où l'œuvre d'art devient monnaie d'échange, et l'art du parasite « monnaie de singe » (65). Elle permet également de comprendre la manière dont la « bricabracomanie » peut s'articuler à la « gastrolâtrie » de Pons, sans penser les deux passions en termes d'opposition stricte[37]. L'une comme l'autre relèvent en effet intrinsèquement de l'acte gratuit et de la capitalisation, du domaine du *goût* et de la logique économique : si Pons est un esthète, il a bien conscience de la valeur vénale (et réelle) de sa collection[38] ; s'il est un fin gourmet, il est prêt à monnayer un bon repas, aux dépens des codes du bon goût. La « nostalgie gastrique » qui s'empare du personnage aux souvenirs des « dîners mangés » mélange à ce propos les considérations économiques, dues à la concurrence de ses deux passions[39], et les considérations proprement gastronomiques, réduites qui plus est dans l'ensemble à des réflexions de gourmand : l'art de la conversation indispensable au véritable gastronome est ramené au « babil », aux

---

36 Voir sur ce point Pierre-Marc de Biasi, « La collection Pons comme figure du problématique », dans Françoise van Rossum-Guyon et Michiel van Brederode (dir.), *Balzac et « Les Parents Pauvres »*, Paris, CDU/SEDES, 1981, p. 64 : « le roman rend, de lui-même, intenable la simple opposition emblématique entre l'univers de la collection symbole d'un monde libéré par les ressources vivantes d'une nouvelle valeur d'usage, et le monde bourgeois dominé par le diktat de la valeur d'échange, symbole d'ignorance, d'avidité et de réification marchande ».

37 Pour une analyse détaillée de cette articulation des deux passions, voir Bertrand Marquer, « Le Cousin Pons : un type bifrons », *L'Autre Siècle de Messer Gaster ?*, Paris, Hermann, 2017, p. 114-123.

38 Les exemples abondent, que ce soit la leçon sur la « chasse aux chefs-d'œuvre » que Pons dispense à ses cousines (89), ou « l'axiome de Chenavard » que le narrateur applique au personnage, axiome selon lequel « on ne peut avoir de plaisir à regarder [un tableau] […] qu'autant que le tableau n'a coûté que cinquante francs » (61). Il est donc surprenant que le narrateur puisse affirmer que « Pons ignorait la valeur vénale de son trésor » (62).

39 « D'abord il fut forcé de retrancher quatre-vingts francs par mois sur la somme de ses acquisitions, car il lui fallut trente-cinq francs de vin environ avec les quarante-cinq francs que le dîner coûtait. » (108)

« politesses fausses » et aux « médisances » des convives (108), tandis que l'appréciation esthétique des « dîners mangés » (« certaines crèmes, de vrais poèmes ! certaines sauces blanches, des chefs-d'œuvre ! », 99) fait primer le plaisir solitaire sur la convivialité. Inextricablement liées par l'ambivalence même qui les caractérise, « bricabracomanie » et « gastrolâtrie » se répondent autant qu'elles se contrarient.

Si rapport de tension-opposition il y a, c'est donc moins entre les deux passions de Pons qu'en leur sein propre, et dans la dynamique qui les anime. La thésaurisation égoïste (les « dîners mangés », la collection *pour soi*) côtoie l'accumulation, à fonds perdus et à contretemps, de biens soustraits à la valeur d'échange, et en quelque sorte magnifiés par leur intransitivité, leur valeur *en soi* (des « chefs-d'œuvre »). Le « gastrolâtre » peut ici rejoindre le collectionneur monomane[40], dès lors que l'objet des deux passions n'est pas régi par le profit, mais par un impératif catégorique, fût-il pathologique. Aussi improbable qu'inexplicable, « l'induration du foie » dont le personnage doit mourir acquiert dans cette perspective une cohérence d'ordre symbolique. Les « calculs » (268, 325) qui s'entassent relaient le « gravier » de son humiliation. Tous deux renvoient à une accumulation rendue pathologique parce qu'elle est soustraite à la logique des flux, qu'elle soit voulue (l'intransitivité du chef-d'œuvre, de l'objet esthétisé) ou subie (le parasite sans fonction, enkysté dans le passé et banni de la logique de l'échange).

La polysémie du mal dont souffre Pons (des « calculs », un « gravier » comme variante du « grain de sable » grippant la machine[41]) dessine par conséquent une physiologie tant biologique que sociale[42]. Sa patho-

40 Stéphane Gougelmann fait d'ailleurs remarquer que « c'est dans des meubles dévolus à la nourriture que Pons entrepose ses trouvailles » (art. cité, p. 133). Ces « buffets en ébène » et la « ligne de crédence en bois sculptés » (204) destinés à des œuvres d'art reprennent, en l'inversant, l'équation associée au gourmet depuis Grimod de la Reynière. Voir le célèbre frontispice du premier numéro de l'*Almanach des gourmands* représentant « *La Bibliothèque d'un Gourmand du* XIX*e siècle* », soit « un corps de bibliothèque, sur les tablettes duquel on aperçoit, au lieu de livres, toute espèce de provisions alimentaires » (Paris, Imprimerie de Cellot, 1803, p. IV).

41 Voir l'« image » empruntée « aux rails-ways », dont les convois « broient d'imperceptibles grains de sable » : « Introduisez ce grain de sable invisible pour les voyageurs dans leurs reins, ils ressentiront les douleurs de la plus affreuse maladie, la gravelle ; on en meurt. » (72).

42 Cette analogie entre physiologie biologique et physiologie sociale se retrouve de manière significative au chapitre LII (« Le Fraisier en fleurs ») : par un principe de vases communicants, Fraisier semble guérir lorsque Pons tombe malade. « En passant dans le petit salon où

logie est à la fois la conséquence et le reflet de la nouvelle loi que sa famille impose. Si les passions de cet « homme-Empire » (55) peuvent être perçues comme une forme de résistance à l'économie d'échange incarnée par la monarchie de Juillet, elles en sanctionnent également, et à proprement parler, le fonctionnement. La maladie fatale de Pons signe en effet l'échec de cette résistance intempestive, mais elle fait également de la concentration des biens l'indice d'une société malade de thésaurisation. Le collectionneur et le gastrolâtre rejoignent par ce biais la fonction critique du parasite : l'un comme l'autre révèlent les dysfonctionnements de la société, à leur corps défendant. Ni totalement du côté de l'art (le connaisseur, le gourmet), ni totalement du côté de l'accaparement (le spéculateur, le gourmand), Pons retrouve ainsi, du fait même de ses passions contradictoires, cet écart que sa fonction de parasite ne lui permettait plus d'assumer, et qui garantit le maintien d'une relation critique.

Des contradictions propres à ce monomane atypique naît en effet la « monstruosité » de Pons, dont le « vaste visage percé comme une écumoire » « démen[t] toutes les lois de l'anatomie » (55), et échappe à toute typologie : si « sa bouche sensuelle à lèvres lippues » évoque le Gourmand, sa « maigreur » (56) contredit son appartenance à la catégorie des « gastrophores » popularisée par Brillat-Savarin[43], tout comme sa « mélancolie excessive » s'oppose aux « effets de la gourmandise sur la sociabilité » et sur la santé analysés par l'auteur de *Physiologie du goût*[44]. Si ces caractéristiques sont en adéquation avec le type du collectionneur, à qui Balzac prête, dans sa « Monographie du rentier »,

l'attendait Amélie, il eut ce qu'aucun sudorifique, quelque puissant qu'il fût, n'avait pu produire encore sur cette peau réfractaire et bouchée par d'affreuses maladies, il se sentit une légère sueur dans le dos et au front. » (261-262). Promu nouvel *agent* de liaison, l'homme de loi achève de remplacer Pons comme « être de la relation » et garant de la nouvelle physiologie sociale. Son action, mortifère, n'en signale pas pour autant le rétablissement d'une saine circulation, mais plutôt la normalisation d'un fonctionnement vicié.

43 Jean Anthelme Brillat-Savarin, *Physiologie du goût* [1825], Paris, Charpentier, 1839, p. 247.

44 Ces effets sont analysés dans la Méditation XI (« De la gourmandise »). Pour Brillat-Savarin, les gourmands font, contrairement à Pons, de « *bons malades* » (*ibid.*, p. 186) et pour eux « le plaisir de la table ne comporte ni ravissements, ni extases, ni transports » (*ibid.*, p. 197). Balzac précise à l'inverse que « [l]a digestion, en employant les forces humaines, constitue un combat intérieur qui, chez les gastrolâtres, équivaut aux plus hautes jouissances de l'amour » (67). *Le Cousin Pons*, de ce point de vue, prolonge la discussion posthume – et polémique – que Balzac avait engagée avec le *Traité des excitants modernes*. Sur le détail de ce « dialogue », voir Bertrand Marquer, *op. cit.*, p. 109-114.

une « figure détruite » et un « vêtement peu soigné[45] », elles dissonent avec la compagnie recherchée par le personnage, et les « exigences de la Gueule » (64) qu'il est censé incarner[46].

Présentée comme une variante de « l'originalité », cette monstruosité permet donc, comme le parasite, de figurer un écart. Reflet de l'imbrication des deux passions de Pons, elle participe de l'exemplarité d'un personnage dont la physiologie complexe rend problématique le déchiffrement habituellement associé au type, et participe de la mise en place d'un système de valeur instable. La dénaturation typologique annoncerait ainsi la dénaturation sociale des objets symboliques (et de l'héritage politique) représentés par la collection Pons, dénaturation que le romancier associe plus particulièrement à l'axiologie trouble mise en place par la monarchie de Juillet[47]. La logique des passions assure par conséquent une cohérence à ce personnage composite, en soulignant l'évolution pathogène d'une physiologie sociale de moins en moins régulée.

MUSIQUE ET GASTRÔLATRIE
Le goût et ses langages

Présentée comme congénitale (Pons est un « monstre-né », 67), la monstruosité de Pons ne peut néanmoins être réduite à cette figuration historico-politique. Elle fait également le lien avec *l'autre condition* de « [c]et artiste, doué d'une âme tendre, rêveuse, délicate, forcé d'accepter

45 Honoré de Balzac, « Monographie du rentier », *Les Français peints par eux-mêmes*, Paris, Léon Curmer éd., 1841, t. III, p. 14 (le texte comporte une sous-rubrique intitulée « Le Collectionneur »). Avec sa « face grotesque » qui n'a « point de charpente », son chapeau comme « attaqué de la lèpre » et son « pantalon en drap noir présent[ant] des reflets rougeâtres » (55), Pons est conforme à la description que Balzac fait du collectionneur.

46 Le collectionneur est normalement sobre, voire ascétique, et n'a quoi qu'il en soit rien du bon-vivant. Voir le régime alimentaire de Magus (« Levé dès le jour, il mangeait du pain frotté d'ail, déjeuner qui le menait jusqu'à l'heure du dîner. », 186) et, pour une version dégradée, celui de Rémonencq (qui ne vit que « d'épluchures », 161).

47 Voir par exemple : « Les familles où le bonhomme accomplissait ses évolutions, toutes sans respect pour les arts, en adoration devant les résultats, ne prisaient que ce qu'elles avaient conquis depuis 1830 : des fortunes ou des positions sociales éminentes. » (65-66)

le caractère que lui imposait sa figure », et pour qui « [l]a bonne chère et le Bric-à-Brac furent [...] la monnaie d'une femme » (67).

Bien que le personnage puisse être « difficilement classé parmi les artistes parisiens » (58), le portrait dressé au chapitre III (« La fin d'un grand prix de Rome ») ainsi que la genèse du titre du roman (*Le Vieux Musicien, Les Deux Musiciens*) témoignent en effet de la prégnance d'un modèle que Balzac semble bien avoir considéré comme crucial[48]. C'est de fait « par sa décadence comme artiste » (64) que « l'auteur de célèbres romances roucoulées par nos mères, de deux ou trois opéras joués en 1815 et 1816, puis de quelques partitions inédites », passe « à l'état de pique-assiette » (64), et c'est de la « discordance entre le son de son âme et les réalités » (59-60) que ses deux passions tirent initialement leur emprise[49]. Indice de sa différence, la monstruosité de Pons confirme dans cette perspective son appartenance naturelle, quoique contrariée, à la « Tribu[50] » des *originaux* inadaptés au jeu social, comme Frenhofer et surtout Gambara.

La nouvelle que Balzac fit paraître sous ce titre dans la *Revue et Gazette musicale* en 1837 faisait en effet déjà cohabiter, sans les superposer, goût musical et goût gastronomique, sur le modèle d'une commune dissonance : Gambara, le créateur monomane, dont seule l'ivresse révèle le génie harmonique[51], a pour logeur et compagnon d'infortune « *il signor* Giardini », cuisinier dont « la manie des innovations en cuisine » et les « ragoûts de prédilection[52] » ont ruiné trois restaurants. « Placé entre ces deux folies, dont l'une était si noble et l'autre si vulgaire », le comte

48 André Lorant, qui cite l'un des dossiers personnels du vicomte de Lovenjoul, voit d'ailleurs dans « L'histoire des deux bassons de l'opéra » de l'écrivain Albéric Second une des sources de Balzac (*op. cit.*, t. I, p. 221-226). L'un des modèles du personnage, Sauvageot, est en outre « musicien comme Pons » (62).

49 Voir par exemple p. 60-61 : « il trouva dans les plaisirs du collectionneur de si vives compensations à la faillite de la gloire, que s'il lui eût fallu choisir entre la possession de ses curiosités et le nom de Rossini, le croirait-on ? Pons aurait opté pour son cher cabinet. »

50 L'expression est utilisée à de nombreuses reprises par Balzac, notamment pour désigner la catégorie des artistes, comme dans sa « Monographie du rentier » (*op. cit.*, p. 14) ou dans *Pierre Grassou* (*La Comédie humaine*, éd. citée, t. VI, p. 1093).

51 Sobre, le génial compositeur n'est capable de produire qu'une « étourdissante cacophonie », que seules les « fumées du vin » permettent d'ajuster (*La Comédie humaine*, éd. citée, t. X, p. 493 et 499). Sans ressources, Gambara, « l'un des plus grands génies de ce temps, l'Orphée inconnu de la musique moderne », est finalement contraint à l'alcoolisme, afin d'« arracher quelques sous à l'indolence parisienne » (*ibid.*, p. 515).

52 *Ibid.*, p. 472 et 467.

Marcosini, qui convoite la femme de Gambara, est « balloté entre le sublime et la parodie, ces deux faces de toute création humaine », au point de ne voir en Gambara et Giardini que « deux abstractions » complémentaires[53].

Musicien gastrolâtre et type composite, Pons reprend cet attelage du noble et du vulgaire, qui à travers lui ne font plus qu'*un.* Topiques, ses discussions passionnées avec Schmucke sur la musique comme « langue du ciel » évoquent en outre les réflexions qui traversent *Gambara*, tout en leur donnant d'emblée une tonalité parodique[54], puisque les deux personnages se livrent à des « orgies de musique », « à la manière des amants » (70). Dans *Le Cousin Pons*, la « langue du ciel » ne s'oppose plus véritablement à la langue du corps : elle valide une équivalence sous la forme d'une compensation, et participe d'une « esthétique du grotesque » par la « [m]ise en relation du spirituel et du matériel[55] ». L'incompréhension dont est victime l'artiste peut ainsi rejoindre celle qui affecte le gastrolâtre. Le roman trouve par cette assimilation la voie d'un renouvellement, en se démarquant d'un « drame dont on abuse » (« Le cœur dont l'amour est rebuté », 109) au profit d'une tragédie inédite : celle des « exigences de la gueule » (64), car « s'il y a quelque chose de plus triste que le génie méconnu, c'est l'estomac incompris » (109).

Musicien comme le Neveu de Diderot, Pons tire donc également sa cohérence d'une logique propre à l'univers de *La Comédie humaine.* La dépossession dont est victime le personnage rejoint le drame vécu par l'artiste balzacien[56], tandis que ses écarts avec ce même type confirment

---

53 *Ibid.* p. 476. Le destin des deux hommes soulignera leur complémentarité symbolique : le cuisinier Giardini devient « simple regrattier » (p. 514), tandis que Gambara en vient à jouer pour les passants « des fragments de ses partitions » (p. 515) qui sont prises pour des « morceaux » de Rossini.

54 « Quoi ! dit Gambara, vingt-cinq ans d'études seraient inutiles ! Il me faudrait étudier la langue imparfaite des hommes, quand je tiens la clef du *verbe céleste* ! » (*ibid.*, p. 511). Le titre donné au chapitre XXVIII (« L'or est une chimère (paroles de M. Scribe, musique de Meyerbeer, décors de Rémonencq) », 157) est en outre une citation extraite de *Robert-le-Diable*, dont l'éloge, commandé à Balzac par un ardent soutien de Meyerbeer, constitue le point de départ de *Gambara*. Comme dans la nouvelle de 1837, l'œuvre de Meyerbeer est intégrée à la fable du *Cousin*, mais de manière explicitement parodique, par le biais d'une métalepse (la référence au « diabolique » Rémonencq).

55 Ruth Amossy, « L'esthétique du grotesque dans *Le Cousin Pons* », dans *Balzac et « Les Parents Pauvres »*, *op. cit.*, p. 142.

56 Voir par exemple les analyses de Dominique Dumas : « L'artiste est condamné à jouer le bouffon car il n'a pas trouvé sa place sociale. [...] il ne produit rien d'utile et donc de

son statut de parasite aux yeux de la société. Davantage homme-orchestre que compositeur[57], Pons a, comme le Neveu, pour principale fonction de mettre en relation les différents travers qu'il permet de révéler, et utilise pour ce faire tous les langages mis à sa disposition. En introduisant le grotesque d'une passion égoïste et vulgaire, la gastrolâtrie assure en particulier une configuration originale à l'exemplarité du personnage, sans pour autant lui ôter sa dimension tragique. Les « exigences de la gueule » introduisent à l'inverse une fatalité d'ordre physiologique qui, du fait de son potentiel parodique, préserve le roman du mélodrame de la « littérature bâtarde ». Artiste et parasite vieillissant, Pons n'en dit pas moins l'angoisse d'un romancier conscient du risque de sa mise à l'écart, qu'il transforme, par le biais d'un personnage atypique, en *exemplum*.

Point de départ de cette réflexion, les hésitations de Balzac quant au titre de son roman témoignent du réseau complexe de fonctions et de significations qu'il souhaite attribuer à son personnage. Parasite atypique, Pons traduit en premier lieu une crise de la sociabilité du fait même de son éviction en tant que protagoniste, et en tant que type caractérisé. La dimension hétéroclite du Cousin peut certes être imputée à un défaut de composition, trace du passage d'une nouvelle à un roman dont le portrait du parasite ne constitue finalement que l'« avant-scène » (226). Monomane comme tout bon collectionneur, et comme l'artiste qu'il n'est qu'imparfaitement, Pons est néanmoins régi par une logique que sa gastrolâtrie permet de dramatiser. Les passions qui le traversent trahissent en effet une forme de pathologie du goût dont la monarchie de Juillet fait une nouvelle loi : l'œuvre d'art, comme le mets raffiné, tirent de moins en moins leur intérêt et leur légitimité d'un sentiment partagé (un *goût* en commun) que du profit personnel qu'ils représentent. Le caractère composite du personnage aurait dans cette perspective vocation à souligner, du fait de son ambivalence, la recomposition en cours de la symbolique sociale. Dans *Le Cousin Pons*, le Commun (la famille, la « Tribu ») est quoi qu'il en soit en crise, obligeant

marchand. Tout ce qu'il fait est destiné à la poubelle ou au détournement. » (*Analyses et réflexions sur Balzac, « Le Chef-d'œuvre inconnu », « Gambara », « Massimila Doni »*, Paris, Éditions Marketing, 1993, p. 53, cité par Michaël Tilby, « Balzac et le jeu parodique dans *Gambara* », *L'Année balzacienne*, 2006/1 (n° 7), p. 88.)

57 Son bâton de chef d'orchestre est le « bâton de maréchal des compositeurs inconnus » (73).

à penser (et à représenter) différemment le Type. Le monument funéraire dédié au personnage est donc paradoxalement bien à son image. Les « trois figures en marbre » (« la Musique, la Peinture et la Sculpture versant des pleurs », 350) composent une allégorie à tiroirs, fruit d'un recyclage (elles représentaient d'abord « les journées de juillet », puis « l'Armée, la Finance et la Famille », avant d'être « adapté[es] à toutes les circonstances de famille », 352) qui dit en creux la crise de la valeur et de l'originalité, que *Le Cousin Pons* entend dépasser par une exemplarité à géométrie variable.

Bertrand MARQUER

L'ESTOMAC ET LE « DROIT DE FOURCHETTE » EN RÉGIME DÉMOCRATIQUE

Archéologie de l'inégalité moderne dans *Le Cousin Pons*

> On vit de côtelettes, après tout. Et comme le dit le sublime Béranger : *Pauvres moutons, toujours on vous tondra.*
>
> Et il chanta cette opinion politique pour chasser son émotion. (373)

« Chez Balzac, les illusions se perdent à table », écrit Patrick Berthier en lisant au prisme de la nourriture l'histoire du « grand homme de province à Paris[1]. » Dix ans après *Illusions perdues*, *Le Cousin Pons* met en scène « la comédie terrible d'un célibataire livré par la force des choses à la rapacité des natures cupides » (225) parce que « son peu de fortune et sa passion pour le Bric-à-Brac lui [ont] command[é] un régime diététique tellement en horreur avec sa *gueule fine* qu'il [a dû trancher] la question en allant dîner tous les jours en ville » (63). Rien ne semble avoir changé aux yeux de l'auteur de la *Théorie des excitants modernes* publiée en 1838 par le libraire-éditeur Charpentier à la suite d'une réédition de la *Physiologie du goût* de Brillat-Savarin. Pourtant, la « nostalgie gastrique » (109) et la maladie de foie mortelle de l'« homme estomac » (92) amplifient la sombre portée, satirique et critique, du discours alimentaire et gastronomique de la *Comédie humaine*, dramatisé en termes pathologiques.

1 Patrick Berthier, « Chez Balzac les illusions se perdent à table », dans Andrée-Jeanne Baudrier (éd.), *Le Roman et la nourriture*, Besançon, Presses universitaires de Besançon, 2003, p. 41.

De fait, comme l'a montré José-Luis Diaz, si Balzac se consacre dès 1830 à la « triste autopsie du corps social[2] », c'est avec le projet des *Études sociales* qu'il « recentre sa fresque sociale autour d'une telle grille pathologique, diversement déclinée selon les romans postérieurs à 1838 » jusqu'aux deux textes des *Parents pauvres* :

> la pathologie sociale s'y accroît encore, à mesure qu'elle subit la contagion des symptômes qui envahissent le « corps malade » de l'auteur, tout comme celui de ses personnages. Avec, pour points culminants, quelques maladies d'anthologie, dont le roman balzacien se plaît à étaler les épisodes dramatiques : [...] la longue hépatite du cousin Pons, qui a des accès de colère suivis de *collapsus*, et dont le mal empire du fait de l'action d'instances médicales dévoyées [le médecin Poulain, pour le corps et l'homme de loi Fraisier, pour la fortune mobilière] ; le long assassinat au vert-de-gris de M. Cibot [...]. Transgressant [...] la rassurante limite entre les bourreaux et les victimes, [l]es maléfiques agents du mal social passent ainsi au rang de martyrs propitiatoires – Rémonencq, arroseur arrosé, meurt pour avoir avalé par erreur son propre poison[3].

Du roman de 1837 à celui de 1847, le texte balzacien, combinant les thèmes de la nourriture et de la pathologie, donne certes à comprendre la façon dont, « dans l'illusion du luxe et le vertige des excès, ou dans l'amertume inverse de la pauvreté et de l'humiliation, dans tous les cas, s'asseoir à table ou en sortir marque une étape dans un processus d'initiation qui a tout de la mise à mort progressive[4]. » Mais d'un roman à l'autre, changeant la perspective, l'historien des mœurs ne raconte plus les illusions de la jeunesse sous la Restauration, « automne [déjà] pluvieux » (65) de la vie des enfants du siècle après les fastes impériaux où « l'on jouait beaucoup [...] à la royauté » (64) : il constate la « ruine », physiologique et morale, à laquelle « la Table » (*ibid.*) les réduit sous la monarchie de Juillet ; il décrit « l'hiver de la vie, l'hiver au nez rouge, aux joues hâves, avec toutes sortes d'onglées » (65).

« Métaphore continuée[5] », la fable, à laquelle Balzac affilie explicitement son récit par deux références successives à La Fontaine, fournit

2 *La Comédie humaine*, éd. sous la direction de P.-G. Castex, Paris, Gallimard, coll. « Bibliothèque de la Pléiade », t. XII, p. 214.

3 José-Luis Diaz, « Balzac romancier de la 'grande maladie sociale' (1838-1847) », *L'Année balzacienne 2016*, n° 17, p. 223 et 239.

4 Patrick Berthier, art. cité, p. 46.

5 Éléonore Reverzy, Introduction, *Les Fables du politique des Lumières à nos jours*, É. Reverzy, R. Fonkua, P. Hartmann dir., Strasbourg, Presses universitaires de Strasbourg, 2012, p. 14.

au roman de mœurs des procédés permettant la rencontre du texte et de l'idéologie. Elle modèle, recompose et informe la réalité historique postrévolutionnaire pour « mettre en fiction le politique ». Et « ce façonnage ramène la fiction du côté de la matière, une matière dans laquelle l'idée, le concept trouverait en sorte sa forme. [D'ailleurs] plus que d'une simple formalisation, il s'agit [...] de traiter également des tensions qui travaillent l'idée et la matière dans laquelle elle est créée, mais aussi modifiée, orientée[6]. » À ce titre, sur le schéma de la « transposition épistémologique » des modèles anatomiques et naturalistes, propre à la *Comédie humaine*[7], *Le Cousin Pons* traduit les interrogations de Balzac sur l'utopie contemporaine du mouvement, sur les enjeux, politiques et esthétiques de cette « maladie du siècle » à laquelle l'ironie et la satire fournissent un remède compensatoire, et sans aucun doute dilatoire en 1847. Le texte du *Cousin Pons*, travaillé de l'intérieur par l'allusion et l'implicite du double discours tels qu'ils sollicitent les mécanismes complexes de l'analogie, de l'allégorie et de la polyphonie, rappelle de fait ainsi que « les questions politiques se posent [...] en termes d'esthétique[8]. » Et c'est bien pour interroger le rapport du texte à l'idéologie que le romancier situe la fable des passions de Pons dans un espace narratif qui, par l'intermédiaire de la table et de l'estomac en particulier, est celui de l'espace public contemporain, avec ses thèmes, ses images et mêmes ses nouveaux modes d'échanges.

LA TABLE, FICTION DU POLITIQUE

L'histoire du vieux musicien « gastrolâtre » (67) commence en octobre 1844. Sous cette monarchie de Juillet, installée à la suite d'une révolution qui « a consommé l'œuvre de 1793[9] », celui qui de

6 *Ibid.*
7 Voir Dominique Massonnaud, « Balzac romantique : de la loi aux cas », *L'Année balzacienne 2014*, nº 15, p. 291-308 (la « transposition épistémologique » y est définie comme « la reconfiguration de concepts, de méthodes, de principes empruntés à un domaine d'étude scientifique, réemployés dans un autre champ », p. 303).
8 É. Reverzy, *op. cit.*, p. 15.
9 *La Cousine Bette*, *La Comédie humaine*, t. VII, p. 325.

parasite s'est fait pique-assiette au nom de sa passion des « jouissances [de] l'estomac » (67) est victime de la société qui l'a formé et dans laquelle il évolue – même si, armé de « dents de requin », il en a adopté le cynisme, « éprouv[ant] un certain plaisir à bien vivre [à ses] dépens [en lui rendant] de la monnaie de singe » (65) pour prix de dîners en ville, de plus en plus « cher payés » (76) par des « sacrifices » qui ont aliéné sa liberté et de son « indépendance » (66)[10]. Le vieux musicien collectionneur est le produit de la modernité révolutionnaire : il en a « sucé le lait[11] » mais elle l'a « exploité » (73) et asservi de la manière la plus féodale[12]. Puis, en l'excluant, cette « société lancée dans sa voie métallique avec une vitesse de locomotive » « roule [sur lui], comme un tombereau sur un œuf » (73)[13] ; l'insensibilité mécanique de la révolution industrielle et sociale imposant une accélération de tous les rythmes, individuels et collectifs, et surtout un accroissement des échanges, des transactions et des transformations, devenus sa marque, à l'image du « prodigieux développement financier produit par l'établissement des chemins de fer » (72) – ironiquement et pour illustrer le fonctionnement analogique du texte qui raconte le drame « gastrique » du pique-assiette, le narrateur précise qu'il « emprunt[e] une image aux *railways*, ne fût-ce que par façon de remboursement des emprunts qu'ils nous font » (*ibid.*).

Le système référentiel s'organise selon une double chronologie satirique. D'une part, la biographie de Pons et « ses évolutions gastronomiques dans l'empyrée bourgeois » (139) suggèrent la pente économique de la sociabilité postrévolutionnaire « où la pièce de cent sous [...] roule dans

10 Sur ce point, voir en particulier Pierre-Marc de Biasi, « La collection Pons comme figure du problématique », *Balzac et* Les Parents pauvres, Paris, CDU-SEDES, 1981, p. 61-73 ; on lira avec profit Nicole Mozet, « La bande noire ou un morceau d'histoire post-révolutionnaire dont la littérature n'a pas raconté l'histoire », *Littérature et révolutions en France*, G.T. Harris et P. M. Wetherill dir., Amsterdam/Atlanta, Rodopi, 1990, p. 61-75.

11 Expression empruntée à *La Cousine Bette* où elle caractérise Crevel (éd. citée, t. VII, p. 434).

12 Voir l'emploi du vocabulaire politique relatif à la féodalité pour caractériser la relation de Pons avec ses cousins, p. 121 en particulier. L'association de la société issue de la révolution industrielle à celle de la monarchie féodale est un thème courant des textes réformistes contemporains, saint-simoniens en particulier lorsqu'il s'agit de mettre au premier plan la « question sociale » et prôner une « moralisation » de la politique et de l'économie. En littérature, il est par exemple développé dans le drame de *Chatterton* (I, 2) d'Alfred de Vigny.

13 À la même date que Balzac, Vigny développe l'idée dans « La Maison du berger ».

toutes les phrases » (217), où « le luxe a pénétré jusque dans les loges de concierge » (127). L'Empire, « cette magnifique et grandiose époque » (55), « où beaucoup de maisons imitaient les splendeurs des rois, des reines, des princes dont regorgeait Paris » (64)[14], y constitue la norme. Dans un temps où les passions abolissent le passé dans la jouissance du moment, où, de ce fait, « [n'est prisé que] ce qui [a été] conquis depuis 1830 » (66), elle relève déjà de la légende, au même titre que la « réalité gallo-grecque » sur laquelle sont calquées ses modes (55). Quant à la sociabilité louis-philipparde, elle est, selon la même loi historique de répétition universelle, appariée au XVIIIe siècle galant et courtisan[15]. Mais parce qu'« on ne court pas deux siècles à la fois » (127), l'obsolescence inévitable du siècle de la monarchie absolue fait de la société de Juillet, régie par des normes hiérarchiques d'une nature nouvelle, une pâle et caricaturale copie de ce temps libertin de ritualisation et d'esthétisation mondaines du jeu, de revendication aristocratique du plaisir, de dérèglement moral – Pons, à cet égard, n'en est que l'avatar « monstrueux[16] ».

D'autre part, complétant la première, une chronologie politique dessine ironiquement, sur le mode catastrophique (« la France est perdue ! », 202), l'évolution du « progrès » et de la révolution de l'égalité. La célébration, sous la forme d'un « opéra pour le peuple » (73), en est mise en scène par un « ancien triste à pattes » (*ibid.*) saint-simonien, « métamorphosé en Mondor » (289). Illustration ironique du précepte utopiste de son école, « à chacun selon sa capacité, à chaque capacité selon ses œuvres », Gaudissart est un exemple de réussite, aussi « féroce » qu'exemplaire : le « résultat merveilleux » (74) de son opéra populiste éloigne la faillite

---

14 Dans *La Cousine Bette*, Balzac développe l'idée : « Les grands de l'Empire ont égalé, dans leurs folies, les grands seigneurs d'autrefois. Sous la Restauration, la noblesse s'est toujours souvenue d'avoir été battue et volée ; ainsi, mettant à part deux ou trois exceptions, est-elle devenue économe, sage, prévoyante, enfin bourgeoise et sans grandeur » (*La Comédie humaine*, t. VII, p. 151).

15 Significatives sont à cet égard les références à Watteau et à Mme de Pompadour, encadrant ironiquement le premier dîner chez la présidente (p. 94-96).

16 Sur la définition balzacienne du « monstrueux », souvent commentée, nous renvoyons à Dominique Massonnaud, art. cité, p. 304. La mesure entre l'écart et la norme est donnée à Balzac par la tératologie telle que Geoffroy Saint-Hilaire la conçoit « fabriquant des monstres pour donner visibilité aux principes » : « l'accident de la nature n'est plus pensé comme une aberration, une sortie du *nomos*, mais comme un cas, significatif de lois générales, qui révèle le *nomos* général. Les métamorphoses, le régime de la circonstance et des aberrations qui apparaissent dans le monde postrévolutionnaire mis en fictions doivent, à leur tour, permettre de révéler les principes monstrueux ».

de son théâtre qui devient ainsi « une entreprise fructueuse » (249). Dès lors, véritable capitaliste, « exploitant [ce] théâtre uniquement et brutalement dans son propre intérêt », il ne s'attache qu'à « fai[re] valoir ses capitaux » pour « être à la tête d'un chemin de fer, devenir un homme sérieux, un administrateur, [...] être nommé député *sur sa ligne* et arriver, par la protection de Popinot, au Conseil d'État » (250). Au cœur de cette chronologie, l'Empire occupe encore une place centrale et normative, comme l'explique la belle écaillère du *Cadran-bleu* devenue concierge. Nostalgique d'un ordre social lisible et efficace, que symbolisaient les costumes militaires et les « épaulettes à grains d'épinards » à rebours de la variété incompréhensible et anarchique des costumes contemporains (202)[17], la Cibot s'exclame : « Non, ma parole d'honneur, le monde est renversé ! pourquoi fait-on des révolutions ? Dînez deux fois, si vous en avez les moyens, gueux de riches ! Mais je dis que les lois sont inutiles, qu'il n'y a plus rien de sacré, si Louis-Philippe ne maintient les rangs ; car enfin si nous sommes égaux... » (*ibid.*). 1830, date « toujours en creux » dans la *Comédie humaine*[18], est incarnée par le personnage tout-puissant du « coq de la droguerie au profit de qui [a] été faite la révolution de Juillet, au moins autant qu'à celui de la branche cadette » (80). Elle marque l'une des ruptures fondamentales caractéristiques de la crise de la modernité : si l'homonymie onomastique est aussi incomplète qu'impossible entre l'opulent P*opin*ot et le pauvre T*opin*ard, c'est que, de l'hôtel de la rue Basse-du-Rempart, Tuileries bourgeoises (78), à la cité Bordin, l'un des « cancers de Paris » (366), tout dit les effets de « la force des choses », à l'origine du mouvement moderne : c'est elle qui permet à « un musicien [de jeter] sa flute aux orties pour devenir banquier » (123)[19] ; elle, qui nourrit, en même temps que « la brutale envie de parvenir » (250), le désespoir, l'envie et « toutes les haines de la démocratie » (219) ; elle encore, qui impose arbitrairement des inégalités sociales plus injustifiables encore qu'autrefois. Tout illustre ce « mal qui [...] dévore [la société][20] »

17 Balzac reprend ici le développement célèbre de la préface d'*Une fille d'Ève* (*La Comédie humaine*, t. II, p. 15-16).

18 Selon une formule de Claude Duchet, citée par Nicole Mozet, *Balzac et le temps*, Saint-Cyr-sur-Loire, Christian Pirot éditeur, 2005, p. 72.

19 Voir l'Avant-propos de 1842 : « s'il n'est pas encore prouvé que le poisson devient volatile et que le volatile devient poisson, il est prouvé que l'épicier peut devenir pair de France », *La Comédie humaine*, t. I, p. 119.

20 *Le Curé de village*, *La Comédie humaine*, t. IX, p. 814.

et creuse les « plaies » (64) : « élément insocial[21] » par définition, celui-ci instaure un nouveau rapport au temps et à la société, désormais définis autour d'une blessure fondatrice, en termes morphologiques et hygiénistes. Le « virus destructif[22] » émis par la Révolution et renouvelé par Juillet ravive de fait inexorablement et dramatiquement le traumatisme de 1793, « la répétition interdi[sant] tout espoir [de retour en arrière][23]. » Aux yeux du romancier, le « fanatisme de l'individualité » est ainsi devenu la seule religion d'une société qui « née pendant la Révolution, [...] ignor[e] le catéchisme » (98). Ainsi a-t-il provoqué, sous le faux jour de « l'égalité[24] », une dilution, foncièrement inégalitaire, de toute forme de pouvoir unificateur et légitime dans la dépense des forces physiques et l'éparpillement des normes morales[25].

Empruntant à la veine grotesque qui, par définition, associe l'idée à la matière, la pensée au corps[26], de repas en cuisines, le romancier ne se prive pas d'affilier son texte à la satire politique du règne des « Ventrus » et à « l'irrévérence des petits journaux [...] calomniant le prix fixe de la table royale » (106). De discrètes allusions à la table de Louis-Philippe superposent finement au texte les images de la caricature contemporaine, de Granville à Daumier[27]. L'image du roi, bien nourri et bien servi, est filée dans le texte qui échelle des connotations variées selon que les références directement politiques croisent un imaginaire

21 *Les Paysans*, *La Comédie humaine*, t. IX, p. 49.

22 Employée par Balzac à propos de la question de la propriété dans la société issue de la Révolution, l'expression, redoublée par celle de « principe morbifique », figure aussi dans *Les Paysans* : « La révolution française a émis un virus destructif auquel les journées de Juillet viennent de communiquer une activité nouvelle » (*ibid.*).

23 Nous suivons ici la démonstration de Nicole Mozet dans son article « Temps historique et écriture romanesque » : « l'exil de Charles X a pour [Balzac] la même signification que la mort de Louis XVI en 1793 » (*L'Année balzacienne 1990*, p. 235). On notera que Fraisier, l'homme de loi maléfique, agent du mal au service de la cupidité bourgeoise, qui le meut lui-même, agite aux yeux de la Cibot le spectre de la guillotine et se voit comparé à Robespierre, le « terrible apôtre de l'égalité politique » (*La Comédie humaine*, t. XI, p. 340) ; tandis que Rémonencq, qui appartient à la tribu des collectionneurs associée aux « bandes noires », a « l'impassibilité stoïque des vieux soldats de 1799 » (162).

24 Voir *ibid.*, p. 217.

25 Voir à cet égard l'article éclairant de Marion Mas, « Normes familiales et modèle pathologique dans *Les Parents pauvres*. De quelques scénarisations éclairantes », *L'Année balzacienne 2014/1*, p. 269-287.

26 Voir Ruth Amossy, « L'esthétique du grotesque dans *Le Cousin Pons* », *Balzac et* Les Parents Pauvres, *op. cit.*, p. 135-145.

27 Pour Granville, que l'on pense au « Gargantua », (*La Caricature*, 15 décembre 1831) ou au « ventre législatif », (*L'Association mensuelle de lithographie*, janvier 1834)

merveilleux (« le roi Salomon, dans sa gloire, ne dînait pas mieux que Schmucke » (102), « une sauce inventée par la Cibot, et à laquelle une mère [avatar de Cronos ou Thyeste ?] aurait mangé ses enfants », *ibid.*) ou se trouvent associées à des expressions populaires, que celles-ci relèvent d'idiolectes variés (« ein rebas de Liquillis » (103), « n'un dîner n'à licher les plats, et les rendre nets comme s'ils étaient lavés », 105) ou d'emplois métaphoriques (« fort de café », « servir l'Anglais tout cuit »…). Selon l'homologie traditionnelle des représentations du sexe et de la nourriture, la « Table » et sa « Dépense » exploitent parallèlement le réseau lexical qui, investi d'une double portée satirique et axiologique, est emprunté au XVIIIe siècle galant et se trouve introduit dans le texte, on l'a vu, par la thématique de la sociabilité moderne : il s'agit de celui du vice libertin[28] que Balzac élargit au champ social et politique – on comprend dès lors que « l'avalanche qui roul[e sur Pons] d[oive] tout contenir : la chambre des pairs, la chambre des députés, la famille, les étrangers, les forts, les faibles, les innocents » (156).

Ici se trouve le lien avec le thème central du roman, celui de la collection. Tout en « sacrifi[ant au] besoin féroce de dîner en ville » (76)[29], Pons, condamné au célibat par sa laideur, appartient à la « tribu des collectionneurs », « âme[s] vouée[s] au lucre, froide[s]comme un glaçon » (184)[30], elles-mêmes « libertines » : « millionnaires [et] gens les plus passionnés de la terre, [elles sont] capables de s'avancer dans les terrains boueux de la police correctionnelle pour s'emparer d'une tasse, d'un tableau, d'une pièce rare » (156). Leur portrait est associé à celui des « négociateurs politiques » (188)[31], « entass[ant comme eux] ruse sur ruse » (187)[32]. Ainsi l'histoire du « Caton friand » (302), qui croise celle, bien réelle, des Chenavard, Sauvageot ou Sommerard, s'historicise en

28 L'adjectif, employé pour Gaudissart (250), qualifie également le Juif Magus (184).

29 On notera que la boutique de Rémonencq est l'ancien « café de Normandie ».

30 Voir aussi 133 : « coulant comme un collectionneur qui croit fourber un marchand » ; 158 « un *coup à monter*, ce qui veut dire dans l'argot des marchands une fortune à voler » ; 164 : « *chiner*, aller à la recherche des occasions et conclure de bons marchés avec des détenteurs ignorants ».

31 Voir aussi le rapport entre politique et collection tel qu'il est esquissé à travers le personnage de Popinot qui « avait, depuis son avènement en politique, contracté la manie de collectionner les belles choses, sans doute pour faire opposition à la politique, qui collectionne secrètement les actions les laides » (79).

32 De même le discours gastronomique vient-il emprunter aux références morales et philanthropiques, comme dans une expression telle que « une sauce à mériter le prix Montyon » (109).

vertu de la corruption généralisée qui gangrène une société de « marchands » dont le mot d'ordre, entre transactions et accumulation, repose sur une « avarice insatiable » (62)[33] : « les entrepreneurs chipotent, les rois carottent, les ministres tripotent, les gens riches économisotent » (308) – on se rappellera que les trois dernières années de la monarchie de Juillet voient éclater de retentissants scandales politico-financiers qui, sur fond de crise sociale, aiguisent le sentiment de crise politique et morale. Dès lors, parce que « Dieu a imprimé, pour certains yeux clairvoyants, la destinée de chaque homme dans sa physionomie, en prenant ce mot comme l'expression totale du corps » (173), les personnages, « tous faux et laids, [apparaissent] engloutis dans un enfer qu'ils prennent pour l'achèvement de la civilisation moderne[34] » – « il est [de fait] rare que *La Comédie humaine* nous fasse assister à un tel défilé de spectres dantesques[35]. »

Lorsqu'il place au centre du récit et des réseaux métaphoriques, un imaginaire de l'estomac et du corps, des besoins et dysfonctionnements alimentaires, des désirs et des passions que la société postrévolutionnaire exacerbe, Balzac interroge la portée politique du modèle physiologique libéral tel qu'il peine à endosser la représentation du « corps social » devenu un corps malade dont tout le siècle cherche à panser les « plaies » – « on est arrivé jusqu'à chercher des plaies sociales pour constituer les guérisseurs en société ! » (64). Prenant acte de l'obsolescence de la « fiction physiologique abstraite » du corps du roi[36], le romancier souligne les ambiguïtés des fictions organiques postrévolutionnaires. De fait, non seulement il détaille les conséquences morbifiques des perturbations sociohistoriques qui infectent, depuis la Révolution, le cycle atmosphérique et physiologique naturel sur un double plan, individuel et collectif, selon les principes du schéma vitaliste du XVIIIe siècle, longtemps débattu à la Faculté de médecine et à l'Académie des sciences morales. Mais il met

33 « Ne rien dépenser, gagner de légers bénéfices et cumuler, intérêts et bénéfices, telle est leur Charte » (162), explique le narrateur en soulignant, par la référence constitutionnelle, l'évidement du politique par la norme économique.

34 André Vanoncini, « La dialectique du beau et du faux dans *Le Cousin Pons* », *L'Année balzacienne 2011/1*, p. 293.

35 *Ibid.*

36 C'est la thèse bien connue d'Ernest Kantorowicz en 1957 (*Les Deux Corps du roi*, Paris, Gallimard, coll. « Bibliothèque des idées », 1989, p. 18) – on en connaît la traduction balzacienne, notamment dans les *Mémoires de deux jeunes mariées* : « En coupant la tête à Louis XVI, la Révolution a coupé la tête à tous les pères de famille ».

également en perspective les modèles prophylactiques proposés par la philanthropie contemporaine et les « réformateurs » utopistes[37], de Fourier aux saint-simoniens – et ceux-ci parmi « les grands médecins politiques qui ont étudié les plaies de la France[38] », lui semblent, dès 1841, avoir « en dépit de leurs erreurs, [...] touché plusieurs points douloureux, [...] auxquels on ne remédiera que par des palliatifs insuffisants et qui ne feront qu'ajourner [...] une grande crise morale et politique[39]. »

« DROIT DE FOURCHETTE » ET PASSIONS MODERNES

Le Cousin Pons est construit autour de la déconfiture de deux dîners successifs chez la présidente Camusot de Marville, dont « la maison [est] l'objet [des] plus grands soins [du pauvre musicien] » (78) parmi les dix qui composent « la société de bourgeois parvenus où [il] dîne » (84). Il y assouvit, en effet, son « vice » des dîners en ville pour jouir « [des] plats soignés, [des] petits verres de liqueur, [du] bon café, [du] babil, [des] politesses fausses, [des] convives et [des] médisances » (108), sans oublier « la *surprise*, l'impression gastronomique du plat extraordinaire, de la friandise ajoutée triomphalement dans les maisons bourgeoises par la maîtresse de maison qui veut donner un air de festoiement à son dîner », cet « inattendu de ce qui, jadis, dans les ménages de nos aïeux, se nommait le *plat couvert* » (*ibid.*). L'annulation du premier « mémorable dîner » (107) déclenche une crise nerveuse qui mine, amaigrit et altère dangereusement la santé de l'artiste devenu gourmand pour avoir eu l'estomac trop bien éduqué sous l'Empire. Ostracisé au terme d'un second dîner par l'ensemble de ses amphitryons, il finit par mourir lentement. Ces deux réceptions consécutives, puissamment mortifères, constituent donc la trame du drame alimentaire qui, dans les hôtels

37 Nous empruntons l'expression à l'économiste libéral, Louis Reybaud, *Étude sur les réformateurs contemporains, ou socialistes modernes*, dont l'édition pré-originale dans la *Revue des Deux Mondes* s'est échelonnée entre 1836 et 1848, avant une première édition en deux volumes de 1840.

38 *Les Paysans*, éd. citée, p. 821.

39 *Le Curé de village*, éd. citée, p. 807.

particuliers de la bourgeoisie dominante comme dans les immeubles de rapport des « petits bourgeois[40] » et du peuple, se joue autour de la table, de ses pratiques et de ses enjeux symboliques.

Toutes deux sont en effet associées aux thématiques de la famille et du mariage. Il s'agit de signifier les fondements et les failles internes d'un ordre foncièrement inégalitaire et fragile – systématiquement, tous les repas évoqués dans le texte associent à la cuisine une image familiale. D'une part, la gourmandise de Pons l'a conduit à « trop étend[dre] la signification du mot *famille* » pour « conserver droit de fourchette » à la table des « tribus bourgeoises » parisiennes (77). D'autre part, il ne parvient pas y participer à la perpétuation patrimoniale, clef de voute de la famille telle que la conçoivent les Camusot de Marville désireux, dans une logique toute aristocratique, de conserver leurs terres normandes et d'accroître leurs rentes – l'explication en est donnée en 1844, dans *Les Paysans* : « la haute bourgeoisie se condui[t de fait] comme autrefois l'aristocratie. La noblesse voulait des filles d'argent pour fumer ses terres, nos parvenus d'aujourd'hui veulent des dots pour mettre du foin dans leurs bottes[41]. » Ainsi voit-on Pons, lors du premier dîner, joué par ses parents qui, pour éviter sa société et le faire asseoir à la table des domestiques, prétextent un dîner de négociations maritales. Puis, lorsque lui-même croit pouvoir faire le mariage de Cécile Camusot avec « le phénix des gendres » (140), le second dîner ruine ses prétentions comme celles de ses hôtes qui, par vengeance et pour compenser leurs propres défaillances, le vouent à l'inexistence sociale d'un « saltimbanque dangereux qu'on devait oublier » (150). Si Pons échoue à se maintenir dans la famille en participant à sa génération, ses cousins voient le mariage annulé au motif qu'une fille unique présage une famille déséquilibrée et potentiellement ruineuse.

À une époque « où l'on joue à la Chambre en créant une foule de Sociétés à présidents, vice-présidents et secrétaires : Société linière, vinicole, séricicole, agricole, de l'industrie, etc. », sans compter les « sociétés de guérisseurs » (64), la logique économique, régie par le « rêve d'or » universel (300), subsume les logiques familiale, politique et mondaine. Selon un système sémasiologique parent de celui de la biologie de

40 Voir Max Andréoli, « Le mal social. Petite bourgeoisie, grandes infamies », *L'Année balzacienne 2016/1*, p. 241-276.

41 *Les Paysans*, éd. citée, p. 60.

l'évolution, qui structure toute la *Comédie humaine*, l'emploi du mot *société* et le recours à l'homologie sémantique mettent en abyme cet imaginaire collectif de l'argent, indissociable de celui d'une thermodynamique du désir bien connue des lecteurs de Balzac. La polysémie du terme indexe des connotations en réseau qui illustrent, jusque dans la lettre du texte, la façon dont « le monde moral est taillé pour ainsi dire sur le patron du monde naturel ; les mêmes effets s'y doivent retrouver avec les différences propres à leurs divers milieux » (175). Ainsi, dans chacun des champs de l'organisation de la vie collective, s'éprouve l'exercice universel d'une puissance motrice, par définition « capitaliste, individuelle et inégalitaire[42] ». L'image de l'estomac, qui définit le personnage éponyme, centralise métonymiquement le mouvement indéfiniment nécessaire de « Dépense » et de désir de possession, caractéristiques de cette « capacité vitale » (66-67)[43] « qui hante l'œuvre de Balzac au même titre que son traité de la volonté, dont elle constitue peut-être l'indispensable *analogon* matérialiste[44] » : le « second cerveau » (67) qu'est l'estomac offre, en effet, « le modèle d'un abouchement entre les différents flux physiologiques permettant d'articuler le moral et le physiologique[45] », « l'esprit » transcendant[46] et le réel immanent, pour fournir la clef de l'histoire et de la condition humaines.

Dès lors, s'illustrant en chacun des personnages comme dans la trame narrative, qui, ensemble, dramatisent une dialectique entre le plein et le vide, le positif et le négatif[47], le riche et le pauvre[48], le « rêve d'or » (63) constitue à la fois le moteur historique et social moderne, « le lingot du bonheur [contemporain] » (*ibid.*), et le seul principe,

42 Madeleine Ambrière, « Balzac et l'énergie », *Romantisme*, 1984, n° 46, p. 44 ; voir aussi Max Milner, « Extinction du mal et entropie dans les *Contes et romans philosophiques* », *L'Année balzacienne 2006/1*, p. 7-16.

43 Voir aussi *Traité des excitants modernes*, *La Comédie humaine*, éd. citée, t. XII, p. 307-308. Sur ce sujet voir Alain Vaillant, « La littérature ou le matérialisme en acte », dans *Un matérialisme balzacien ?*, éd. É. Bordas, J.-D. Ebguy, N. Mozet, http://balzac.cerilac.univ-paris-diderot.fr/materialisme.html.

44 Bertrand Marquer, « De l'épigastre au ventre : *œconomia* animale et économie du corps social », *Romantisme*, 2011/4, n° 154, p. 56.

45 *Ibid.*, p. 57.

46 Voir le chapitre racontant la visite de la Cibot chez la voyante Mme Fontaine que « l'Esprit tripote [...] dans l'estomac » (179).

47 Voir 165 et 66.

48 Sur le thème oxymorique du double, voir José-Luis Diaz, « Destins du deux. Oxymore, ironie, répétition dans *Les Parents pauvres* », *Balzac et* Les Parents pauvres, *op. cit.*, p. 199-298.

foncièrement ontologique et organique, d'autorité, de légitimité et de hiérarchie – « avoir ou n'avoir pas de rentes, telle [est] la question, a dit Shakespeare » (180). Et le texte donne bien à comprendre que telle est aussi la traduction balzacienne du principe de « capacité » doctrinaire fondé sur l'impôt censitaire, tel que, au cœur de virulents débats parlementaires, il définit la qualité d'électeur et de citoyen sous la monarchie de Juillet – regrettant que « l'envahissement de la finance [ne soit] autre chose que l'égoïsme solidifié », le médecin de *La Cousine Bette* explique de fait : « l'argent autrefois n'était pas tout, on admettait des supériorités qui le primaient. Il y avait la noblesse, le talent, les services rendus à l'État ; mais aujourd'hui la loi fait de l'argent un étalon général, elle l'a pris pour base de la capacité politique[49]. » Ainsi le personnel politique rassemble-t-il, selon *Le Cousin Pons*, « des gens *affairés* » (142)[50] ; et ceux-ci, occupés de leurs intérêts comme de ceux de leurs concitoyens, recourent à tous les artifices contemporains du Verbe et du Commerce, pour faire croire à l'équité démocratique : « l'Annonce est toute puissante [:] l'on dore les candélabres de la place de la Concorde pour consoler le pauvre en lui persuadant qu'il est un riche citoyen. » (217) Semblables aux calculs de la présidente autour de la difficulté de trouver mari à sa fille, les réflexions de Fraisier manifestent cette loi d'organisation. Lorsque ce « docteur en droit sans chaussettes » (270), conscient que « les avocats de Paris ne laissent inscrire au tableau que des gens qui *possèdent* un mobilier respectable, une bibliothèque, etc. » (283)[51], « se laiss[e] aller au bonheur d'être à jamais hors du besoin [et] se vo[it alors] un des rois du quartier », il imagine « domin[er] les élections municipales, militaires et politiques » (270)[52].

La fragilité spécieuse et pathogène de ce type d'ordre social est mise en abyme par les références, ironiques, à la peinture du XVIIIe siècle et à son mécène, la Pompadour, dont la présidente figure une réincarnation bourgeoise. La sociabilité moderne, qui en reflète la superstructure et en

49 *La Cousine Bette*, éd. citée, p. 428.

50 Nous soulignons. On notera le même type de jeu de mot homologique que celui sur le terme *société*. Voir aussi 241 : « La vacance probable d'une des vingt-quatre perceptions de Paris cause une émeute d'ambitions à la chambre des députés ! Ces places se donnent en conseil, la nomination est une affaire d'État ». Ce type de critique est courant : on l'utilise ainsi dans la presse contre Lamartine lorsqu'il entame son premier mandat parlementaire à partir de 1834.

51 Nous soulignons.

52 Voir également p. 327.

fait jouer les mécanismes discriminants, se décline en termes d'échanges fiduciaires, de « comptes » et de « résultats » : elle s'aliène ainsi la grâce insouciante et ludique des « fausses paysannes » et des « bergers grands seigneurs » de la fête galante d'Ancien Régime figurés par Watteau sur l'éventail chiné par le pauvre cousin pour sa parente lors du premier dîner[53]. De même, la friandise luxueuse et la quiétude domestique de « la belle chocolatière » de Liotard (134)[54], évoquée avec le second, semblent devoir dorénavant toujours le céder à l'amertume du « lait et du vinaigre mélangés » (93) ou à celle des potions médicinales qui « noient l'estomac » (193). L'expression « conserver droit de fourchette » est à cet égard aussi révélatrice que tous les réseaux métaphoriques qui, sur les thèmes du manque et de l'animalité, sous-tendent le récit pour définir « la Table » bourgeoise. Elle souligne la façon dont le texte balzacien, de l'intérieur, signifie les tensions et les ambiguïtés qui traversent une société « où partout, et en toute chose éclate [...] l'inégalité des conditions, dans ce pays ivre d'égalité » (334). Car si « tout se renouvelle » dans la société postrévolutionnaire, « doctrines, littérature, politique, et, si vous écoutez les saint-simoniens, [...] la religion aussi », la Table subit les mêmes évolutions que « l'état social, ce grand serpent dont la tête est si perfide et la queue si débile, [et qui] semble vouloir faire *peau neuve* », explique déjà en 1830 la *Nouvelle théorie du déjeuner*[55]. Mme Camusot s'en fait l'écho lorsqu'elle annonce vouloir « dîner un peu tard, à cause de la Chambre où la séance ne finit jamais qu'à six heures » (141). En effet,

> les habitudes parlementaires, les mœurs nouvelles, un caprice général, la nécessité peut-être, ont insensiblement fait reporter sur le dîner toute la responsabilité de la nutrition [aux dépens du déjeuner]. Fatal système qui ne tend à rien moins qu'à multiplier les victimes de l'apoplexie, à décimer plus promptement les oncles, les grands-parents, et à rendre la société moins spirituelle[56].

53 Sur la fonction de cet éventail dans l'économie dramatique du roman, voir Brigitte Méra, « À propos d'un éventail », *L'Année balzacienne 2002*/1, p. 315-326.

54 Le chocolat, reconnu médecine depuis le XVIIIe siècle, fait l'objet de multiples emplois médicinaux à l'époque de Pons et de la présidente : largement exploités par les pharmaciens, comme Sulpice Debauve et Antoine Gallais, ces chocolats « hygiéniques » sont censés, selon les « Annonces » publicitaires, pour reprendre un terme du texte, guérir la fatigue, les maux d'estomac, la constipation, les affections pulmonaires, soulager les nerfs ou servir de vermifuge... (voir par exemple Nikita Harwich, *Histoire du chocolat*, Paris, Desjonquières, 2008).

55 *La Comédie humaine*, éd. citée, t. XII, p. 762.

56 *Ibid.*, p. 763.

Dans *Le Cousin Pons*, Balzac montre la façon dont la sociabilité dînatoire se structure selon une double loi discriminante d'imitation et d'échange fiduciaire qu'illustre l'exclusion du pauvre cousin, condamné à se mourir de n'avoir pu « conserver droit de fourchette » dans ses dîners en ville. La démonstration s'en développe dans la lettre même de cette expression. Celle-ci s'inscrit en effet dans un champ lexical qui est celui de l'Ancien Régime. Pâle copie d'une organisation aristocratique, on l'a vu, la sociabilité bourgeoise qui provoque la chute du parasite n'est qu'un avatar d'un régime hiérarchique démarquant l'histoire du système monarchique telle que, dans les milieux légitimistes comme chez les libéraux elle déploie, depuis la Restauration, un tableau critique des dérives absolutistes. Ce qui est implicitement rappelé est la façon dont une économie humaniste de la faveur s'est progressivement dégradée en « service », voire en servitude : à la gratuité dilective et dyadique d'une association vertueuse entre le Roi et les siens, dont le règne d'Henri IV figure le modèle[57], a succédé une relation régie par l'intérêt autoritaire des passions individuelles et la corruption de toute égalité entre pairs – dérive inhérente à la curialisation des élites et à un régime de favoris qui, à partir de Louis XIII, ont miné de l'intérieur le régime monarchique[58]. Le trajet de Pons est à cet égard révélateur et son histoire adapte aux mœurs bourgeoises la « fable du favori[59] » : le pique-assiette de la monarchie de Juillet, figure dégradée du courtisan autant que du parasite, est soumis à la violence arbitraire de ses amphitryons – et ceci, que la table soit garnie dans les cuisines de la haute bourgeoisie ou dans celles de la petite, si l'on considère le dédoublement de la présidente en Cibot.

---

57 On notera la référence à Henri IV, épicentre d'un ordre équilibré et équitable dont le quartier du Marais porte l'empreinte (96).

58 Sur ce type de représentation historiographique de l'Ancien Régime, développée à partir de la lecture de Boulainvilliers en particulier, nous nous permettons de renvoyer à notre article « Le lys 'à rebrousse-poil' ou 'le nuage obscur des gens du Roi' : le roi, la noblesse et les favoris chez Vigny », à paraître dans les actes du colloque *Le Lys recomposé. La représentation des pouvoirs sous l'Ancien régime dans la littérature fictionnelle du XIXe siècle (1800-1850)*, sous la direction de L. Angard, G. Cousin, B. Poirier, université de Rouen, 14-15 mars 2018 (http://ceredi.labos.univ-rouen.fr/public/?actes-de-colloques-et-journees-d.html).

59 Selon le type de récit défini par Delphine Amstutz dans sa thèse, *La Fable du favori dans la littérature du premier XVIIe siècle* (dir. Patrick Dandrey), Paris-Sorbonne, 2013. On notera l'allusion, à propos de Popinot, aux « vanités [corruptrices] de la cour citoyenne » (51).

Sous l'Empire, Pons pouvait, chez ses hôtes, « se comporter en artiste », « offr[ant] des exemplaires de ses romances », « touch[ant] *le forté* chez eux », « organis[ant]des concerts », « jou[ant] même quelquefois du violon chez ses parents en improvisant un petit bal » (63), tandis que « les personnes qui l'invitaient se mett[aient] en frais, se procurant des primeurs, débouchant leurs meilleurs vins, soignant le dessert, le café, les liqueurs, et le traitant de leur mieux » (64). Tout disait un code de civilité empreint de grâce et de noblesse – des duels entre « les plus beaux hommes de la France » aux services rendus aux « belles dames » (*ibid.*). Or la monarchie constitutionnelle postrévolutionnaire a brisé ce rapport à la tradition aristocratique de gratuité et de réciprocité : la « vaste chaîne d'interdépendances[60] » s'est dénaturée en s'embourgeoisant – traitant la question d'un point de vue global, Saint-Simon, dès la Restauration, puis Fourier ou Proudhon ne disent alors pas autre chose en actualisant le sens politique du terme de *parasite*. Les modalités de l'échange se sont matérialisées pour imposer une relation « monétisée[61] ». Devenu « un impôt » (65) ou la part d'une « charge notariale » (78) pour ses hôtes – et même « l'appoint du privilège » octroyé à Gaudissart (74) –, Pons, « dont le seul tort [est] d'être un parent *pauvre* » (83), perd ses privilèges : il se voit peu à peu contraint de payer ses dîners en « petite monnaie » et de « remplac[er] les portiers et les domestiques dans mainte et mainte occasion » sans qu'on « lui [sache] aucun gré de tant de courses et de tant de lâchetés » (65). De fait, explique le narrateur, « les familles où le bonhomme accomplissait ses évolutions, toutes sans respect pour les arts, en adoration devant les résultats, ne prisaient que ce qu'elles avaient conquis depuis 1830 : des fortunes ou des positions sociales éminentes » (67).

C'est bien ce que suggère l'expression « conserver droit de fourchette ». Elle impose en effet un réseau de sens multiples, construit sur l'association *in absentia* d'expressions consacrées relevant de différents champs culturels. L'expression décline implicitement plusieurs locutions figées qui appartiennent autant au droit civil (« conserver droit de »,

60 Myriam Roman, « Sociétés de parasites », *Figures du parasite*, éd. M. Roman et A. Tomiche, Clermont-Ferrand, Presses universitaires de l'université Blaise Pascal, 2001, p. 169.

61 Pons, au terme des dîners, se voit « démonétisé » (*Le Cousin Pons*, éd. citée, p. 60). Sur le rapport entre valeur d'échange et valeur d'utilité, voir Max Andréoli, « Peut-on déterminer les lois d'une économie politique balzacienne ? », *L'Année balzacienne 2014*/1, p. 57-86.

« droit de cité » ou « droit de naissance ») qu'aux usages de la sociabilité d'Ancien Régime (« droit de tabouret[62] ») – voire, si l'on pousse loin le jeu lexical, à ceux de l'économie alimentaire moderne (« déjeuner à la fourchette[63] »). Des relations de contiguïté suggérées par l'attelage et le zeugma suscitent des images qui, en se superposant, font naître la variabilité floue et contradictoire des principes normatifs de la sociabilité d'« [un] temps où l'on ne parle que d'égalité ». Car celle-ci se réorganise et se régule en ne conservant de la tradition que sa violence arbitraire et discriminante. L'espace de la mondanité comme celui du repas, en pleine mutation au XIXe siècle, figurent ainsi des microcosmes puissamment significatifs qui ritualisent les principes structurels de la vie sociale, en esthétisent les normes aux yeux d'un romancier pour qui, en bon lecteur de Brillat Savarin, « l'alimentation est la génération » et « l'alimentation publique prise dans son ensemble[,] une partie immense de la politique[64]. »

De fait, d'un point de vue narratif, tout vient dramatiser ces deux dîners, qui non seulement illustrent le « mauvais goût » (90 et 141) de la sociabilité embourgeoisée, mais disent la violence foncièrement pathogène des modes relationnels, comme de tous les types d'échange, depuis la Révolution – « ils vendent ce qu'ils donnent ! », s'exclame déjà Balzac en 1830 pour décrire les « raouts d'or et d'argent » des lendemains de révolution[65] qui laissent voir que « la puissance argent nous mène à la plus

62 Même référence à une économie de la faveur, qui est à associer à l'image ironique de la présidente en Pompadour. Le droit de tabouret est « une prérogative [qui] n'avait été dès l'origine qu'une distinction toute personnelle. Elle ne date que du règne de Louis XIII », lit-on dans le *Dictionnaire de la conversation et de la lecture*, Paris, Belin-Mandé, t. 49, 1838, p. 302.

63 Dès 1830, dans la *Nouvelle théorie du déjeuner*, Balzac prend acte de l'évolution de la pratique des déjeuners. Apparaissent en particulier les « déjeuners à la fourchette » : « depuis la Révolution, l'usage s'est établi chez les grands et dans la haute bourgeoisie de ne dîner qu'à 5 ou 6 heures ; mais on fait à 11 heures ou midi un déjeuner plus solide que celui qui avait lieu auparavant, déjeuner que l'on appelle "à la fourchette" : parce qu'on y mange de la viande, on est obligé de se servir de cet instrument tandis que ceux qui déjeunaient précédemment ou qui déjeunent encore avec du thé, du café ou du *chocolat*, n'ont besoin que d'une cuillère », expliquent Noël et Carpentier dans leur *Nouveau dictionnaire des origines, inventions et découvertes dans les arts, les sciences, la géographie, le commerce, l'agriculture*, Paris, Janet et Cotelle, 1827, p. 522-523 (nous soulignons).

64 *Théorie des excitants modernes*, *La Comédie humaine*, t. XII, p. 309. – Outre la référence à Brillat Savarin (67), voir la comparaison de la méthode moderne de « génération » des grands hommes à l'invention égyptienne du « four à faire éclore les poulets » (59).

65 « Lettre sur Paris III », 18 octobre 1830, *Œuvres diverses*, éd. citée, p. 884.

triste des aristocraties, celle du coffre-fort[66] ». Objet d'art, l'éventail peint par Watteau devient, au cœur de la première scène, monnaie d'échange. D'un côté, Pons « [a] la prétention de solder tous ses dîners avec l'offrande de ce dîner » (83) ; de l'autre, la présidente, tout en refusant d'« avoir l'air de recevoir la moindre chose de son pique-assiette » (84), cherche « à balancer le compte » (90). Dès lors, la valeur en est aussi âprement discutée dans le salon de la présidente qu'il l'a été, dans la boutique de la rue de Lappe, avec l'Auvergnat à qui Pons l'a acheté par ruse, parachevant sans scrupule l'œuvre révolutionnaire de dépècement du château d'Aulnay. « Vous dois-je beaucoup d'argent pour cette petite bêtise ? », demande méchamment l'hôtesse à « son parasite » (83)[67]. L'affirmation nette de la nature fiduciaire de la transaction transforme l'échange en une implacable joute verbale : l'âpreté « offensée » du collectionneur réduit à un pauvre, qui, de ses « trouvailles », devrait savoir « se faire des rentes » plutôt que de les « offrir » (90), affronte la vénalité de la présidente « atteinte au vif par [les observations sur la relativité de sa richesse] partant d'un misérable musicien de qui elle se pos[e] en bienfaitrice » (84). Faussé, le rituel mondain se détraque en scène domestique : « entre nous pas de cérémonie, nous nous connaissons assez pour laver notre linge ensemble » (83), s'impatiente familièrement la présidente, abolissant la barrière symbolique de la sociabilité, entre l'espace public et l'espace privé. Ainsi peut s'ouvrir la porte de la cuisine, se dresser la table des domestiques et la présidente céder à la Cibot ses prérogatives autoritaires sur l'estomac du pauvre Pons. Dans cet « empyrée bourgeois » (139), la table des nouveaux dieux, dépourvue de tout symbole, n'est plus qu'économie domestique, parcimonieuse et exclusive ; et la « coupe du plaisir » (62) verse une liqueur bien amèrement dénaturée.

Le Cousin Pons est ici roman de l'exclusion moderne : il met à nu des mécanismes de transformation et de régulation sociales qu'impose une logique parfaitement individualiste et inégalitaire. L'histoire du collectionneur gourmand joue, à tous les niveaux de signification, sur le fantasme de la dispersion, du vide, du « zéro », de la table rase comme du manque en somme. Elle pose, tout au long du texte, la question d'une économie de

66 Exorde des « Complaintes satiriques sur le temps présent », *ibid.*, p. 748.

67 À ce titre, tout se passe comme dans le domaine de l'art et de la collection où « quelque chose a changé, du tout au tout, dans le statut de l'appropriation individuelle des biens symboliques » (P.-M. de Biasi, « Système et déviances de la collection à l'époque romantique », *Romantisme*, 1980, n° 27, p. 88).

la conservation dans une société devenue gigantesque espace de « transfert de capitaux, d'influence, de prestige[68] » – le destin « bourgeois » de la collection d'objets de celui qui, pour elle, fait preuve d'une « avarice insatiable » en est à la fois le reflet et la compensation, comme il l'est sur les plans alimentaires et sexuels[69]. Dès lors, se multiplient les avatars de ce double dîner manqué. Selon une dialectique filée entre le plein et le vide, leur description, associée, par la loi du milieu, à une topologie domestique précise, dessine une distinction typologique entre riches et pauvres : si la société révolutionnaire a bien reconstitué des hiérarchies, les ordres anciens ont cédé la place à un autre type, économique, de distribution et de répartition des individus, comme le soulignent déjà les commentaires politiques que tout au long de 1830 Balzac livre à la presse. Le dîner le plus fastueux, un dîner de fiançailles comme il se doit, est significativement donné par le financier propriétaire de l'*Hôtel du Rhin* : lors de ce « repas somptueux comme en donnent les négociants quand ils font trêve aux affaires », sont servis « des plats *à ravir la pensée* » (128). Avant qu'il ne soit mis à la diète par le médecin, Pons, qui a renoncé à son « originalité » d'artiste pour tenter de se fondre dans la sociabilité bourgeoise (91), doit subir la répétition sans saveur des dîners sans surprise de la Cibot (88, 94). Plus sa mort approche, plus rares se font les repas. Quant au dîner de ses funérailles, il montre bien que la « cuisine à la bourgeoise[70] » a été définitivement viciée : la bien-nommée Sauvage, prétendue « cuisinière d'un archevêque », gâche le pot-au-feu par excès d'ingrédients (333)[71]. Parallèlement, apparaissent de plus en plus régulièrement dans le récit les maigres repas de la petite bourgeoisie qui ne dîne ou ne déjeune chez elle que pour « se nourrir », très économiquement : que ce soit par nécessité, comme Poulain et sa mère (221) ou Fraisier ; que ce soit par avarice, comme les marchands Rémonencq et Magus. C'est chez la pauvre famille Topinard, dans la cité ouvrière Bordin que se clôt le récit : là, l'indigence des instruments de cuisine dit le vide des assiettes (367-368).

68 Max Milner « Extinction du mal et entropie dans les *Contes et romans philosophiques* », *L'Année balzacienne* 2006/1, p. 15.

69 Sur « l'imaginaire de l'embourgeoisement » et la fonction de la collection, voir, outre les articles cités de P.-M. de Biasi, Boris Lyon Caen, « Balzac et la collection », *L'Année balzacienne* 2003/1, p. 265-284.

70 Ou « à la pourcheoise », dans l'idiolecte de Schmucke, 103.

71 Voir aussi sa première apparition chez Fraisier « un poëlon en fer blanc bossué [à la main], dont le lait répandu jetait dans l'escalier une odeur de plus, qui s'y sentait peu, malgré son odeur nauséabonde » (228).

En 1847, à travers la tragique passion gastronomique de Pons, c'est bien la « question sociale » que Balzac met en perspective avec les apories de l'idéologie libérale conservatrice ; c'est « tout le poids de la douleur » que « souffrent le peuple, les prolétaires sans aide » à qui « l'on [a] fait croire qu'il[s] sont [de] riche[s] citoyen[s] » ; c'est une archéologie de l'inégalité mise en fiction. La gourmandise du « Caton friand » fournit de fait l'expression métaphorique des interrogations balzaciennes sur la possibilité d'un équilibre telles qu'elles croisent le texte de la *Physiologie du goût* de Brillat-Savarin et ceux des réformateurs contemporains. Tournant le dos à la philanthropie contemporaine et à ses « sociétés de guérisseurs[72] », ironique devant l'embourgeoisement des anciens saint-simoniens, c'est sans aucun doute à Fourier que pense le plus Balzac en écrivant *Le Cousin Pons*[73]. Dès 1840, *La Phalange*, à partir d'extraits du *Nouveau monde amoureux*[74], définit en des termes qui ne le laissent certainement pas insensible « la gourmandise sociale, qui réunit l'élégance athénienne à la délicatesse française, qui dispose avec sagacité, fait exécuter savamment et juge avec profondeur ». Y est ainsi promue la « gastrosophie, [...] science éminemment utile, science sérieuse, qui posera et résoudra les questions suivantes : trouver pour chaque âge, pour chaque tempérament, pour chaque circonstance, l'alimentation la meilleure ; prévenir et guérir un grand nombre de maladies par un régime qui n'ait rien de désagréable. Le grand gastrosophe sera un savant physiologiste qui aura fait une étude longue, approfondie de tous les aliments,

72 Balzac vise ici sans doute moins Benjamin Appert, grande figure de la philanthropie libérale et romantique jusqu'en 1830, que la mutation opérée, sous la monarchie de Juillet par ces promoteurs d'une charité laïcisée et fondée sur le modèle du patronage : institutionnalisée, elle devient sujet de débats âpres car elle paraît alors vouée à la défense d'un ordre menacé par la politisation de la « question sociale » à la résolution de laquelle elle est pourtant censée œuvrer, en utilisant les moyens ouverts par le progrès technique, « par la propagation de l'instruction populaire, la multiplication des ouvrages moraux, l'amélioration des prisons, des hôpitaux, des salles d'asyle, des caisses d'épargne, des crèches pour les petits enfants, une sage et tolérante religion, l'Évangile dans toutes les chaumières, des écoles dans tous les villages » (Appert, *Dix ans à la cour de Louis-Philippe et souvenirs du temps de l'Empire et de la Restauration*, Berlin/Paris, 1846, t. I, p. 184). Voir J.-G. Petit, *Les Peines obscures. La prison pénale en France, 1780-1875*, Paris, Fayard, 1990, p. 183-218.

73 Voir Michel Lichtlé, « La 'Pathologie de la vie sociale' selon Balzac », *L'Année balzacienne 2016/1*, p. 197-220.

74 Écrit sous la Restauration, le texte demeura inédit jusqu'au XXe siècle : entre 1845 et 1849, les disciples de Fourier en publient des extraits dans leur organe de presse, *La Phalange*, puis en plusieurs volumes entre 1851 et 1858 avec d'autres fragments traitant en particulier de l'organisation du travail.

de toutes les modifications que peut admettre l'estomac[75] » – trouvant en somme le secret d'un équilibre physiologique et d'une maîtrise des passions, œuvre politique s'il en est. C'est d'ailleurs à Victor Considérant que Balzac propose sa *Pathologie de la vie sociale* en 1840 lorsque, rendant compte de l'étude de Louis Reybaud sur les « réformateurs contemporains et socialistes modernes », il défend le système des passions de Fourier :

> [Il] a considéré certes avec raison les passions comme des ressorts qui dirigent l'homme et conséquemment les sociétés. Ces passions étant d'essence divine, car on peut supposer que l'effet ne soit pas en rapport avec la cause et les passions sont bien les mouvements de l'âme, elles ne sont donc pas mauvaises en elles-mêmes. En ceci Fourier rompt en visière, comme tous les grands novateurs, comme Jésus, à tout le passé du monde. Selon lui, le milieu social dans lequel elles se meuvent rend seul les passions subversives. Il a conçu l'œuvre colossale d'approprier les milieux aux passions, d'abattre les obstacles, d'empêcher les luttes. Or régulariser l'essor de la passion, l'atteler au char social n'est pas lâcher la bride aux appétits brutaux. N'est-ce pas faire œuvre d'intelligence, et non de matérialité[76] ?

C'est en tout cas manière d'éloigner le spectre gastronomique et bourgeois qui hante le corps social révolutionné, tel que l'a illustré Granville dans un recueil, au titre très balzacien, dont le romancier a rendu compte, *Voyage pour l'éternité. Service général des omnibus accélérés* : « le champagne mousse, les convives crient, le député se fait ministre, l'électeur député, le prolétaire électeur. La vie apparaît magnifique, en ce moment de délire gastronomique ; en effet le dessert est un des plus fermes bâtons de l'échelle au moyen de laquelle Jacob voulait monter au ciel. Alors il n'y a pas de spéculation qui ne réussisse, d'amour qui résiste, d'amitié qui ne soit douce, les femmes, les vins, les mets, tout est fondant, liquoreux, amoureux, toutes les puissances vitales grandissent. Eh bien la mort est là, un bonnet de coton sur l'oreille qu'elle n'a pas[77] ». Préfiguration, avant la lettre somme toute, de la mort de Pons et d'une société tout entière.

Sophie VANDEN ABEELE-MARCHAL

75 *La Phalange*, t. I, n° 19, 14 octobre 1840, « Gastrosophie », p. 344.

76 *Revue parisienne*, 25 août 1840, Paris, À la Revue parisienne, 1840, p. 235.

77 Compte rendu publié dans *La Silhouette*, le 15 avril 1830, *Œuvres diverses*, t. II, éd. citée, p. 721.

LE COUSIN PONS, « UNE HISTOIRE COMPLÈTE DE LA SOCIÉTÉ FRANÇAISE AU XIXᵉ SIÈCLE »

> la fiction [...] joue sur une stratification de sens, elle raconte une chose pour en dire une autre, elle se trace dans un langage dont elle tire, indéfiniment, des effets de sens qui ne peuvent être ni circonscrits ni contrôlés. [...] Elle est « métaphorique ».
> Michel DE CERTEAU[1]

Tout lecteur de Balzac connaît le fameux spencer noisette qui pose Pons, à l'orée du récit, en « homme-Empire » (55). Le récit ne va cesser de dire et de redire au lecteur que Pons n'est plus de ce monde, au point de produire, sur les passants, un effet de déréalisation que le narrateur introduit par la métaphore du théâtre et la référence à l'acteur Hyacinthe. Ce dernier, accessoirisant lui-même ses rôles, avait coutume, apprend le lecteur, de conserver ses tenues démodées. Pons, « comédien sans le savoir », ne choisit pas de garder guêtres, spencer et triple gilet : c'est en partie la nécessité, en partie la nostalgie et peut-être l'impossibilité d'accompagner son temps qu'indexe sa manie conservatrice. Faudrait-il dès lors voir en Pons un acteur de lui-même ? Un Pons de la monarchie de Juillet continuant à jouer le Pons de l'Empire[2], par incapacité à sortir de cette période heureuse (où Prix de Rome, découverte des antiquités et soupers fins faisaient de lui un homme presque comblé, ayant trouvé

1 Michel de Certeau, *Histoire et psychanalyse entre science et fiction*, Paris, Gallimard, coll. « Folio histoire », 2002 [1986], p. 56.

2 Il faut à ce propos signaler une des origines possibles du patronyme du personnage : un Pons de l'Hérault accompagna Napoléon à l'île d'Elbe.

toutes les compensations à son absence de séduction) ? Ou une façon pour Balzac de lancer le motif théâtral qui contribue à la structuration narrative[3] ?

On verrait volontiers un autre élément proleptique dans l'usage de la seconde métaphore que Balzac applique à son personnage : « Tout concordait si bien à ce spencer que vous n'eussiez pas hésité à nommer ce passant un homme-Empire, comme on dit un meuble-Empire » (54-55[4]). Le lecteur, impliqué dans le commentaire du narrateur, se trouve lui aussi dans la position du public, évaluant cette fois, non le costume d'un acteur mais un meuble et sa conformité à un style, puisque Pons décline tous les traits de l'habillement sous l'Empire (l'habit, le port (du chapeau), l'accessoire (la bague à diamant, les guêtres, la cravate bouffante). La métaphore mobilière, qui déréalise aussi le pauvre cousin, inscrit plus nettement encore la référence à la période impériale, omniprésente dans les premiers chapitres du roman : « glorieux débris de l'Empire » (53), Pons est une chose, figée dans une époque au point d'en avoir entièrement pris l'apparence. Sorte de pendant drolatique du colonel Chabert – vêtu, lui, d'un carrick qui suscite l'hilarité des clercs à l'ouverture du récit de 1835[5] –, Pons est un survivant, non un revenant sorti d'entre les morts, mais un inadapté : un homme qui n'est plus de son temps. Chabert et Pons connaîtront d'ailleurs un sort à bien des titres comparable, même si, nous y reviendrons, la lecture de l'Empire se modifie d'un récit à l'autre.

Le lecteur comprend vite en tout cas que la mode adoptée par le personnage – et donc contrariée dans son essence même qui suppose le changement – sert d'abord d'index historique entrant en réseau avec d'autres index. L'auteur du *Traité de la vie élégante* et collaborateur de *La Mode* dès la fin des années 1820 voit dans le vêtement bien autre chose que le signe d'une élégance, d'une distinction ou au contraire de

3 Voir, sur la question des modèles herméneutiques, Boris Lyon-Caen : *Balzac et la comédie des signes. Essai sur une expérience de pensée*, Vincennes, Presses universitaires de Vincennes, coll. « la philosophie hors de soi », 2006, p. 31-37.

4 Voir également la référence aux « meubles grêles de Jacob » (p. 57) qu'évoque l'ensemble de la mise de Pons.

5 La première phrase du roman est : « 'Allons ! Encore notre vieux carrick !' » qui réduit Chabert à sa houppelande (*Le Colonel Chabert*, *La Comédie humaine*, Paris, Gallimard, coll. « Bibliothèque de la Pléiade », 1976, t. III, p. 311). Voir pour un parallèle entre les deux récits, Jeannine Guichardet, *Balzac « archéologue de Paris »*, Genève, Slatkine Reprints, 1999 [1986], chap. « La perte d'identité : étude de quelques personnages archéologiques ».

la soumission à un diktat : l'indice d'une classe, d'un milieu et surtout la marque de la détention d'un pouvoir[6]. La mode est sans nul doute du temps concrété ; elle est aussi le signe visible de la puissance. Dès lors, ne pas être à la mode signifie qu'on n'est rien dans la société de son temps. Pons qui a arrêté le Directoire et l'Empire en en demeurant la vivante image, ne *représente* rien dans la société de Juillet. C'est ce rapport du personnage au temps que notre étude cherchera d'abord à définir : Pons est un homme en retard et donc sans pouvoir[7]. Cependant, un certain nombre de caractérisations (son parcours et en particulier le développement de sa collection) indexent un relatif accord avec son époque, voire et paradoxalement, font de lui, dans sa passion de collectionneur et les choix qu'elle lui inspire, un homme en avance sur son temps ; d'autres personnages datés sont, eux, porteurs d'un avenir (le docteur Poulain). On se tromperait donc en affirmant que cet « homme-Empire » n'est pas du tout un homme de Juillet, contrairement à ceux qui causeront sa mort (de la portière à la Présidente Camusot en passant par leurs sbires), Balzac s'attachant à brouiller la sémiologie qu'il paraît mettre en place au début du roman[8].

---

6 Balzac dans son *Traité de la vie élégante* consigne, en 1830 : « En l'an de grâce 1804, comme en l'an MCXX, il a été reconnu qu'il est infiniment agréable, pour un homme ou une femme, de se dire en regardant ses concitoyens : "Je suis au-dessus d'eux ; je les éclabousse, je les protège, je les gouverne, et chacun voit clairement que je les gouverne, les protège et les éclabousse ; car un homme qui éclabousse, protège ou gouverne les autres, parle, mange, marche, boit, dort, tousse, s'habille, s'amuse autrement que les gens éclaboussés, protégés et gouvernés." / Et la VIE ÉLÉGANTE a surgi !... / Et elle s'est élancée, toute brillante, toute neuve, toute vieille, toute jeune, toute fière, toute pimpante, toute approuvée, corrigée, augmentée et ressuscitée par ce monologue merveilleusement moral, religieux, monarchique, littéraire, constitutionnel, égoïste : "J'éclabousse, je protège, je...", etc. » (Balzac, *Traité de la vie élégante*, *La Comédie humaine*, éd. citée, t. XII, p. 219).

7 Voir l'emploi du terme de « démonétisation » p. 80.

8 Analysant la « logique déductive » que met en place le discours d'escorte à propos du jupon de Mme Vauquer, Florence Terrasse-Riou montre ainsi que « l'insistance sur la notion d'indice est pour le moins fondée à la légère, et que la force démonstrative ne repose finalement que sur un jeu d'implications réciproques » (*Balzac : le roman de la communication*, Paris, SEDES/HER, 2000, p. 31). De même est-on tenté de voir dans le spencer noisette et les accessoires de mode qui l'accompagnent la série de détails qui orientent le lecteur en partie sur la piste d'un leurre, du moins sur une piste qu'il ne convient pas de suivre uniquement.

UN « HOMME-EMPIRE »

Car ce n'est pas seulement l'habit qui pointe la période, mais également les mœurs et habitudes du personnage qui, de surcroît resté célibataire, ne s'est pas prolongé par une descendance : néant social, Pons n'a pas trouvé les moyens de sortir de son immobilité. Cette dimension allégorique du personnage, qu'on rencontre parallèlement dans *La Cousine Bette* où les Hulot, leur mobilier Empire défraîchi et les mœurs libertines du général font signe vers une gloire qui n'est plus, tend à souligner l'inadaptation de Pons à son temps. Avec *Les Parents pauvres* Balzac a bien entrepris de représenter des survivants, dont la passion (l'érotomanie de Hulot, la gourmandise et la manie du collectionneur chez Pons) cause la perte – lorsqu'elle trouvait une satisfaction aisée sous l'Empire et la Restauration. C'est la monarchie de Juillet qui, chez ces hommes vieillis, accompagne la surchauffe du désir et détermine les accidents finals. Les hommes-Empire ne peuvent survivre à l'époque brillante de leur jeunesse – ou, quand ils survivent, c'est pour finir, comme Hector Hulot, dans les bras d'une Agathe Piquetard, au nom savoureux[9]. Cependant l'un a conquis l'Europe tandis que l'autre n'a pas été plus loin que Rome et est un homme du boulevard, un Parisien qui, pour avoir vécu sous l'Empire, n'en a que les insignes vestimentaires – et ni les galons ni les cicatrices. Là est aussi la grande différence entre Pons et Chabert.

S'enracinent également dans la période impériale les passions nées dans la facilité des conquêtes pour le militaire, dans le succès au concours et le Prix de Rome pour le musicien. La grandeur de l'Empire est ainsi chez Balzac constamment contrecarrée ou minée par les avancées démocratiques du régime napoléonien : on sait la critique des lycées aussi bien dans *Le Lys dans la vallée* (dans la bouche d'Henriette de Mortsauf[10]) que dans *La Vieille fille* (autour du cas d'Athanase Granson[11]) ; c'est au

9 Voir le second dénouement de *La Cousine Bette.*

10 « Vous avez sucé dans vos lycées le lait de la Révolution, et vos idées politiques peuvent s'en ressentir, mais en avançant dans la vie, vous apprendrez combien les principes de liberté mal définis sont impuissants à créer le bonheur des peuples », déclare Henriette de Mortsauf à Félix de Vandenesse (*Le Lys dans la vallée*, *La Comédie humaine*, éd. citée, t. IX, p. 1043).

11 Le chevalier de Valois critique, auprès de Rose Cormon, « ces détestables lycées impériaux » dont « les mœurs » sont « horribles » (*La Vieille fille*, éd. citée, t. IV, p. 877-878).

« Concours » que s'en prend, dans *Le Cousin Pons*, le narrateur, soulignant l'opposition entre le génie, c'est-à-dire le talent inné (*ingenium*) et la production d'artistes « par ce procédé mécanique » qu'est l'élection au mérite (59). L'ingérence de l'État dans l'éducation de la jeunesse comme dans la qualification des artistes n'aboutit qu'à des échecs patents : le jeune Athanase, dans *La Vieille fille*, ne semble y gagner que de mauvaises habitudes ; quant au cousin : « [e]nvoyé à Rome, pour devenir un grand musicien, Sylvain Pons en avait rapporté le goût des antiquités et des belles choses d'art. [...] Cet enfant d'Euterpe revint donc à Paris, vers 1810, collectionneur féroce, chargé de tableaux, de statuettes, de cadres, de sculptures en ivoire, en bois, d'émaux, porcelaines, etc. qui, pendant son séjour académique à Rome, avaient absorbé la plus grande partie de l'héritage paternel, autant par les frais de transport que par les frais d'acquisition. » (59) La dépense somptuaire remplace un apprentissage artistique dont on comprend qu'aux yeux de Balzac, il ne peut s'accomplir que sous l'égide d'un maître, jamais mentionné dans le cas du musicien, et suivant une relation qu'il a maintes fois représentée dans ses récits de l'artiste, notamment dans *Le Chef-d'œuvre inconnu*.

Pons, personnage placé sous le signe de l'anachronisme et de l'inadaptation, est donc chargé d'incarner les valeurs impériales du côté civil, aussi bien dans son *ethos* que dans son parcours. Le spencer noisette qui signait l'élégant de 1806 est, comme le jupon de madame Vauquer dans *Le Père Goriot*[12], l'indice sur-visible disposé par Balzac à l'attention de son lecteur. Mais cet « homme-Empire » l'est aussi en ce qu'il est le produit de la méritocratie initiée par Napoléon 1er. *Le Cousin Pons*, d'abord intitulé « Les deux musiciens », ne sera donc pas l'histoire de deux artistes : dès le troisième chapitre, le lecteur a compris que Pons ne faisait pas partie de la liste des « gens [...] poussés en pleine terre sous les rayons de ce soleil invisible, nommé la Vocation » (59). Il s'agira en effet pour Sylvain Pons de gérer une carrière, d'abord de compositeur de romances puis de compositeur pour le théâtre avant de terminer chef d'orchestre, « bâton de maréchal des compositeurs inconnus » (73). Et,

---

Il est vrai qu'il cherche alors à ruiner tous les espoirs de succès du jeune homme auprès de la vieille fille.

12 « Son jupon de laine tricotée, qui dépasse sa première jupe faite avec une vieille robe, et dont la ouate s'échappe par les fentes de l'étoffe lézardée, résume le salon, la salle à manger, le jardinet, annonce la cuisine et fait pressentir les pensionnaires. » (*Le Père Goriot*, éd. citée, t. III, p. 55).

parallèlement, de satisfaire son estomac car c'est bien d'abord de « ses romances » dont il offre un exemplaire à ses hôtes ou de loges de théâtre qu'il paie « ses amphitryons » (63). Entrent en réseau une pratique institutionnelle (le Concours), le succès qui l'accompagne, la gastrolâtrie contente de Pons et la période qui précède Juillet – comme si Empire et Restauration formaient non un bloc homogène mais du moins un ensemble politique où un pique-assiette pouvait trouver son bonheur. À ceci près cependant que « la funeste habitude de bien dîner » (64) est gagnée entre 1810 et 1816, au moment où l'empire napoléonien atteint son extension maximale et semble à son sommet avec le remariage de l'empereur (en 1810) avant de connaître, dans les années qui suivent, les campagnes désastreuses de la sixième coalition. Sa gastrolâtrie ne connaît ensuite, sous la Restauration, qu'un « automne pluvieux » où Pons « se maintint gratuitement à table » mais « en s'acquittant d'une multitude de commissions, en remplaçant les portiers et les domestiques dans mainte et mainte occasion. » (65)

Cette façon de raconter l'histoire à travers le rapport à la Table confirme que Balzac historicise aussi bien l'apparence du cousin que les mœurs d'une société et les passions qu'elle détermine : parce que sous l'Empire, « beaucoup de maisons imitaient les splendeurs des rois, des reines, des princes dont regorgeait Paris », parce qu'« [o]n jouait beaucoup alors à la royauté », on menait grand train, « se procurant des primeurs, débouchant les meilleurs vins, soignant le dessert, le café » (64) pour accueillir un lauréat du prix de Rome comme Pons. Là où l'Empire favorise une forme d'excès par imitation des fastes d'Ancien Régime, la Restauration maintient un certain pied sans pour autant – et presque paradoxalement – retrouver les grandeurs de la royauté, avant que le régime de Juillet ne mette un terme définitif à semblables habitudes dispendieuses : le règne de la bourgeoisie d'argent n'est pas favorable à l'estomac, elle ignore la grandeur et le faste que suppose la Table.

DES INDICES D'HISTORICITÉ

Il n'est ainsi d'abord pas autrement question des changements politiques que pour leurs résonances sur la Table : toutes les dates, fort nombreuses dans la première partie du roman, n'accrochent que du social (modes vestimentaires, modes de vie, trouvailles du collectionneur...) et l'événement est toujours traité à distance, comme en sourdine, voire sur le mode ironique[13] ou lourdement sarcastique. « Historien des mœurs modernes mises en action[14] », Balzac semble avoir décidé dans *Le Cousin Pons* de passer sous silence tout changement de régime, révolution, batailles, c'est-à-dire tout ce qui serait la grande histoire pour ne retenir que des indices d'historicité. Et la multiplication des dates est d'autant plus frappante qu'elles ne coïncident pas, bien souvent, avec des événements majeurs : ainsi les intervalles, tels 1810-1816 (64) (et non, comme attendu, 1810-1815), « de 1810 à 1814 » (60) (découpage beaucoup plus net), « de 1811 à 1816 » (61) ou « de 1836 à 1843 » (65), moment où Pons est peu invité ; ainsi l'inscription de dates comme 1809 (année où l'on porte « une énorme cravate en mousseline blanche », 56), 1824 et 1831, deux étapes dans l'orbe décroissant de la carrière musicale du musicien (60), 1834 (lorsque Gaudissard a l'idée de « réaliser un opéra pour le peuple » (74), et au moment où les Marville sont encore « gênés », 80), ou 1834 et 1835, années où se rencontrent et se lient Pons et Schmucke (68, 69)... Certes ces dates prennent sens dans le récit et au vu de la carrière des personnages mais elles sont si insistantes que le lecteur est tenté d'y voir des signaux à déchiffrer. Pourquoi dater aussi précisément ce qui relève de la sphère du privé – sinon parce que ce privé dissimule du public ?

Le spencer noisette en 1806 pourrait ainsi renvoyer à une des années fastes de l'Empire. En 1806, le calendrier républicain est abandonné, les troupes napoléoniennes remportent la victoire d'Iéna, c'est la fin du Saint Empire germanique ; 1809 voit de nouvelles victoires napoléoniennes

13 Le chapitre IV s'ouvre ainsi : « Les plus beaux hommes de la France échangeaient en ce temps-là des coups de sabre avec les plus beaux hommes de la coalition ; la laideur de Pons s'appela donc *originalité*, d'après la grande loi promulguée par Molière dans le fameux couplet d'Éliante » (p. 63-64).

14 Préface de la première édition d'*Une fille d'Ève*, éd. citée, t. II, p. 262.

(Eckmülh, Wagram), l'annexion des États pontificaux (et l'arrestation de Pie VII), la paix de Vienne et le divorce de Napoléon d'avec Joséphine ; 1834 est une année particulièrement troublée : à la révolte des canuts en avril succède le massacre de la rue Transnonain ; aux élections de juin, l'opposition remporte 150 sièges ; c'est la valse des ministères[15] (deux se succèdent en novembre dont l'un ne dure que trois jours...). L'an 1835 est marqué par l'attentat de Fieschi contre le roi, suivi de lois d'exception en particulier contre la presse. Ainsi, derrière chacune de ces dates inscrites à titre privé, le lecteur peut accrocher des faits qui viennent doubler l'histoire racontée, les aventures de Pons et de son entourage constituant le tissu visible dont ces événements sont *la doublure* et *l'envers*. Ce serait l'histoire du premier XIXe siècle que Balzac écrirait en creux. Pons serait ainsi un personnage outil ou plutôt un écran qui servirait la visée balzacienne[16].

Le plus significatif est sans doute la référence à la « révolution de juillet » toujours mentionnée par rapport à la carrière de tel ou tel personnage. 1830 est pour la première fois évoqué à propos de « l'adoration » des bourgeois « devant les résultats », c'est-à-dire ce qu'ils « avaient conquis depuis 1830 : des fortunes ou des positions éminentes » (65-66). Ce sont ces dernières sur lesquelles le récit revient régulièrement : le ministre Popinot, « ce héros bourgeois de la révolution de Juillet » (73), cet Anselme Popinot « que la révolution de Juillet avait lancé [...] au cœur de la politique la plus dynastique » (77), donne à Gaudissard le privilège du théâtre de l'Opéra-Comique, et à Pons et Schmucke un métier qui accompagne pour eux l'entrée dans l'anonymat :

> Pons et Schmucke s'éclipsèrent dans la gloire, comme certaines personnes se noient dans leur baignoire. À Paris, surtout depuis 1830, personne n'arrive sans pousser, *quibuscumque viis*, et très fort, une masse effrayante de concurrents ; il

15 C'est, dans le cadre d'un propos général que la durée des ministères est traitée par le narrateur : « La ressemblance est assez grande entre le solitaire et l'égoïste pour que les médisants paraissent avoir raison contre l'homme de cœur, surtout à Paris, où personne dans le monde n'observe, où tout est rapide comme le flot, où tout passe comme un ministère ! » (p. 66)

16 Et on songe alors à ce qu'écrit Boris Tomachevski : « Le héros n'est guère nécessaire à la fable. La fable comme système de motifs peut entièrement se passer du héros et de ses traits caractéristiques. Le héros résulte de la transformation du matériau en sujet et représente d'une part un moyen d'enchaînement des motifs et d'autre part une motivation personnifiée du lien entre les motifs. » (Boris Tomachevski, « Thématique », *Théorie de la littérature*, textes des formalistes russes présentés et traduits par Tzvetan Todorov, Paris, Le Seuil, coll. « Tel quel », 1965, p. 296).

> faut alors beaucoup trop de force dans les reins, et les deux amis avaient cette gravelle au cœur, qui gêne tous les mouvements ambitieux. (74)

Si 1830 accélère la carrière des Camusot[17] et autres Popinot, c'est le moment où Pons et son ami, pour trouver des revenus réguliers et modiques, entrent dans l'obscurité définitive. À la courbe ascensionnelle de la bourgeoisie s'oppose l'éclipse des deux musiciens, tous deux épris de la beauté. Le récit est clair sur ce point encore quant à l'anachronisme de ces deux personnages : ils échappent à l'ambition et à la concurrence déchaînées par les trois Glorieuses[18].

De là à ce que le lecteur y voie un présage de ce que n'y ayant pas leur place, ils y succombent, il n'y a qu'un pas. Fortement sarcastique – et comme une ironie par rapport au passage que nous venons de citer – la description réservée au monument funéraire de Pons, d'abord prévu pour abriter les restes du ministre Marsay puis du banquier Keller (mort en 1839) :

> Ces trois figures représentaient alors les journées de juillet, où se manifesta ce grand ministre. Depuis, avec des modifications, Sonet et Vitelot avaient fait des *trois glorieuses*, l'Armée, la Finance et la Famille pour le monument de Charles Keller, qui fut encore exécuté par Stidmann. Depuis onze ans, ce projet était adapté à toutes les circonstances de famille ; mais, en le calquant, Vitelot avait transformé les trois figures en celles des génies de la Musique, de la Sculpture et de la Peinture. (352)

Comme un double tombeau – celui de Pons et celui du récit dont il est le singulier héros, puisque toutes les valeurs, bourgeoises et artistiques, qui ont dominé sa vie, sont ici réunies –, ce monument kitsch pourrait devenir une autre sorte d'emblème esthétique d'un régime dont *Le Cousin Pons* a engagé la critique totale.

Force dès lors serait-il d'estimer que les premiers chapitres du *Cousin Pons* contiennent tout le récit et que l'issue est dessinée nettement dès le sixième chapitre : ne suivront que les illustrations de l'inadaptation initialement définie dans ce roman exemplaire. Le lecteur n'aura finalement qu'à se

---

17 Voir le passage suivant : « Le dévouement du président à la dynastie nouvelle lui avait valu récemment le cordon de commandeur, faveur attribuée par quelques jaloux à l'amitié qui l'unissait à Popinot » (p. 91).

18 Cette ambition frappe aussi le ferrailleur Rémonencq dont les débuts datent de « 1831, après la révolution de Juillet » (p. 160). Pour la carrière de l'Auvergnat, voir le chapitre XXIX. Il est également comparé, pour son impassibilité, à à un vieux soldat de 1799 (p. 162). Balzac ici encore montre l'esprit de 1830 déjà à l'œuvre dans les suites de la Révolution.

demander qui va l'emporter dans le match Cibot-Camusot – suspens qui le tient, à dire-vrai, que modérément en haleine à moins qu'il ne soit passionné par les histoires de successions. Si *Le Cousin Pons* intéresse le lecteur, ce n'est donc peut-être pas tant comme récit (les aventures d'un personnage alité dès le chapitre XXVII et mort au chapitre LXV) que pour ce qui double ce récit : « une histoire complète de la société française au XIXe siècle » (178).

RACONTER L'HISTOIRE AUTREMENT

Dans cette histoire des mœurs se dissimule en effet le projet de parler autrement du régime de Juillet ou des victoires impériales et de tenir ainsi un discours sur l'inanité de ces succès et changements de régime. En somme en ramenant l'Empire à un spencer, une manière de porter son chapeau et ses guêtres, au culte de « la Gueule » et en faisant de la Restauration la période d'un moindre faste, tandis que la monarchie de Juillet marque pour Pons « l'hiver de la vie » (65), le romancier peut aussi signifier qu'il n'y a rien d'autre à en dire. À ce titre, le roman de 1847 est plus sombre encore que *La Cousine Bette*, son jumeau, car nulle énergie, nul héroïsme passés ne le fondent : le champ de bataille où les Hulot fondaient leur fortune a les traits du boulevard du Gand, les conquêtes, ceux de la chine d'antiquités. Il est à ce propos frappant que ce soit Rome qui détermine la manie du collectionneur : c'est précisément en Italie que les troupes françaises constituèrent les collections qui allaient enrichir le Louvre et plus tard les musées de province, lorsque Bonaparte y entra en 1796.

Cette histoire inscrit aussi des considérations esthétiques en proposant la parodie du grand style académique du premier XIXe siècle. Ainsi, les allégories grammatiques inventées par Balzac (la Table, la Gueule, mais aussi la Volupté, la Recette, la Dépense) introduisent la modalité ironique dans une double inter-médialité : en rappelant le goût pour l'allégorie dans la peinture sous la monarchie de Juillet et en référant implicitement à la presse qui recourt aux personnifications caricaturales[19]. On voit

19 On pourrait évoquer le genre des Physiologies (du portier et de la portière, du brocanteur, de la tireuse de cartes…) qui travaille aussi la description dans *Le Cousin Pons*, avec l'iconographie qui l'accompagne. Voir par exemple le titre du chapitre XXIX :

d'ailleurs se multiplier ces allégories modernes dans l'œuvre balzacienne au fil de l'avancée dans la monarchie bourgeoise et s'imposer dans les romans grinçants des années 40[20], volontiers sur le mode ironique. Les allégories de la Table ou de la Dépense dans *Le Cousin Pons* relèvent à l'évidence de ces allégories modernes et circonstancielles qui permettent à celui qui les emploie de dignifier ironiquement les nouvelles valeurs de son temps[21], tout en empruntant à d'autres médias iconiques leurs procédés. C'est aussi, dans le cas présent, un moyen de figurer le jeu des passions : la théâtralisation qu'implique l'emploi des allégories grammatiques dessine pour le lecteur un ballet dans lequel l'homme cherche à connaître « la Volupté » par le seul canal (« la Gueule ») qui lui est possible :

> La Volupté, tapie dans tous les plis du cœur, y parle en souveraine, elle bat en brèche la volonté, l'honneur, elle veut à tout prix sa satisfaction. On n'a jamais peint les exigences de la Gueule, elles échappent à la critique littéraire par la nécessité de vivre ; mais on ne se figure pas le nombre de gens que la Table a ruinés. La Table est, à Paris, sous ce rapport, l'émule de la courtisane ; c'est, d'ailleurs, la Recette dont celle-ci est la Dépense. (64)

Ce pouvoir de la Table, qui date de l'Empire, est pris entre le général (les passions d'un vieux garçon) et le particulier (un moment historique identifiable globalement au premier tiers du siècle). Son évocation complète, sur le mode implicite, la batterie d'index historiques précédemment relevés. Elle permet aussi de critiquer, en creux, l'esthétique d'un temps qui cherche à dissimuler sa platitude et sa trivialité sous le couvert des personnifications : Recette et Dépense sont les maîtres-mots de cette société.

Comme diront plus tard les Goncourt, le seul moyen de rendre une époque, c'est d'en livrer « un échantillon de robe » ou « un menu de

« Iconographie du genre brocanteur », qui affiche nettement la typologie propre à la littérature panoramique.

20 Voir ainsi, pour *Les Parents pauvres*, le portrait de la cousine Bette dépeinte à travers la catégorie de la virginité : « La *Virginité*, comme toutes les monstruosités, a des richesses spéciales, des grandeurs absorbantes. [...] Lorsque les gens chastes ont besoin de leur corps ou de leur âme, lorsqu'ils recourent à l'action ou à la pensée, ils trouvent alors de l'acier dans leurs muscles ou de la science infuse dans leur intelligence, une force diabolique ou la magie noire de la *Volonté* » *(La Cousine Bette, éd. citée, t. VII, p. 152).*

21 Voir Jean-Louis Cabanès et Éléonore Reverzy, « Allégories réelles », *Romantisme* 2011-2, p. 39-60.

dîner[22] » ; Balzac, dans *Le Cousin Pons*, fait dire au Président Camusot, à propos de l'éventail que le cousin a offert à sa femme : « Ces petites bêtises-là, ma chère enfant, sont souvent les seuls témoignages qui nous restent de civilisations disparues. » (120). C'est bien l'histoire sociale et l'histoire culturelle qu'esquisse ici l'historien des mœurs Balzac. Les historiens du premier XIXe siècle, autour d'Augustin Thierry ou de Guizot, ont voulu, sans toujours la réaliser, écrire cette histoire globale, qui prenne en compte aussi bien les conditions matérielles de la vie, les identités régionales et nationales, leurs parlers propres, les mentalités et représentations, mettant de la sorte au premier plan le peuple ou la nation, en lieu et place du grand homme qu'exaltait l'histoire sous l'Ancien Régime. Balzac est leur héritier. Mais il se distingue nettement de l'histoire telle qu'elle s'écrit à compter de 1830, porteuse d'une idéologie progressiste : pour Balzac, 1830 « a consommé l'œuvre de 1793 », comme il l'écrit dans *La Cousine Bette*[23]. Ainsi, autre souvenir de l'Empire, le mobilier du docteur Poulain ne dit pas seulement la pauvreté de ce médecin de quartier[24] : il indexe cette envie démocratique qui travaille l'ami de Fraisier (219) et le conduit à servir les visées de la Cibot. Un même référent, l'Empire, est donc susceptible de signifier de multiples manières et Pons n'est pas le seul à en indiquer l'ambiguïté. Ce passé est aussi porteur d'un avenir. La collection de Pons, où l'on a voulu voir soit l'une des manifestations de ce goût bourgeois pour la distinction dans une société démocratique (Boris Lyon-Caen[25]), soit un reflet de l'œuvre (Nicole Mozet[26]), peut ainsi renvoyer à la prescience du cousin qui accompagne et parfois anticipe les choix esthétiques qu'imposera la mode en fait d'objets anciens après 1850. Ce revenant est donc aussi un lanceur de modes.

22 « Un temps dont on n'a pas un échantillon de robe et un menu de dîner est un temps mort, un temps *ingalvanisable*. L'histoire ne peut y revivre, le postérité ne peut pas le revivre » (*Journal*, éd. Cabanès, Paris, Champion, 2009, t. II, p. 258).

23 *La Cousine Bette*, éd. citée, VII, p. 151. Voir aussi *La Vieille fille* (1836) où le personnage de du Bousquier, ayant raté son rendez-vous avec l'histoire sous l'Empire, triomphe finalement avec l'avénement de la bourgeoisie au pouvoir en 1830. Nous renvoyons aux analyses de Nicole Mozet dans *Balzac et le temps* (Saint-Cyr-sur-Loire, Christian Pirot éd., coll. « Balzac », 2005, p. 208-211 et *passim*).

24 « L'appartement du docteur n'avait pas été changé depuis quarante ans. Les peintures, les papiers, la décoration, tout y sentait l'Empire » (p. 215).

25 *Op. cit.*, p. 166-171.

26 Voir « Le passé au présent. Balzac ou l'esprit de la collection » (*Romantisme*, 2001, n° 112, p. 83-94), ainsi que le chapitre « Mémoriser, classer, collectionner » dans *Balzac et le temps* (Saint Cyr sur Loire, Christian Pirot, 2005).

UN ÉVENTAIL PEINT PAR WATTEAU

Pierre-Marc de Biasi dans son analyse des déviances de la collection montre à quel point Pons en tant que personnage « n'est que la médiation abstraite par laquelle de la collection se produit selon la légalité d'une activité marginale probablement inassignable[27] » ; Balzac présentait d'ailleurs la collection du célibataire comme « l'héroïne de cette histoire » (381). On ne s'engagera pas ici sur le terrain de la collection en tant que telle qui a suscité d'éminents travaux[28]. Importe davantage non tant la question de la valeur (esthétique et économique) de l'objet collectionné que le rapport au temps que pose la collection. Comme le rappelle Nicole Mozet, « [l]a collection est [...] l'intertexte idéal entre le passé et le présent, par-dessus la rupture révolutionnaire que le début du XIXe siècle a eu tant de mal à intégrer dans son univers mental », ce qui lui confère de la sorte le rôle « de médiation et d'outil conceptuel[29] ». C'est cette passerelle entre le passé, le présent et l'avenir que les lignes qui suivent vont s'efforcer d'emprunter.

Pons collectionne un certain passé et sa pratique de collectionneur a une certaine signification au moment où il constitue sa collection. On l'a rappelé à propos de la naissance de son collectionnisme à Rome peu après la campagne d'Italie ; on le constate plus nettement encore dans la sélection qu'il opère parmi les trophées issues des destructions révolutionnaires :

> C'était des tableaux triés dans les quarante-cinq mille tableaux qui s'exposent par an dans les ventes parisiennes ; des porcelaines de Sèvres, pâte tendre, achetées chez les Auvergnats, ces satellites de la Bande-Noire, qui ramenaient sur des charrettes les merveilles de la France-Pompadour. Enfin, il avait ramassé les débris du dix-septième et du dix-huitième siècle, en rendant justice aux gens d'esprit et de génie de l'école française, ces grands inconnus, les

27 Pierre-Marc de Biasi, « Système et déviances de la collection à l'époque romantique (*Le Cousin Pons*) », *Romantisme*, 1980, p. 77-93.

28 On renverra aux travaux de Dominique Pety : *Poétique de la collection au* XIXe *siècle : du document de l'historien au bibelot de l'esthète* (Nanterre, Presses universitaires de Paris Ouest, 2010, en part. p. 140-142), au numéro de la revue *Romantisme* consacré à la collection (*Romantisme*, 2001, n° 112) et en particulier à l'article de Nicole Mozet précité.

29 Nicole Mozet, art. cité, p. 93.

> Lepautre, les Lavallée-Poussin, etc., qui ont créé le genre Louis XV, le genre Louis XVI, et dont les œuvres défraient aujourd'hui les prétendues inventions de nos artistes, incessamment courbés sur les trésors du Cabinet des Estampes pour faire du nouveau en faisant d'adroits pastiches. (61)

C'est bien le caractère novateur[30] de la démarche du collectionneur qui dégage de la gangue du passé des auteurs et des œuvres oubliés, qui font vieillir d'un seul coup les prétendus découvreurs contemporains – qui ne sont que des imitateurs. Les collections particulières, rappelle Krzysztof Pomian, « restent toujours les lieux d'innovations culturelles car elles ouvrent les chemins que les musées parcourront à leur suite » lors même qu'elles sont « nostalgiques[31] » et tournées vers le passé. « Le mérite du collectionneur est de devancer la mode » (86), déclare ainsi Pons en offrant à la présidente un éventail qui appartenait à la Pompadour.

Cet éventail qui déclenche le drame et lance la narration, peut sans doute être appréhendé comme un emblème de la pratique collectionneuse de Pons et ce, de multiples façons[32]. Il renvoie d'abord à la France rococo et à la sensualité légère des mœurs de la cour de Louis XV. Son décor par Watteau[33] renforce encore cette valorisation des grâces féminines et du jeu subtil du montré et du caché qui semblera aux frères Goncourt, dans *L'Art du XVIIIe siècle*, une des grandes caractéristiques du peintre des fêtes galantes[34]. Il est un objet d'art en même temps qu'un

---

30 Voir à ce propos Éric Bordas : « Le rôle de la peinture dans *Le Cousin Pons* », *Australian Journal of French Studies*, janvier 1995, Vol. 32, Issue 1, p. 19-37, p. 27.

31 Krzysztof Pomian, « Collection : une typologie historique », *Romantisme*, 2001, n° 112, p. 9-22.

32 Ainsi pour l'étude de la signification symbolique de cet éventail notamment dans la perspective d'études genre, nous renvoyons à l'article de Susan Hiner : « Fan fashion in Balzac's *Cousin Pons* », *Romance studies*, vol. 25 (3), July 2007, p. 175-187.

33 Voir à ce propos la note d'André Lorant dans l'édition du *Cousin* Pons dans la Pléiade : la marquise pouvait posséder un éventail peint par Watteau, mais non le lui avoir commandé – Watteau mourut en 1721, l'année de la naissance de Jeanne-Antoinette Poisson (éd. citée, p. 1407, n. 3). Dans *Les Paysans*, c'est à Boucher que Mme Soudry doit son éventail d'ivoire et l'ensemble de sa parure, notamment son ombrelle du XVIIIe siècle, la fait ressembler de loin à « une figure de Watteau » (*Les Paysans*, éd. citée, t. IX, p. 259).

34 Ainsi, écrivent-ils dans l'étude qu'ils lui consacrent : « Comme cette mode d'Italie, étincelante et bizarre, se marie heureusement à la mode française du XVIIIe siècle enfant ! Et quelle mode adorable naît de ces modes alliées et brouillées : la mode de Watteau ! Une mode d'aventure et de liberté, errante et bénie, qui attrape le neuf, le piquant, le provoquant ; des ciseaux d'artiste qui trouvent, en se jouant, la négligence et la parure, l'abandon du matin, et le bel habillé des après-midi ; ciseaux de fée dotant le temps qui viendra des patrons des mille et une nuits, madame de

accessoire : utile, l'éventail peut dissimuler et se faire, selon qu'il est plié ou déplié, suivant la façon dont il est manipulé, langage. Il signale la classe à laquelle appartient sa détentrice – significatif à ce propos le commentaire d'une « dame russe » découvrant un tel objet dans les mains d'une bourgeoise (119). Plus intéressant peut-être : l'éventail attribué à la Pompadour s'oppose à l'éventail d'aujourd'hui, en passe de devenir un produit manufacturé[35], en tant qu'il est une pièce unique, dotée d'une valeur esthétique incontestable et signée[36], mais il s'oppose aussi à celui d'abord recherché par Pons pour la présidente : celui de Marie-Antoinette, « le plus beau de tous les éventails célèbres » (87). Dans l'un et l'autre cas, c'est bien l'Ancien Régime qui s'indexe : d'un côté la courtisane princière, bourgeoise parvenue par l'amour, de l'autre l'épouse légitime mais étrangère, mal-aimée, toutes deux apparaissant comme des figures de pouvoir et de séduction. Lorsque l'objet d'art fait « Chit ! Chit » (87) au passant connaisseur, on songe à la Pompadour et à cette figure de la prostituée qui court métaphoriquement la première partie du roman[37], mais à propos des trésors volés par la Bande noire et des châteaux dépecés, c'est la guillotine qui fit tomber la tête de Marie-Antoinette en 1793 qui se dresse. En 1844, se mettre en quête de l'éventail de la reine guillotinée renforce peut-être implicitement le lien entre 1830 et 1793 ; plus généralement la référence à Watteau et aux plaisirs galants paraît singulièrement anachronique à l'époque où

Pompadour, du *négligé* qu'elle baptisera, et le Bertin de la fortune ! Ils couraient et coupaient en pleine volupté, dans l'argent du satin, ne ménageant ni l'étoffe, ni l'œil des galants. Jolis retroussis de jupes, ravissante rocaille des plis, étroits corsages, prisons friponnes, corbeilles de soie d'où se sauvait la chair fleurie ! Ô ciseaux enrubannés de Watteau, quel joli royaume de coquetterie vous tailliez dans le monde embéguiné de la Maintenon ! » (*L'Art du* XVIII*e* *siècle*, éd. Jean-Louis Cabanès, Tusson, Du Lérot, 2007, vol. 1, p. 34).

35 « [...] on en fait des neufs, bien jolis. On peint aujourd'hui ces vélins-là d'une manière miraculeuse et assez bon marché » (p. 88).

36 « – Watteau ! ma cousine, un des plus grands peintres du dix-huitième siècle ! Tenez – ne voyez-vous pas la *signature* ? dit-il en montrant une des bergeries qui représentait une ronde dansée par de fausses paysannes et par des bergers grands seigneurs. C'est d'un entrain ! Quelle verve ! quel coloris ! Et c'est fait ! tout d'un trait ! comme un *paraphe* de maître d'écriture ; on ne sent plus le travail ! Et de l'autre côté, tenez ! un bal dans un salon ! c'est l'hiver et l'été ! Quels ornements ! et comme c'est conservé ! » (p. 89, nous soulignons). *Cf.* également la porcelaine signée (p. 86-87). En cela, à l'évidence, l'éventail est un répondant allégorique de l'œuvre balzacienne.

37 Voir p. 59, 64, 67, 76 notamment. C'est celle de la sultane et du harem qui resurgit à propos d'Élie Magus (p. 187, 190), teintée de candaulisme (p. 190).

règnent les Camusot : le « bon mot » de Pons sur le Vice et la Vertu dissimule mal l'impossible retour d'une Pompadour et des fastes de la cour de Louis XV. Quant à la superposition des figures de la présidente et de la marquise, elle relève à l'évidence du court-circuit burlesque[38]. Comme le dit Joseph Bridau dans *Autre étude de femme*, « [l'] éventail de la grande dame est brisé » : il « ne sert plus qu'à s'éventer. Quand une chose n'est plus que ce qu'elle est, elle est trop utile pour appartenir au luxe[39]. »

L'insistance sur le prix de cet objet, sur l'argent que Pons a versé, la proposition d'achat faite par une dame russe témoignent cependant bien qu'une ère nouvelle s'est ouverte : celle où un objet singulier peut faire l'objet de tractations et de spéculations. La monarchie de Juillet, dans ses représentants exemplaires, n'en honore pas la beauté mais y identifie à la fois la valeur-travail (l'insistance sur le décor peint par Watteau le souligne comme la délicatesse de l'ivoire sculpté et du fermoir en or) et la valeur-désir au sens walrasien du terme[40] (le désir de la Russe qui propose six mille francs pour l'éventail). Pons, offrant un tel objet à la présidente, est à la fois un représentant de cette « galanterie du dernier siècle » maintenue par l'Empire (125) mais il accomplit aussi un geste de son temps : la bourgeoisie (plus que la Vertu) détient désormais des objets aristocratiques dont elle se pare pour se distinguer – lors même qu'elle ignore le nom du peintre qui l'a décoré[41]. La conclusion du roman, autour de cet éventail, fait sans nul doute partie des moments les plus sarcastiques du récit, de ceux qui laissent au lecteur le goût le plus amer : la pensée du roman est alors explicite en inscrivant le

38 Ce court-circuit peut prendre la forme du raccourci lorsque Pons s'exclame qu'il est « Empire, rococo ! » (p. 274).

39 *Autre étude de femme*, éd. citée, t. III, p. 690.

40 C'est en 1874, dans ses *Éléments d'économie pure*, que Léon Walras théorise le rôle moteur du désir dans la consommation : ce sont la rareté de l'objet et l'intensité du désir du consommateur qui prévalent sur la peine prise par le producteur. Voir à ce propos de Jean-Joseph Goux, *L'Art et l'argent. La rupture moderniste (1860-1920)*, Paris, Blusson, 2011, p. 30-34.

41 La culture de Mme Camusot est assez éloquente : elle ne connaît que des peintres contemporains, du néo-classique David, conventionnel et peintre officiel sous l'Empire, jusqu'à d'obscurs petits maîtres de la Restauration en passant par Gérard, Gros et Girodet qui hésitent entre l'héritage de David et le romantisme. Il s'agit donc principalement de peintres d'histoire, pratiquant l'un des genres les plus élevés dans la hiérarchie à l'opposé des scènes de genre des peintres du XVIIIe siècle dont les noms sont énumérés par Pons (p. 83-84). Ce sont ainsi deux esthétiques qui s'opposent également.

triomphe de la bourgeoisie ignorante sur le savoir de l'amateur. Cette bourgeoisie nouvelle qui est devenue « classe installée » l'emporte sur « l'homme pour qui la valeur suprême est ce que l'Homme est capable de faire », selon les formules de Pierre Barbéris[42]. Désormais plus de Beau mais l'argent « s'emparant de l'œuvre d'art pour en faire à nouveau de l'argent[43]. » Et surtout plus de singularité comme l'indique « le mot [...] stéréotypé » de la comtesse (382) : Flaubert est bien à l'horizon du *Cousin Pons*[44].

CONCLUSION

En tout état de cause, cet éventail historique ressortit à ce beau XVIIIe siècle que les collectionneurs français redécouvrent alors. Dans sa conversation avec sa femme, le Président Camusot use de l'argument-massue : Watteau « est très à la mode » (121). Comme dans le choix de certains maîtres du XVIIe siècle, Pons est un précurseur. Balzac lui-même décrit à Ève Hanska l'installation du « petit salon vert » de la rue Fortunée : « Tout y sera marqueterie, Louis XV et rococo. Tu y auras ton *Adam et Ève*, le Greuze et d'autres tableaux du siècle de Mme de Pompadour, je t'y voudrais 2 Watteau[45] ». Mais, on l'aura compris, ce que permet d'indexer cet objet, c'est aussi et surtout une époque où le Beau s'alliait au luxe, où la valeur de l'objet ne l'assimilait pas à une marchandise et n'était pas susceptible de le faire entrer dans le régime de la spéculation. Pons a beau être un « vestige » (57), il est aussi à la pointe du goût de son époque, et peut-être jusque dans ce legs esquissé dans le faux testament au roi Louis-Philippe et à son Louvre : ne s'agirait-il pas d'exposer au regard de tous une collection privée (« le musée-Pons ») pour lui conserver sa valeur esthétique et la soustraire à la spéculation ? Mais ce qui plaît à ses contemporains

42 Pierre Barbéris, *Mythes balzaciens*, Paris, Armand Colin, 1972, resp. p. 255 et 258.

43 *Ibid.*, p. 261.

44 Voir à ce propos Franc Schuerewegen, « Muséum ou Croutéum ? Pons, Bouvard, Pécuchet et la collection », *Romantisme*, 1987, n° 55, p. 41-54.

45 Lettre à Ève Hanska du 19 septembre 1846, *Lettres à madame Hanska*, t. II, Paris, Laffont, coll. « Bouquins », 1990, p. 323.

(comme au garde-national Crevel dans *La Cousine Bette*), c'est soit ce qui distingue (Crevel croit se distinguer des bourgeois ordinaires en exaltant les souvenirs de la Régence et des petites maisons), soit ce qui coûte, toutes choses qu'ignore le vieux garçon qui aime les œuvres d'art pour elles-mêmes. Comme le dit le notaire Berthier, « 'on ne court pas deux siècles à la fois' » (127) : ce pourrait être une des morales de cette fable.

Éléonore REVERZY

TROISIÈME PARTIE

QUESTIONS D'ESTHÉTIQUE

SUBLIME ET GROTESQUE

Le guidage émotionnel du lecteur

Dès le cinquième chapitre du *Cousin Pons*, le narrateur fait mine de s'inquiéter :

> Ce qui reste à dire sur le moral de ces deux êtres en est précisément le plus difficile à faire comprendre aux quatre-vingt-dix-neuf centièmes des lecteurs dans la quarante-septième année du dix-neuvième siècle[1] [...].

La question, pour être posée en des termes plaisants, n'en est pas moins cruciale : si l'ambition du récit est effectivement de prendre le contre-pied de la majorité, et de tenir un discours que son époque n'est pas forcément prête à entendre, la nécessité de guider le lecteur se fait sentir. « Faire comprendre », ce sera donc *exposer* (mettre en scène des personnages, des situations méconnues), *expliquer* (commenter l'action, tenir sur elle un discours autorisé), mais aussi *toucher le lecteur* : lui faire ressentir une palette adéquate d'émotions afin d'orienter ses réactions, guider son interprétation, voire le plonger dans un état mental susceptible de lui faire expérimenter, de l'intérieur, la sensibilité propre aux personnages.

Dans le cadre de ce contrat narratif, le couple sublime/grotesque, devenu l'un des fondements de l'esthétique romantique depuis que Victor Hugo en a théorisé « l'union féconde » dans la préface de *Cromwell*, en 1827, fonctionne comme un outil d'intellection privilégié. Pourtant, comme le rappellent José-Luis Diaz et Sandrine Berthelot[2], Balzac

1 Honoré de Balzac, *Le Cousin Pons*, édition de Gérard Gengembre, Paris, GF Flammarion, 2015, p. 72. La pagination adoptée dans la suite de cet article fera toujours référence à cette édition.

2 On trouve notamment trace de ces réserves dans un article, « Complaintes satiriques sur les mœurs du temps présent » (*La Mode*, 20 février 1830, publié dans les *Œuvres diverses*, Paris, Gallimard, coll. « Bibliothèque de la Pléiade », 1996, p. 745), ainsi que dans la préface aux *Études de mœurs*, en 1833, signée Félix Davin mais largement inspirée par Balzac. Voir José-Luis Diaz, « Portrait de Balzac en écrivain romantique. Le Balzac de Davin (1834-1835) », *L'Année balzacienne 2000*, n° 1, p. 8-9 ; Sandrine Berthelot, « Balzac et

n'était pas véritablement convaincu par les propositions de Victor Hugo, préférant plaider pour un comique franc conforme à l'esprit gaulois. Sublime et grotesque sont cependant partout présents dans *La Comédie humaine*, et Balzac en acclimate l'utilisation au régime de représentation réaliste[3], tout en mettant sa tension structurelle au service de ses problématiques de prédilection. Cet infléchissement et cette réappropriation se dessinent très tôt, puisqu'on en trouve déjà la théorisation sous la plume de Félix Davin en 1833 :

> C'est la fusion terrible du trivial et du sublime, du pathétique et du grotesque ; enfin, c'est la vie telle qu'elle est, et le roman tel qu'il doit être[4].

Félix Davin, dont on sait qu'il jouait là le rôle de « porte-pensée » pour l'auteur, redistribue, de manière significative, le système à deux termes proposé par Hugo dans un ensemble à quatre termes, qui en oriente l'usage, dans une perspective esthétique clairement assumée. Tout d'abord la vie, et le roman qui s'attache à en rendre compte, dans cette optique, ne s'écrivent pas seulement dans les extrêmes : trivial et pathétique viennent compléter la gradation qui va du grotesque au sublime, et font place à toute une palette d'états intermédiaires. Ensuite, alors que Victor Hugo promeut avant tout une logique de « contraste », expliquant que « le contact du difforme a donné au sublime moderne quelque chose de plus pur, de plus grand, de plus sublime enfin[5] [...] ». Balzac, selon Davin, se situe plutôt du côté de la « fusion », donc du compromis et de l'impureté. Enfin, les deux couples nouvellement formés permettent de mettre en valeur le double niveau de fonctionnement de ces phénomènes : d'une part, une question d'évaluation, puisqu'il s'agit de juger de la grandeur ou de la bassesse des êtres et des situations ;

---

le réalisme grotesque. Lecture de *La Cousine Bette* », dans *La Pensée du paradoxe : approches du romantisme : hommage à Michel Crouzet*, Didier Philippot, Fabienne Bercegol dir., Paris, PUPS, 2006, p. 151. Sur ces questions, voir aussi Arlette Michel, « Balzac et l'idée de progrès en littérature, *Romantisme*, 2000, n° 108, p. 53-64.

3 Sandrine Berthelot développe cette idée dans son article sur le réalisme grotesque (art. cité). Même si elle centre davantage son analyse sur *La Cousine Bette*, nous nous inscrivons dans le droit fil de ses analyses. Voir également Ruth Amossy, « L'esthétique du grotesque dans *Le Cousin Pons* », *in Balzac et* Les Parents pauvres, Françoise van Rossum-Guyon et Michiel van Brederode, Paris, CDU-SEDES, 1981, p. 135-145.

4 Félix Davin, Introduction aux *Études de mœurs au* XIX*e siècle*, dans Honoré de Balzac, *La Comédie humaine*, Paris, Gallimard, coll. « Bibliothèque de la Pléiade », 1976, t. I, p. 1166.

5 Victor Hugo, préface de *Cromwell*, *Œuvres complètes*, Paris, Hetzel-Quentin, 1881, p. 22.

d'autre part, une question d'émotion, puisqu'il s'agit de faire rire ou pleurer le lecteur. On mesure dès lors l'effet que le dosage de ces différents ingrédients peut avoir sur l'établissement du sens et le guidage de la lecture. Très souvent dans ce texte, plutôt que de tenir directement un discours argumenté sur l'état de la société, le narrateur fait le détour par l'émotion, comptant sur les effets d'adhésion ou de répulsion qu'elle implique pour nous inciter à prendre position. Ce procédé s'inscrit dans la lignée de la rhétorique d'Aristote, dans laquelle se combinent *logos*, *ethos* et *pathos*, mais il fait porter prioritairement le pouvoir de conviction sur ce troisième terme. Sublime et grotesque tissent ainsi un lien étroit entre narration, démonstration et tension dramatique. Mais loin de stabiliser l'interprétation, cette intrication du sublime et du grotesque, omniprésente dans *Le Cousin Pons*, la rend plus complexe, le point d'articulation de ces deux notions semblant constamment se déplacer afin d'ouvrir des perspectives différentes sur le récit.

LE GROTESQUE, VICTOIRE DE LA SURFACE SUR LA PROFONDEUR

Le couple sublime/grotesque se construit tout d'abord, dans *Le Cousin Pons*, sur un rapport d'opposition entre le proche et le lointain (une question de focale), entre la surface et la profondeur (une question d'herméneutique). À rebours des théories physiognomoniques à partir desquelles Balzac aime à structurer ses portraits, théories qui supposent une cohérence et une circulation du sens entre éthopée et prosopographie, la dialectique du sublime et du grotesque donne ici le jour à deux personnages dont l'apparence est trompeuse. Dès lors le grotesque fait écran, il coupe l'accès à une intériorité sublime.

L'entrée en scène de Sylvain Pons sur le boulevard des Italiens, « le nez à la piste, les lèvres papelardes » (53), est un grand moment de grotesque : avant même que le mot n'apparaisse pour le qualifier, à deux reprises, au chapitre suivant, il en incarne toutes les caractéristiques : bizarre, risible et difforme[6]. Caricature ambulante, avec son air satisfait

6 Voir la définition dans le *Dictionnaire universel du XIXe siècle* de Pierre Larousse.

et son spencer d'une autre époque, il « garde sur [lui] tous les ridicules d'un temps » (54), faisant sourire les observateurs postés aux avant-scènes de ce théâtre parisien – il est question de mode, de silhouette, on est dans l'univers de *La Théorie de la démarche*[7].

Suivant le personnage qui se rapproche, le regard se précise, entre dans les détails, et la description amusée s'infléchit vers une analyse plus sombre : stigmates de la pauvreté dans l'usure des vêtements, laideur du visage, mélancolie du regard. On entre dès lors dans une autre forme de grotesque, qui « glace la plaisanterie sur les lèvres » (56). Car sur un mode plus inquiétant, et plus conforme au cahier des charges hugolien, la laideur de Pons confine au fantastique, « dément[ant] toutes les lois de l'anatomie » avec son visage tout en « méplats gélatineux » et en « bosses flasques », avec « son teint cadavéreux qui semblait avoir été contracté dans le bocal d'esprit de vin où la science conserve certains fœtus extraordinaires » – Pons, résume le narrateur, était « monstre-né » (67).

Les figures démultipliées de l'observateur (53-57), dont les réactions rapportées façonnent au fur et à mesure la perception du lecteur – amusement, surprise, curiosité – cèdent de plus en plus la place à des pronoms (« on », « nous », « vous ») qui incluent ce dernier et le placent au premier rang :

> Si vous eussiez été là, vous vous seriez demandé pourquoi le sourire animait cette figure grotesque [...]. (57)

Ces émotions, d'abord vécues par procuration, sont ainsi proposées à l'intériorisation, selon un guidage qui se fait plus pressant. Alors que les adresses au narrataire le plaçaient au début aux côtés des rieurs, le lecteur, d'émotion observée en émotion ressentie, est amené à changer progressivement de camp – de point de vue – si bien qu'une vingtaine de pages plus loin il peut être associé à une critique de la « raillerie parisienne qui n'a jamais rien respecté » (71).

La « raillerie » forme, selon l'auteur de *La Peau de chagrin*, « toute la littérature des sociétés expirantes[8] ». Bien que tenue à distance, elle ne saurait être ignorée, comme un élément constitutif de la réalité sociale, et le narrateur lui-même en prend acte. En effet, si Balzac, fait rare sous sa plume, se « dispense de donner [...] le portrait de Schmucke » (71), c'est à une même dépréciation qu'il le livre en l'associant à Pons sous le

7 Balzac, *La Comédie humaine*, éd. citée, t. XII, p. 299.
8 Balzac, préface de *La Peau de chagrin*, 1831, éd. citée, t. X.

sobriquet trouvé par les flâneurs du quartier : « *les deux casse-noisettes* » (71). Sur vingt occurrences de cette expression dans *La Comédie humaine*, treize apparaissent dans *Le Cousin Pons* (auxquelles il faut ajouter, dans notre version, le titre du cinquième chapitre). Et si la première est une citation, prise avec les pincettes des italiques, les autres sont à mettre au compte du narrateur, qui semble ainsi souscrire au jugement des observateurs. Certes le casse-noisette pouvait former une image tentante : en 1844, Alexandre Dumas l'avait remis au goût du jour en publiant, d'après Hoffmann, sa version de *Casse-noisette et le roi des souris*, et ce clin d'œil à une actualité relativement récente s'acclimate bien à une parution dans la presse. Mais surtout, cet outil trivial, qui prend généralement l'apparence d'un statuette difforme, est devenu un objet de collection que l'auteur bric-à-bracomane ne pouvait manquer de croiser, et relie ainsi deux fils importants du récit, posant la question centrale de la valeur des choses. Cette dénomination se substitue en outre, dans l'intitulé du chapitre, au titre de la fable de La Fontaine, *Les Deux amis*. Le narrateur s'en explique, et l'hommage appuyé rendu au fabuliste s'écrit ainsi aux dépens des personnages, visiblement indignes d'intégrer cette sphère sublime : ce serait « un attentat littéraire », « une profanation », de cette « divine fable », de cette « propriété [...] sacrée [...] », de ce « temple » (68). Balzac assume donc le choix d'un registre bas, d'une désignation grotesque, alors même qu'il s'apprête à décrire la dimension sublime de l'amitié des deux hommes, et qu'il vient d'employer l'image du « sanctuaire » pour décrire l'intériorité blessée de Pons (66). Cette victoire de la surface peut poser question. Mais ce passage décrivant l'invention d'un sobriquet fait écho à cet épisode du *Père Goriot* où, devenu veuf, le personnage éponyme décide, contre tous les avis, de ne pas se remarier pour satisfaire au « sentiment sublime » qu'il a « au cœur », fidélité à sa femme disparue et dévouement à ses filles :

> Les gens de la Halle, incapables de comprendre cette sublime folie, en plaisantèrent, et donnèrent à Goriot quelque grotesque sobriquet[9].

Si cette fois le surnom n'est pas assumé, ni même mentionné par le narrateur, sa présence signalée dans le texte suffit à en imprimer la trace

9 Balzac, *Le Père Goriot*, éd. citée, t. III, p. 124. Voir les analyses de Pierre Brunel, « Le sublime et le grotesque chez Balzac : l'exemple du "Père Goriot" », *L'Année balzacienne 2001*, p. 31-56.

sur le sublime dont il forme en quelque sorte l'envers. Le sobriquet fonctionne à la manière d'un stigmate, renvoyant à une réalité supérieure qu'il signifie autant qu'il en blesse le réceptacle. Le grotesque est l'autre nom du sublime, sa partie émergée, le sobriquet qu'on lui donne quand on ne le comprend pas. Bien qu'opposés, sublime et grotesque forment pour ces personnages les deux faces d'une même réalité : leurs ailes de géants les empêchent de marcher.

La surface a donc quelque chose à dire sur la profondeur, elle en pointe le caractère exorbitant, la folie, qu'elle traduit en étrangeté risible. Balzac met en scène un sublime impur, dévalué, constamment entaché de grotesque. Une circulation se met en place dans ce système polarisé : la surface déteint sur la profondeur, tout comme la profondeur déborde parfois de la surface. Ainsi la « mélancolie excessive qui débordait par les yeux pâles de ce pauvre homme » (55, il s'agit de Pons), forme comme un affleurement du sublime, tandis que l'ictère qui touche Schmucke, puis son ami, n'est que l'expression somatique d'un sentiment sublime refoulé. À Schmucke qui admire son dévouement, la Cibot fait cette recommandation significative :

> Et c'est pas la peine de parler de ça à notre Chérubin, ça le tribouillerait, ça le ferait jaunir [...]. (246)

Ce qui se joue ainsi dans le corps des musiciens se rejoue d'ailleurs dans le texte lui même, dont le sublime s'exprime, puis se comprime[10], s'épanche pour être aussitôt refoulé... Le passage qui précède, environné de développements où les personnages célèbrent à l'unisson leur sublimité réciproque à coups de « cœur », d'« ange », d'« âmes d'or », de « larmes de sang », est encadré par deux brefs dialogues grotesques marqués par le mensonge et l'incompréhension (246). Le texte, comme la Cibot – « Finissez donc, papa Schmucke, vous êtes drôle » (246), comme Gaudissard – « il chanta cette opinion politique pour chasser son émotion (373) » – coupe court à l'émotion, qui ne peut apparaître que sous une forme fragmentée, empêchée, dont le comble est sans doute représenté par le gag récurrent de l'employé des pompes funèbres lors de l'enterrement de Pons (336 et suivantes), véritable fâcheux interrompant constamment l'installation du pathétique. Ailleurs une injonction,

10 *Ibid.*, p. 66 : « [...] il s'était habitué par degrés à *comprimer* ses sentiments, à se faire de son cœur un *sanctuaire* où il se retirait. »

une image, une exclamation (« Pauvre chère belle âme ! », 130) forme souvent tout l'empan accordé au sublime dans un univers à dominante grotesque – exception faite bien sûr du sublime feint de la Cibot, dont le « bavardage » sature l'espace textuel, mais qui n'en est qu'une forme « mélodramatiquement » dégradée.

LE SUBLIME, ESPÈCE EN VOIE DE DISPARITION

Deux détails, dans le portrait de Pons, réactivent la fibre physiognomonique et sa dimension herméneutique : le nez à la Don Quichotte, exprimant le « dévouement aux grandes choses », les yeux, par lesquels, on l'a vu, une « mélancolie excessive débordait », dotent d'une deuxième dimension la platitude de ce visage et pointent une intériorité qui excède largement la première impression, entrebâillant pour le lecteur la porte du sublime.

De fait, cette expression du sublime s'effectue toujours sur le mode mineur, de manière incomplète, marginale ou cachée. Pons est un artiste, certes, mais pas un génie : produit de la « presse des intelligences » (58), sa production musicale, un temps célébrée, passe de mode, et il se trouve, à l'orée du récit, réduit « à la valeur d'une croche antédiluvienne » (60). D'ailleurs, « s'il lui eût fallu choisir entre la possession de ses curiosités et le nom de Rossini, le croirait-on ? Pons aurait opté pour son cher cabinet. » (61) Schmucke incarne davantage le type de l'artiste, sur un mode lunaire et inspiré, maîtrisant l'harmonie romantique, jouant « de tous les instruments » (75), parlant musique, rêvant musique, et capable, à la demande de Pons, d'exprimer son affection dans une sublime improvisation (312-313). Mais cette aspiration sublime reste souvent engluée dans une gangue de trivialité qui en masque les effets (il pense à Rossini, Bellini, Beethoven, Mozart… en se mouchant, p. 70) et sa spécialisation lui impose également des limites : musicien dans l'âme, Schmucke reste insensible aux beautés plastiques de la collection Pons, n'y voyant, à l'instar de Cécile de Marville, que des « petites bêtises », et les regardant « comme un poisson, qui aurait reçu un billet d'invitation, regarderait une exposition de fleurs au Luxembourg » (104). L'adhésion du lecteur s'inscrit volontiers dans les rails narratifs du sublime – la littérature romantique, comme la fabrique balzacienne des personnages, l'ont habitué à croiser génies incompris et victimes pathétiques, et les signaux dont regorge le texte semblent l'orienter vers une telle lecture. Mais celle-ci est sans cesse entravée, relativisée, réorientée vers une médiocrité latente.

À cette minoration systématique s'ajoute une mise au secret du sublime. Le réel talent de Schmucke est exploité sans être reconnu, il reste essentiellement circonscrit à la sphère intime partagée avec Pons. La collection Pons elle-même, *a priori* destinée à être exposée – et qui le sera à la fin – est au contraire protégée des intrusions, à l'instar de celle de Magus, comme si le sublime ne pouvait s'épanouir que dans un lieu dédié, un espace clos, idée que souligne la double image du « sérail » et du « sanctuaire[11] ». Le sublime ne circule pas dans le grand brassage parisien, sa sauvegarde passant au contraire, là encore, par la clôture (il est renforcé par la « comparaison de ces témoignages de bonheur de la vie intime avec les barbaries de la vie du monde », 105) et l'intériorisation (Pons « [...] s'était habitué par degrés à comprimer ses sentiments, à se faire de son cœur un sanctuaire où il se retirait », 66). C'est pour avoir tenté d'extérioriser sa dimension sublime, de la rendre compatible avec la vie mondaine, « en proie à la joie profonde de rendre le bien pour le mal », que Pons meurt :

> Si je t'avais écouté, je vivrais. J'aurais quitté le monde et mes habitudes, et je n'aurais pas reçu des blessures mortelles.

L'image de la gravelle et de ses atteintes physiques, qui fait de chaque atteinte un « gravier » supplémentaire atteignant Pons au cœur, forme en quelque sorte le versant pathologique de cette tentative de mise en circulation du sublime.

De même qu'un *Envers de l'histoire contemporaine* accueille le dévouement sublime de Mme de La Chanterie et des Frères de la Consolation, c'est dans un envers de la société – société de l'argent, sociabilité des repas, structure sociale de la famille – que peut se développer librement l'amour du beau[12]. Mais il ne s'agit plus ici d'un envers agissant, contrecarrant

11 Le motif récurrent du « cœur » redouble de manière métonymique cette idée de clôture préservant « ce sentiment du beau, conservé pur et vif » (p. 59-60).

12 Il en va de même avec le sublime des sentiments, qui se décline en marques d'amitié, de dévouement, de sensibilité et de sincérité (par exemple p. 72).

efficacement les méfaits de l'époque : c'est plutôt un refuge, sans cesse menacé. Le domaine de l'art est réduit à peau de chagrin, le sublime n'a plus de place dans la société de 1847 :

> Les familles où le bonhomme accomplissait ses évolutions, toutes sans respect pour les arts, en adoration devant les résultats, ne prisaient que ce qu'elles avaient conquis depuis 1830 : des fortunes ou des positions sociales éminentes. (65-66)

On voit comment le jeu des émotions recouvre un débat idéologique, comprenant à la fois des questions de chronologie et d'échelle des valeurs. L'attachement à ce personnage démodé passe pour certains narrataires par la nostalgie d'une époque qu'ils ont connue (54-55), mais pour les « jeunes gens » contemporains de Balzac, et *a fortiori* pour les lecteurs d'aujourd'hui, ce principe ne fonctionne pas. Le rapport au temps qui s'exprime dans ce cas relève plutôt d'une perspective historique – le narrateur parle d'emblée de « valeur archéologique » (53). Cette perspective compte beaucoup dans l'équilibre que Balzac ménage entre sublime et grotesque dans l'ensemble de l'*incipit*. La caricature désuète est ainsi convertie en vestige précieux, tout aussi digne d'être recueilli dans le texte que les monuments architecturaux que Balzac aime à inscrire dans la pérennité du souvenir littéraire. Par sa présence décalée, le personnage transporte un temps dans un autre, nous permettant de courir, comme le dit plaisamment le notaire Berthier, « deux siècles à la fois » (127). Cette coprésence ouvre la porte à une comparaison, Pons incarnant des valeurs[13] qui n'ont visiblement plus cours au siècle présent, ou du moins dans cette période – d'où la difficulté à le faire comprendre à des lecteurs de 1847, comme s'en inquiétait le narrateur. Un glissement s'opère ainsi des émotions ressenties face à l'apparition de Pons à une réflexion axiologique : le récit de ses malheurs, le constat de sa « démonétisation » (80), la compréhension de sa souffrance, acquièrent une portée qui dépasse largement sa stricte personnalité. La plupart du temps, le narrateur ne juge pas explicitement les comportements et les codes auxquels se heurte son héros. Mais en nous faisant partager ses réserves, en nous dévoilant ses blessures, il propose une critique en creux de la société qui lui inflige ces douleurs. C'est le for intérieur, habité par les émotions et l'écho qu'elles donnent aux événements, qui sert de critère discriminant :

---

13 Valeur, évaluation, dévaluation tissent un réseau lexical particulièrement riche et important dans le texte.

> [Pons] trouvait les choses de la vie toujours au-dessous du type idéal qu'il s'en était créé ; mais il avait pris son parti sur cette discordance entre le son de son âme et les réalités. (59-60)

Pons a certes pris son parti de ces discordances, mais leur scandale est rendu perceptible par sa sensibilité, qui met en musique leur exposition dans le texte. Et si on lit le monde en clé de Pons, force est de constater que la partition bien orchestrée sonne faux…

Les valeurs qu'incarnent les deux amis – goût du beau, fidélité, sincérité – ont déserté la société, où elles ne se cristallisent plus qu'en quelques points, comme le prix Montyon, trois fois cité dans le texte[14]. Or, explique le narrateur à propos de Pons :

> Pauvre chère belle âme !… Certainement il atteignait au sublime et tout le monde en conviendra, car nous sommes dans un siècle où l'on donne le prix Montyon à ceux qui font leur devoir, en suivant les préceptes de l'Évangile. (130)

On voit comment à nouveau on glisse de l'émotion à l'analyse, la double convocation du lecteur le prenant à témoin tout à la fois du mouvement sublime du personnage et du caractère faussé de l'échelle de valeur auquel il se mesure. Distinguer une vertu évangélique, c'est en souligner la valeur exceptionnelle, mais c'est aussi reconnaître qu'elle tend à devenir une exception. Comme tout objet sur un marché, sa rareté en fait monter le cours – mais c'est une bulle spéculative, car en réalité, personne n'en veut, dans cette société de l'égoïsme et de l'argent où « la pièce de cent sous est tapie dans toutes les consciences » (217). Ainsi s'explique la longue solitude de Schmucke :

> Il habitait Paris, comme un rossignol habite la forêt, et il y chantait seul de son espèce, depuis vingt ans, jusqu'au moment où il rencontra en Pons un autre lui-même. (69)

Avec la mort des deux casse-noisettes, c'est en effet la disparition d'une espèce qui est en jeu, tant ils semblent isolés (Topinard, qui leur a porté secours *in extremis*, apparaît à la fin muré dans le remords). D'où

---

14 Voir Christèle Couleau, « Balzac, Flaubert et le prix Montyon », *in Le Choix d'Hercule. Littérature et morale dans la première moitié du* XIX*e* *siècle*, sous la direction de Christophe Pradeau, Myriam Roman et Sophie Vanden Abeele-Marchal, Paris, PUPS, 2018.

le discours de déploration et de préservation qui, chez les personnages, accompagne souvent l'éloge sublime, de manière assez ambiguë :

> Pauvre Pons !... ma parole d'honneur, on devrait avoir de la graine pour entretenir cette espèce-là... c'est un homme modèle, et du talent... (251)

La désinvolture de l'image dévalue d'emblée son propos, d'autant que dans ce roman des célibataires elle s'avère inadaptée. Mieux, parler de « cette espèce-là », c'est considérer que Pons relève d'une nature distincte, qu'on peut estimer, mais dans laquelle on ne se reconnaît pas. La notion de « modèle », qui permettrait de sortir de l'impasse en proposant une exemplarité, ne semble en fait désigner que la docilité de l'employé qu'on exploite et dont on espère qu'il va bientôt « reprendre son service ». Une autre image, dans le discours de la Cibot cette fois, fait écho à ce premier passage :

> – Oh ! cher homme ! est-il simple ! Non, vous êtes un saint, n'un amour, un archevêque d'innocence, un homme à empailler, comme disait cet ancien acteur. (245)

À défaut de perpétuer l'espèce, on peut la naturaliser, en conserver les vestiges. Cette dimension archéologique souligne à nouveau l'anachronisme des deux amis. Mais surtout, dans la bouche de celle qui par ailleurs s'acharne sur Pons, l'expression prend toute son ambiguïté : pour empailler un être, encore faut-il qu'il soit mort. Loin du modèle agissant, la dépouille est un trophée, la trace d'une exécution – la société aura leur peau... On retrouve la même image dans les propos mondains tenus par Gaudissard à la présidente à la fin du récit :

> C'est naïf, c'est allemand, c'est à empailler, à mettre sous verre comme un petit Jésus de cire !... (378)

La réduction du sublime s'exprime pleinement dans cette phrase, tant par la réification qu'elle opère sur la personne de Schmucke que par la condescendance hypocoristique qui teinte le portrait. Le drame intime est occulté, les valeurs évangéliques sont résumées dans un santon, et l'homme, dans un ironique retournement, transformé en une curiosité de cabinet. Décidément inadapté, il doit être retiré de la circulation.

LA DISCORDANCE, UNE EXPÉRIENCE DE LECTURE

Une scène nocturne, après le banquet donné pour la signature du contrat de mariage de Brunner, montre les deux amis « philosophant à perte de raison sur l'arrangement musical des choses en ce bas monde » (130). Force est de constater que cette vision optimiste, brouillée par « ce nuage diaphane que cause le vin » (129), n'est pas conforme à la réalité représentée dans le récit. Au contraire, l'impression d'ensemble est celle d'une discordance généralisée : discordance que ressent Pons, « entre le son de son âme et les réalités » (59-60) ; discordance qu'incarne la Cibot, par ses perpétuels changements de registre, ici « se posant comme un ange » (222), là s'exprimant « mélodramatiquement » (170), jouant la colère puis « tourn[ant] subitement au tendre » (275) dans un insupportable harcèlement verbal ; discordance encore, celle que l'on perçoit entre les pensées des personnages et leurs paroles, notamment dans les échanges entre la présidente et Fraisier ou Gaudissard, au cours desquels le narrateur fait ressortir le sous-texte des dialogues[15]. C'est dans ce cadre que s'inscrit la relation sublime/grotesque : elle installe dans le texte des phénomènes de polarisation qui soulignent ces discordances et en dévoilent la violence. Entre ces deux pôles, c'est l'ironie qui sert de commutateur. Superposant deux lectures du réel, elle les articule selon un principe de réversibilité. La « gastrolâtrie » de Pons en est un exemple frappant : mettant dans sa gourmandise la même expertise et la même ferveur que dans son amour de l'art, il la porte au sublime, dans la lignée de Brillat-Savarin[16]. Mais il s'avère aussi « esclave » de sa « gueule fine », et le narrateur s'amuse – la fin du chapitre XV, toute en hyperboles et en points d'exclamation, porte la marque d'une savoureuse ironie, qui nous fait rire aux dépens du personnage, dans une charge colorée de grotesque :

---

15 Un exemple radical de ce procédé se trouve dans *Le Curé de Tours*, lorsque Balzac sous-titre littéralement un échange qui oppose Mme de Listomère et l'Abbé Troubert (éd. citée, t. IV, p. 238-239).

16 Balzac a une grande estime pour Brillat-Savarin. En 1838, il publie *Le Traité des excitants modernes* en guise de préface à la réédition de *La Physiologie du goût*, de Brillat-Savarin, chez Charpentier.

> Par certains jours Pons s'écriait : « – Ô Sophie ! » en pensant à la cuisinière du comte Popinot. Un passant, en entendant ce soupir, aurait cru que le bonhomme pensait à une maîtresse, et il s'agissait de quelque chose de plus rare, d'une carpe grasse ! (109)

Mais si l'on ne peut que sourire d'« une sauce à mériter le prix Montyon ! » (109), faut-il aussi se moquer de la « nostalgie gastrique » de Pons ? La formule oxymorique, volontairement amusante, se fonde pourtant sur les très sérieuses théories balzaciennes de l'influence du moral sur le physique, et résume l'état pathologique d'un être atteint par une profonde souffrance. Le lecteur navigue ainsi d'un registre à un autre – sérieux et ironie –, d'une émotion à une autre – rire et compassion –, au fil de discordances aussi jouissives que perturbantes.

Le potentiel émotionnel du sublime et du grotesque, poussant l'admiration du lecteur jusqu'aux larmes ou lui arrachant un rire sarcastique, alternant adhésion empathique et mise à distance humoristique, permet ainsi de polariser ses réactions, et le pousse à prendre parti, à choisir son camp. Le roman-feuilleton, contre lequel s'écrivent, rappelons-le, *Les Parents pauvres*, alors même qu'ils ressortissent à ce genre, utilise volontiers ce type de distribution des émotions pour catégoriser son personnel narratif – les héros vertueux, forcément sublimes et émouvants, et leurs adversaires, à la noirceur repoussante. Balzac, tout en s'appuyant sur les mêmes ressorts d'adhésion émotionnelle, retourne son fonctionnement. Il ne s'agit plus de savoir si tel personnage est bon ou mauvais, mais de se demander si nous, lecteurs, penchons d'un côté ou de l'autre : saurons-nous compatir aux malheurs des musiciens, apprécier leur dévouement réciproque, comprendre les raisons de leur souffrance ? Ou bien nous placerons-nous du côté des rieurs ?

Le texte, par ses brusques volte-face, nous place fréquemment face à ce choix. L'alternative est parfois formulée de manière explicite, proposant un véritable aiguillage interprétatif :

> Tous les gens cupides comprendront, autant que les gens honnêtes l'exécreront, la joie de la présidente [...]. (378-379)

Le marquage axiologique inclus dans la dénomination des narrataires produit ici un effet de fléchage qui oriente clairement la réception vers la condamnation de la présidente. Mais la clarté de ce guidage est loin d'être la norme et ne saurait former un contrat de lecture. Au contraire, arrivant quelques pages à peine avant la fin du récit, il ne fait que valider *in extremis* une pratique intuitive basée, là encore, sur l'émotion : partageons-nous, ou pas, la joie de la présidente ? C'est sur cette approche sensible que semble reposer l'interprétation du récit. Comme dans l'*incipit* du *Père Goriot*, le lecteur est invité à se fier à « son cœur-même ». Or, si dans cet exemple la réponse peut sembler relativement évidente, le récit fourmille de situations dans lesquelles notre réaction est moins tranchée, d'une part parce que les signaux axiologiques ici présents ne sont pas forcément formulés, d'autre part parce que la force comique du texte nous pousse, malgré nous, à rejoindre, au moins le temps de quelques lignes, le camp des rieurs.

Au chapitre L, alors que la Cibot vient d'annoncer la mort prochaine de Pons à Gaudissard, la conversation prend un tour ludique, renforcé par l'entrée en scène d'Héloïse Brisetout. Sa joute verbale avec la portière, esprit des coulisses contre reparties des loges, sous l'arbitrage amusé de Gaudissard, forme une scène irrésistible. Riant des plaisanteries de la Cibot, nous nous laissons entraîner dans une diversion complice, qui prend fin brutalement lorsqu'Héloïse s'exclame : « – Oh ! ici la chose tourne au drame ! » (253). Pons se meurt, elle l'apprend, mais nous l'avions un moment oublié. Cette trahison, qui n'est pas reprochée au lecteur, crée cependant un malaise qui questionne notre adhésion aux malheurs des personnages. Lirions-nous avec autant de plaisir ce livre s'il n'était dévolu qu'à ce récit compassionnel ? Et que penser de l'auteur, qui lui-même s'amuse certainement beaucoup à écrire cette scène et toutes celles qui, sur le même mode, font diversion ? Cette interrogation est à mettre en lien avec la remarque métatextuelle proposée à la fin du chapitre XLIII :

> Ici commence le drame ou, si vous voulez, la comédie terrible de la mort d'un célibataire. (225)

Dans la « comédie terrible » s'associent à nouveau, dans la perspective élargie de l'ensemble de l'œuvre cette fois, le sublime et le grotesque. Le rire, et la trahison qu'il suppose, sont au cœur même des processus sociaux mis en lumière par le récit : le sublime ne saurait être extrait de la gangue grotesque qui l'habille aux yeux de tous, y compris les nôtres. Nous participons du monde à la critique duquel nous adhérons pourtant : c'est une expérience de la complexité qui nous est proposée – « tout est double », rappelle la préface, « qui n'entend qu'une cloche n'a qu'un son » (237). Dès lors, le lecteur est amené, par le texte même, à percevoir, et à expérimenter tout le dérisoire, le comique involontaire de ces deux personnages si déconnectés de la marche du monde et de ses intérêts. « Personne n'y prit la défense du misérable Pons » (150), remarque le narrateur. Et bien que le roman dans son ensemble puisse être lu comme une défense des deux personnages, celle-ci prend plus la force d'une réparation, d'une réhabilitation que d'une contre-offensive, tant le combat paraît perdu d'avance : – « C'est un temps à mourir… », dit Héloïse au moribond. Significativement, les appuis que trouvent les deux casse-noisettes se dérobent tour à tour : la Cibot se mue en harpie, et Topinard, d'abord muselé par la menace, devient à son corps défendant l'instrument de la fatalité. Quant à Gaudissard son cas est intéressant par sa complexité, comme le montre le récit presque édifiant du chapitre LXXVI. Schmucke est venu lui demander de l'aide et nous assistons tout d'abord au glissement progressif de Gaudissard vers la compassion devant la situation que lui décrit l'infortuné : « […] pris de pitié pour cet innocent, le directeur eut une larme à l'œil » (372), puis :

> Ce féroce parvenu fut touché de cette noblesse et de cette reconnaissance pour une chose de rien aux yeux du monde, et qui, aux yeux de cet agneau divin, pesait, comme le verre d'eau de Bossuet, plus que la victoire des conquérants. (373)

Si l'émotion semble ici efficiente, la conversion du personnage, axiologique et religieuse, est cependant de courte durée. Dès le départ de son interlocuteur, Gaudissard se *reprend* :

> Pauvre mouton ! […] On vit de côtelettes après tout. Et comme dit le sublime Béranger :
>
> Pauvres moutons, toujours on vous tondra !
>
> Et il chanta cette opinion politique pour chasser son émotion. (373)

L'agneau divin est débité en côtelettes par celui qui juge plus raisonnable de rester un « féroce » prédateur[17]. La survie, l'adaptation aux règles du monde prennent le pas sur le ressenti individuel, et le sublime

17 Au reste, Gaudissard semble moins s'inscrire dans une logique de compromission que de compromis : assurant ses intérêts, prenant le parti du plus fort, ici la présidente, il prend cependant soin de protéger matériellement Schmucke, et de ménager une place, certes marginale, au sublime.

change de camp, attaché au constat lucide et ironique de Béranger. Le roman édifiant n'aura pas lieu.

C'est donc en dernier recours au lecteur qu'est transférée la responsabilité éthique. À lui d'intérioriser les situations et d'adhérer, ou pas, aux choix et aux comportements des personnages. Or l'immersion fictionnelle, telle que la décrit Jean-Marie Schaeffer, « se nourrit en grande partie de la réaction affective provoquée par la réalité mimée » :

> [...] cette puissance ne dépend pas seulement de la « fidélité » mimétique – ou plutôt de sa richesse en termes de facteurs représentationnels – mais tout autant de la charge affective liée à ce qui est représenté[18].

Le sublime et le grotesque, parce qu'ils jouent sur la corde sensible, impliquent profondément le lecteur dans sa relation au texte, et lui permettent d'y vivre une expérience par procuration. Mais le tiraillant dans des directions contradictoires, ces deux registres ne lui permettent pas de s'y installer tranquillement : l'expérience de lecture, avec *Le Cousin Pons*, est marquée par la surprise et l'inconfort, elle désoriente et rebat sans cesse les cartes de l'interprétation. Au *continuum* de la lecture s'oppose la discontinuité des émotions, des identifications, qui nous fait envisager l'action sous des angles différents. Ainsi la misère discrète du docteur Poulain, sa mère sublime, le « rêve » qu'il caresse sans espoir, ne sont-ils pas aussi poignants que les humiliations de Pons ? Incarnant, à l'instar des pensionnaires de la pension Vauquer, l'ambition contrariée, la capacité méconnue, le « Désespoir décent », le duo Fraisier/Poulain, qui semble l'envers négatif du duo Pons/Schmucke, se voit pourtant tout à coup proposé à une forme d'identification :

> Maintenant il est facile de comprendre comment le docteur Poulain avait si bien joué son rôle dans la comédie du danger de la Cibot. (220)

« Comprendre », c'est bien le problème qui se posait à Balzac dans notre citation initiale. Et le détour par l'émotion a pour effet d'intérioriser les motivations, dans un mouvement complémentaire aux longs commentaires explicatifs que Balzac prodigue par ailleurs. Le texte réactive ainsi « la mine à sentiments qui gît en nous[19] ». La complexité des personnages

18 Jean-Marie Schaeffer, *Pourquoi la fiction ?*, Paris, Seuil, 1999, p. 187.

19 Honoré de Balzac, *La Cousine Bette*, éd. citée, t. VII, p. 200.

et des situations n'est pas donnée d'avance, elle s'appréhende par la disponibilité émotionnelle du lecteur, chacune de ses réactions aux *stimuli* du texte lui permettant d'affiner l'interprétation d'ensemble. Cette capacité à occuper momentanément une place qui n'est pas la nôtre est l'un des moteurs de la lecture, comme l'explique Marielle Macé, en s'appuyant sur les analyses de Ricœur :

> [...] la lecture peut alors engager un « rapport d'être », proposant dans un texte [...]« une autre manière d'être homme », soudain imprimée à ma conscience, qui me déstabilise et m'emmène ailleurs[20].

C'est ainsi que l'on se retrouve, sans y prendre garde, entraînés, à la suite de Fraisier, dans l'exaltation d'« un rêve d'or », de rédemption sociale et de bonheur, versant solaire de ses sombres actions. Le narrateur nous prend alors à témoin en ces termes :

> Les boulevards paraissent courts, lorsqu'en s'y promenant on promène aussi son ambition à cheval sur la fantaisie. (300)

Le pronom impersonnel tend une perche à l'identification, il nous embarque. Et le processus fonctionne à double sens, puisqu'en même temps qu'il nous offre cette immersion, il fait appel à notre propre expérience. La fin du premier chapitre résume bien cette situation par une double mise en abyme :

> La mélancolie excessive qui débordait par les yeux pâles de ce pauvre homme atteignait le moqueur et lui glaçait la plaisanterie sur les lèvres. On pensait aussitôt que la nature avait interdit à ce bonhomme d'exprimer la tendresse, sous peine de faire rire une femme ou de l'affliger. (55-56)

Le lecteur, naviguant entre les signes contradictoires du sublime et du grotesque est invité à suivre le cheminement d'esprit du passant narquois saisissant à quel point la situation de sa cible doit être douloureuse, comme le suggère à nouveau l'emploi du pronom englobant « on », alors qu'on attendrait un « il ». Et cette introspection commune, qui se joue à la fois dans et hors de la fiction, mène à un troisième niveau, celui de la déclaration amoureuse, où se rejoue cette scène d'hésitation entre le rire

20 Marielle Macé, *Façons de lire, manières d'être*, Paris, Gallimard, coll. « NRF Essais », 2011, p. 159.

et la compassion. D'un niveau à l'autre, le centre de gravité se déplace de la psychologie fictive du personnage à l'expérience personnelle du lecteur. Marielle Macé, reprenant une formule de Barthes qui suggère de « lire en levant la tête », explique :

> [...] on ne regarde pas juste en l'air quand on lève la tête, on regarde sa propre lecture, on s'invente avec elle, on voit le dehors selon sa nouveauté, on est déjà en train de faire quelque chose de ce qu'on lit et de donner (ou d'échouer à donner) un certain *tour* à sa propre existence[21].

Dans la préface du *Cousin Pons*, Balzac affirme vouloir « livrer le monde aux discussions ». Refusant, la plupart du temps, de trancher, il favorise l'autonomisation et la responsabilisation du lecteur, le travail de l'émotion impliquant, plus que la pure démonstration, l'existence, chez le récepteur, d'un écho. Le sublime et le grotesque nous alpaguent, nous malmènent et nous amènent à chercher en nous-même un sens à donner au texte. En ce sens, comme le disait Pons :

> Moi, je crois à l'intelligence des objets d'art, ils connaissent les amateurs, ils les appellent, ils leur font : Chit ! chit !... (87)

Christèle COULEAU

21 Marielle Macé, *op. cit.*, p. 40.

LA « COMÉDIE TERRIBLE DE LA MORT D'UN CÉLIBATAIRE »

Le comique dans *Le Cousin Pons*

« Rien de plus balzacien, dans le pire sens du terme, que ce qui fait l'objet du récit. Nulle ignominie, nulle turpitude qui ne se rencontre ; le sordide passe le sens : il n'y a que *Le Cousin Pons* qui soit plus noir[1]… », déclare Pierre Laforgue à propos d'*Ursule Mirouët. Le Cousin Pons* ferait partie des romans sombres de *La Comédie humaine.* Il n'a, de fait, que peu été étudié par la critique qui s'intéresse, notamment depuis les années 1980[2], à la dimension comique de l'œuvre de Balzac[3]. Il est vrai que le sujet du *Cousin Pons*, la vieillesse tourmentée et la mort de Pons et de son ami Schmucke, semble plutôt relever du pathétique et du tragique. Et pourtant, le comique (que nous emploierons comme un terme hyperonymique, avec une extension large[4]) est omniprésent dans *Le Cousin Pons*, sous toutes ses formes, qu'il s'agisse du comique de caractère, de situation, de mots, du comique qui relève de la satire, de la caricature, de la farce, ou même d'un comique théâtral, sous tous ses registres puisque l'humour peut côtoyer l'ironie la plus amère ou la raillerie la plus cynique. *Le Cousin Pons* s'inscrit de plus explicitement dans un intertexte comique, qu'il s'agisse du roman picaresque ou de la comédie moliéresque.

Cette dimension comique est présente dès l'incipit. La toute première phrase du texte, qui introduit le personnage de Pons (qui n'est pas encore nommé) le décrit ainsi : « le nez à la piste, les lèvres papelardes

1 Pierre Laforgue, « Ironie et athéisme, ou matérialisme, esprit et calembours dans *Ursule Mirouët* », *Ironies balzaciennes*, sous la direction d'Éric Bordas, Saint-Cyr-sur-Loire, Christian Pirot, 2003, p. 34.

2 Depuis, notamment, l'ouvrage majeur de Maurice Ménard, *Balzac et le comique dans « La Comédie humaine »*, Paris, PUF, 1983.

3 Il n'est ainsi cité que deux fois dans *Ironies balzaciennes.*

4 Nous nous plaçons dans la même perspective que Maurice Ménard (*op. cit.*).

comme un négociant qui vient de conclure une excellente affaire, ou comme un garçon content de lui-même au sortir d'un boudoir[5] » (53). Pons est d'abord caractérisé par une sorte de joie qui se manifeste par un sourire. Cette joie, développée par deux comparaisons (dans lesquelles on retrouve ce lexique du contentement), est soulignée dans la phrase suivante : « C'est à Paris la plus grande expression connue de la satisfaction personnelle chez l'homme ». Au sourire de Pons répond le sourire des passants qui l'observent (« ce sourire si particulier aux gens de Paris » ; « ce sourire qui se répétait comme un écho dans tous les yeux », *ibid.*). Remarquons que dans les deux cas, il s'agit de sourires moqueurs, qui s'exercent contre quelqu'un. En effet, le terme « papelard » (issu de *papeler*, *manger*, *maronner*, puis *parler*[6]) désigne une personne rusée et souvent hypocrite qui sait *papelarder*[7], c'est-à-dire manier la parole de manière à duper ses interlocuteurs. Pons sourit comme un séducteur heureux ou un commerçant roublard. La suite de l'ouvrage nous permet de comprendre quelle est cette papelardise : Pons a réussi à duper le marchand Monistrol pour acheter à bas prix l'éventail de Mme de Pompadour. Mais Pons, tout à sa joie d'avoir réussi à abuser sa dupe ne se rend pas compte qu'il fait lui-même partie de ces « Hyacinthes sans le savoir » (*ibid.*), qu'il est lui aussi objet de moquerie. Remarquons que ce jeu de regards ne s'arrête pas là : l'*incipit* établit une hiérarchie entre les « connaisseurs en flânerie » (54) qui vont sourire en remarquant les « détails » ridicules de la tenue de Pons (qui rappelle ainsi « l'Empire sans être par trop caricature ») et la majorité des passants, qui n'a pas cette « finesse » et qui rit à cause d'une « énormité » (*ibid.*) : le spencer de Pons. Le jeu de regard est dédoublé : les passants regardent Pons (heureux d'avoir dupé Monistrol) qui ne sait pas qu'on se moque de lui, le narrateur regarde les passants, qui se moquent de Pons sans savoir que leur regard manque de finesse.

L'isotopie de la joie, très présente dans cet *incipit*, est contrebalancée par celle de la tristesse : le ridicule ne peut qu'« arracher une bouffée de gaieté quand vous vous promenez en dévorant quelque chagrin amer causé

5 Toutes les notes renvoyant à *La Comédie humaine* de Balzac, à l'exception du *Cousin Pons*, se fondent sur l'édition de la Bibliothèque de la Pléiade, éd. de Pierre-Georges Castex, 12 volumes, 1976-1981.

6 Le mouvement des lèvres explique sans doute l'évolution du sens de *manger* à *marmonner*.

7 Nous retrouvons ce vocabulaire dans *Le Député d'Arcis* : « Oh ! Il aura beau le papelarder » (*Le Député d'Arcis*, *La Comédie humaine*, éd. citée, t. VII, p. 748).

par la trahison d'un ex-ami » (*ibid.*). Le lecteur est introduit, par l'emploi du pronom personnel « vous », au milieu de ces flâneurs souriants, mais le sourire est immédiatement tempéré[8]. La « trahison » n'évoque-t-elle pas celles que va subir Pons, qui reviendra sur ce boulevard, non plus souriant, mais effondré et presque mourant, au bras de Schmucke ? Cette ambiguïté est soulignée par l'énumération des adjectifs qui qualifient les « choses » qu'exprime le « sourire » : des choses « ironiques, moqueuses ou compatissantes » (53). Les deux adjectifs antithétiques (« moqueuses ou compatissantes ») illustrent toute l'ambiguïté du premier adjectif « ironiques » : l'ironie, tonalité ambiguë, peut aussi bien pencher vers le sarcasme que vers l'empathie. On peut penser que ces réseaux isotopiques annoncent toute l'ambiguïté de la tonalité du comique dans *Le Cousin Pons*, ce « drame, ou, si vous voulez, [cette] comédie terrible » (225).

Cette présence du comique, soulignée et nuancée dès l'incipit, est trop frappante pour qu'on y voie, comme le fait André Lorant, une quasi-maladresse de Balzac, qui aurait cherché à « divertir le lecteur », à « atténuer le caractère profondément tragique[9] » de l'œuvre, peut-être pour se conformer aux codes du roman-feuilleton. Nous envisagerons au contraire le comique comme principe esthétique et régime de signification essentiel du *Cousin Pons*.

VARIÉTÉS ET MANIFESTATIONS DU COMIQUE
Du plaisant à l'atroce

L'importance du matériau comique dans *Le Cousin Pons* ne nous permet pas de détailler toutes ses manifestations[10]. Nous étudierons dans cette partie quelques-unes des formes de cette tonalité comique fluctuante, qui peut provoquer le rire, ou au contraire l'effroi ou bien

8 Ce que confirme la suite du portrait de Pons : après la description de son sourire vient, quelques pages plus loin, celle de ses yeux, pleins d'une « mélancolie excessive » (p. 55) qui atteint « le moqueur et lui glac[e] la plaisanterie sur les lèvres » (p. 56).

9 André Lorant, Les Parents Pauvres *d'Honoré de Balzac*, Genève, Librairie Droz, 1967, tome I, p. 360.

10 Nous devrons ainsi laisser de côté la question de l'intertexte comique, pourtant très présent.

encore la tristesse, comme la laideur grotesque de Pons qui, « poussée tout au comique, n'excit[e] cependant point le rire » (55).

On peut trouver dans *Le Cousin Pons* des exemples de ce qu'on appelle traditionnellement le comique de mœurs, de gestes, de situation, de caractère, de mots. Maurice Ménard a montré la manière dont les personnages pouvaient s'apparenter à des types, à des spectacles comiques, lorsqu'ils étaient l'objet d'un regard distancié[11]. Ainsi, Pons devient un Hyacinthe, Schmucke s'apparente au type du naïf, qui ne comprend pas le monde dans lequel il évolue. Cette naïveté s'exprime notamment dans sa maîtrise minimale du langage, puisqu'il est incapable de comprendre non seulement « ces mots à double entente et à double détente » (142), mais plus généralement tout langage imagé, ce qui donne lieu à une série de quiproquos comiques, avec la Cibot et avec Topinard[12]. Le langage est une source inépuisable de comique dans *Le Cousin Pons*, que celui-ci soit volontaire ou involontaire, par exemple lorsque Wilhem répond avec humour (« Oh ! très honnêtement », 110) à ce qu'il prend à tort pour une raillerie de Schmucke, qui lui demande comment il compte se marier. On peut relever, dans le texte, divers calembours : le « on ne court pas deux siècles à la fois » du notaire (27, jeu sur la paronomase lièvre/siècle) ; le « elle a encore beaucoup de laid » de la Cibot qui fait rire Fraisier (232, jeu sur l'homophone non homographe laid/lait), ainsi que sa réplique sur « la nouvelle Héloïse » (253, calembour et allusion littéraire). Héloïse a beau considérer que « le calembour a des moustaches grises », ce trait provoque l'admiration de Gaudissard. Même Pons et Schmucke s'essaient au calembour, mais « sans y entendre malice » lorsqu'ils déclarent que le mariage est « “la fin de l'homme” » (130). Le jeu de mots peut être compris comme un « calembour », comme le dit le texte (*ibid.*), ou une syllepse de sens (un jeu sur la polysémie du terme *fin*, qui peut désigner aussi bien le but que le terme, et par extension la disparition ou la mort). Certains personnages, notamment ceux et celles qui évoluent dans le monde du spectacle, parlent « l'argot des coulisses » (250). Pons sait retrouver quelquefois cette parlure pour laquelle « tout est prétexte à charge, à raillerie » (302) ; mais ce sont surtout Gaudissard

11 Voir Maurice Ménard, *op. cit.*, p. 84. Ainsi, Sylvie Rogron, à sa fenêtre devient un de ces « spectacles grotesques qui font la joie des voyageurs » (*Pierrette, La Comédie humaine*, éd. citée, t. IV, p. 32).

12 Voir p. 211, 278, et p. 365-366.

et Héloïse[13] qui la manient avec dextérité (remarquons qu'un autre grand railleur de *La Comédie humaine*, Bixiou, apparaît brièvement pour répondre à Gaudissard par un bon mot, 249) : le dialogue entre Gaudissard et Héloïse, dans le cinquantième chapitre (« Une entreprise théâtrale fructueuse »), est drolatique; citons par exemple le « – Je te montrerai des enfants de toi ! J'en emprunterai ! » d'Héloïse (252).

Ce ton plaisant peut cependant rapidement faire place à une ironie bien plus amère. Pons fait preuve, à plusieurs reprises, d'auto-ironie. Ainsi déclare-t-il fièrement « Eh bien ! J'ai donné ma démission de pique-assiette » (121). Il ne s'agit pas simplement d'un auto-dénigrement, puisque Pons reprend une appellation injurieuse (« pique-assiette »), tout en la mettant à distance (« j'ai donné ma démission »). La mention ironique du « pique-assiette » est amère, mais elle permet à Pons de reprendre contrôle, avec dignité, du discours qui est porté sur lui. Nous ne sommes alors qu'au début du roman. Lorsque Pons se voit ostracisé par les membres les plus influents de sa famille, cette ironie se transforme en véritable esprit macabre ou humour noir[14]. Pons ressemble au condamné à mort qui lance un dernier trait d'humour, lorsqu'il partage ce « sarcasme d'artiste » : « Je viens de recevoir un coup de poignard dans le cœur [...]. Je crois qu'il n'y a que le bon Dieu qui ait le droit de faire le bien, voilà pourquoi tous ceux qui se mêlent de sa besogne sont cruellement punis » (151). Ce lien entre l'ironie et la mort ne cesse de s'accentuer au fil de l'intrigue. Les plaisanteries d'Héloïse sur Pons, qui paraissent tout d'abord innocentes (« il ne fait presque plus de bruit en se mouchant ») (110), prennent un tour bien plus lugubre lorsqu'on sait qu'elle désire que Pons meure pour que son cousin Garangeot obtienne sa place (254 et 308). De même, les sourires de Fraisier et de Mme Camusot, lorsqu'ils échangent à propos des bénéfices que la présidente pourra retirer de la mort de Pons, sont autant de manifestations de leur cynisme : « Monsieur Pons est-il bien

13 Voir ainsi l'analyse d'Éric Bordas sur la tirade d'Héloïse à Pons et notamment sur le néologisme « économisotent » (p. 308), « "Il est nécessaire de forger des mots". Les néologismes dans *Le Cousin Pons* de Balzac : des mots au discours », *L'Information grammaticale*, à paraître.

14 Nous nous plaçons dans la perspective d'Érik Leborgne (*L'Humour noir des Lumières*, Paris, Garnier, 2018) qui parle d'*humour noir* au sens freudien, c'est-à-dire de *Galgenhumor* (humour de potence), et qui laisse de côté l'approche d'André Breton. Encore s'agit-il, de la part de Pons, moins de revalorisation narcissique que de manœuvre pour rassurer Schmucke, en ne montrant pas toute l'étendue de son désespoir.

malade ? demanda-t-elle en souriant » (267) ; « Cette similitude entre la timide présidente et lui fit sourire intérieurement Fraisier, qui savait à quoi s'en tenir [...] » (268). Ce cynisme hypocrite est explicité par le narrateur, qui rapproche avec ironie[15] la réaction d'un homme, qui a assassiné sa femme et remercie la Providence de l'avoir « *si naturellement* délivré », de la réaction de Mme Camusot, qui « remercie Dieu d'avoir placé près de Pons une femme qui l'en débarrasserait *honnêtement.* » (*ibid.*) Plus l'intrigue progresse, plus cette ironie devient féroce. Le bal des hommes en noir qui malmènent ou cherchent à soutirer de l'argent à un Schmucke éperdu de douleur prend l'apparence d'une comédie grinçante à la Tchekhov. La transformation de Schmucke, affublé d'un « horrible manteau noir », « *paré* en héritier » (345) qui se « laiss[e] rouler absolument comme ces malheureux veaux conduits en charrette à l'abattoir » (350), relève d'un grotesque horrible. Le rire devient grinçant, sinistre : Fraisier et Villemot ont un « rire de singe » (351) en pensant à la « farce » (350) qu'ils veulent faire aux entrepreneurs des pompes funèbres et à Schmucke, en lui faisant acheter un monument qu'il ne peut payer, ce qui pourrait l'envoyer en prison pour dettes. La pose des scellés, qui met Schmucke au désespoir, s'accompagne de « lazzis » (362). Lorsque Schmucke s'écrie : « [...] *che bressime que che bourrai mourir dranguile ?* », il est confronté à la raillerie cruelle du greffier : « On a toujours le droit de mourir, dit le greffier en riant [...]. Mais j'ai rarement vu des légataires universels suivre les testateurs dans la tombe » (361). Le rire devient instrument de torture.

Peut-on pour autant en conclure que cette évolution de la tonalité du comique est linéaire ? On constate, au contraire, que la fin du roman semble opposer deux sortes de comique : d'une part, le comique sinistre et cynique des intrigants, d'autre part, un comique qui relève davantage d'une vivacité d'esprit, d'une capacité d'invention. Ainsi, la manigance de Fraisier et de Villemot, projetant, en guise de « farce » (350), de faire enfermer Schmucke, est-elle contrée par Topinard. Si ce dernier comprend cette manœuvre, c'est parce que le « garçon de théâtre » est « habitué à tout deviner dans le monde des coulisses » (*ibid.*). Pour aider Schmucke, il agit en « digne et honnête serviteur du monde comique » (*ibid.*). Il trouve une « ruse » inspirée par « l'esprit drolatique » (354) du théâtre pour sauver Schmucke de la prison ; il sait lire dans le jeu théâtral des

15 Comme l'indique la connotation autonymique *via* l'italique.

fourbes qui entourent Schmucke, et fait remarquer « railleusement » à Mme Sauvage qu'elle se pose « comme un traître de mélodrame » (355). Appartenir au monde du théâtre comique, c'est savoir décoder « les grimaces de la comédie sociale » (310), ce que ne sait pas faire Schmucke, et ce que ne savait plus faire Pons, « blasé » (*ibid.*) par cette comédie. Mais Topinard renonce à aider Schmucke, une fois sermonné par un autre représentant de l'esprit du théâtre, Gaudissard (« je t'engage à laisser ce digne Allemand se dépêtrer tout seul de ses affaires. Il y a un Dieu particulier pour les Allemands, et tu serais très mal en sous-Dieu ! », 359). Le comique sombre semble l'emporter. Topinard perd sa gaieté, il « est devenu sombre, misanthrope, et parle peu » (383) alors que les « mauvais plaisants » le poursuivent de leurs lazzis : ils « prétendent que son chagrin vient d'avoir épousé Lolotte » *(ibid.)*. Cependant, le roman ne s'achève pas sur des considérations pathétiques (« Peut-être trouvera-t-on singulier que la seule âme digne de Pons se soit trouvée dans le troisième dessous d'un théâtre des boulevards », *ibid.*), mais sur l'erreur de Rémonencq, qui avale le verre de poison qu'il avait destiné à sa femme. Or cette mort est décrite avec désinvolture (« un petit verre de vitriol »). La référence à la Providence (« Cette fin, digne de ce scélérat, prouve en faveur de la Providence que les peintres sont accusés d'oublier [...] », *ibid.*) ne peut être prise au sérieux. Il est impossible de croire, à la fin de l'histoire, alors que les Camusot sont satisfaits et que Pons et Schmucke sont tous deux morts tragiquement, que la punition divine existe. Comme le dit Vincent Bierce : « [l]e narrateur [...] en mimant une hésitation quant à la portée de son affirmation, interrogée prudemment par le modalisateur "peut-être", affiche avec une désinvolture ironique la prétendue conformité de la fin avec une quelconque moralité religieuse[16] ». N'oublions pas non plus la pirouette finale, dont la désinvolture est soulignée par le point d'exclamation : « Excusez les fautes du copiste ! » (383).

Le discours du narrateur est, comme l'a souligné la critique, polyphonique : au discours de l'autorité peut succéder celui de l'ironie[17].

16 Vincent Bierce, « La "bonne foi" contre le "système des incrédules" : les croyances dans *Le Cousin Pons* », Honoré de Balzac, *Le Cousin Pons*, sous la direction d'A. Déruelle, Rennes, PUR, p. 183-194.

17 Voir notamment Éric Bordas, *Balzac, discours et détours : pour une stylistique de l'énonciation romanesque*, Toulouse, Presses universitaires du Mirail, 1997 ; Christèle Couleau, *Balzac, le roman de l'autorité : un discours auctorial entre sérieux et ironie*, Paris, Champion, 2007.

L'esprit et l'humour font également partie de la parlure du narrateur balzacien. Il convient d'étudier la présence du comique dans ce discours narratorial : s'agit-il d'un comique surplombant, explicatif, en un mot, sérieux ?

COMIQUE ET DISCOURS DU NARRATEUR
Satire, ironie, humour ?

La dimension comique du discours du narrateur est d'abord liée à la satire, qu'il s'agisse de la représentation des mœurs de la bourgeoise triomphante ou de la représentation de types, comme celui du « type allemand » (titre du chapitre XVI). Ce type allemand, celui du rêveur romantique et idéaliste, dont l'expression littéraire la plus connue est le Werther de Goethe, est incarné, dans *Le Cousin Pons*, par deux personnages, Schmucke et Brunner. Or, comme le notent Philippe Mustière et Patrick Née, Brunner n'a que l'apparence du type : celui que la présidente et sa fille prennent pour un « naïf » est un « faux distrait », qui n'a pas « l'innocence préservée[18] » de Schmucke. Si le narrateur n'épargne pas Schmucke dont la naïveté peut tourner à la bêtise (« il avait conçu l'une de ces inventions qui n'étonnent un Allemand que lorsqu'elle est rapidement éclose dans son cerveau congelé par le respect dû aux princes souverains », 105), c'est bien le personnage de Brunner, comme incarnation d'un Werther dégradé, qui est la cible de la satire. Le mythe de Werther est immédiatement mis à mal par les considérations du narrateur, qui propose une vision bien peu romantique du suicide du héros goethéen (Werther aurait été « beaucoup plus ennuyé des princes allemands que de Charlotte », 111). Le portrait de Brunner, Werther débauché et fatigué, est construit en « oppositions binaires », ce qui donne à cette description un ton à la fois « persifleur et empathique[19] ». Le narrateur passe sans cesse de considérations neutres ou positives à

18 Philippe Mustière et Patrick Née, « De l'artiste et du pouvoir : l'Allemagne comme horizon mythique du romantisme dans *Le Cousin Pons* », *Balzac et* Les Parents Pauvres, études réunies et présentées par Françoise van Rossum-Guyon et Michiel van Brederode, SEDES-CDU, 1981, p. 48.

19 *Ibid.*, p. 49.

des considérations négatives ou prosaïques. Si sa figure était ainsi « jadis belle et fraîche comme celle du Jésus-Christ des peintres », elle a pris « des tons aigres que des moustaches rouges, une barbe fauve, rendaient presque sinistres » (111). De même le narrateur décrit « une tête chauve d'une couleur titiannesque, de chaque côté de laquelle se bouclaient les quelques cheveux d'un blond ardent » (*ibid.*). Les mentions positives (« le blond ardent ») contrastent avec la raillerie du « quelques ». On retrouve cette même précision ironique dans la description de la toilette de Frédéric qui, en prévision de sa rencontre avec Mlle Camusot, a « massé le peu de cheveux qui lui rest[e] » (135). Ce balancement, cette « énonciation biaisée[20] » permettent un dévoilement indirect, caractéristique de la satire, qui ne vise pas seulement à critiquer un objet ou un sujet, mais à mesurer l'écart entre l'apparence et la réalité de ce sujet ou de cet objet. Ce dévoilement satirique s'étend, grâce au personnage de Brunner, qui joue le rôle du naïf, à l'hypocrisie de la bourgeoise qui prétend aspirer à l'idéal, mais qui se soucie en réalité exclusivement de sa situation matérielle. Ainsi, Cécile prétend vouloir lire Goethe « dans l'original » (141), alors que sa grammaire n'a pas « dix feuillets de coupés » (*ibid.*). Elle voit immédiatement dans Brunner « son Werther » (136). Mais la remarque du narrateur (« Quelle est la jeune fille qui ne se fait pas un petit roman dans l'histoire de son mariage », *ibid.*) apparaît bien ironique quand on comprend pourquoi Cécile est attirée par les poètes : « Un poète est un homme qui ne compte pas, qui laisse sa femme maîtresse des capitaux [...] » (*ibid.*), s'écrie-t-elle. Le terme *Werther* devient une mention ironique pour souligner cette hypocrisie vénale. L'ironie est à son comble lorsque Cécile devient livide en apprenant qu'elle est refusée et que le narrateur déclare qu'elle devient le « vivant commentaire du salut de son Werther » (145). Le possessif « son », qui semblait d'abord un effet de discours indirect libre à valeur hypocoristique, apparaît presque cruellement railleur.

Si la satire, qui met « l'accent sur le voile brillant de l'affectation, cible globale et permanente [...], tout en révélant implicitement ses dessous[21] », est particulièrement présente dans ces passages, le texte dans son ensemble est émaillé de remarques ironiques, qui ont une visée démystificatrice. Cette ironie est, comme le dit Christèle Couleau,

20 Sophie Duval, *L'Ironie proustienne : la vision stéréoscopique*, Paris, Champion, 2004, p. 138.
21 *Ibid.*

un « discours du récit, elle commente ce qu'elle rapporte, elle évalue ce qu'elle met en scène[22] ». Elle peut prendre la forme de commentaires insérés dans la narration ou dans le dialogue. Ainsi, lorsque Schmucke raconte à Pons qu'alors qu'il est aimé des grandes dames auxquelles il a donné jadis des leçons, il n'a pas été reçu par elle depuis trois ans, le narrateur précise, à l'intérieur d'une parenthèse : « (Il est vrai que Schmucke se présentait chez ces grandes dames à dix heures du matin) » (103). L'ironie, discrète, souligne le décalage entre les mœurs du naïf Schmucke et celles des dames du grand monde… Citons également ce savoureux commentaire qui explique avec ironie l'amour de l'art de l'ancien ministre Popinot : « l'ancien ministre avait, depuis son avènement en politique, contracté la manie de collectionner les belles choses, sans doute pour faire opposition à la politique qui collectionne secrètement les laides » (79). Cette ironie démystificatrice peut également se manifester par l'emploi de l'italique, moyen par lequel le discours attire l'attention sur lui-même. Prenons l'exemple du « *fillette* » employé par Mme Camusot, et repris, ironiquement, par le narrateur[23]. Le mot apparaît d'abord dans le discours direct : « Quant à la présidente, elle dit ce seul mot : Chère petite *fillette*, tu peux être mariée dans quinze jours ! » (132) L'emploi du terme est suivi d'un commentaire du narrateur : « (Toutes les mères appellent leurs filles qui ont vingt-trois ans, des *fillettes* !) » (*ibid.*). L'italique indique une distance du narrateur, qui ne reprend pas le terme à son compte. Cette mention a une visée démystificatrice, puisqu'on comprend que Mme Camusot désigne sa fille par des diminutifs – « *fillette* », ou « Lili » (90) – pour masquer le fait qu'elle n'a plus l'âge d'une tout jeune fille à marier[24]. Le terme apparaît à nouveau au discours direct (« est-elle spirituelle ma fillette ! », 137), puis au discours indirect libre, à propos du prétendu coup de foudre de Brunner (« il aimait la *fillette* », 141). Il apparaît une dernière fois au moment même où les espérances de Cécile et de sa mère s'effondrent, lorsque Mme Camusot déclare que Cécile est fille unique : « il semblait

22 Christèle Couleau, « L'ironie balzacienne ou le roman au second degré », *Ironies balzaciennes*, *op. cit.*, p. 209.

23 Nous rejoignons l'analyse d'Agnese Silvestri, « Ce qui se dit par la langue dans *Le Cousin Pons* », publication à venir de la journée d'études « Balzac et la langue » sous la direction d'Éric Bordas, éditions Kimé.

24 Comme elle le dit elle-même à Pons : « si le malheur voulait qu'elle atteignît vingt-cinq ou vingt-six ans, il serait excessivement difficile de la marier » (90).

que la présidente eût avoué que sa *fillette* était épileptique » (143). Le rapprochement, dans la même phrase, du terme « *fillette* », qui concentrait les ambitions matrimoniales de Mme Camusot et du terme « épileptique », qui indique bien plus prosaïquement une maladie, souligne, de manière ironique, l'échec de la présidente.

Cette ironie satirique ou démystificatrice, très présente, ne domine pas pour autant le discours du narrateur, qui est émaillé de plusieurs ruptures de ton. L'ironie est plus déstabilisatrice que démystificatrice lorsqu'elle alterne avec des considérations pathétiques. Ainsi, le narrateur décrit le désespoir de Pons, maltraité par Mme Camusot, sa fille et leurs domestiques en faisant preuve d'empathie, comme le montre l'emploi d'adjectifs subjectifs, tels que « le pauvre homme » (95) et en insistant, par exemple au moyen de comparaisons, sur le pathétique terrible de sa situation : « dans l'état où serait une vieille femme après une lutte acharnée contre des assassins » ; « l'honneur saignant le poussait comme une paille emportée par un vent furieux » (*ibid.*). Cependant la séquence suivante est marquée par une rupture de ton : « Enfin, il se trouva sur le boulevard du Temple à cinq heures [...] mais, chose extraordinaire, il ne se sentit pas le moindre appétit » (*ibid.*). L'insertion qui manifeste l'étonnement du narrateur (« chose extraordinaire ») apparaît bien ironique : le désespoir de Pons n'est plus exprimé par des images emphatiques, mais par son manque d'appétit... L'ironie démystificatrice peut également devenir « ironie humoresque[25] ». C'est toute la différence entre une séquence comme « Pons avait refusé ce bonheur par trop couperosé » (81), pour désigner Madeleine Vivet (l'alliance paradoxale d'un terme positif et abstrait et d'un terme négatif et physiologique réoriente l'interprétation du premier terme de manière antiphrastique) et une séquence comme « madame Cibot [...] écoutait, selon son droit de femme de ménage légitime » (102, qui joue sur l'imbrication de deux formules figées, *femme de ménage* et *femme légitime*, et de la polysémie du terme *femme*). Dans le premier cas, la séquence vise une cible, dans le second cas, il ne semble pas y avoir de critique[26], mais un simple jeu de langage. Le narrateur adopte un langage « drolatique » (58), détourne les formules figées par des ajouts (« docteur en droit et sans chaussettes », 241) ou des déformations, notamment de proverbes, grande pratique des

25 Éric Bordas, *Discours et détours*, *op. cit.*, p. 183.

26 N'oublions pas que nous sommes alors au début du roman.

blagueurs de *La Comédie humaine* : « l'ami prodigue pour qui la mort avait tué l'aubergiste gras », « avoir ou ne pas avoir de rentes, telle est la question » (126 et 180). Le narrateur explore toutes les possibilités ludiques de la langue, notamment en inventant de nouveaux mots : *Le Cousin Pons* regorge ainsi de néologismes[27], et notamment de mots composés drolatiques : « homme-Empire », « porte-spencer » « troubadour-collectionneur », « triste-à-patte », (55, 58, 107, 73), etc.

Comment comprendre cette alternance constante des tonalités ? Il importe, pour saisir la valeur romanesque de ce comique hétérogène, de ne pas seulement le considérer dans les discours mais de le comprendre comme principe signifiant de cette « comédie sociale[28] » qu'est *Le Cousin Pons*.

COMIQUE ET « COMÉDIE SOCIALE »
Le comique comme principe structurant

« *Le Cousin Pons* [...] s'édifie tout entier sur le terrain du grotesque », écrit Ruth Amossy[29]. On définit généralement le grotesque par des jeux d'alliances inextricables et hétérogènes, qui subvertissent les hiérarchisations et les oppositions traditionnelles : l'opposition entre l'idéal et le matériel ou le prosaïque (le grotesque se caractérise ainsi par une forte présence du corps, comme l'ont montré les travaux de Mikhaïl Bakhtine[30]), l'opposition entre le règne humain, animal et végétal, qui assure la cohérence de la représentation[31]. Le grotesque se caractérise ainsi par une « disharmonie », un conflit, « la confrontation ou le

27 Voir Éric Bordas, art. cité.

28 Le terme apparaît pour la première fois dans *Le Cousin Pons*.

29 Ruth Amossy « L'esthétique du grotesque dans *Le Cousin Pons* », *Balzac et* Les Parents Pauvres, *op. cit.*, p. 135.

30 Mikhaïl Bakhtine, *L'Œuvre de François Rabelais et la culture populaire au Moyen Âge et sous la Renaissance*, traduit du russe par A. Robel, Paris, Gallimard, 1970 [1965].

31 Nous renvoyons aux travaux d'Elisheva Rosen, « Le pathétique et le grotesque dans *La Cousine Bette* », *Balzac et* Les Parents Pauvres, *op. cit.*, p. 121-134 ; « Le grotesque et l'esthétique du roman balzacien », dans *Balzac. L'invention du roman*, sous la direction de Claude Duchet et Jacques Neefs, Colloque de Cerisy-la-Salle, Paris, Pierre Belfond, 1982, p. 139-115 ; *Sur le grotesque. L'ancien et le nouveau dans la réflexion esthétique*, Presses Universitaires de Vincennes, 1991.

mélange d'éléments hétérogènes[32] » qui se traduit, quant à la tonalité de l'œuvre, par l'union de l'atroce ou du pathétique et du comique. Or, dans notre récit, le grotesque est explicitement mentionné, dès la première description de Pons : « [c]ette face grotesque, écrasée en forme de potiron, attristée par des yeux gris surmontés de deux lignes rouges au lieu de sourcils, était commandée par un nez à la don Quichotte comme une plaine est dominée par un bloc erratique » (55). La laideur de Pons est grotesque, comme le montre l'interférence entre le monde végétal et le monde humain, interférence dont la dimension comique est immédiatement contrebalancée par la présence d'un lexique relevant d'un registre opposée (« attristée »). Mais le grotesque ne se limite pas à cette première description : quasiment tous les personnages du *Cousin Pons* sont décrits à l'aide d'images (notamment animales) hétérogènes, hybrides, où le comique le dispute à l'atroce[33]. Un exemple frappant est la description de Fraisier, tel qu'il est vu par Mme Cibot : « elle trouva le crapaud Astaroth de madame Fontaine moins dangereux à toucher que ce bocal de poisons couvert d'une perruque rougeâtre et qui parlait comme les portes crient » (242). L'écart entre le comparé (humain) et les comparants (animal, mais aussi matériel), l'écart entre les différents comparants créent un effet grotesque à la fois comique, bizarre et effrayant. Cette description grotesque des corps, qui « s'applique indifféremment aux héros vertueux et aux traîtres », produit, comme le note Ruth Amossy, une « égalisation qui déroge aux normes accréditées de la littérature populaire[34] » et une indistinction des tonalités. Ce grotesque, attaché au corps, se manifeste également par l'insistance sur les besoins gastronomiques de Pons, traduits par des scènes où « la *libido* se travestit grotesquement en besoins inférieurs[35] ». En témoignent toutes les scènes où Pons exprime, dans un langage fleuri, sa « nostalgie gastrique » (109). Le décryptage prosaïque de ce langage par le narrateur (« Un passant, en entendant ce soupir, aurait cru que le bonhomme

32 Elisheva Rosen, « Le pathétique et le grotesque dans *La Cousine Bette* », art. cité, p. 123. E. Rosen s'appuie elle-même sur Philip Thomson, *The Grotesque*, Methuen et Co, Londres, 1972.

33 Nous nous permettrons de renvoyer à notre propre article « Les images dans *Le Cousin Pons*. Du drame humain à la comédie animale », journée d'agrégation 2019 « Styles, genres, auteurs », sous la direction d'A. Desbois-Ientile et G. Couffignal, Paris, PUPS, à paraître.

34 Ruth Amossy, art. cité, p. 141 et p. 143.

35 *Ibid.*, p. 138.

pensait à une maîtresse, et il s'agissait de quelque chose de plus rare, d'une carpe grasse ! », *ibid.*) produit un effet de contrepoint grotesque. Le grotesque s'étend à l'ensemble de l'œuvre, et module un registre comico-sérieux qui « diffère essentiellement des effets mélodramatiques chers au roman-feuilleton traditionnel » en permettant « une prise de distance à la fois humoristique et critique[36] ».

Le grotesque est le registre dominant de l'œuvre. Mais il convient également de souligner que *Le Cousin Pons* est structuré par une ironie qui ne relève plus du seul discours du narrateur, mais de la composition du récit. On peut alors parler, avec Alexandre Péraud d'ironie « textuelle[37] », ou avec Jacques-David Ebguy (qui lui-même s'appuie sur Pierre Schoentjes) d'ironie « narrative[38] ». Comme le dit Alexandre Péraud, le moment inaugural et la clausule du récit sont des « nœuds stratégiques » : lorsque l'ironie est inaugurale elle fonctionne comme un « déterminisme modal[39] » et lorsqu'elle est finale, elle confirme ce déterminisme initial. Or on peut remarquer que le début et la fin du *Cousin Pons* répondent au principe de composition des « scènes rédupliquées » cher à Balzac (et analysé par Jacques-David Ebguy), qui crée un « point d'ironie », c'est-à-dire un « point de reprise inversée d'un événement premier[40] ». Ce point d'ironie est, selon nous, l'éventail que Pons dissimule sous les basques de son habit au début du roman. La dernière scène du *Cousin Pons*, lorsque la famille Camusot-Popinot raconte, à sa manière, l'histoire de l'héritage de Pons, tout en faisant admirer l'éventail à des « étrangers » (381) est la reprise inversée de la scène où Pons offre cet éventail à Mme Camusot en tentant en vain de lui faire apprécier la valeur de ce cadeau. Tout ce que Pons espérait en offrant cet éventail – que le cadeau soit reconnu à sa juste valeur, qu'il lui permette de réintégrer avec honneur cette famille, que son art de la « chasse aux chefs-d'œuvre », que sa « verve d'artiste » soient appréciés (89) – est paradoxalement et ironiquement réalisé dans le discours mensonger de Mmes Camusot mère et fille : Pons, qu'elles regardaient dans cette première scène avec des « regards froids et dédaigneux » (*ibid.*),

36 *Ibid.*, p. 145.

37 Alexandre Péraud, « Les incertitudes de l'ironie romanesque balzacienne ou comment composer avec le réel », *Ironies balzaciennes*, *op. cit.*, p. 238.

38 Jacques-David Ebguy, « Un "raisonné dérèglement de tous les sens" : ce que l'ironie fait à l'histoire », *Ironies balzaciennes*, *ibid.*, p. 260.

39 Alexandre Péraud, art. cité, p. 238.

40 Jacques-David Ebguy, art. cité, p. 265.

devient « un homme charmant », « plein d'esprit, original, et avec beaucoup de cœur » qui disait des mots « charmant[s] » (382), « qui dînait trois ou quatre fois par semaine » chez eux car les Camusot savaient « goûter [son] esprit » (*ibid.*). Le lien de parenté, regretté par Mme Camusot dans la première scène, revendiqué en vain par Pons, qui « sciait en deux le président et la présidente à chaque fois qu'il les appelait *cousin* ou *cousine* » (82), est mis en valeur par Mme Camusot, qui parle de Pons comme de son « cher cousin » (383). Le jeu d'écho ironique entre les scènes initiale et finale donne « cohérence et ordre à l'histoire[41] ». L'ironie, tragique puisqu'elle se termine avec la mort du personnage principal, devient un « principe structurant[42] » du récit. L'ironie démystificatrice, à la source d'un « réalisme désillusionné[43] », selon la formule de Christèle Couleau, rejoint alors l'ironie de l'histoire : on peut lire *Le Cousin Pons* comme un roman d'apprentissage, mais où le héros est trop vieux pour apprendre ou se corriger. Alors même qu'il sait bien, au fond de lui, qu'il n'a pas de place dans cette société (« [l]es vieillards sont susceptibles] ils ont le tort d'être un siècle en retard », 127), Pons n'arrive pas à renoncer à un désir qui lui sera fatal[44].

Cette structure ironique se double de ce qu'on pourrait appeler une esthétique de la mystification. L'éventail, une nouvelle fois, est le point de concentration. Comme le rappelle Boris Lyon-Caen, « au cœur du [premier] chapitre se trouve un récit : l'histoire d'une roublardise[45] ». Pons, l'homme aux lèvres « papelardes » racontait à Mme Camusot comme il avait mystifié un marchand. Mme Camusot cherche à mystifier ses auditeurs, comme Pons avait mystifié Monistrol. Le roman théâtralise à plusieurs reprises, précise Boris Lyon-Caen, « un recours assez comparable au leurre[46] ». Dès le début, Pons est victime d'une « lâche

41 *Ibid.*

42 *Ibid.*, p. 264.

43 Christèle Couleau, « L'ironie balzacienne ou le roman au second degré », art. cité, p. 209.

44 Si le don de l'éventail symbolise ce désir impossible, on peut voir un autre exemple d'ironie tragique lorsque Pons décide de présenter Brunner à sa cousine. Ce qui devait lui assurer à jamais sa place au sein de la famille Camusot deviendra au contraire un prétexte pour le chasser et le mettre symboliquement à mort. Pons est l'instrument de sa propre perte.

45 Boris Lyon-Caen, « Balzac et le coup de l'éventail : lecture du *Cousin Pons* », *Poétique*, n° 184, 2018, p. 195-204.

46 *Ibid.*, p. 201. Boris Lyon-Caen compte trois mystifications (la présentation de Brunner, la subtilisation des tableaux remplacés par des tableaux inférieurs, et le testament postiche). Nous en comptons davantage.

mystification » (94) ourdie par sa cousine, pour l'empêcher de rester dîner, que Cécile essaiera de faire passer pour une « innocente plaisanterie » (146). Mme Camusot prétend, à propos de Brunner, avoir été victime d'une « affreuse mystification », d'une « mystification d'artiste » (148 et 149) de la part de Pons. Ce dernier cherche à tromper ses ennemis par une mystification lorsqu'il met en scène un faux testament pour mieux dissimuler le vrai. Lui-même est victime d'une terrible mystification, lorsque ses tableaux de valeur sont vendus et remplacés par des tableaux inférieurs. Remarquons que Magus joue, pour acquérir les tableaux de Pons à vil prix, le même rôle que Pons avait joué lorsqu'il voulait duper Monistrol. Tous deux feignent l'indifférence pour mieux leurrer leur interlocuteur (Monistrol dans le cas de Pons, Mme Cibot pour Magus) et acquérir les objets convoités à un prix dérisoire par rapport à leur valeur. Pons, en tant qu'acheteur, collectionneur, artiste, est un professionnel de la mystification… qui finit par être lui-même mystifié. Et peut-être peut-on lire dans la fin de Rémonencq un autre exemple de cette mystification qui se retourne contre le mystificateur, de cette ironie du sort : Rémonencq meurt en absorbant le poison qu'il destinait à sa femme… *Le Cousin Pons* met en scène, jusqu'à la dernière ligne, un jeu de dupes et de papelardises. Le lecteur, convoqué dans l'*incipit*, parmi les passants qui regardaient Pons, en le jugeant trop vite, apparaît à nouveau dans ces illustres étrangers, qui regardent Mme Camusot raconter sa petite histoire avec un « air de doute » (382) ? Avons-nous appris à mieux lire les « grimaces » de cette « comédie sociale » (131) ?

Ironie lucide, grimaces sociales, comique qui ne fait pas rire… Impossible de ne pas rapprocher (comme l'a fait plusieurs fois la critique[47]) *Le Cousin Pons*, un des derniers écrits de Balzac, de l'ironie flaubertienne. Comme le dit José-Luis Diaz, il semble « que le continent Balzac dérive vers le continent Flaubert[48] ». La dénonciation d'une médiocrité bourgeoise rapace et cynique paraît éminemment flaubertienne. Mais peut-on dire que le comique du *Cousin Pons* débouche sur une « tragédie flaubertienne du langage », sur l'impuissance du roman à « fonder un

47 Voir ainsi Gérard Gengembre « Préface » (32) ; Franc Schuerewegen, « *Muséum* ou *Croutéum ?* Pons, Bouvard, Pécuchet et la collection », *Romantisme*, n° 55, p. 41-54 ; Alain Vaillant, « L'art du "comique qui ne fait [plus] rire" », *Honoré de Balzac, Le Cousin Pons*, sous la direction d'A. Déruelle, *op. cit.*, p. 81-100.

48 José-Luis Diaz, « Destin du deux : Oxymore, ironie, répétition dans *Le Cousin Pons* », *Balzac et* Les Parents Pauvres, *op. cit.*, p. 203.

langage » qui pourrait s'opposer aux poncifs bourgeois, un langage « qui lui est propre[49] » ? Nous ne le pensons pas, pour deux raisons. D'une part, *Le Cousin Pons* met bien en scène un langage particulier, qu'on ne retrouve que peu dans les autres œuvres de *La Comédie humaine*, le langage populaire[50]. Or représenter le langage populaire (que ce soit dans le discours des personnages ou du narrateur), un langage éminemment « drolatique » (58), c'est non seulement adopter de nouveaux mots mais affirmer aussi la possibilité de créer de nouveaux mots. C'est illustrer le dynamisme d'une langue, qui ne s'arrête pas à « un discours *aliéné* et *aliénant*[51] ». D'une part, comme le note Alain Vaillant, Balzac n'adopte jamais « l'impeccable impassibilité », la « malice élégamment ironique[52] » de Flaubert. Les derniers mots du roman brisent l'illusion romanesque, puisque l'auteur surgit au lieu de s'effacer devant la fiction, tout en se présentant malicieusement non pas comme un auteur, mais comme un « copiste » (383). La désinvolture avec laquelle l'auteur admet qu'il a pu faire des « fautes » (*ibid.*) brise également toute illusion d'une parfaite reproduction réaliste. Au moment même où nous croyons avoir enfin corrigé notre regard, avoir acquis l'art de « l'attention analytique » (54), l'auteur se dérobe et nous laisse soupçonner des écarts entre l'œuvre et le monde, entre notre regard et le monde. Une dernière papelardise ?

Laélia VÉRON

49 Franc Schuerewegen, art. cité, p. 94 et 95.

50 Nous nous permettons de renvoyer à notre article « Le réalisme linguistique », *Honoré de Balzac, Le Cousin Pons*, sous la direction d'A. Déruelle, *op. cit.*, p. 167-182.

51 Franc Schuerewegen, art. cité, p. 52.

52 Alain Vaillant, art. cité.

« DEVENIR HÉROLD »

Sylvain Pons et la fabrique de la musique française

« Je ne suis pas fanatique de la musique française[1] » s'exclamait Berlioz en 1823. *Le Cousin Pons*, seul roman de Balzac consacré à l'apprentissage et à la carrière – manquée – d'un musicien français, semble lui faire écho. Contrairement aux autres romans musicaux de Balzac, ce dernier traduit non pas la connaissance plus ou moins exacte ou personnelle d'une partition mais celle d'un milieu, de ses acteurs et de ses enjeux esthétiques. Le romancier y prend en compte les notions de formation, de carrière, de conditions de vie du musicien français voué, depuis le début du XIXe siècle, à se faire une place entre les esthétiques allemande et italienne. Sylvain Pons échoue à relever ce défi et finit « bientôt noyé dans les flots d'harmonie allemande, et dans la production rossinienne » (60). C'est donc cette disparition qu'interroge Balzac en décrivant de façon très informée une France musicale, entre 1803 et 1847, où la seule perspective est de « devenir Hérold », le musicien du juste milieu, « à la recherche d'un équilibre entre les contraires[2] », attentif à la tradition. Or, pour Balzac, comme pour Berlioz, dont les idées irriguent manifestement tout le roman, la musique française n'a pas trouvé la voie originale et audacieuse qui pourrait la faire exister et a raté la révolution romantique des Liszt et des Berlioz. Elle assume un rôle de copiste et de reproducteur qui interroge *in fine* celui de la fiction.

1 Hector Berlioz « Polémique musicale », *Le Corsaire*, 12 août 1823, *Critique musicale*, vol. 1 sous la direction de Robert Cohen et Yves Gérard, Buchet-Chastel, 1996, p. 3.

2 Olivier Bara, « la vocalité italienne dans les opéras-comiques d'Hérold », *Hérold en Italie*, ouvrage coordonné par Alexandre Dratwicki, Symétrie-Palazetto Bru Zane, 2009 p. 138.

ROME N'EST PLUS DANS ROME

Sur les compétences musicales de Balzac, les avis des chercheurs sont très partagés. On évoque un Balzac « peu musicien[3] » dont le « goût musical n'était pas infaillible[4] » ni la « culture musicale très étendue[5] », ou au contraire la nécessité de « réhabiliter Balzac musicien[6] ». *Le Cousin Pons* témoigne à la fois d'une très bonne connaissance du milieu musical, de ses enjeux et d'une véritable pensée musicale d'obédience romantique.

Balzac aborde tout d'abord le paradoxe français, celui de l'excellence d'une formation aboutissant à l'échec d'une carrière et en présente les causes et les conséquences. En d'autres termes, « Pons étant présenté comme un modèle de goût raffiné – le type idéal décrit par Kant – et promu par la civilisation moderne, le lecteur peut légitimement se demander : où est l'"erreur"[7] » ?

En effet, Pons n'est pas une exception mais au contraire un *type*, « la personnification de toute une époque » (54), le pur produit de la conception musicale française du XIXe siècle. Musicien détourné de son art par une formation certes prestigieuse mais inadaptée, il se montre incapable d'originalité, de personnalité, d'énergie, rechignant à « de nouvelles études » (60) et se contentant de suivre une mode avec laquelle il disparaîtra. Quelles sont les caractéristiques de la formation dont Pons a bénéficié et dont Balzac annonce d'emblée l'échec ?

3 *Nouvelles lettres de Berlioz, de sa famille, de ses contemporains*, Peter Bloom, Joël-Marie Fauquet, Hugh J. Macdonald, Cécile Reynaud (dir.), Actes Sud, Palazetto Bru Zane, 2016, p. 201.

4 Pierre Citron « Balzac, Honoré de », *Dictionnaire Berlioz*, sous la direction de Pierre Citron et Cécile Reynaud, Fayard, 2003, p. 53.

5 Claude Jamain, *Balzac et la musique*, dans *Idée de la voix : Études sur le lyrisme occidental* [en ligne]. Rennes, Presses universitaires de Rennes, 2005 (généré le 05 juillet 2018). Disponible sur Internet : <http://books.openedition.org/pur/30884>. ISBN : 9782753546493. DOI : 10.4000/books.pur.30884.

6 Pierre Brunel, « "Compte rendu" de la thèse de Francis Claudon sur *L'Idée et l'influence de la musique chez quelques romantiques français et notamment Stendhal* », *L'Année balzacienne 1984*, p. 402. Cité par Liliane Lascoux, « Balzac et Rossini : histoire d'une amitié », *L'Année balzacienne 2005/1* (n° 6), p. 363.

7 Scott Sprenger, « *Le Cousin Pons*, ou l'anthropologie balzacienne du goût », *L'Année balzacienne 2009*, p. 159.

Il est né à la fin du XVIIIe siècle, dans la crise post-rousseauiste de la musique française ouverte par la Querelle des Bouffons :

> Pendant longtemps, les mérites de la musique française ne furent d'ailleurs évalués qu'en les mesurant à ceux des pays voisins, et la comparaison avec la musique italienne, en particulier, semble avoir systématiquement abouti à une sensation d'infériorité[8].

Or c'est pour restaurer la musique française que le prix de Rome de musique a été créé en 1803, et non sous l'Ancien Régime, contrairement à ce qu'affirme Balzac, où le prix est seulement attribué en peinture, sculpture et architecture. Il émane d'une volonté de Napoléon d'œuvrer, dans le cadre d'une construction nationale, à la création d'une école de musique française qui, et c'est là le paradoxe, doit s'inspirer du modèle italien dont Napoléon est féru, ce qui contribue à préparer le succès de Rossini. Il s'agit d'encourager les musiciens « à viser l'excellence[9] » en créant les conditions matérielles de leur réussite. La remise publique des prix de l'Académie des Beaux-Arts est ainsi un événement mondain qui permet aux lauréats de se faire connaître des milieux qui pourront les solliciter et les financer par la suite et c'est ce qui arrive à Pons, musicien en vogue vers 1812. Le prix permet d'être reconnu comme professionnel et donne accès aux scènes de la Capitale ; Pons compose « deux ou trois opéras joués en 1815 et 1816 » (58). Ce passeport obligatoire pour la gloire dispense également des obligations militaires, ce qui n'est pas négligeable sous l'Empire et montre le souci de protection et de promotion d'une musique considérée comme un élément majeur de l'identité nationale.

Mais cette formation est-elle adaptée ? Est-elle surtout suffisamment poussée ? Pons « avait négligé l'étude du contre-point », remarque le narrateur et avouait « naïvement sa faiblesse relativement à l'harmonie » (60). Or, si Pons est bien « l'auteur de la première cantate couronnée à l'Institut » (58), c'est qu'il a eu le prix en 1803, et en effet, le règlement, qui imposera en 1812 deux exercices de contre-point et donc une technique mieux maîtrisée, était plus souple avant[10]. Pons n'a donc pas eu la

8 Julia Lu, « Les origines du prix de Rome de musique : genèse et fonctionnement sous l'Empire », *Le Concours du prix de Rome de musique (1803-1968)*, Symétrie-Palazetto Bru Zane, 2011, p. 49.

9 Julia Lu, « Le prix de Rome à l'époque d'Hérold : genèse et fonctionnement », *Hérold en Italie*, *op. cit.*, p. 20.

10 *Ibid.*, p. 22.

formation adéquate, celle de la construction et de la synthèse et, sur ce point, les informations de Balzac sont très exactes et justifient l'incapacité de Pons à être même un musicien du juste milieu, un virtuose de la synthèse entre Nord et Sud, comme le seront Hérold ou Auber. Le prix qu'obtient Pons prédispose donc à la mondanité et au « goût » puisque Pons compose « des mélodies ingénieuses, fines, pleines de grâce » (60), à un savoir-faire de consommation, mais ni à la technique qui permet de durer, ni à l'exaltation imaginative requise par le véritable artiste selon Balzac et ses modèles, Berlioz et Liszt.

À travers la figure de Pons, c'est un dialogue avec Berlioz qui s'instaure, tant les choix et le discours du narrateur balzacien semblent inspirés par l'auteur de *Benvenuto Cellini* que Balzac lit, écoute et fréquente[11]. Entre les deux artistes, Jacques Strunz, flûtiste et compositeur bavarois (1781-1852), chef de chant à l'Opéra-Comique (où il est copiste comme Schmucke, un métier de passeur) fait le lien, puisqu'ami de Berlioz[12], témoin à son mariage, il est également proche de Balzac, qui lui dédie *Massimila Doni*. Le personnage du flûtiste Wilhem Schwab, intermédiaire mystérieux et pittoresque est sans doute un clin d'œil à Strunz et à Berlioz, flûtistes sans jamais avoir été pianistes[13] et intermédiaires de Balzac dans les milieux musicaux.

L'influence de Berlioz se fait tout d'abord sentir sur la question du prix de Rome. Créé pour que les peintres et les sculpteurs soient en contact avec les antiques et les maîtres de la Renaissance (ce qui constitue le point de départ narratologique de *Sarrasine*), l'envoi à Rome des prix de musique est beaucoup moins justifié. Berlioz, qui l'a obtenu en 1830 après s'y être efforcé depuis 1826, se montre ensuite très critique sur son efficacité :

> Quant aux musiciens, le voyage d'Italie, favorable au développement de leur imagination par le trésor de poésie que la nature, l'art et les souvenirs étalent à l'envi sous leurs pas, est au moins inutile sous le rapport des études spéciales qu'ils peuvent y faire[14].

11 Voir Thierry Bodin, « Balzac et la musique », *L'Artiste selon Balzac*, Paris Musées, 1999, p. 185.

12 Voir l'éloge de la musique de Strunz par Berlioz dans « La Mort de Gomis », *Revue et Gazette musicale*, 27 novembre 1836, *Critique musicale*, vol. 2, *op. cit.*, p. 600.

13 Balzac parle d'ailleurs de « l'ingrat piano » à propos d'une mélodie qu'il attribue à Hérold et que chante Ursule Mirouët. *La Comédie* humaine, Paris, Gallimard, coll. « Bibliothèque de la Pléiade », 1976, t. III, p. 890.

14 Hector Berlioz, *Mémoires*, Symétrie-Palazetto Bru Zane, 2010, p. 160.

Pendant une grande partie du XIXe siècle, « Rome n'est plus dans Rome, elle est toute à Paris[15] ». Le constat est sans appel :

> Dans toute l'Europe on trouve des théâtres, des concerts, des musiques religieuses, dignes de fixer l'attention et souvent même d'exciter l'admiration des amis de l'art ; partout excepté à Rome. – « C'est pourtant là que l'Institut de France envoie tous les ans ses compositeurs lauréats ! » – [...] en effet son but est vraisemblablement de faire perdre leur temps aux jeunes compositeurs, d'entraver leurs premiers pas dans la carrière [...] de leur rogner les ailes (quand ils en ont), de les anéantir autant que possible[16].

Le désœuvrement qui s'en suit pousse les musiciens à errer en Italie, à visiter Florence, Milan, Naples (ce que fait Pons, comme Hérold et Berlioz) et à porter leur intérêt ailleurs que sur la musique. C'est ainsi qu'« envoyé par l'État à Rome, pour devenir un grand musicien, Sylvain Pons en avait rapporté le goût des antiquités et des belles choses d'art. » (59). Et quand le séjour romain ne détourne pas les compositeurs de la musique qu'ils étaient venus y perfectionner, il les maintient dans une tradition surannée et dégradée : « Weber et Beethoven sont là des noms à peu près inconnus [...] l'art instrumental est lettre close pour les Romains. Ils n'ont même pas l'idée de ce que nous appelons une symphonie[17] ». Ce n'est donc pas seulement la formation académique qui est pointée par Balzac dans la généralisation qui englobe l'échec de Pons mais, à l'instar de Berlioz, la destination contestable des lauréats. Pour Balzac, ce raisonnement a la force d'un syllogisme :

> Or, tâchez de compter sur vos doigts les gens de génie fournis depuis un siècle par les lauréats ! (58)

L'exigence romantique de « ce soleil invisible, nommé la vocation » (58), du refus des entraves institutionnelles mais aussi le terrain adéquat pour la formation sont essentiels dans la construction de l'artiste selon Balzac qui est bien informé : les deux musiciens qu'il cite en exemple, Félicien David et François-Esprit Auber, ne furent pas Prix de Rome et sont classés avec Berlioz parmi les romantiques, en 1838, dans un

---

15 Hector Berlioz, « Lettre d'un enthousiaste sur l'état actuel de la musique en Italie », *Revue européenne*, 15 mars 1832, *Critique musicale*, vol. 1, *op. cit.*, p. 80.

16 *Ibid.*

17 Hector Berlioz, *Mémoires*, *op. cit.*, p. 213.

« tableau synoptique de l'histoire des arts[18] ». Hérold, en revanche, y figure parmi les classiques. Ne pas être allé à Rome apparaît, à la suite des critiques de Berlioz, comme un gage d'innovation esthétique, une rupture d'affiliation à une tradition française désuète et si dépourvue de direction esthétique que Berlioz n'hésitera pas à se définir comme « moi, le musicien aux trois quarts Allemand[19] ».

MAÎTRES ET FÉROCES VIRTUOSES

Cette formation est prévue pour poursuivre l'œuvre des maîtres de l'Empire dont l'esthétique réactionnaire imprime encore sa marque à l'époque de Balzac : Pons est ainsi « regardé comme le rival probable des Nicolo, des Paër et des Berton » (63). Ils représentent tous une musique française rétrograde, qu'elle ait besoin, selon la formule de Jules Janin, « de se faire italienne pour être quelque chose[20] » ou qu'elle ne regarde que vers le XVIIIe siècle. Les deux premiers compositeurs appartiennent à la première catégorie : le maltais Nicolas Isouard (1775-1818) est ainsi présenté comme un compositeur italien en 1801 à des Français avides de musique italienne depuis le départ des Bouffons en 1792. Quant à Ferdinando Paër (1771-1839), authentique compositeur italien attiré à Paris à grands frais par Napoléon, il succède à Spontini à la tête du Théâtre italien. Membre de l'Académie des beaux-arts en 1831, professeur au Conservatoire jusqu'en 1837, il est encore en activité au moment où Balzac rédige ses premiers textes musicaux. Enfin Henri Montan Berton (1767-1844) ressortit à la seconde, avec des principes esthétiques très réactionnaires illustrés par les conflits qui l'opposent à Rossini et à Stendhal en 1821. La « reproduction mécanique », qui, selon le narrateur balzacien, produit les prix de Rome, est une probable allusion critique aux prises de position du compositeur. S'érigeant en garant des règles musicales de

18 L. Dussieux, *L'Art considéré comme le symbole de l'État social, ou tableau historique et synoptique du développement des Beaux-Arts en France*, Paris, Auguste Durand, 1838, p. 81. Cité par Emmanuel Reibel, *Comment la musique est devenue romantique*, Paris, Fayard, 2013, p. 366.

19 Cité par Gunther Braam « Berlioz et l'Allemagne », *Berlioz, la voix du romantisme*, BNF, Fayard, 2003, p. 189.

20 Jules Janin, « Être artiste ! », *L'Artiste*, 1re série, t. I (1), 1831.

stabilité, contre tous les désordres surtout venus de l'étranger, il écrit « De la musique mécanique et de la musique philosophique[21] ». La musique mécanique est celle des roulades et des traits caractéristiques, selon Berton, du *bel canto* que pourrait reproduire un « automate » qui se livrerait à des « tours de force ». Il assimile la mode des opéras de Rossini à une « invasion barbare », comparable à celle du gothique, qui aurait détruit l'équilibre classique hérité de Vitruve. Mais il est tout aussi opposé au pôle germanique : « Berton, qui regardait en pitié toute la moderne école allemande[22] », se souviendra Berlioz. Le problème est que ce modèle ne semble pas voué à disparaître ni à se démoder puisque son grand succès, *Aline reine de Golconde* (1803), est réorchestré par Adolphe Adam entre juillet 1846 et septembre 1847, soit juste au moment où Balzac écrit *Pons*, pour être représenté en novembre 1847. Grand arrangeur, auteur de nombreuses romances, il représente sans doute aux yeux de Balzac, le prototype insubmersible du musicien français qui possède à fond son métier mais se refuse à l'innovation. Paër et Berton font d'ailleurs partie du jury qui élimine Berlioz du prix de Rome en 1827.

Mais Paris, où le premier triomphe de Rossini, *L'Italienne à Alger*, date de 1817, c'est-à-dire juste après les opéras de Pons, est surtout la zone de rencontre entre musique allemande et musique italienne, entre les beethovéniens et les *dilettanti*, dont Balzac fait partie tout en étant fasciné par la figure de Beethoven[23]. La carrière du cousin Pons se termine en 1824, date à laquelle Rossini règne en maître sur la scène française[24], ce qui conduit d'ailleurs la presse d'opposition patriotique et de tradition jacobine à alerter sur la possible disparition de la tradition populaire de l'opéra français[25] face à des royalistes plutôt favorables à Rossini. Au moment où Balzac le rencontre chez Olympe Pélissier en 1832[26],

---

21 *L'Abeille française*, 1821, t. 3, p. 292-298. Article reproduit dans Emmanuel Reibel, *op. cit.*, p. 377-381.

22 Hector Berlioz, *Mémoires*, *op. cit.*, p. 116.

23 Voir Katherine Kolb, « Balzac et Birotteau devant Beethoven. Fonctions d'une *ekphrasis* musicale », *L'Année balzacienne 2009/1* (n° 10), p. 247-282.

24 La *Vie de Rossini* de Stendhal paraît en novembre 1823.

25 William Weber, « La critique patriotique du rossinisme dans les journaux *quasi-libéraux* des années 1820 », *Médias 19* [En ligne], Olivier Bara et Marie-Ève Thérenty (dir.), *Presse et opéra aux XVIIIe et XIXe siècles, Publications, Enjeux socio-politiques de la critique d'opéra*, mis à jour le : 28/02/2018, URL : http://www.medias19.org/index.php?id=24161.

26 Voir Liliane Lascoux, « Balzac et Rossini : histoire d'une amitié », *L'Année balzacienne 2005/1* (n° 6), p. 363-382.

le *maestro* est au sommet de sa gloire et représente l'opéra moderne ; il assoit cette position dominante en prenant la direction du théâtre des Italiens entre 1824 et 1830. À cette date, Pons a renoncé :

> S'il lui eût fallu choisir entre la possession de ses curiosités et le nom de Rossini, le croirait-on ? Pons aurait opté pour son cher cabinet. (61)

L'intervention du « on » critique montre combien ce choix le condamne d'avoir abandonné la lutte avant de la commencer et sans chercher même, comme Hérold le fera, à adapter Rossini et à en tirer avantage.

En outre, le moment de création de Pons correspond aux débuts de l'audition de Beethoven, « le sublime magicien si bien compris par Habeneck[27] » à Paris. Mort en 1827, Beethoven est surtout connu en Allemagne avant que le chef d'orchestre François Antoine Habeneck ne l'impose en effet progressivement aux concerts français patronnés par le Conservatoire, puis, surtout, lors de la création de la Société des concerts du Conservatoire en 1828. Beethoven doit alors de devenir l'autre pôle esthétique musical à l'activité sans relâche de la Société entre 1828 et 1848[28] ; Balzac, qui fréquente ces concerts, en connaît les enjeux.

La scène parisienne est donc au cœur des débats, non seulement entre musique allemande et italienne mais aussi entre musique « pure » et drame lyrique, posant les principes de la modernité non plus sur la base d'une domination de la littérature et du texte mais sur l'option idéaliste d'une musique « ineffable », même quand elle est dramatique. Balzac en prend bien note et s'en servira pour Schmucke :

> J'aurais voulu être Beethowen plutôt que Rossini et que Mozart. [...] ce que vous jette Beethowen est infini[29].

Pour les romantiques, la musique allemande est à l'avant-garde : « Les applaudissements qu'ils [les parisiens] ont donnés au génie allemand se portent garants du progrès de la musique[30] » se félicite Berlioz qui marque ainsi le retard pris par la musique française des compositeurs

---

27 *César Birotteau*, *La Comédie humaine*, éd. citée, t. VI, p. 179-180.

28 Voir Nicolas Southon, « Les "Symphonies" de Beethoven à la Société des Concerts du Conservatoire : Une étude des matériels d'orchestre du XIXe siècle », *Revue de Musicologie*, t. 93, nº 1 (2007), p. 123-164.

29 Lettre à Madame Hanska, 7 novembre 1837, citée par Claude Jamain, *Balzac et la musique*, art. cité.

30 Berlioz, *Critique musicale*, vol. 1 (27 juin 1829), p. 30-31.

de romances et d'opéras-comiques, comme Pons et ses maîtres. Cette omniprésence du génie allemand en France, qui de plus, promeut l'interprète au rang de créateur tel que l'incarne Schmucke, est patente dans la longue liste des interprètes « allemands » dressée par Balzac, grand lecteur de *La Gazette musicale* fondée en 1834 pour répandre la musique beethovénienne et germanique au sens large, ce dont se fait écho la liste :

> Ce pianiste, comme tous les pianistes, était un Allemand, Allemand comme le grand Liszt et le grand Mendelssohn, Allemand comme Steibelt, Allemand comme Mozart et Dusseck, Allemand comme Meyer[31], Allemand comme Doelher[32], Allemand comme Thalberg, comme Dreschok[33], comme Hiller, comme Léopold Mayer, comme Crammer, comme Zimmerman et Kalkbrenner, comme Herz, Woëtz[34], Karr, Wolff[35], Pixis, Clara Wieck, et particulièrement tous les Allemands[36]. (69)

Cet effet de liste avec amplification quasi épique montre, par l'accumulation verbale et le geste énumératif, la force de frappe de cette musique austro-germano-hongroise, qui noie littéralement Pons et ses confrères. L'anaphore qui martèle la germanité et l'inventaire des virtuoses déclenche un métadiscours critique sur la domination du virtuose et la hiérarchie des interprètes qui place le pianiste au sommet. L'absence – apparente mais les pianistes français cités ont des noms à consonance germanique – de tout soliste français témoigne du retrait et du retard d'une musique nationale non seulement « antimoderne », de divertissement plus que de sérieux, mais incapable de former des virtuoses, symboles de l'artiste romantique dans toute sa démesure, et son aura, à l'opposé d'une « croche antédiluvienne » (60).

31 Probablement Leopold von Meyer (1816-1883), pianiste et compositeur autrichien comme Mozart, Sigismund Thalberg (1812-1871), et Henri Herz (1800-1888).

32 Sont allemands, Theodor Dölher (1814-1856), Ferdinand von Hiller (1811-1885), Jean-Pierre Pixis (1788-1874), Henri Karr (1784-1842), Clara-Joséphine Wieck, épouse de Schumann depuis 1840, (1819-1896), Johann-Baptist Cramer (1771-1858), Friedrich Wilhelm Michael Kalkbrenner (1785-1849).

33 Sont tchèques Alexander Dreyschock (1818-1869) et Jan Ladislav Dusík (1760-1812).

34 Sont français Daniel Steibelt (1765-1823), Joseph-Bernard Woetz (1783-1878) et Pierre-Joseph-Guillaume Zimmerman (1785-1853).

35 Est polonais Pierre-Édouard Wolff (1816-1880), pianiste comme Chopin, établi à Paris en 1835.

36 La première liste qui apparaît par addition marginale sur l'épreuve corrigée était moins longue, preuve que Balzac veut amplifier l'effet (voir Pl., p. 1399 n. a).

Cette liste interminable est aussi une allusion aux concerts de prestige et d'exhibition qui sont à la mode dans le Paris du XIXe siècle, où les salles de concert et les salons rivalisent pour obtenir ces tournois qui, pour Berlioz, ne rendent pas justice à la musique. L'histrionisme compromet le talent : à de nombreuses reprises, Berlioz enrage « de voir trois talents admirables, pleins de sève, brillants de jeunesse et de vie, réunis en faisceau pour produire cette sotte et ridicule psalmodie[37] ». Plus tard, en 1857, les pianistes feront même partie des *Grotesques de la musique* et Berlioz moquera « les féroces virtuoses errant en liberté dans Paris[38] », qui sont les mêmes que ceux que cite Balzac. Si Pons n'est finalement qu'un « collectionneur féroce », Schmuke, en revanche, est bien un grand interprète mais pas un histrion : il se fait « de la musique à lui-même » (69). Il ne cherche pas l'adulation des foules comme Liszt, Kalkbrenner ou Chopin – il n'en a pas le physique ni l'aura – mais atteint au sublime devant le fervent connaisseur qu'est son ami (60). Il correspond exactement au portrait de l'artiste-musicien que dresse Liszt dans « De la situation des artistes et de leur condition dans la société[39] », qui prône l'élévation des interprètes inspirés au rang de missionnaires de l'art, au même titre que les créateurs. Schmucke, « divin traducteur de choses divines » (313), devient, pour un court moment, et dans une quasi solitude, le *Janus bifrons* musical, « à la fois Beethoven et Paganini, le créateur et l'interprète » (313), l'idéal de la musique romantique européenne[40]. Mais ce « grand compositeur » est un artiste inabouti à qui manquent l'énergie et « l'audace » pour surmonter « les mille difficultés, les obstacles de tout genre que le malheureux artiste, qui veut produire ses ouvrages au grand jour, doit rencontrer à chaque pas[41]. » Schmucke est alors décrit dans les mêmes termes que ceux que la presse réserve à Berlioz : un artiste hoffmannien, inadapté et asocial : « Hélas, pour un Beethoven, combien de Kreisler[42] ! »

37 Il s'agit de Liszt, Hiller et Chopin. Hector Berlioz, « Revue scientifique et musicale », *Le Rénovateur*, 29 décembre 1833, *Critique musicale*, vol. 1, p. 126.

38 Hector Berlioz, *Les Grotesques de la musique*, texte établi par Léon Guichard, Gründ, 1969, p. 231.

39 Franz Liszt, « De la situation des artistes et de leur condition dans la société », *Revue et Gazette musicale*, 3 mai 1835.

40 Voir Philippe Mustière et Patrick Née, « De l'Artiste et du pouvoir : l'Allemagne comme horizon mythique du romantisme dans *Le Cousin Pons* », dans *Balzac et « Les Parents pauvres »*, Françoise van Rossum-Guyon et Michiel van Brederode (dir.), Paris, SEDES, 1981, p. 47-59.

41 Hector Berlioz, « Revue musicale », *Le Rénovateur*, 15 décembre 1833, *Critique musicale*, vol. 1, p. 120.

42 Henri Blaze, « De l'école fantastique et de M. Berlioz », *Revue des Deux Mondes*, 1er octobre 1838.

Plus soucieux de divertissement que d'idéal, le public français plébiscite l'opéra-comique où les compositeurs prennent bien soin de n'outrepasser « que de fort peu la limite à une certaine distance de laquelle leur auditoire les eût perdus de vue[43] ». Il n'y a d'exception qu'au Conservatoire, comme a pu le constater Balzac le 24 nombre 1839 : « C'était un cerveau que votre salle de concert[44] », écrit-il alors à Berlioz.

Ainsi Pons travaille au théâtre Feydeau[45], dont il distribue des billets à ses relations. Il y est arrangeur, chef d'orchestre et « décompositeur[46] », c'est-à-dire qu'il compile ou compose des airs en vogue pour des ouvrages à succès, qui sont à l'opposé « de la revendication tonitruante de la notion de génie et de chef-d'œuvre par la génération romantique, Berlioz en tête[47] ». La musique que Pons doit composer pour *Les Mohicans* appartient certainement à cette catégorie. Pour Berlioz, Paris est « la ville du monde où l'on aime le moins la musique et où l'on fabrique le plus d'opéras-comiques[48] ». Ses chroniques depuis 1830 sont systématiquement hostiles à ce genre polymorphe, frivole et omniprésent, redoutable piège pour les compositeurs qui y trouvent un travail rémunéré mais ne peuvent ensuite s'en extraire. Le travail requis correspond assez bien à la personnalité de Pons : « Il n'est pas absolument nécessaire, pour y réussir, d'être doué de génie musical, le *talent* suffit, et au-delà[49] ». Mais cet asile des médiocres entretient le mauvais goût du public et éloigne toute idée d'ouverture à la modernité que représentent les musiques allemandes et italiennes. Le seul « *progrès*[50] » notable dans ce genre vient de l'intelligence que montre Pons à associer son savoir-faire à la musique allemande représentée par Schmucke (75), qui supplée aux instruments nouveaux requis par l'orchestre moderne vanté par Berlioz dans son traité d'orchestration[51], en particulier les « inventions de Sax[52] », les sonnettes et les castagnettes.

---

43 Hector Berlioz, « De l'Opéra-Comique », Revue et Gazette musicale, 18 septembre 1836, *Critique musicale*, vol. 2, p. 554.

44 Hector Berlioz, *Correspondance générale*, Flammarion, 1975, t. II, p. 574-575.

45 Le théâtre Feydeau désigne la troupe installée rue Feydeau en 1791 qui fusionne avec celle de l'Opéra-Comique en 1801 et qui s'installe définitivement salle Favart en 1840.

46 Hector Berlioz, *Les Grotesques de la musique*, *op. cit.*, p. 59.

47 Castil-Blaze, *Histoire de l'opéra-comique*, Introduction par Alexandre Dratwicki et Patrick Taïeb, Symétrie/Palazetto Bru-zane, 2012, p. 1.

48 Hector Berlioz, « Concerts », *Les Grotesques de la musique*, *op. cit.*, p. 200.

49 Hector Berlioz, « Opéra-Comique », *La Revue et gazette musicale*, octobre 1836.

50 *Le Cousin Pons*, p. 74.

51 Hector Berlioz, *Grand Traité d'instrumentation et d'orchestration*, Schonenberger, 1844, p. 284.

52 *Ibid.*, p. 75.

HÉROLD OU LE RIZ À L'IMPÉRATRICE

L'omniprésence de l'opéra-comique, ce genre de l'entre-deux et de la reproduction quasi industrielle sur les scènes françaises, détermine le tableau très noir de l'état d'une musique française sclérosée dressé dans *Le Cousin Pons*. La critique et le public accueillent mal la modernité et Berlioz doit se produire en Allemagne et en Russie pour s'y faire reconnaître alors qu'à Paris, on lui reproche ce manque de conformisme grâce auquel « son nom, qui tourne maintenant dans le vide, aurait trouvé peut-être un jour sa place dans le ciel de l'art, auprès des astres de Rossini, de Bellini, de Meyerbeer, d'Hérold, d'Auber et de tant d'autres qu'on aime et dont on se souvient[53] ». La perspective esthétique induite par cette nouvelle liste indique bien les gloires de l'époque et replace *Le Cousin Pons* dans son contexte.

Si Pons échoue, ce n'est donc pas seulement parce qu'il pratique un art périmé mais parce qu'il n'a pas poussé suffisamment sa formation académique en renonçant trop vite au contre-point et à l'orchestration savante, qui permet de durer et qu'il récupère avec Schmucke. Ayant donné dans la facilité des romances de l'Empire et des morceaux obligés, Pons n'a pas parfait un savoir-faire et une technique qui font le succès et l'éclat « dont brillait si justement [le nom] d'Hérold[54] ». Or, si Pons n'avait pas été distrait du domaine musical lors de son séjour romain, il aurait pu « devenir Hérold » (60), c'est-à-dire « un espoir de l'école française à l'orée du romantisme[55] ». Que signifie exactement à l'époque de Balzac « devenir Hérold » ? Doit-on y voir la réprobation pour ce savoir-faire à la française qui passe à côté du romantisme ?

Prix de Rome en 1812, Hérold a composé sa cantate sur un sujet historique[56], fait exceptionnel à un moment où l'on s'en tient plutôt aux sujets mythologiques. Sa *Duchesse de La Vallière*, témoigne d'un intérêt pour l'Ancien Régime, qui est un point commun avec Pons qui a « ramassé les débris du

53 Henri Blaze, « De l'école fantastique et de M. Berlioz », *Revue des deux mondes*, 1er octobre 1838.

54 Hector Berlioz « Revue musicale » *Le Rénovateur*, 2-3 novembre 1834, *Critique musicale*, vol. 1, p. 437.

55 Patrick Taïeb, « Les ouvertures d'Hérold ou l'impatience du siècle », *Hérold en Italie*, *op. cit.*, p. 153.

56 Benoît Dratwicki, « Hérold en quête du prix de Rome : *La Duchesse de la Vallière* (1812) », *ibid.*, p. 34.

XVIIe et du XVIIIe siècle » (61) au profit de sa collection de peintures. Mais Hérold a su tirer parti de sa brillante formation : « est-il resté à ce point unique que l'histoire si critiquée du prix de Rome de musique ne souligne pas l'impact positif du voyage d'Italie sur l'avenir des compositeurs[57] ? ». De retour de Rome, Hérold recherche « un équilibre entre les contraires[58] », ce qui est perçu comme un juste-milieu dépourvu d'originalité par les romantiques. Balzac s'en moque déjà avec « Charges », dans *La Caricature* du 24 novembre 1831, où il imagine un concert de charité composé de romances et de vaudevilles pour « les blessés du Juste-Milieu ».

Hérold, dont l'ambition est « de contenter le goût français », comme il l'écrit à sa mère, de Rome, le 7 mars 1815, est devenu au cours du XIXe siècle le représentant de cette musique française appétissante et facilement consommable, dont le succès ne se démentira pas jusqu'à Massenet. Il est ainsi toujours à l'affiche au moment où le narrateur proustien à qui on a promis une matinée à l'Opéra-Comique, hésite, dans le cahier de brouillon 28 « entre les beautés infinies du *Pré au Clerc*[59], des *Diamants de la Couronne*[60] », partitions qui promettent les mêmes plaisirs et relèvent de la même succulence classique et sans surprise que le riz à l'Impératrice, la crème au chocolat ou la tarte aux fraises. La gourmandise de Pons le prédisposait à cette musique de dégustation, lui qui aurait pu reprendre le flambeau du goût et de l'équilibre de ces « beautés natives et nationales[61] ». Ce rapprochement entre musique et cuisine est exploité également par Balzac dans *Gambara* pour y dénoncer l'incapacité des créateurs, cuisinier comme compositeur, à trouver la mesure, cette mesure qui caractérise paradoxalement la musique française sans génie. Car, pour Nerval, comme pour Balzac, presque au même moment, Hérold correspond bien « au génie de l'école française » avec « des phrases qui semblent manquer de rythme et de couleur[62] ». Un génie français un peu pâle, voué à l'entre deux, à la synthèse un peu trop hétéroclite, qui emprunte aux « des traditions française

57 Alexandre Dratwicki, « L'Académie de France à Rome au temps d'Hérold, libertés et contraintes », *ibid.*, p. 87.

58 Olivier Bara, « La Vocalité italienne dans les opéras-comiques d'Hérold », *ibid.*, p. 138.

59 Opéra-comique d'Hérold créé triomphalement en 1832 ; en 1898 on atteint les 1589 représentations.

60 Opéra-comique d'Auber, livret de Scribe, créé en 1841, toujours à l'affiche en 1887. Cahier 28, f° 43r^o^.

61 Camille Bellaigue, *Un siècle de musique française*, Paris, Delagrave, 1887, p. 8.

62 Gérard de Nerval, « Opéra-Comique, reprise de Marie », *La Presse*, 1er septembre 1845, *Œuvres complètes*, Gallimard, coll. « Bibliothèque de la Pléiade », 1989, p. 1011-1012.

(Méhul), italienne (Rossini) et allemande (Weber)[63] » ou même beethovénienne[64]. En un mot, Hérold témoigne d'un art de cuisiner les restes dont Pons devra aussi se contenter après qu'il n'est plus invité dans le monde.

L'esthétique musicale du juste milieu qui restera en vigueur jusqu'à la fin du siècle, produit des musiciens à succès comme Hérold, mais pas de véritables artistes : « Entre l'Italie et l'Allemagne, le compromis est impossible[65] ». C'est pourquoi Schmucke, en grand artiste, mais aussi en copiste, cherche à se faire passeur et traducteur :

> Pons voyait et achetait une tasse de porcelaine pendant le temps que Schmucke mettait à se moucher, en pensant à quelque motif de Rossini, de Bellini, de Beethoven, de Mozart, et cherchant dans le monde des sentiments où pouvait se trouver l'origine ou la réplique de cette phrase musicale. (70)

Or parmi les « phares » de Schmucke, on ne trouve aucun représentant de cette musique française vouée au recyclage des thèmes à la mode dont l'œuvre de Pons, *La Fiancée du diable*, est un bon exemple (121) :

> Le théâtre de l'Opéra-Comique, [...] a créé et mis au monde une foule d'ouvrages dont le diable est le héros : le diable à quatre, *le Diable page, le Diable boiteux, le Diable couleur de rose, le Diable amoureux, le Diable à Séville, la Part du Diable, le Diable à l'école, la Fiancée du Diable*[66].

Mais le titre évoque surtout *La Fiancée de marbre*, sous-titre de *Zampa* (1831), grand succès d'Hérold dans lequel Berlioz voit : « ces produits industriels confectionnés à Paris d'après des procédés inventés ailleurs et légèrement modifiés[67] ». La production de Pons relève de cette catégorie.

Le narrateur balzacien se livre d'ailleurs à la même démonstration en greffant un couplet de *Robert le diable*[68], cet « *habillage français du roman-*

---

63 Hervé Audéon, « Louis Ferdinand Hérold », *Dictionnaire de la musique en France au XIXe siècle*, Paris, Fayard, 2003, p. 590.

64 Thomas Betzwieser, « Hérold, Louis Joseph Ferdinand », *The New Grove Dictionnary of music and musicians*, vol. 11, 2001, p. 433.

65 Henri Blaze, « De l'école fantastique et de M. Berlioz », *Revue des Deux Mondes*, 1er octobre 1838.

66 Cette *Fiancée* de Scribe et Massé ne date que de 1854. Voir Hector Berlioz, « L'Accent dramatique », *Les Grotesques de la musique*, *op. cit.*, p. 133.

67 Hector Berlioz « De la partition de *Zampa* », *Journal des débats*, 27 septembre 1835, cité par France-Yvonne Bril, « Ferdinand Hérold ou la "raison ingénieuse" », *Le Théâtre lyrique en France au XIXe siècle*, sous la direction de Paul Prévost, Éditions Serpenoise, 1995, p. 104.

68 Mendelssohn écrit à propos de *Robert le diable* le 11 janvier 1832 : « Le sujet est romantique, c'est-à-dire que le diable y joue un rôle ; cela suffit, aux yeux des Parisiens, pour

tisme germanique[69] », sur la situation triviale du roman réaliste dans un « décor de Rémonencq » (157). En trivialisant un opéra à succès prévu au départ pour l'Opéra-Comique, le roman met en scène la manipulation des impératifs romantiques à l'œuvre sur les scènes françaises, ainsi que le travail du roman qui les dénonce.

Peut-être est-ce délibérément que Balzac donne au perdant Sylvain Pons, au représentant d'une musique française guère favorable à la modernité, le nom d'un musicien raté, ami de Berlioz, Augustin Saint-Ange de Pons (1803-1848), chanteur, compositeur français et grand pédagogue dont Berlioz fait l'éloge. Balzac en a certainement entendu parler puisque c'est Pons qui prêta l'argent nécessaire à l'exécution de la messe de Berlioz à Saint-Roch, qui a inspiré le *Dies irae* décrit dans *Ferragus*[70], par ailleurs dédié à Berlioz, pour qui Pons fut l'indispensable intermédiaire[71]. Tombé dans la misère, symbole de l'échec de cette musique française, Pons se suicide en 1848.

Cette musique sans idéal est le miroir d'un public suffisamment béotien pour interrompre l'admirable exécution de musique pure, au cours de laquelle Schmucke est « à la fois Beethoven et Paganini », au prétexte que « la journée [est] assez longue pour répéter les musiques de théâtre » (313). Ces musiques de scène, au nom desquelles le concert idéal est interrompu, viennent rappeler que la musique française, comme le copiste et le romancier, excelle dans la re-production.

Cécile LEBLANC

constituer le romantique, la fantaisie » (*Lettres inédites*, trad. par Romain Rolland, Archives Karéline, 2008, p. 310, cité par Emmanuel Reibel, *op. cit.*, p. 29).

69 Emmanuel Reibel, *op. cit.*, p. 228.

70 Balzac, *Ferragus*, *La Comédie humaine*, éd. citée, t. V, p. 889-890.

71 Hector Berlioz, « École lyrique de M. de Pons », *Journal des débats*, 6 septembre 1846, *Critique musicale*, vol. 6, p. 218-219.

UN ARRÊT AU PASSAGE

Le Cousin Pons, roman de la spectralité

Aucun spectre ne hante *Le Cousin Pons*. Le temps des fantômes qui, revenus du passé ou du royaume des morts, surgissaient pour inquiéter l'époque présente, est révolu ; et le moment de l'apparition de nouvelles forces, promesses de changements à venir, craints par les uns, souhaités par les autres, ne semble pas encore venu. Aussi le rapport aux spectres s'établit-il, dans le roman de Balzac, à un autre niveau. C'est en fait dans une longue digression consacrée à la visite de la Cibot à Mme Fontaine, voyante de son état, qu'il est fait mention, au chapitre XXXII, des « spectres » que les corps comme les idées laissent dans l'espace. Certes, on pourrait souligner l'étrange tonalité du passage, volontairement hyperbolique et théâtral, et le renvoyer à la persistance d'un romanesque noir dans le texte balzacien. Mais la longueur de cet « exposé », sa prise en charge par le narrateur, la continuité entre les idées exprimées et les conceptions développées par Balzac tout au long de son œuvre (dans *Louis Lambert* ou *Ursule Mirouët* notamment[1]), invitent à prendre au sérieux cet éloge. En se livrant à cette apologie « du pouvoir cognitif des états visionnaires[2] », Balzac, inventeur du mot « spectralement », fait bien plus, à nos yeux, qu'affirmer une croyance sujette à caution. Le passage n'a-t-il pas aussi valeur d'art poétique[3] ? Ne tient-on pas là une possible description de son activité de romancier : saisir les divers

1 Sur cette continuité, voir Claire Barel-Moisan, « Une science aux frontières de la matière et de l'esprit. Enjeux épistémiques et romanesques de l'inscription dans la fiction », *L'Année balzacienne 2013*, p. 70-72.

2 Atle Kittang, « La mort – mère du roman. Le travail du négatif dans *Les Parents pauvres* de Balzac », *Revue Romane*, Bind 29 (1994) 2, https://tidsskrift.dk/revue_romane/article/view/29863/27335.

3 À l'appui de cette thèse, Atle Kittang note également la proximité du nom de Mme Fontaine avec celui de Jean de la Fontaine, écrivain que le roman avait préalablement semblé installer comme modèle littéraire. Manière de rapprocher et d'opposer deux regards sur la réalité et deux manières de l'*écrire* (*ibid.*).

spectres de l'identité de ses personnages, déceler les causalités en marche, rendre visible l'invisible ?

Telle sera ici notre perspective de lecture : examiner la *saisie spectrale* du réel proposée par Balzac, laquelle engage une manière de raconter, de construire des figures et de produire des significations : un portrait du romancier en « chasseur de spectres[4] » en quelque sorte. Importera ici moins la conception balzacienne de la réalité que la manière dont elle commande son esthétique et son *expression* du réel. Dans une tension constante entre l'un et le multiple, la profondeur et la surface, le passager et le durable, le mouvement et l'arrêt, *Le Cousin Pons* déploie plusieurs formes de « vision ». Établir des liens, coordonner (1. Une vision « liante ») ; faire saillir, rassembler (2. Une vision qui saisit) ; multiplier, relativiser, relancer le mouvement (3. Une vision qui passe) : du *jeu* avec les spectres, du traitement « spectral » du réel, découlent différents gestes d'écriture et différents modes de constitution du sens. La « chasse aux spectres », en interrogeant sur le sens et la possibilité d'une totalisation, nous place au cœur même du roman selon Balzac.

UNE VISION « LIANTE »

> Ainsi, de même que les corps se projettent réellement dans l'atmosphère en y laissant subsister ce spectre saisi par le daguerréotype qui l'arrête au passage ; de même, les idées, créations réelles et agissantes, s'impriment dans ce qu'il faut nommer l'atmosphère du monde spirituel, y produisent des effets, y vivent *spectralement* (car il est nécessaire de forger des mots pour exprimer des phénomènes innommés), et dès lors certaines créatures douées de facultés rares peuvent parfaitement apercevoir ces formes ou ces traces d'idées. (175)

Telle est, *in nuce*, la « thèse » formulée par le narrateur balzacien dans la longue digression consacrée à Mme Fontaine et à l'art de la divination. Au cœur du propos donc, une double correspondance : entre les

4 L'expression, au pluriel, se rencontre chez Balzac, dans *La Fille aux yeux d'or* (*La Comédie humaine*, t. V, Paris, Gallimard, « Bibliothèque de la Pléiade », 1977, p. 1101). Nos citations ultérieures des romans de *La Comédie humaine*, autres que *Le Cousin Pons*, renverront à cette édition (en 12 volumes, publiée entre 1976 et 1981) sous la forme suivante : *CH*, numéro du volume, page citée.

corps et les idées d'un côté, qui laissent un spectre dans l'atmosphère ; entre l'invention de Daguerre et la voyance de l'autre, qui saisissent *au passage* les traces des spectres projetés dans l'atmosphère matérielle ou spirituelle. Nul hasard à ce que ce soit à propos de la photographie que Balzac ait développé, à en croire le photographe Nadar qui rapporte certaines de leurs conversations, une véritable « théorie des spectres » :

> Donc, selon Balzac, chaque corps dans la nature se trouve composé de séries de spectres, en couches superposées à l'infini, foliacées en pellicules infinitésimales, dans tous les sens où l'optique perçoit ce corps.
>
> L'homme à jamais ne pouvant créer, – c'est-à-dire d'une apparition, de l'impalpable, constituer une chose solide, ou de « rien » faire une chose, – chaque opération Daguerrienne venait donc surprendre, détachait et retenait en se l'appliquant une des couches du corps objecté[5].

Si les rapports de Balzac à la photographie et à Daguerre furent variables et ambivalents[6] – daguerréotyper quelqu'un ou quelque chose revient aussi à s'emparer d'une partie de son être –, le romancier crédite ici l'invention de Daguerre d'un pouvoir de captation d'une réalité encore imperceptible[7]. Elle prouve et rend appréhendable l'existence de ces « spectres » dont sont constitués les êtres. Christian Chelebourg l'a justement souligné : « ses plaques de métal ne saisissent pas du visible, mais bel et bien de l'invisible » ; il s'agit de « donne[r] corps à l'impalpable[8] ». D'un côté, le daguerréotype fait « tomber dans le champ du visible », en leur donnant forme, les éléments fondamentaux du réel, de l'autre, en en révélant l'existence, il fait accéder au domaine des idées (XI, 687), du « monde spirituel ». Le romancier lie donc une

5 Nadar, « Balzac et la daguerréotypie », *Quand j'étais photographe*, Paris, La Bartavelle, 1993, p. 8-9.

6 Sur Balzac et Daguerre, voir notamment Philippe Ortel, *La Littérature à l'ère de la photographie. Enquête sur une révolution invisible*. Nîmes, Éditions Jacqueline Chambon, 2002, p. 199-206 et Jean Pommier, « Nouvelle note sur le daguerréotype de Balzac », *L'Année balzacienne 1966*, p. 357-360. Balzac évoque également Daguerre dans la *Théorie de la démarche* (*CH*, XII, 264), et le daguerréotype dans la préface de la première édition de *Splendeurs et Misères des courtisanes* (1845) où il écrit de son œuvre qu'elle a « la prétention de daguerréotyper une société [...] » (*CH*, VI, 426).

7 Dans les années 1840, l'enthousiasme de Balzac tient aussi à sa conviction qu'il a, en quelque sorte, inventé le daguerréotype avant Daguerre (voir *Lettres à Mme Hanska*, 2 mai 1842, Paris, Robert Laffont, coll. « Bouquins », 1990, t. I, p. 579-580).

8 Christian Chelebourg, « Poétiques à l'épreuve. Balzac, Nerval, Hugo », *Romantisme*, 1999, n° 105, p. 57. Renvoyons, plus globalement, à cet article (p. 57-60) pour une analyse de la conception balzacienne des spectres.

invention technologique, la structuration métaphysique de la réalité, conception philosophique, et une certaine pratique poétique. Comme l'a bien montré Raymond Bellour, Balzac, avec le terme « spectre » « soude » en quelque sorte deux phénomènes dont il pose l'existence : la possibilité du transport d'images mentales, de la communication de réalités immatérielles (dont témoigne par exemple le magnétisme) et la capacité de la photographie à révéler l'image, la trace qui accompagne tout être et tout événement[9]. L'invention de Daguerre attesterait

> un véritable devenir-fantôme qui présente la particularité d'être confirmé en même temps dans l'ordre physique et dans l'ordre psychique, chacun offrant la garantie de l'autre. La photographie et l'hypnose, sous les espèces du somnambulisme, c'est-à-dire du transfert d'images mentales, deviennent ainsi presque une seule et même chose[10].

Dans cette perspective, les spectres ne sont pas simplement ces entités étranges qui circulent entre la vie et la mort ou conservent la vie par-delà la mort, mais des réalités, des énergies qui émanent des corps et que la photographie seule peut capturer[11]. Mais ce faisant, ces émanations, ces traces portent un sens dont la réalité matérielle n'est pas immédiatement pourvue. La trace est « cet objet matériel devenu intelligible. La trace était censée agir comme la présence manifeste du sens[12] ».

On comprend, dans cette perspective, que le rapprochement effectué par Balzac entre le daguerréotype et la pratique de la voyance n'ait rien d'anodin[13] : l'existence des spectres dans le monde matériel permet, par une sorte de parallélisme, d'envisager que des spectres existent aussi dans le monde spirituel, que seuls certains êtres pourraient percevoir[14]. Au chapitre XXXII du *Cousin Pons*, Balzac ne cesse d'évoquer le scepticisme que soulève cette hypothèse d'une transmission possible des pensées et de l'existence de spectres des idées (voir 172). Mais là encore, la référence au daguerréotype a valeur de preuve :

---

9 Voir Raymond Bellour, *Le Corps du cinéma. Hypnoses, émotions, animalités*, Paris, P.O.L., 2009, p. 33.

10 *Ibid.*

11 Sur ce point, voir Adolfo Vera, « Les spectres de Raúl Ruiz. *La maison Nucingen* (2009) », *Appareil* [En ligne], 6 | 2010, URL : http://journals.openedition.org/appareil/934.

12 Rosalind Krauss, *Le Photographique. Pour une théorie des écarts*, Paris, Macula, 1990, p. 23.

13 Sur ce point, voir Philippe Ortel, *op. cit.*, p. 202.

14 Voir *Louis Lambert*, *CH*, XI, 630.

> Si quelqu'un fût venu dire à Napoléon qu'un édifice et qu'un homme sont incessamment et à toute heure représentés par une image dans l'atmosphère, que tous les objets existants y ont un spectre saisissable, perceptible, il aurait logé cet homme à Charenton, comme Richelieu logea Salomon de Caux à Bicêtre, lorsque le martyr normand lui apporta l'immense conquête de la navigation à vapeur. Et c'est là cependant ce que Daguerre a prouvé par sa découverte. (173)

En vertu de l'analogie entre le « monde moral » et le « monde naturel » en effet – « Le monde moral est taillé pour ainsi dire sur le patron du monde naturel » (175), lit-on dans *Le Cousin Pons* –, le même fonctionnement et les mêmes possibilités s'y retrouvent. Au « pouvoir » du photographe correspond alors le « somnambulisme de l'esprit », ce pouvoir de lire les spectres « idéels[15] ». Plus encore, la conception unitaire du réel que formule l'œuvre de Balzac, et en particulier *Louis Lambert*[16], permet d'envisager la possibilité d'un passage d'une sphère à l'autre. Non seulement le monde spirituel correspond au monde matériel, mais il peut agir sur lui. Le magnétisme dans *Ursule Mirouët*[17] renvoie précisément à cette idée d'une continuité entre les sphères[18], qui remet en cause l'opposition entre matérialisme et spiritualisme. De la même façon,

> [p]lacée de manière plutôt étrange au carrefour de la science et du spiritisme, la trace paraissait participer à parts égales de l'absolu de la matière que prônaient les positivistes et de l'ordre de la pure intelligibilité des métaphysiciens[19].

Notons d'ailleurs que *Le Cousin Pons* thématise et représente cette idée de la réalité et l'action de ces facultés de lecture. Lorsque Pons à l'agonie semble miraculeusement reprendre vie (289), plusieurs explications sont avancées : si Schmucke croit d'emblée à un « miracle » (289), le narrateur s'empresse de proposer une explication du phénomène plus rationnelle (il s'agit d'un « effet naturel »), avant d'attribuer finalement l'amélioration de l'état de Pons aux « effets d'un magnétisme involontaire », méconnu des

15 Sur ce point, voir Daniel Sangsue, *Vampires, fantômes et apparitions. Nouveaux essais de pneumologie littéraire*, Paris, Hermann éditeurs, 2018, p. 132.

16 Voir *CH*, XI, 684.

17 Voir *CH*, III, 821.

18 Voir *Les Proscrits* (*CH*, X, 540-541) et *Louis Lambert*, *CH*, XI, 685. Sur le fluide magnétique dans *Ursule Mirouët*, voir les analyses de D. Sangsue, qui souligne comment il est ce « qui assure le lien entre esprit et matière. » (*op. cit.*, p. 111)

19 Rosalind Krauss, *op. cit.*, p. 23. La trace est donc un signe et un indice.

médecins. La pensée, les idées se sont rendues visibles et efficientes. Et le pouvoir de prévoir l'avenir et de lire dans le passé n'est pas uniquement attribué à Mme Fontaine, mais aussi à Fraisier (268) ou à Pons, près de mourir et alors doté de « ce don de bien voir, soit en avant, soit en arrière » (302[20]).

Mais sans doute peut-on aller ici plus loin et voir en ces personnages des doubles de l'auteur. Le daguerréotype et la chiromancie, l'un comme l'autre, relèvent en effet de ce que Balzac nomme dans *Louis Lambert* la spécialité : « *Spécialité*, species, *vue, spéculer, voir tout, et d'un seul coup ;* speculum, *miroir ou moyen d'apprécier une chose en la voyant tout entière*[21] ». Or, comme l'a bien souligné Christian Chelebourg[22], ces qualités, visionnaires et cognitives, sont précisément celles que Balzac attribue au romancier, dès la préface de la première édition de *La Peau de chagrin* (1830) : l'écrivain possède à la fois « ce génie sagace et curieux qui voit et enregistre toute chose » et « une sorte de seconde vue qui l[ui] permet de deviner la vérité dans toutes les situations possibles[23] ». Dès lors, le rapprochement s'impose : daguerréotype, divination et écriture romanesque ont en commun de « voir » les spectres et d'établir une continuité entre passé, présent et futur. Au fond, le rapport établi entre chiromancie et photographie permettrait *in fine* de définir et de légitimer le pouvoir énonciatif du romancier, donnant à comprendre le sens des apparences et du destin de ses figures. Le romancier aurait alors une double tâche : lire, comme le voyant, « l'occulte dans le visible » et « rendre l'occulte (la pensée) visible[24] ». Toute la pratique romanesque de Balzac pourrait d'ailleurs être redéfinie selon cette perspective :

> le réalisme balzacien ne consiste pas à copier la réalité mais à en recueillir les spectres matériels et spirituels pour les déposer sur la page du livre. [...] Entre fiction et réalité, daguerréotype et littérature fabriquent ensemble un monde intermédiaire rempli de fantômes[25].

La théorie des spectres, plus précisément, détermine des manières de décrire, de caractériser les personnages, de construire le récit et de produire des significations.

---

20 Voir également 290 et 313.
21 *CH*, XI, 688.
22 Christian Chelebourg, art. cité, p. 60.
23 *CH*, X, 52.
24 Juliette Grange, *Balzac. L'argent, la prose, les anges*, Paris, La Différence, 1990, p. 177.
25 Philippe Ortel, *op. cit.*, p. 202.

La description balzacienne repose en effet sur le principe selon lequel la surface de la réalité porte la marque de « l'homme intérieur », de la pensée humaine. Décrire ne revient-il pas alors à inscrire sur la page les images, les traces, parlantes, porteuses de vérité, que laissent corps et idées dans l'atmosphère ? Donner pour but essentiel au roman de matérialiser les idées et de faire voir les pensées au principe du sensible[26], n'est-ce pas retrouver la théorie des spectres énonçant la possibilité d'un passage, d'un rapport entre matériel et spirituel ? Précisons cependant que considérer le roman balzacien comme une mise en œuvre fictionnelle de la théorie des spectres ne revient pas seulement à être sensible à la « puissance de langage[27] » des choses et des êtres. Ce qui fait le lien entre le monde des impressions sensibles et celui de l'esprit et permet de voir l'homme comme une somme d'images spectrales, est la lumière[28]. Voici ce que propose, au moins métaphoriquement, le roman balzacien : un autre régime de visibilité, une manière singulière d'articuler une visibilité et l'existence d'une signification, d'une pensée, d'un affect. La fiction est dès lors cet espace intermédiaire ou les spectres des idées prennent consistance et sont traduits dans le visible.

Tantôt[29] un élément apparent – un trait physique, un geste, un objet… – « annonce[30] » ou « trahit[31] » un trait de caractère, une émotion, une pensée. « Cette manière de donner le signe avant la chose signifiée peut s'appeler prévision dans l'espace[32] ». Tantôt c'est une locution comme « plein de », associant pareillement un trait physique et une caractéristique psychologique ou morale, qui est mobilisée (voir 275, 189). En déduisant

26 On pourrait multiplier les citations à l'envi : il est par exemple question, dans *Les Proscrits*, de « spiritualiser la Matière » et de « matérialiser l'Esprit » (*CH*, X, 540-541) ; le double présupposé du roman balzacien est que « la nature matérielle » est « pénétrable par l'esprit » (*CH*, XI, 622) et qu'« [i]l y a du sentiment dans toutes ces expressions » (*CH*, II, 218). Voir également II, 1126, XII, 233 ou XI, 1078.

27 Jacques Rancière utilise cette formule précisément à propos du chapeau et du spencer du cousin Pons (*Politique de la littérature*, Paris, Galilée, 2007, p 28).

28 Voir Rosalind Krauss, *op. cit.*, p. 25.

29 Pour une analyse plus systématique et approfondie de ce régime de représentation, renvoyons aux indispensables pages qu'y consacre Boris Lyon-Caen dans son *Balzac et la comédie des signes. Essai sur une expérience de pensée* (Saint-Denis, Presses Universitaires de Vincennes, 2006, « Le régime herméneutique », p. 19-75 et « Une physique du sens : le matérialisme balzacien », p. 79-128).

30 Voir 135, 231.

31 Voir 57, 154.

32 Ramon Fernandez, *Balzac ou l'envers de la création romanesque* [1943], Paris, Grasset, 1980, p. 176.

une caractéristique spirituelle d'un trait physiologique ou physiognomonique, le roman *institue* les spectres. Vecteur récurrent de cette translation de la signification, de cette saisie des spectres (attribuées parfois aux personnages eux-mêmes) : le verbe « reconnaître », associant nature du personnage, trait de caractère ou émotion dominant et manifestations physiques « visibles » (voir 57, 76, 147, 301). La description n'a souvent de sens qu'à faire apparaître l'« idée » dans le lieu ou l'apparence : le malheur de Pons, sa manie (64), sa « mélancolie profonde » (108), son « aigreur » (206), la gravité judiciaire et la sécheresse de Cécile (90) lisibles dans son maintien, le « délire » de Magus (205)... Pensons également à la fin de la présentation inaugurale de Pons qui, multipliant les notations descriptives en apposition et mimant le mouvement d'un regard parcourant minutieusement le réel, finit par dégager l'essentiel : « en remarquant [...], vous l'auriez soupçonné » (57). La peinture de la maison de Poulain (217) est un autre exemple de ce mode particulier de lecture de la réalité qui fait découler d'une évocation du visible (« en apercevant »), par le biais d'un verbe (« on devinait »), la saisie d'une idée (« la misère décente »). Le sens, presque *magiquement*, laisse une trace.

C'est parfois à une image qu'est dévolu ce rôle de rendre visible, plaçant plus nettement encore le lecteur dans cet espace intermédiaire entre l'idée et la chose. Le narrateur signale par exemple « l'éclair de défiance qui pointait dans les yeux » (258) de Fraisier, décrit « les vagues idées de séduction qui voltigeaient dans la cervelle de madame Cibot » (107). L'image (ou la comparaison) atteste l'analogie de la matière et de l'idée qu'elle présuppose[33]. Le lecteur accède de la sorte à la clarté de l'idée. Le chasseur de spectres *donne à voir*[34] et à comprendre. D'où ces formules explicitant cette volonté de comprendre le déroulement des faits et la cause des comportements : « Un mot fera comprendre » (53) ; « Maintenant il est facile de comprendre comment le docteur Poulain » (220) ; « On comprendra facilement » (105) ; « Pour expliquer [...] il suffira d'indiquer » (108). La pensée de l'être comme projection d'images, que le voyant-romancier doit saisir et dire, semble faire de la « clarté du récit » (182) la condition *sine qua non* de la construction romanesque, et

33 L'image *vérifie* les spectres au sens que le philosophe Jacques Rancière donne à la vérification : « construire l'effectivité de ce qu'on présuppose » (« L'usage des distinctions », *Failles*, n° 2, printemps 2006, p. 13).

34 Voir l'évocation si frappante, p. 218 (à partir de « Jugez de quel fiel »), de la figure de Poulain.

de l'écriture une forme de *traduction*. L'écriture, plus encore, crée une connexion dynamique entre les différents éléments et niveaux du réel. Telle est la forme d'intelligence propre au romancier : celle qui voit « le lié dans le délié[35] ».

Et si le visible porte la marque, l'*empreinte*[36] de l'idée, de l'affect, c'est bien que cette idée est pour partie « corporelle », peut s'enfoncer dans la matière. Ainsi des regards des persécuteurs de Pons, « rayons diaboliques » dont le « jet » vient réveiller le vieillard (285). Sans doute le phénomène culmine-t-t-il dans ce morceau de bravoure qu'est l'évocation, qui emprunte les voies de l'allégorisation et de la typisation, de la situation des jeunes médecins et des jeunes avocats à Paris (219) : ici s'entremêlent notations descriptives, détails concrets, physiques, idées générales et jets de signification. Bien que le romancier semble mettre, au début du chapitre, son roman sous l'égide de La Fontaine, la différence tient aussi à cette autre articulation entre idée et « présence », à cette autre idée de l'Idée : si les figures du fabuliste sont des « apparences sans corps, sans réalité » (115), le romancier donne aux idées une réalité, un corps, à partir des images spectrales saisies. Dès lors, le roman a pour lieu, et exprime, l'« atmosphère morale » qui entoure et prolonge les personnages : Pons, comme vieil homme, « répand autour de lui » de la froideur ; « Cette bise se communique – lit-on par exemple –, elle produit son effet dans la température morale » (65). Comme l'écrit Rosalind Krauss, « l'idée selon laquelle l'homme serait une série d'images qui se représenteraient elles-mêmes et se pèleraient les unes après les autres, n'est qu'une version plus étrange du modèle du colimaçon[37] ». Tout se passe comme si le spectre de l'idée *impressionnait* le visible et unifiait le réel. « Une chaîne d'harmonie joint la réalité tout entière[38] ». En ce sens, la cohérence expressive de ce qui est décrit pourrait être comprise comme une conséquence de la théorie des spectres. Dès le début du roman, la description de Pons, à un premier niveau, souligne les correspondances, l'harmonie existant entre le personnage, ses vêtements, sa

35 Jacques Rancière, *Les Bords de la fiction*, Paris, Seuil, 2017, p. 90.

36 Voir l'utilisation d'« empreinte » p. 66 et 122. Le « principe » est théorisé par Balzac dans un autre roman : « On y reconnaissait cette ineffaçable signature que notre vrai caractère imprime en toutes choses » (*Honorine*, *CH*, II, 565).

37 Rosalind Krauss, *op. cit.*, p. 23. « La vie extérieure est une sorte de système organisé qui représente un homme aussi exactement que les couleurs du colimaçon se reproduisent sur sa coquille », lit-on dans le *Traité de la vie élégante* (*CH*, XII, 237).

38 Juliette Grange, *op. cit.*, p. 59.

psychologie, son *ethos* et son temps (voir 57). Même harmonie entre les Cibot et leur loge (97) ou entre Fraisier et son espace de travail (231). La structure caractéristique des « portraits » des personnages balzaciens – évocation du quartier, de la maison, de la pièce puis de l'habitant –, par restriction progressive du champ, pourrait être comprise en ce sens : partout, à tous les niveaux de la réalité (de l'espace traversé ou occupé à la « physionomie », 173), associés par l'expression romanesque, se donnent à lire les traces de l'idée, de l'être que la description vient finalement identifier : « C'est comme un soleil moral dont les rayons colorent tout à son passage. » (173)

Mais la possibilité du rapprochement romancier-voyante tient également à la question du traitement de la temporalité. « Si les événements accomplis ont laissé des traces » (175), il appartient au roman d'inscrire ces traces dans la peinture des êtres et des événements. Au cœur de la description de Brunner, la mise en évidence de l'empreinte du temps sur les corps, la représentation de l'effet du passé sur le présent du personnage. La description saisit ce que lui ont « laissé » « la débauche et la misère » (111). Le portrait tout à la fois explique l'apparence présente et dépeint les restes de l'apparence et de l'être passés. La description, cette fois, fait le lien entre les temps, entre les moments. Les portraits de Pons (67), de madame de Marville (84) ou de la Cibot (97) fonctionnent aussi sur ce mode, dotant de la sorte la réalité et la figure d'une forme de profondeur temporelle. La présentation balzacienne relève en ce sens d'une forme d'archéologie. Nul hasard à ce qu'au détour d'une page du roman Camusot ne célèbre la science archéologique[39] et ce qu'elle recueille et examine : les « témoignages qui nous restent de civilisations disparues » (120). De ce point de vue, l'intérêt romanesque de personnages comme Pons ou Schmucke tient d'abord à ce qu'ils représentent en eux-mêmes des témoignages et des restes du passé. Comme le daguerréotype garde quelque chose de la présence humaine, la voyance quelque chose des pensées qui circulent, le « personnage-débris » garde quelque chose d'un moment de l'histoire : « Schmucke avait gardé toute sa naïveté d'enfant, comme Pons gardait sur lui les reliques de l'Empire, sans s'en douter. » (69) ; le collectionneur appartient à la catégorie de ces « Hyacinthes sans le savoir qui gardent sur eux tous les ridicules d'un

39 Pour une définition de l'archéologie qui la rapproche de la pratique du voyant et du romancier, voir *La Recherche de l'absolu*, X, 657-658.

temps » (54). N'est-il pas question de sa « valeur archéologique » (53) ? Sa longue présentation, à l'ouverture du roman, repose pour partie sur son inscription dans le temps et son assimilation à l'Empire (54-55). C'est donc le personnage lui-même qui est un spectre, le fantôme d'une société. Mais la « voyance » balzacienne ne consiste alors pas seulement à fixer les traces du passé. Le narrateur souligne d'emblée que le caractère spectral n'est déchiffrable que par un « lecteur » doté de mémoire, connaissant le passé (voir 55). Si le débris « porte en lui le souvenir de l'univers cohérent qui l'englobait jadis[40] », il appartient au roman de solliciter l'invisible, pour faire éprouver la cohérence de cet univers et rapporter l'individuel au tout auquel il appartient[41]. La longue présentation inaugurale de Pons oppose donc au regard des passants parisiens, enfermés dans le présent, celui du narrateur, capable de rapporter les détails étonnants, pittoresques ou grotesques, à un contexte historique et un univers symbolique plus général.

Mais il arrive que le voyant balzacien exploite sur un autre mode le potentiel de signification du détail. La digression sur la chiromancie le pose clairement : « Dieu a imprimé, pour certains yeux clairvoyants, la destinée de chaque homme dans sa physionomie » (173). Dès lors, la description peut également consister à déceler dans ce qui apparaît ce qui va suivre, à dégager le non-advenu de l'apparent. « À la prévision dans l'espace répond la prévision dans le temps[42] », note justement Ramon Fernandez. Par un artifice romanesque qui est surtout un singulier procédé signifiant, le narrateur annonce et rend saisissable tout le destin d'un personnage dans un détail physique dont la valeur romanesque, une fois encore, tient à son statut intermédiaire : créant un lien entre le présent et le futur, entre la présence et l'absence. « Ce nez exprime, ainsi que Cervantes avait dû le remarquer, une disposition native à ce dévouement aux grandes choses qui dégénère en duperie. » (55) Toute la « fatale destinée » (67) de Pons, assigné à son statut de victime de la duplicité des hommes, semble ici programmée par la forme de son nez, avant d'être expliquée un peu plus tard par sa « monstruosité » native (67).

40 André Vanoncini, « Débris et déchets dans quelques romans de Balzac », *L'Année balzacienne 2009*, p. 185.

41 D'où la proximité paradoxale chez Balzac de la pensée et de la pratique du savant Cuvier et du mystique Swedenborg, reconstituant tous deux le tout. Sur cette proximité, voir les analyses de Jacques Rancière (*Les Bords de la fiction*, *op. cit.*, p. 89-90).

42 Ramon Fernandez, *op. cit.*, p. 177.

À la réflexion sur la voyance peut enfin correspondre un certain mode de construction du récit. Qu'est-ce que raconter une histoire ou une vie dans *La Comédie humaine* ? N'est-ce pas, comme le voyant-spécialiste s'y attache, faire voir « *le fait dans ses racines et dans ses productions, dans le passé qui l'avait engendré, dans le présent où il se manifestait, dans l'avenir où il se développait*[43] » ?

> Dès qu'un *diseur de bonne aventure* vous explique minutieusement les faits connus de vous seul, dans votre vie antérieure, il peut vous dire les événements que produiront les causes existantes. (175)

Le récit balzacien semble donc donner le passé et le futur *avec* le présent et « progresse » selon une double logique : de l'explication d'une part, de la divination de l'autre.

Tantôt, un retour en arrière explicatif vient éclairer une situation, un comportement, une transformation : la narration revient « à la source » (69), rattache le fait à une cause, invisible, mais présente en filigrane. Formules emblématiques de cette exposition par le récit des causes de ce qui est raconté : « Voici comment » (voir 73, 99 et 323) et « Voici pourquoi » (voir 177, 293). À plusieurs reprises, des retours en arrière liés à une circonstance ou une situation dévoilent ce qui est au cœur des personnages[44].

Tantôt, le narrateur, plaçant le narrataire dans la position du voyant, annonce ce qui va suivre, ou, parfois, l'issue tragique de l'enchaînement des causes qui fait le récit : « tout s'enchaîne dans le monde réel. Tout mouvement y correspond à une cause, toute cause se rattache à l'ensemble ; [...] Tout est fatal dans la vie humaine, comme dans la vie de notre planète. » (175). Les prolepses, l'usage récurrent de la formule « comme on va le voir » (77, 192, 245) et du verbe « devoir » (97, 154, 240, 245) signalent cette volonté de livrer par avance aux lecteurs, tel un Dieu omniscient, le destin de ses figures, comme si le romancier possédait la « faculté de saisir une chaîne entière de conséquences dans l'acte unique de la vision[45] ». L'épisode de la visite de Mme Fontaine, par une sorte de mise en abyme, ne prend-il pas, *in fine*, une portée narrative,

43 *Louis Lambert*, *CH*, XI, 688.

44 Voir p. 165 le développement sur la probité, ou, p. 202-203, l'analepse qui permet de comprendre comment la Cibot est devenue indispensable à Pons.

45 Jacques Rancière, *Les Bords de la fiction*, *op. cit.*, p. 88.

en faisant entendre la prédiction de Mme Fontaine, programmant les événements à venir (la victoire compliquée de la Cibot) ? L'adoption, à plusieurs reprises, du point de vue de Fraisier, personnage de démiurge (voir 323) renforce l'imposition apparente de la logique de voyance. Sans doute la façon dont le narrateur, presque emphatique, annonce, à la fin de ses chapitres, les péripéties les plus marquantes de son récit – la mort de Pons notamment (72, 154, 211, 245) – relève-t-elle des exigences propres au roman-feuilleton et de son mode particulier de composition et de communication. Mais ses interventions ont la vertu romanesque de dessiner les lignes de force du récit et des figures qui l'animent.

> Ici commence le drame, ou, si vous voulez, la comédie terrible de la mort d'un célibataire livré par la force des choses à la rapacité des natures cupides qui se groupent à son lit, et qui, dans ce cas, eurent pour auxiliaires la passion la plus vive, celle d'un tableaumane, l'avidité du sieur Fraisier, qui, vu dans sa caverne, va vous faire frémir, et la soif d'un Auvergnat capable de tout, même d'un crime, pour se faire un capital. (225-226)

Tout est dit ; le récit est constitué en tout. La proximité apparente de la structure du roman avec celle d'une tragédie renforce cette impression d'un enchaînement rigoureux et cet effet de totalisation. Comme dans les tragédies, tout semble résulter de la mauvaise décision d'un personnage (Pons et son envie de marier sa cousine Cécile), causant ainsi sa propre perte. Du rendez-vous de Fritz Brunner et de Cécile Camusot dans le cabinet de Pons découle la prise de conscience de la valeur de sa collection par Rémonencq. Son désir une fois suscité, d'autres désirs, comme par contagion, naissent et conduisent fatalement Pons, puis Schmucke, à la mort. Le choix de prolonger le récit et le roman bien au-delà de la disparition de son personnage principal pourrait s'interpréter en ce sens : il importe de donner à comprendre *totalement* l'être ou le fait, dans ses conséquences, dans ses effets.

Sur fond de destruction du symbolique et d'absence de transcendance, le roman obéirait donc, comme « le panorama et la photographie » à un fantasme [...] de totalisation[46] ». L'œuvre serait ce mouvement continu qui établit des *liaisons* entre les espaces, les temps, entre les causes et les effets, le matériel et le spirituel, comme pour unifier ce que la réalité présente sur des plans distincts et séparés.

46 Philippe Ortel, *op. cit.*, p. 203.

UNE VISION QUI SAISIT

Voir, pourtant, ne va pas de soi. Et le roman balzacien ne cesse de mettre en garde contre toute croyance en l'adéquation simple entre les domaines, entre le matériel et le spirituel, entre le physique et le moral[47], tout particulièrement en un temps d'uniformisation et de brouillage des apparences. Sur un plan esthétique, il est aussi nécessaire de « détache[r] les choses du milieu où elles sont[48] ». Il appartient au romancier-voyant de *faire saillir* les traces des idées qu'il saisit. Aussi convient-il d'affiner l'approche proposée de la « vision » balzacienne du réel, de ce traitement spectral des êtres et des situations.

L'effet de relief de la vision est d'abord fonction de la vitesse de la captation-présentation. Il faut rendre directement, instantanément, « croquer » l'idée ou l'affect, si l'on peut dire, pour faire jaillir le sens. D'où ces fulgurances, ces brèves séquences descriptives qui installent au cœur des choses. Les exemples de ces « formules-vérités » abondent : « il reconnut à cet éclair de joie la profondeur du mal qui rongeait Pons » (118) ; « L'âme, près de s'envoler, était toute dans ces paroles » (290) ; « singulier regard où toute sa défiance éclata » (236) ; « par un horrible et significatif mouvement d'avarice et de hâte » (326). Dans un sourire, une parole, un regard, un geste, se manifeste une idée-affect intense et singulière. « Dans le mouvement brusque et naïf de la portière, Rémonencq aperçut la certitude d'une réussite. » (164) : ici, ce sont la tournure même de la phrase et l'antéposition du complément circonstanciel qui, par une sorte de court-circuit, font surgir l'idée. Il y a « identification en arrêt de ce qui passe[49] ». Marques les plus frappantes de ce mode de saisie : les ruptures de construction[50] et le recours à l'image, « vision

47 Voir l'évocation humoristique de Cécile déduisant de l'habillement de Fritz Brunner ses qualités morales (131).

48 *Le Chef-d'œuvre inconnu*, *CH*, X, 425.

49 Alain Badiou, « Pensez le surgissement de l'événement », Entretien, *Cahiers du cinéma*, Hors-série, « Cinéma 68 », p. 17.

50 Voir cette présentation de Fraisier : « Fraisier, tout en noir, mis avec prétention, cravate blanche, l'air officiel, faisait frémir, il contenait cent dossiers de procédure. » (346) ou cette évocation du regard de la Cibot : « madame Cibot regarda le docteur Poulain d'un air étrange, le diable allumait un feu sinistre dans ses yeux couleur orange. » (159).

soudaine, globale et fermée » « saturée de sens[51] ». « Regard de tigre » (166) ; « de vipère » (238) de Fraisier, sillon du « soupçon » (288), « écluse de l'intérêt » (165) qui s'ouvre, regard « d'où jaillissait la somme » (297), « nappe de convoitise qui roula jusqu'à l'avoué » (297), « araignée » veillant « sur une mouche prise » (329) : les images condensent le sens, donnent de la force à l'exposition, en faisant monter à la surface du texte et de l'expression un arrière-fond intrigant.

La dramatisation, l'expressivité hyperbolique de l'énonciation, les comparaisons mobilisées, plus encore, introduisent une altérité, une ombre portée qui relève parfois du fantastique. La mention des émotions qui accompagnent ou naissent de la vision prolonge et intensifie la vie des spectres, comme dans l'évocation de Fraisier du point de vue de la Cibot (voir 242), rendant tout à la fois la « note morale » de l'homme de loi et l'effet produit sur la belle écaillère. Le monde se creuse d'autres dimensions : la Cibot n'est plus la Cibot mais une « affreuse Lady Macbeth », « éclairée d'une lueur infernale » (223), Fraisier et ceux qui l'accompagnent ne sont plus simplement des hommes mais de vivantes incarnations de « Méphistophélès » (285). Les images, proprement *saisissantes*, contribuent à créer une signification seconde, plus inquiétante.

Sans doute est-ce parce que la fixation du sens, l'« arrêt au passage » du spectre de l'idée supposent parfois un geste d'isolement et de grossissement. Chez Balzac, le « costume comme le corps possède en général un point typique, et montre en saillie un fatal résumé de la personne[52]. » Le sens ne se rencontre alors ni dans l'inférence d'une détermination à une autre, ni dans le renvoi d'un élément matériel à un élément spirituel, mais dans la convergence vers un point, épaissi et chargé de pensée. Le narrateur le pose dans la digression consacrée à la chiromancie : « pourquoi la main ne résumerait-elle pas la physionomie [...] ? » (173) Dès l'*incipit* du roman, surgit un de ces objets – le spencer de Pons – en lesquels vient se concentrer un faisceau de significations[53]. Cette forme de « spectre », nourrie alors d'un surcroît de présence, relève donc d'une autre forme d'expressivité. Jacques Neefs a parfaitement souligné cette double dimension du texte balzacien :

> Balzac distingue comme deux degrés dans l'expression, et l'interprétation : la forme subtile d'une distinction d'époque (« sans être par trop caricature »,

51 Juliette Grange, *op. cit.*, p. 97.

52 *Ibid.*, p. 63.

53 Voir Jacques Rancière, *Le Destin des images*, Paris, La Fabrique, 2003, p. 21.

« cette finesse rend ces sortes d'évocations extrêmement précieuses »), et la forme excessive d'une sur-signification, théâtrale, qui éclate à la vue : « une de ces énormités à crever les yeux » (54[54]).

L'éclat signifiant du « spencer », qui attire l'attention et signe à la fois la singularité de Pons et sa valeur d'« homme-Empire » (55), est le fruit de la compétence herméneutique de l'observateur-voyant, isolant ce qui doit l'être : les « petits yeux » (162) de Rémonencq ou, lors de la première rencontre entre la Cibot et Élie Magus, la « malice froide » (189) dans le regard du collectionneur. Le spectre saisi, point de concentration du sens, expression de l'affect, introduit donc une rupture dans l'ordre du « visible » : loin d'œuvrer à la constitution du tout, la voyance romanesque s'arrête sur un détail qui se détache du tout.

La théorie des spectres, de cette existence *spectrale* des idées, confère certes au réel une expressivité inlassable. Mais la saisie suppose en même temps une sélection, une construction et un « mouvement dynamique d'*extraction* du sens[55] ». Dans *Le Cousin Pons*, l'idée n'est pas toujours ce qui se montre, ostensiblement, mais peut être aussi ce qui se cache, insensiblement. Les scènes qui confrontent Pons à la Présidente au début du roman, d'abord plaisantes et amusantes, font par exemple émerger l'affect dissimulé qui habite celle-ci : « une de ces haines sourdes, engendrée par un de ces graviers qui font les avalanches. » (81) Il s'agit bien de rendre visible l'invisible, mais un invisible qui contraste avec ce qu'offrait à première vue la réalité. Le roman, explorant le domaine du caché, complique le statut des idées et des personnages qui les portent. Pensons à Remonencq : « Les motifs et la passion du brocanteur se cachaient dans l'ombre tout aussi bien que la fortune de la Cibot. » (296) ; ou à la Cibot : « par un mot plein d'or, Rémonencq avait fait éclore dans le cœur de cette femme un serpent contenu dans sa coquille pendant vingt-cinq ans » (192). Le roman peut bien sembler s'intéresser aux « cupidités visibles » (295), récits et descriptions traversent parfois les apparences pour nommer la véritable histoire, l'image vraie. Le tout a deux visages ; le roman en montre l'envers. Dès le début du roman et la présentation de Pons, le mouvement de la description avait constitué à distinguer des niveaux de significations et à gagner les profondeurs :

54 Jacques Neefs, « Gestes, tournures, postures », Claire Barel-Moisan, Christèle Couleau (dir.), *Balzac, l'aventure analytique*, Saint-Cyr-sur-Loire, Christian Pirot, 2009, p. 166.

55 Boris Lyon-Caen, *op. cit.*, p. 62.

par-delà sa valeur de symbole, Pons « portait encore un grand enseignement écrit sur ses trois gilets » (58). Sous le premier récit, un autre récit, le dévoilement d'un dessous.

Ce sont parfois la narration elle-même et l'articulation entre récit et discours qui dessinent, par amorces, discrets signes avant-coureurs, les linéaments d'un récit souterrain. Une « pensée », signalée par d'allusifs détails, rôde dans le texte en quelque sorte, avant de trouver à se manifester concrètement et complètement. À la fin du chapitre XXIII, Pons suit des yeux l'équipage de Fritz Brunner qu'il a reçu : « Pons regarda fuir le petit coupé sans faire attention à Rémonencq qui fumait sa pipe sur le pas de la porte. » (138) Aucun commentaire n'accompagne ici cette mention elliptique de Rémonencq, présent en amorce, entendant les propos enthousiastes de Brunner sur la collection de Pons, mais elle permet de situer rétrospectivement la naissance de son désir et de sa volonté. Le roman en saisit la trace, le spectre à l'état naissant, dans les dernières lignes du chapitre. D'autres passages du roman pourraient être lus en ce sens : ainsi de la mention, le soir où Pons, après sa visite à Mme de Marville, rentre abattu chez lui, de M. Cibot, qui laisse tomber « une manche d'habit où il faisait ce que, dans l'argot des tailleurs, on appelle *un poignard* » (101). Si le poignard est ici d'étoffe, il revient ensuite, au sens figuré, pour désigner les violences qui s'exercent contre Pons. Ne peut-on voir alors derrière le terme technique utilisé, l'annonce de ce lien entre la violence, la mort et la dangereuse Cibot ? Telle est la lecture que propose Agnese Silvestri du passage :

> Anticipation proleptique, l'argot permet ici d'annoncer, exclusivement au niveau de la langue, ce qui, dans la diégèse, ne peut pas encore prendre forme, même pas de figure rhétorique[56].

Ce n'est qu'au chapitre XXXVII que le bras nu de la belle écaillère, qui tourmente Pons, est rapproché métaphoriquement d'un poignard :

> un bras potelé, rond, à fossette, et qui, tiré de son fourreau de mérinos commun, comme une lame est tirée de sa gaine, devait éblouir Pons, qui n'osa pas le regarder trop longtemps.
>
> – Et, reprit-elle, qui ont ouvert autant de cœurs que mon couteau ouvrait d'huîtres ! (197-198)

56 Agnese Silvestri, « Ce qui se dit par la langue dans *Le Cousin Pons* », Éric Bordas (dir.), *Balzac et la langue*, Paris, Kimé, à paraître.

Le motif du poignard court ainsi dans le roman, entre réalité matérielle et force symbolique, entre personnages, comme une menace qui plane au-dessus de Pons. On le retrouve dans cette évocation de Fraisier :

> Dans son cabinet, tel qu'il s'était montré aux yeux de la Cibot, c'était le vulgaire couteau avec lequel un assassin a commis un crime ; mais à la porte de la présidente, c'était le poignard élégant qu'une jeune femme met dans son petit-dunkerque[57]. (259)

En cette image du poignard vient donc s'imprimer une idée, celle de la violence sous-jacente des rapports sociaux, dont le lecteur attentif peut percevoir la circulation souterraine dans le roman. La saisie et la présentation spectrale des idées donnent ici une présence accusée aux forces négatives. D'où la possible portée critique du roman balzacien.

On sait qu'en faisant de Pons, débris d'un autre temps, un homme-Empire, le romancier représente une absence, celle de l'époque impériale, de son *ethos*, de ses valeurs, dans le monde de la petite et de la haute bourgeoisie. L'appréhension spectrale comme saisie de la présence d'une absence pourrait alors prendre une portée politique. La signifiance accordée, envers et contre tout, à Pons et à sa vie, serait une manière de faire éprouver, *par contraste*, la décadence d'une société. Comme la photographie, le roman, montant en tableau un élément, pour faire vaciller la représentation et interrompre le cours du temps, exhiberait un réel. L'œuvre, son opacité ponctuelle et inquiétante seraient une manière de « démasquer la face noire du réel[58] ». C'est une lecture possible du roman de Balzac : considérer qu'il fait, sur son versant archéologique, œuvre de justice, qu'il énonce indirectement, en compagnie des spectres, un jugement sur son temps. « Rarement un magistrat remonte le fleuve des crimes et des infortunes pour savoir qui tenait l'urne d'où le premier filet d'eau s'épancha » (114), note le narrateur à propos du personnage de Fritz Brunner, victime d'une injustice. Peut-être pourrait-on lire le roman de Pons comme ce mouvement de remontée du « fleuve des crimes et des infortunes ». La dimension théâtrale et grotesque du roman renverrait dans cette perspective à la fausseté, à l'imposture du temps. D'un côté, le roman montre les spectres cachés, les coulisses du théâtre

57 Voir également : « ce petit avoué, c'était son couteau » (297).

58 Françoise Proust, *L'Histoire à contretemps. Le temps historique chez Walter Benjamin* [1994], Paris, Le Livre de poche, « biblio essais », 1999, p. 269.

social ; de l'autre, il oppose au mouvement de la société des personnages-spectres qui « citent à comparaître le tout d'une époque [...]. C'est la partie qui juge le tout, c'est la victime qui juge son bourreau parce qu'elles révèlent l'envers ou la vérité du tout[59] ». Nul hasard à ce que la troisième et dernière occurrence du terme « spectre » dans le roman de Balzac témoigne de cette exigence éthique. Sur son lit de mort, la clairvoyance soudaine de Pons est l'occasion d'un développement du narrateur distinguant deux types de mourants : « Les uns [comme Pons], âmes sans corps, réalisent les spectres bibliques » (302). Spectres bibliques qui, comme le romancier-voyant et comme Pons à cet instant, voient le passé et l'avenir ; spectres bibliques qui se dressent contre leur temps et demandent justice.

La lecture du roman nous oblige cependant à compliquer encore la perspective, car, soulignons-le, le collectionneur n'est ici clairvoyant qu'au moment de mourir – Pons « devina le monde sur le point de le quitter » (302) –, comme si la possibilité du jugement était associée à la mort, comme si le voyant parlait et voyait *depuis la mort* : la saisie spectrale ne serait pas seulement saisie de la présence de l'absent et de l'absence de la justice, mais aussi de la vie depuis la mort, de la mort dans la vie. À l'appui de cette interprétation, proposée notamment par Atle Kittang, pourrait être invoquée la manière dont les personnages clairvoyants sont, dans le roman, systématiquement associés à la mort. Le cas de Mme Fontaine[60], figure de la mort qui voit la mort à venir, est flagrant. Mais l'omnipotence et l'omniscience de Fraisier s'accompagnent pareillement d'une proximité avec la mort : mort dont il menace fréquemment ses interlocuteurs, mort qu'il provoque, mort dont il fait éprouver la présence (voir la réaction de la Cibot, 242, plus « refroidie » encore qu'au contact de Mme Fontaine). La théorie des spectres, transposée dans la pratique romanesque, fait des êtres et des événements, des *apparitions*, mixtes de présence et d'absence, de mobilité et d'immobilité. Mais à suivre cette ligne interprétative, on voit que se rétablit dans le roman une forme de dualité, de *disjonction*, que la saisie spectrale prétendait effacer : entre la vie et la mort, entre le corps et l'âme, entre l'extérieur et l'intérieur. La « poésie de la prophétie », que possèdent aussi la voyante Mme Fontaine

59 *Ibid.*, p. 274-275.

60 Elle est une « image de la Mort » (180). Voir également *Les Comédiens sans le savoir*, *CH*, VII, 1191.

et le romancier Balzac, « n'appartient qu'aux mourants dont la chair seulement est atteinte » (302). Voir, serait-ce mourir et/ou tuer ?

C'est sur un autre mode enfin que la disjonction peut s'établir et le passage de l'être se fixer. L'art du portrait de Balzac, son sens de la scène, sa volonté de croquer d'un trait des attitudes, des formes, et de les rendre frappantes, rapprochent parfois ses peintures de la caricature. Le roman saisit une silhouette, un être réduit à une surface, une idée superficielle. On sait que Lavater, théoricien de la physiognomonie et inspirateur de Balzac, avait manifesté son intérêt pour l'art de la silhouette et la technique de la « physiotrace[61] ». L'auteur de *La Comédie humaine*, de la même façon, retient parfois de ses figures quelques traits caricaturaux et accentués, comme si la saisie des spectres consistait à priver les personnages de toute épaisseur. On éprouve quelque chose de cet ordre à la lecture des premiers éléments de description de Pons et de la représentation de ses accessoires (même si la suite du roman complique et approfondit singulièrement la perspective), qui suscitent le sourire. Le romancier aime à faire surgir des figures, sur un mode faussement emphatique, silhouettes marquantes, unidimensionnelles et, parfois, exagérément caricaturales : « Et madame Sauvage se manifesta ! » (230) Un soupçon s'éveille : la vision ne force-t-elle pas ici le sens ou, ne retenant du réel qu'un aspect, n'arrête-t-elle pas son mouvement ?

À la pointe du versant tragique du roman, se rencontre la possibilité d'une vision qui ne saisirait plus que la mort au travail, coupée de la chair et du vivant (le roman comme « Apocalypse rétrograde[62] »). À la pointe de son versant comique, se rencontre la possibilité d'une vision volontairement plate, ne saisissant plus, par un paradoxe frappant, que des masques, des idées sans chair ou des formes sans pensée (le roman comme comédie sociale). Est-ce là la tension dans laquelle doit fatalement se tenir le roman des années 1840, roman d'une société éclatée, agitée, privée de grandeur et de relief ? Le roman balzacien serait-il condamné à figer la réalité, à « arrêter au passage », à osciller entre la noirceur en surplomb de la vision négatrice et la théâtralité outrée de la caricature ?

61 Sur ce point, voir le rappel de Rosalind Krauss (*op. cit.*, p. 24).

62 *La Peau de chagrin*, *CH*, X, 75.

UNE VISION QUI PASSE

« Qui n'entend qu'une cloche n'a qu'un son » (237) : le roman de Balzac pourrait être lu comme une tentative de se préserver du caractère réducteur de la pratique du roman-daguerréotype, d'un possible appauvrissement de la représentation, du risque d'aplatissement du sens. Le romancier cherche une réponse et propose une autre version de la spectralité.

Le premier trait de cette « autre » spectralité est la manière dont elle fait droit au multiple. Rappelons-le, selon les propos rapportés par Nadar, Balzac concevrait l'être humain et, au-delà, toute réalité comme constitués d'une couche de spectres. Aussi retrouve-t-on dans la construction des personnages cette démultiplication des images. Le roman fait jouer l'une contre l'autre, ou avec l'autre, la vision unitaire, la saisie révélante qui abolit l'espace et le temps, et l'attention à la pluralité des aspects de l'être. Rendre compte du réel, c'est en parcourir tout le spectre. L'enjeu est bien, selon la formule de la Préface du roman, de « représenter toutes les formes qui servent de vêtement à la pensée » (50). De ce point de vue, les premiers chapitres du *Cousin Pons* ont une valeur emblématique. Si d'un côté, quelques scènes-clés, quelques images fortes, semblent rendre ce qui unifie le personnage, de l'autre la succession des scènes, des situations, la variation de la distance du narrateur à sa figure font émerger des significations, des manières d'être diverses, *qui ne font que passer*. Différentes versions de Pons apparaissent ensuite dans le roman : Pons vieil artiste (89), « vrai Français de l'Empire » (125), victime, malade voué au silence, prophète et voyant, Pons mourant, à la « figure fascinatrice » (332), Pons qui survit *post mortem*, objet d'un récit de la présidente (382), trace dans l'âme de Topinard (383), mot ou idée sans corps. La saisie spectrale n'est donc pas, chez Balzac, soumission nostalgique au passé, valorisation de l'absence, ou utopie, annonce d'un avenir de lutte. Elle est exploration des plis et replis de ce qui se présente. Sur ce point, se comprend le rapprochement formulé avec le daguerréotype. « Le daguerréotype est bien un *speculum* susceptible de nous montrer l'objet aux différentes phases de son évolution, offrant d'épreuve en épreuve une sorte de chronorama des choses[63]. »

63 Philippe Ortel, *op. cit.*, 201-202.

Certains portraits apparaissent eux-mêmes constitués d'une superposition de temporalités, comme si le romancier était celui qui voyait les ombres du passé coexistant avec l'apparence présente. Le portrait de Pons, dans les premières pages du roman, est par exemple construit selon un effet de stratification chronologique, tout comme celui de Cibot, qui dégage tout à la fois ce qu'elle est devenue et ce qu'elle était et continue d'être (une « belle écaillère » à la « beauté virile », 97). Les images se diffractent, l'œuvre de Balzac propose une vision kaléidoscopique des personnages[64].

Il n'est pas indifférent à cet égard que l'action du roman soit située à Paris, espace par exemple du théâtre social. Chacun ne cesse de jouer la comédie aux autres et *Le Cousin Pons* collecte, en quelque sorte, les projections de soi ainsi produites. Le roman, plus encore, présente la mutation des personnages, à l'échelle d'une scène – Gaudissard (374), Fraisier (269) – ou du roman – la Cibot, mère protectrice devenue destructrice. L'élaboration d'un personnage, l'expression progressive des couches qui le constituent, si l'on peut dire, révèle « la collection des possibles qu'il porte[65] ». Sans doute l'effet culmine-t-il avec Schmucke, que le roman distingue d'emblée d'une figure d'artiste : « Quoique grand compositeur, Schmucke ne pouvait être que démonstrateur » (69). Mais voilà que le musicien, à l'instant de l'agonie de Pons, se métamorphose. En contradiction avec tout ce qui avait été signifié jusqu'alors, le roman fait surgir une autre facette de la figure, une autre idée : le narrateur *voit* (d'où une rupture stylistique et tonale très marquée) le « sublime » (313) en Schmucke, enfin artiste : « il fut à la fois Beethoven et Paganini, le créateur et l'interprète ! » (313) Si le roman manifeste, le temps d'une scène, l'éclat d'une idée et d'une passion, il s'agit bien, en même temps, de « retirer aux cristallisations locales toute valeur totalisante[66] ».

D'où le mode de construction propre aux romans balzaciens – deuxième caractéristique de cette voyance qui ne fixe pas. Si *Le Cousin Pons* est fait d'un mélange de descriptions, de récit et de discours, l'important est peut-être qu'il représente des *situations*, au cours desquelles va émerger une autre idée, un autre aspect du personnage. Le roman doit articuler

64 Sur ce point, voir Dominique Massonnaud, « Fantômes, revenants et ombres portées : pour un "réalisme fantaisiste" », *L'Année balzacienne 2012*, p. 171.

65 Dominique Massonnaud, *ibid.*, p. 174.

66 Jacques Neefs, « Les foyers de l'histoire », *in* Françoise Van Rossum-Guyon et Michiel van Brederode (dir.), *Balzac et* Les Parents pauvres, Paris, CDU/SEDES, 1981, p. 177.

image et mouvement. On comprend dès lors le choix balzacien de saisir aussi les personnages *in situ*, et de faire de la rencontre un motif récurrent de la narration. Pierre Macherey a parfaitement décrit la structuration globale des romans de Balzac :

> L'événement, c'est l'apparition d'un individu, caractérisé au préalable par un portrait. Le modèle du récit, de la Scène, c'est donc la rencontre infiniment variée et renouvelée d'une situation et d'un portrait, par lequel est donnée une individualité dynamique, ce que Balzac appelle une « puissance morale » : à la suite de cette rencontre, la situation est changée et un nouvel élément de récit fait progresser la Scène[67].

Le roman balzacien fait donc *se rencontrer* des situations réelles, des « circonstance[s] » (177) et des forces morales, dont il enregistre les traces. Si un fantasme de totalisation existe bien au principe de la pratique romanesque de Balzac, l'époque représentée, instable, confuse, appelle une représentation sensible aux heurts de réalités et de pensées. Elle nécessite le recours à la modélisation narrative d'un côté – le texte avance en corrigeant ce qu'il a posé précédemment –, à la dramatisation de l'autre – la frappe de l'événement, de la confrontation d'un être à une réalité « inquiète ». C'est de la sorte le mouvement même du réel qui est préservé et rendu – mouvement de la société d'un côté, mouvement proliférant des spectres issus des corps ou des idées de l'autre. Nul hasard à ce que Balzac, dans les chapitres consacrés à la voyance et à Mme Fontaine, prenne précisément comme exemple de « vision » – un trait moral d'un être est saisi par un autre – le moment où des promeneurs observent un passant parisien :

> Choisissons un exemple frappant ! Le génie est tellement visible en l'homme, qu'en se promenant à Paris, les gens les plus ignorants devinent un grand artiste quand il passe. (173)

Le regard saisit une idée dans le mouvement, *en mouvement*, une idée qui passe. Le principe en avait été annoncé, évidemment, dès l'ouverture du roman où c'est un personnage incarné et nommé, Pons, qui marche et appelle regards et interprétations des promeneurs. Mais la même forme de scène se retrouve à la fin du chapitre LVIII où la « vision » du

67 Pierre Macherey. *Pour une théorie de la production littéraire*, Paris, François Maspéro, 1966, p. 320.

narrateur « arrête au passage » Fraisier, marchant sur les boulevards, tout à sa joie de ce que son entrevue avec la présidente de Marville lui a laissé entrevoir (300). Mouvement d'un corps et d'une conscience, décors extérieur et intérieur, présent et futur : le paragraphe saisit tout, en marche, sans position de surplomb du narrateur qui n'émet aucun jugement.

Dès lors, si la présence du narrateur se fait intermittente, un troisième déplacement s'introduit par rapport à la forme simple de la voyance. Certes, le roman expose des causes, recherche des explications, mais il ne renvoie pas le tout à une causalité unifiée et dominante[68] et n'a pas la continuité rigoureuse évoquée dans le discours du narrateur sur la voyance. Ce même narrateur souligne ainsi à de multiples reprises le poids du hasard (voir 126, 137, 139, 157, 185, 208, 212, 335…) comme rencontre de causalités indépendantes. Artifice romanesque ? Certes, mais cette façon de « naturaliser » les péripéties du récit contrevient au discours par ailleurs développé. Le hasard pourrait, en un sens, nommer le dépassement du scientisme de son temps et marquer, comme la pratique des sciences occultes, les limites du savoir moderne[69]. Reste que la mention du hasard survient avant tout pour marquer les coupures introduites par les événements et préserver les possibilités d'imprévu. Le début du chapitre V – « En 1835, le hasard vengea Pons de l'indifférence du beau sexe, il lui donna ce qu'on appelle, en style familier, un bâton de vieillesse. » (68) – rompant avec le contenu, le ton et le rythme du chapitre précédent, ouvre une nouvelle séquence dans la vie de Pons. La référence au hasard, tout au long du roman, correspond d'ailleurs fréquemment à des moments-clés du récit : sortie de Pons de la solitude donc (68), chute de Pons, abandonné de tous (153) ; découverte de la « trahison » de la Cibot (291) ; possibilité pour Rémonencq de commettre un crime qui restera impuni (294), mise en évidence de l'injustice frappant Pons et de la fausseté de la société (347), acquisition par Schmucke d'un soutien, Topinard (359)… Par sa manière de raconter, son recours à une expression comme « le hasard voulut que » (12, 153, 248, 294), le romancier rend les faits et les événements à leur fondamentale contingence : Pons *aurait pu*

---

68 Sur cette question, voir Vincent Bierce, « La "bonne foi" contre le "système des incrédules" : Les croyances dans *Le Cousin Pons* », Aude Déruelle (dir.), *Honoré de Balzac*, Le Cousin Pons, Rennes, Presses Universitaires de Rennes, 2018, p. 183-194.

69 Voir p. 58.

sauver sa collection, Schmucke *aurait pu* être sauvé. Le romancier laisse même une place à l'aléatoire, aux bifurcations inattendues. Le destin de Pons et de Schmucke est attendu, celui de la véritable héroïne de l'histoire, la collection, ou celui de la Cibot ne le sont pas.

Au vrai, le mouvement du roman ne consiste pas à opposer à une nécessité théorique la réalité du hasard, ou à l'aspiration à la totalisation la force déstructurante du « non-tout ». Dans l'espace intermédiaire du roman, puisqu'aucune transcendance extérieure ne garantit la vérité et le sens de ce qui est montré, nécessité et hasard s'équivalent. Telle est du moins l'impression du lecteur, sensible d'abord à la dynamique énonciative et narrative de l'œuvre, particulièrement frappante dans ses premières et dernières pages. Certes, les premiers paragraphes du *Cousin Pons* font du personnage éponyme la « personnification » (54) d'un moment de l'Histoire. Très vite, cependant, comme l'a montré José-Luis Diaz[70], les désignations se diversifient, les déterminations se multiplient, des périodes de sa vie sont distinguées. Ce mode d'exposition du personnage s'accompagne, note J.-L. Diaz, d'une « tendance à tordre la langue ». « Dérèglements comparatifs », « audaces d'expressions », sauts brusques de registre, se succèdent. La scène de la fin du roman (382), consacrée à Mme de Marville rendant hommage à Pons, pourrait être analysée dans cette perspective : si elle repose *a priori* sur un effet ironique de dévoilement de l'hypocrisie d'une société[71], le romancier, d'une phrase – « Le milord regarda madame Camusot de Marville d'un air de doute extrêmement flatteur pour une femme si sèche. » (382) –, par l'évocation d'un regard et d'une physionomie, introduit un nouvel élément dans la scène – un mélange de grivoiserie et d'humour – qui en déplace le centre de gravité et court-circuite les effets attendus. Il y a toujours quelque chose d'autre à voir et à présenter.

Au reste, le roman ne s'achève pas tout à fait là, qui évoque, après celui de la collection, le destin de la Cibot :

> Madame Rémonencq, frappée de la prédiction de madame Fontaine, ne veut pas se retirer à la campagne, elle reste dans son magnifique magasin du boulevard de la Madeleine, encore une fois veuve. En effet, l'Auvergnat, après s'être fait donner par contrat de mariage les biens au dernier vivant,

70 José-Luis Diaz, « Bricoler Pons », http://remue.net/spip.php?article4966.

71 Plus de double vue ici, mais la version dégradée, en style direct, de paroles anciennes (90).

avait mis à portée de sa femme un petit verre de vitriol, comptant sur une erreur, et sa femme, dans une intention excellente, ayant mis ailleurs le petit verre, Rémonencq l'avala. Cette fin, digne de ce scélérat, prouve en faveur de la Providence que les peintres de mœurs sont accusés d'oublier, peut-être à cause des dénouements de drames qui en abusent.

Excusez les fautes du copiste ! (383)

Ainsi la fin du roman nous raconte-t-elle la manière dont Mme Cibot échappe à la mort que lui avait promise Mme Fontaine[72] – « vous mourrez assassinée [...] dans le village où vous vous retirerez avec votre second mari » (180). N'y aurait-il pas ici ce qu'on pourrait appeler un dépassement de la spectralité ? La lecture des apparences de Mme Fontaine s'avère fautive, le roman n'est pas la totalité close qu'avait dessinée sa saisie des spectres. Une forme de vitalité joyeuse et moqueuse[73] semble l'emporter. Cédant la place, comme Providence, à la Cibot, dévaluant ironiquement son activité et sa position, le narrateur-copiste semble lui-même miner sa propre légitimité, se défaire de sa position de supériorité et de sa « claire voyance ». Mais son geste relance encore le sens, comme avait été relancée l'histoire : rêve d'un texte pareil au parisien, « sans cesse en marche [...] et qui jamais ne se repose[74] ». Tout passe, le tout est passage. Mais ce décentrement ou ce double décadrage (de Mme Fontaine à la Cibot, du narrateur au lecteur) est surtout ce par quoi l'œuvre conquiert, sur fond de néant et de chaos, un espace, un champ de vision plus vaste.

Il semble n'être plus question, dans les derniers paragraphes du roman de Balzac (382-383), que de mots : discours sur Pons, citation de ses paroles, « nom de Fraisier » qui cause un soubresaut à Topinard, prédiction de Mme Fontaine, mot mal copié par le copiste-écrivain... C'est dans le mot, dans le langage, que se tient tout entier le sens, la visibilité de l'idée. C'est le mot, la parole conteuse, qui permet de jouir encore de la réalité, des idées et produit une vision vivante. Telle est la double exigence : à la fois atteindre l'unité profonde du réel, échapper à tout dualisme figé – c'est le monisme joyeux de Balzac – et recréer sans cesse de l'écart, de la différence, pour ne pas voir, tentation du chasseur de spectres, « qu'un seul côté des faits ou des idées » (50).

72 Voir Atle Kittang, art. cité.

73 Que marque bien la tonalité adoptée, le laconisme du récit final et les jeux d'allitérations qui le parsèment : « Auvergnat », « dernier vivant », « un petit verre de vitriol », « le petit verre », « Rémonencq l'avala ».

74 *La Fille aux yeux d'or*, *CH*, V, 1044.

LA VIE DES SPECTRES

Il est un paradoxe propre au *Cousin Pons* : si le roman, fidèle à la pensée balzacienne, remet en question l'opposition entre sensible et intelligible, la perspective, le ton adoptés semblent nous éloigner des rivages de la métaphysique. Dans *La Fille aux yeux d'or*, le romancier avait évoqué la passion pour l'infini des hommes vraiment grands, « cette pensée sans bornes à la recherche de laquelle se mettent tant de chasseurs de spectres[75] ». Autres temps, autre chasse : nulle exaltation métaphysique ici, mais une attention vigilante au jeu des forces sociales et humaines, aux variations de l'atmosphère morale et affective. Il s'agit certes de tenir pour seul réel conséquent des idées, des affects invisibles, mais l'œuvre ne propose pas d'interroger spéculativement les phénomènes ou de représenter la sublimité des idées. Le roman de la spectralité vise tout à la fois à susciter de la présence (l'éclat d'un réel déplié et rendu signifiant) et à rendre un mouvement, un passage (pour échapper à l'enfermement dans un réel traumatique ou mortifère). Balzac n'emprunte donc ni la voie tragique de Shakespeare[76], ni celle, épique, de Hugo. Dans ce nouveau régime de représentation – le roman d'après 1840 –, c'est depuis le monde du théâtre, le « monde comique » (351), qu'il s'exprime. Le roman relève à la fois de l'« assimilation hallucinogène » et de la « distance d'un éclat de rire[77] ». Il vise alors moins à constituer un tout qu'à rendre l'incessant jaillissement des mots et des idées. Peut-être s'agit-il toujours, selon la formule de Walter Benjamin, d'avancer « non pas une réponse, mais une proposition pour continuer le discours en le relançant[78] ». Recommencer, il faut recommencer, et faire surgir, jusqu'au bout, des îlots de sens. Pour cela, le roman saisit des spectres, des traces d'idées « matérialisées », des images, au sens large du terme. Aussi le traitement spectral du réel doit-il être situé plus largement dans une conception de l'art comme production d'images, *fiction* au

75 *CH*, V, 1101.

76 Voir l'allusion humoristique à *Hamlet*, p. 180.

77 Juliette Grange, *op. cit.*, p. 209.

78 Cité *in* Susi Pietri, « Crise de l'expérience et crise du conteur. Balzac, Hofmannsthal, Benjamin », *in* José-Luis Diaz, Isabelle Tournier (dir.), *Penser avec Balzac*, Saint-Cyr-sur-Loire, Christian Pirot, 2003, p. 144.

sens fort. La relativisation finale de la voyance l'indique : l'art rend la vie des spectres, mais ceux-ci sont d'abord des images.

Peut-être est-ce l'ultime question que (nous) pose *Le Cousin Pons*. Le roman est-il du côté de la fiction ou du simulacre, de la composition ou de la circulation effrénée des mots et des choses, de l'infini ou de l'informe, du relief ou de la platitude ? Ce devenir-spectre (des restes, à animer) des êtres et du monde est-il la victoire du roman, sa chance, ou le voue-t-il à n'être plus que la reproduction anamorphosée d'une société en décomposition ? Perte irrémédiable ou liberté offerte ? Au lecteur, à qui s'adresse la dernière phrase du roman, de trancher. Excusera-t-il les fautes du copiste ?

Jacques-David EBGUY

QUATRIÈME PARTIE

ENJEUX IDÉOLOGIQUES

LE COUSIN PONS, RÉFLEXIONS SUR LA QUESTION JUIVE

Le lecteur du XXIe siècle du *Cousin Pons* risque peut-être d'être choqué par la description des chambres qu'habite le marchand de tableaux Élie Magus, « meublées pauvrement, garnies de haillons, et sentant la juiverie, car il achevait de vivre comme il avait vécu » (185)[1]. Il est vrai que plus haut, déjà, la première description de Rémonencq, futur complice de Magus, avait présenté l'inquiétant Auvergnat comme un homme « dont les petits yeux, disposés comme ceux des cochons, offraient, dans leur champ d'un bleu froid, l'avidité concentrée, la ruse narquoise des Juifs, moins leur apparente humilité doublée du profond mépris qu'ils ont pour les chrétiens » (162-163). Et plus haut encore, le personnage de Brunner, fils d'un aubergiste allemand et d'« une juive convertie, à la dot de laquelle il dut les éléments de sa fortune[2] », a été traumatisé par le remariage que fit imprudemment son père, cette fois-ci avec une Allemande pour échapper aux terribles contraintes commerciales du frère de sa femme, « chef de la maison Virlaz et compagnie », et ainsi « se venger de cette exigence israélite » (112) : la comédie de mœurs de cette intrigue très secondaire qui aura la conséquence catastrophique que l'on sait, apparemment là aussi sur le mode comique (le refus de la main de mademoiselle Camusot par Brunner), n'en est pas moins explicable par un passif juif traumatisant et traumatisé.

1 Toutes les références paginées au roman renvoient à l'édition de G. Gengembre : Paris, GF Flammarion, 2015 [1993].

2 « Une juive ; des Juifs » (*sic*), etc. : *toutes* les éditions du texte du *Cousin Pons* depuis l'édition Furne de 1848 pour *La Comédie humaine* – mais l'on n'a pas vérifié dans les feuilletons préoriginaux du *Constitutionnel* ni dans l'originale de Chlendowski –, font preuve d'une instabilité totale et totalement irrationnelle en ce qui concerne l'usage ou non de la majuscule pour l'attribut ethnique en emploi substantif. Du fait du rôle de typisation magistrale, à référence allégorique, accordée par la majuscule en français pour désigner un personnage (*le juif/le Juif*), ce détail énonciatif d'importance se trouve ainsi sacrifié par cet impensé typographique. On a, comme il se doit, respecté ces incohérences du texte imprimé dans les citations. On va voir pourtant que « le Juif » Magus aura toujours droit, pour sa part, à sa majuscule.

La figure du Juif est un authentique motif structurant du *Cousin Pons*, tant sur le plan romanesque (histoire d'une collection volée et sauvée par un Juif) qu'idéologique de la représentation (opposition immobilisme occulte/circulation marchande des biens). Or ce motif est, plus qu'aucun autre, conditionné dans sa mise en texte par des phénomènes d'historicité très précis que l'histoire de la langue française découvre non sans risque de contresens et dont Balzac a joué, volontairement ou non, dans la perspective d'une très grande ambiguïté. À l'image de ce substantif « *juiverie* ». Le dictionnaire de l'Académie de 1762 note que ce mot désigne par métonymie le « quartier d'une ville habité par les Juifs ». Il faut attendre 1932 pour que l'Académie ajoute que *juiverie* « désigne aussi, en mauvaise part, la Société juive ». L'affaire Dreyfus est passée par là, et maints discours avec elle, résumables par le néologisme prétendument scientifique *antisémite* apparu à peu près en 1890 et donc totalement anachronique pour décrire les référents de la première moitié du XIXe siècle qui ignorent son champ sémantique[3].

« *Juiverie* » : une désignation neutre donc en 1847, objectivement descriptive ? Balzac, pourtant, qui a si souvent parlé des Juifs, n'utilise ce mot qu'à deux reprises dans tous ses textes, romans, théâtres, œuvres diverses et correspondances, et c'est dans le seul *Cousin Pons*. Or l'autre occurrence, qui précède la présentation de Magus et qui concerne Brunner ne s'explique pas par une désignation spatiale de décor mais renvoie bien à une *identité juive*, à un trait de caractère, voire à une essence de référence géopolitique que l'on peut reconnaître même chez ceux qui ne sont pas de purs Juifs. Brunner « était véritablement une figure typique de l'Allemagne : beaucoup de juiverie et beaucoup de simplicité, de la bêtise et du courage, un savoir qui produit l'ennui, une expérience que le moindre enfantillage rend inutile, l'abus de la bière et du tabac » (111). Brunner ne va guère laisser de trace dans le récit, mais le motif est introduit, culturel et même nationaliste : il va appartenir au Juif Magus, celui qui est désigné ainsi dans tout le roman,

3 C'est dans le *Journal* d'Edmond de Goncourt de ces années que l'on voit apparaître et se préciser l'adjectif et le substantif, en passant par quelques hésitations : « Drumont, plus antisémitique qu'avant la France juive » (13 avril 1888 ; *in* Goncourt, *Journal. Mémoires de la vie littéraire*, Paris, Robert-Laffont [« Bouquins »], 1989, t. III, p. 114) ; « Drumont et son copain en antisémitisme, de Biez, dînent aujourd'hui » (17 juillet 1890 ; *ib.*, p. 450) ; « Drumont m'annonce qu'il travaille à un livre devant avoir pour titre *Le Testament d'un antisémite* » (1890 – cité par le *TLF*).

de le développer en lui donnant sa perspective conquérante, universelle et atemporelle, mythique.

La juiverie allemande de Brunner n'est que remarque polémique d'un narrateur parisien de la monarchie de Juillet qui veut lancer une pique contre les Rothschild et leur monde, rappelant qu'il y a toujours du Juif là-dessous. Très différente, plus physique, plus concrète, plus particulière, plus sémiotique surtout, l'odeur de juiverie de Magus, ce personnage trouble, authentique référence discursive d'un régime allusif parce que sans référent précis, ouvre le roman aux grandeurs mystérieuses et inquiétantes de l'occulte, du sensible, sollicitant quelques savoirs et beaucoup de croyances. Y aurait-il un enjeu de la juiverie dans ce récit ?

On commencera par étudier les représentations du Juif dans le roman, entre stéréotypes fondateurs indispensables et originalités romanesques particulières. Puis on sera plus particulièrement attentif au phénomène discursif de la désignation dénominative du Juif Magus en tant que personnage, désignation qui semble avoir ses logiques linguistiques propres à ce roman. Ce pour envisager la puissance poétique supérieure de ce qui est à la fois un ontotype très précis et un ethnotype très approximatif[4], dont la gloire brillera dans le monde de *La Comédie humaine*, mais dans sa partie la plus prestigieuse, celle qui n'est pas écrite mais rêvée.

---

4 Ontotype et ethnotype (mais aussi sociotype) sont des concepts proposés par les analystes du discours pour désigner des catégorisations prototypiques humaines valant pour références. Voir P. Ernotte & L. Rosier, *Le Lexique clandestin*, Louvain-la-Neuve, De Boeck, 2000.

LES REPRÉSENTATIONS DU JUIF CHEZ BALZAC
Stéréotypes et singularités

Les Juifs sont nombreux dans l'œuvre de Balzac[5], comme dans toute la littérature romantique[6]. Un Juif très inspiré de Walter Scott est l'un de ses tout premiers héros, Nephtaly Jaffa dans *Clotilde de Lusignan* en 1822 qui a l'originalité remarquable et quasi oxymorique selon la tradition littéraire, d'être un « beau Juif », guerrier amoureux magnifique et admirable, au détail près qu'il s'agit d'une identité d'emprunt pour permettre à celui qui est Gaston II, comte de Provence, de retour de terre sainte, de sauver le domaine du roi de Chypre et de Jérusalem en 1440. Le commentaire sur les Juifs que le jeune Balzac insère dans son récit pour présenter son héros mérite d'être cité. Nephtaly a laissé voir « la roue de drap jaune [...] que les Juifs étaient forcés de porter, sur leur côté gauche de leur habit par l'ordonnance de Louis X[7] » :

> Les restes infortunés de cette nation éternelle, que l'on croyait alors écrasée sous le poids de la colère céleste, étaient repoussés par toutes les justices et toutes les religions. La pitié ne les regarda jamais, ils furent les *parias* de l'Europe... eurent le monde pour patrie, le déshonneur pour cachet, l'injure et les avanies pour nourriture, la lèpre et l'indignation générale pour compagne, les supplices pour consolation ; ils eurent le courage de s'envelopper froidement dans leur infortune et de tenir à la vie, par cela même qu'à chaque instant, le dernier des vilains pouvait la leur ôter sans rien craindre. Courbés sous le faix de l'exécration publique, les restes de leur vertu succombant à ce poids, force leur était de se

5 Voir K. Kupfer, *Les Juifs de Balzac*, Paris, NM7 Éditions, 2001. Également : J. Mesnil, « Balzac et les Juifs », *Europe*, Paris, 1950, n° 55-56 p. 68-74 ; A. & R. Pierrot, « Notes sur Balzac et les Juifs », *Revue des études juives*, Paris, 1987, n° 146, p. 85-99. Leur présence est quand même plus ou moins nette et Balzac ruse parfois avec le mot *juif* qu'il n'utilise pas toujours sans pour autant que cette absence signifie une non-judéité de ses personnages. À titre d'exemple, voir la lecture d'A.-M. Baron : « *Les Marana* ou le judaïsme crypté », *L'Année balzacienne 2005*, Paris, p. 305-322.

6 Voir N. Savy, *Les Juifs des Romantiques. Le discours de la littérature sur les Juifs, de Chateaubriand à Hugo*, Paris, Belin, 2010 ; M. Samuels, *Inventing the Israelite. Jewish Fiction in Nineteenth-Century France*, Stanford, Stanford University Press, 2010.

7 Rappelons l'Ordonnance royale de Louis X en 1258 : « Comme nous désirons que les juifs puissent être reconnus distinctement des chrétiens, nous vous mandons que vous imposiez à tous les juifs, et à chacun en particulier, un signe pour l'un et d'autre sexe. Une pièce de couleur jaune cousue sur le haut de l'habit, à la place du cœur, afin qu'on les reconnaisse. »

rendre nécessaires à leurs tyrans par des richesses acquises dans une usure si âpre, qu'elle justifiait en quelque sorte la haine de la terre. Contraints de déguiser leur opulence, ils inventèrent les lettres de change et les billets ; de manière que, semblable à Bias, un Juif portait en tous lieux une invisible fortune[8].

Le propos est explicitement empathique et si tous les stéréotypes et lieux communs historiques sont réunis, c'est pour renforcer par des connaissances partagées le sentiment d'admiration et de pitié que le non-Juif *doit* avoir pour les géniaux inventeurs de la finance moderne. Mais le point de vue bienveillant n'a pour autant rien d'univoque et l'on remarque que le narrateur justifie « en quelque sorte » (*sic*) « la haine de la terre » pour « des richesses acquises dans une usure si âpre ».

Vingt-cinq ans plus tard, Balzac, qui a de tout autres romans à son actif, livre le portait d'Élie Magus dans *Le Cousin Pons* qui va s'avérer une autre forme d'hommage au génie juif, d'un pittoresque moins historique – et moins superficiel – parce que plus individualiste : contre la nation et la race, le type ; et contre le type, le héros. Magus « est trop connu dans *La Comédie humaine* pour qu'il soit nécessaire de parler de lui » (182) : il est apparu exactement en novembre 1835 dans *La Fleur des pois* – qui sera réédité en 1842 sous le titre *Le Contrat de mariage* – où il est marchand de bijoux à Bordeaux et se livre à des expertises douteuses[9]. À partir de là, conscient de son potentiel romanesque fort et précis à côté de « son ami feu Gobseck », l'impitoyable usurier (183), Balzac va le faire revenir ponctuellement dans trois autres récits de son grand œuvre. En décembre 1839 dans *Pierre Grassou* « Élias » Magus est désormais vendeur de tableaux établi Boulevard Bonne-Nouvelle : « usurier des toiles[10] », il commande des faux au peintre raté pour les revendre à la petite bourgeoisie. Trois ans plus tard, redevenu « Élie », il fait une très ponctuelle apparition dans *Les Deux Frères* – qui deviendra *La Rabouilleuse* –, toujours pour commander une copie de toile de maître[11]. Et enfin la même année lors de la réédition de *La Vendetta* de 1830 pour

8 *Clotilde de Lusignan, ou le beau Juif, in* Balzac, *Premiers romans*, Paris, Robert-Laffont (« Bouquins »), 1999, t. I, p. 548.

9 Voir *in* Balzac, *La Comédie humaine*, Paris, Gallimard (« Bibliothèque de la Pléiade »), 1976-1981, t. III, p. 588. Son nom rappelle « Élie Cadus », usurier juif dans *Une blonde*, récit publié par Horace Raisson en 1833 et auquel Balzac a collaboré sans doute entre 1826 et 1828 : voir l'édition de ce texte par M.-B. Diethelm, Paris, Édition du Sagittaire, 2012.

10 Voir *in* Balzac, *La Comédie humaine*, éd. citée, t. VI, p. 1093.

11 Voir *in* Balzac, *La Comédie humaine*, éd. citée, t. IV, p. 349.

l'édition Furne, Balzac ajoute son nom au détour d'une phrase pour identifier ainsi, toujours comme marchand de tableaux, celui qui était auparavant un simple « brocanteur[12] ». Dans tous les cas, Magus est à peine plus qu'une silhouette et un nom qui participent de la cohérence du monde de *La Comédie humaine* par leur récurrence régulière dans un secteur identifié comme incertain, voire contradictoire en soi, sur le plan de l'honnêteté et de la transparence : le commerce de l'art. Dans son roman de 1847, Balzac le promeut au rang de personnage, certes secondaire mais au rôle décisif, faisant du Juif le rival le plus dangereux de Pons, son seul authentique adversaire.

Du Juif, Magus a toutes les caractéristiques stéréotypées sans lesquelles il n'est pas de représentation sociale cohérente pour une référence[13]. Il correspond à l'ontotype de tradition dont il décline en synchronie tous les prédicats attributifs : Juif supérieur et non petit Juif humilié, il est riche[14], il est avare[15], il est laid et sale et mange de l'ail[16], il est très intelligent et aussi impitoyable en affaires que bien organisé sur toute l'Europe, ce que le narrateur explique par la métaphore militaire avec une précision érotique pour rendre la *libido* plus claire encore[17]. Et enfin il a,

12 Voir *in* Balzac, *La Comédie humaine*, éd. citée, t. I, p. 1095.

13 Sur stéréotype et représentation sociale, voir R. Amossy & A. Herschberg Pierrot, *Stéréotypes et clichés*, Paris, Armand-Colin, 2015, p. 50-52. Sur le portrait de Magus comme stéréotype du Juif, voir R. Amossy, *Les Idées reçues. Sémiologie du stéréotype*, Paris, Nathan, 1991, p. 22-25 – en particulier : « On voit ici la stratégie qui met en place le stéréotype. Le texte se trouve refaçonné selon les impératifs d'un modèle préfabriqué, extérieur au récit et enregistré de façon plus ou moins distincte par la mémoire culturelle du récepteur. Le déchiffrement privilégie tous les constituants de la description qui correspondent aux cases du schéma préexistant. Ce faisant, il découpe, élague et efface. »

14 « Élie Magus, à force d'acheter des diamants et de les revendre, de brocanter les tableaux et les dentelles, les hautes curiosités et les émaux, les fines sculptures et les vieilles orfèvreries, jouissait d'une immense fortune inconnue » (183).

15 « Riche, il vivait comme vivaient les Rémonencq. Trois mille francs, y compris ses profusions pour sa fille, défrayaient toutes ses dépenses. » (186).

16 « C'était un tableau vivant que milieu de ces tableaux immobiles que ce petit vieillard, vêtu d'une méchante petite redingote, d'un gilet de soie décennal, d'un pantalon crasseux, la tête chauve, le visage creux, la barbe frétillante et dardant ses poils blancs, le menton menaçant et pointu, la bouche démeublée, l'œil brillant comme celui de ses chiens, les mains osseuses et décharnées, le nez en obélisque, la peau rugueuse et froides » (188). « Levé dès le jour, il mangeait du pain frotté d'ail, déjeuner qui le menait jusqu'à l'heure du dîner. » (186). Le 21 juin 1847, Balzac écrit à Mme Hanska : « Je vais [...] manger des croûtes frottées d'ail à la façon des Juifs », *in* Balzac, *Lettres à Mme Hanska*, Paris, Robert-Laffont (« Bouquins »), 1990, t. II, p. 591.

17 « Quand un chef-d'œuvre se trouvait dans les conditions où il le voulait, la vie de cet homme s'animait ; il avait un coup à monter, une affaire à mener, une bataille à Marengo

comme Gobseck avait sa petite nièce[18], une fille unique, « belle comme sont toutes les Juives quand le type asiatique reparaît pur et noble en elles » (185), « son autre idole » (188) en plus de son trésor, gardée par « deux servantes fanatiques et juives », plus « un Juif polonais » qui a dressé trois molosses pour monter la garde (185).

Le portrait de Magus est ainsi une série de lieux communs romantiques et pittoresques des plus plastiques et colorés qui rappellent les images du *Peseur d'or* de Dow[19] ou maints tableaux de Rembrandt ou d'autres peintres moins connus que le Juif possède peut-être. Sa biographie est parfaitement simple : celle d'un commerçant sans scrupule mais de génie. Elle est la vie d'un Juif européen moderne, le narrateur ne cessant de rappeler à ce sujet (le sujet Juif) passé et lignée, en confondant volontairement « race » (affirmée) et histoire (mentionnée) dans une même approximation – ce qui avait déjà été le cas avec le microrécit des infortunes matrimoniales de Gédéon Brunner confronté à la rapacité de son beau-frère juif[20].

Ainsi, Magus enrichi, ayant quitté Bordeaux pour Paris, garde des « dehors misérables [...] selon les habitudes de la plupart des Juifs, tant cette race est fidèle à ses traditions » (183). Suit l'explication : « Au Moyen Âge, la persécution obligeait les Juifs à porter des haillons pour déjouer les soupçons, à toujours se plaindre, pleurnicher, crier à la misère. Ces nécessités d'autrefois sont devenues, comme toujours, un instinct de peuple, un vice endémique » (*ibid.*) – et l'on ne saurait ignorer, dans cette phrase, l'ambiguïté sémantique du verbe *obliger* dans sa relation actancielle variée aux deux infinitifs régis par le COD « les Juifs » : « la persécution obligeait les Juifs (1) à porter des haillons [*sème du devoir (obligation) : ils devaient porter des haillons*], (2) à toujours se plaindre [*sème de la conséquence produite (avoir pour conséquence de) : elle était cause qu'ils se plaignaient toujours*]. »

Plusieurs remarques de caractère ou de comportement sur Magus sont régulièrement expliquées par cette identité juive, rappelée dans les

---

à gagner. Il entassait ruse sur ruse pour avoir sa nouvelle sultane à bon marché. Magus possédait sa carte d'Europe, une carte où les chefs d'œuvre étaient marqués, et il chargeait ses coreligionnaires dans chaque endroit d'espionner l'affaire pour son compte » (187).

18 Voir *in* Balzac, *La Comédie humaine*, éd. citée, t. II, p. 966.

19 Référence notée à propos de l'antiquaire de *La Peau de chagrin* : voir *in* Balzac, *La Comédie humaine*, éd. citée, t. X, p. 78. Sur ce personnage, voir *infra*.

20 Voir *supra*.

grands traits caricaturaux de la tradition occidentale[21]. Même si c'est par opposition à cette tradition quand il s'agit d'indiquer une différence. Par exemple à propos du fait que Magus a acheté un hôtel particulier proche de la Place Royale : « Si le vieux Juif s'était décidé, contre les lois israélites, à devenir propriétaire, croyez qu'il eut bien ses raisons » (*ibid.*). Quelles sont ces « lois israélites » présentées comme bien connues ? Peut-être Balzac pense-t-il à la règle talmudique qui enjoignait les Juifs d'avoir leur résidence sur la terre d'Israël, seul lieu où l'intégralité des commandements religieux pouvait être accomplie[22] ? Du point de vue de l'énonciation, on a là un exemple parfait de ce régime rhétorique de l'allusion par sollicitation de connaissances prétendument partagées qui prévaut pour asséner des affirmations présentées comme des évidences universelles relevant d'une *doxa* indiscutable : le lecteur est censé savoir et être d'accord avec l'affirmation – ou faire semblant et suivre la proposition.

De la même façon, la malhonnêteté du Juif a sa cause dans sa pratique religieuse, qui a le tort de ne pas être celle des Chrétiens et de ne pas reconnaître les mêmes lois illocutoires. Madame Cibot ne se prive pas de le faire remarquer. Magus lui promettant seize mille francs, elle réplique : « Par quoi ça peut-il jurer, un Juif ?... » (208). Comment se fier à ces gens-là ?

Une série de stéréotypes donc. Mais de cet ensemble attendu se dégage une originalité remarquable modifiant profondément le portrait et laissant apparaître le personnage, c'est que le marchand, ancien brocanteur, est devenu un passionné de peinture, un monomane amoureux de sa collection, un « maniaque » (187) : « il se laissa prendre par l'admiration des chefs-d'œuvre qu'il brocantait » (183). Magus ne s'agite pas tant

---

21 Sur les connaissances que la société française du premier XIXe siècle pouvait avoir des Juifs, voir *Romantisme*, Paris, 2004, n° 125 [*Juifs, judéité à Paris au début du* XIXe *siècle*].

22 Cette idée m'est suggérée par J.-D. Ebguy, que je remercie. Une *mishna* (article de loi) du traité *Ketoubot* précise que les Juifs doivent habiter Israël. Le grand rabbin séfarade du XIIe siècle Moïse Maïmonide, penseur et codificateur de la loi juive, a en effet décrété l'arrêt suivant (*Lois des rois*, chapitre 5, loi 12) : « Nos maîtres ont enseigné que dans tous les cas, on doit habiter en Israël, y compris dans une ville à majorité idolâtre, et qu'on ne doit en aucun cas habiter en dehors d'Israël, même dans une ville à majorité juive. » On doute que Balzac ait lu le Talmud lui-même, mais l'information pouvait lui avoir été fournie par l'une de ses relations savantes ou trouvée dans des présentations synthétiques de la religion ou l'histoire hébraïques comme certains articles de l'*Encyclopédie*, par exemple.

pour avoir toujours plus d'argent que pour posséder toujours plus de tableaux, et surtout toujours plus de toiles de maîtres. Car celui qui fut marchand, mais qui ne l'est d'ailleurs plus au moment du récit, est devenu un connaisseur exceptionnel dont le goût est « de plus en plus épuré, difficile », véritable passion de rois (184). Telle sera la cause du duel impitoyable avec Pons puisque « ces deux amateurs féroces s'enviaient l'un l'autre » et « avaient mesuré souvent leurs griffes » (190) : « Le Musée-Pons était le seul à Paris qui pût rivaliser avec le Musée-Magus » (*ib.*). Au-delà du roman dont il est l'un des héros, le Juif Magus va écrire l'Histoire de l'Art et sa collection relève du patrimoine européen, suggérant une frontière entre réel et fiction des plus imaginaires[23].

DU DISCOURS À LA LANGUE
La désignation dénominative

Un Juif représenté comme et en tant que Juif, affirmation d'une identité radicale donc, d'une essence, un ontotype : tel est Magus. Les réseaux narratifs et descriptifs montrent et élaborent cette représentation verbale syntagmatiquement dans le temps du récit. Mais Balzac use également, pour poser cette identité particulière qui résume tout de Magus, de l'efficacité lapidaire de la récurrence du groupe nominal « le Juif » pour désigner son personnage, en l'identifiant par une dénomination construite culturellement et non discutable[24]. « Dit le Juif »

23 Sur la peinture dans ce roman dont les héros principaux sont deux musiciens, voir É. Bordas, « Le rôle de la peinture dans *Le Cousin Pons* », *Australian Journal of French Studies*, Clayton, 1995, vol. XXXII (n° 1), p. 19-37. Sur la collection de Pons comme objet intime et social, voir P.-M. de Biasi, « La collection Pons comme figure du problématique », *in* F. Van Rossum-Guyon & M. Van Brederode (dir.), *Balzac et les Parents pauvres*, Paris, CDU & SEDES, 1981, p. 61-73. Voir également R. Le Huenen, « De l'art et de la collection », *in* A. Déruelle (dir.), *Lectures du Cousin Pons de Balzac*, Rennes, PUR, 2018, p. 197-208. Sur l'originalité de la collection Pons du point de vue de l'Histoire de l'Art, voir Ch. Georgel, « Moderne ou ancien : *Le Cousin Pons* », *in Balzac et la peinture*, Tours, Musée des Beaux-Arts de Tours & Farrago, 1999, p. 181-185. Sur la figure du collectionneur dans l'ensemble de *La Comédie humaine*, voir A. Goetz, « "De si vives compensations à la faillite de la gloire" : les collectionneurs au centre de *La Comédie humaine* », *in Balzac et la peinture*, *op. cit.*, p. 187-192.

24 Rappelons très rapidement que, dans la perspective de G. Kleiber (« Dénomination et relations dénominatives », *Langages*, Paris, 1984, n° 76, p. 77-94) la dénomination (qui

(258, 282), « répondit le Juif » (203, 208, 258), « répliqua le Juif » (206), etc.[25] : les incises de discours attributifs, indispensables au dialogue dans le roman, ne trompent pas. Si Magus n'est pas le seul à bénéficier dans ce roman de cette désignation dénominative ethnique synthétique, elle prend, dans son cas, une valeur très particulière, et ce d'autant plus qu'elle est unique dans *La Comédie humaine*.

« Le Juif, l'Allemand, l'Auvergnat » : tels sont les trois groupes nominaux massivement utilisés par le narrateur balzacien pour désigner, en particulier dans les répliques de dialogues, les personnages de Magus, Schmucke et Rémonencq, ces trois étrangers dans le monde parisien. Il s'en explique, du reste. Après avoir rappelé, comme on l'a vu, que les Allemands ont toujours en eux une part de « juiverie », il indique, en une ethnologie de caricature assumée : « Les Juifs, les Normands, les Auvergnats et les Savoyards, ces quatre races d'hommes ont les mêmes instincts, ils font fortune par les mêmes moyens » (162). Pas de Normands ni de Savoyards dans *Le Cousin Pons*, mais deux Allemands et un Auvergnat.

Le Juif allemand (ou plutôt Allemand juif ?) Brunner n'a droit qu'à une unique occurrence de cette étiquette désignative, dans son dialogue conclusif avec Camusot : « reprit l'Allemand avec flegme » (144). En revanche, elle est particulièrement récurrente pour Schmucke, personnage autrement plus marginal dans Paris et personnage irréductiblement étranger à tout : « dit l'Allemand » (102), « répondit l'Allemand » (169, 192), « fit l'Allemand » (374), etc. Mais le groupe nominal est souvent modifié par l'adjectif « bon » qui suggère résolument une qualité de nature, en épithète homérique : « dit le bon Allemand » (170, 370), « répondit [...] le bon Allemand » (105), etc.[26]. Forme de dénomination actantielle qui peut se rencontrer même hors dialogue, pour nommer le sujet agissant : « le bon Allemand orna le déjeuner de friandises » (71). Cette désignation qui insiste sur la nationalité ne doit pas surprendre,

s'oppose à la nomination) établit une association référentielle pérenne entre un nom et un référent en s'autorisant d'un sens représentationnel préconstruit. Le prédicat de dénomination se fait selon la reconnaissance de traits prototypiques. Dire « le Juif » est un acte de dénomination qui rattache le référent à un nom connu et à une catégorie familière. De l'inédit obligerait à une nomination. Pour la question décisive de l'historicité discursive de ce groupe nominal, voir J.-Ph. Saint-Gérand, « Le mot "Juif" et le mot *de* "Juif" à l'étrange réfraction des dictionnaires (1762-1900) », *Romantisme*, n° 125, *op. cit.*, p. 57-73.

25 « Le Juif » : avec majuscule, toujours – voir *supra*, n. 2.

26 Il y a aussi « dit le pauvre Allemand » (290), mais moins souvent.

car, comme le rappelle le narrateur en passant du sujet à l'attribut, Schmucke « était trop Allemand pour avoir la rapidité d'observation dont jouissent les Français » (*ib.*). Mais à cet égard, dans le paradigme de la désignation descriptive par groupe nominal, Schmucke bénéficie d'une isotopie particulièrement riche et variée, lui qui est, souvent également, avec démonstratif de point de vue, « cet innocent » (372), « cet ange divin » (373), ou encore « cet homme-enfant » (288). Rémonencq n'a pas droit à la même variété, et quand il n'est pas désigné par son nom propre, il est, assez souvent donc, « l'Auvergnat », en sujet de discours (206, 208, 209, etc.), ou en objet de récit (158, 160, 383, etc.), ou parfois « le ferrailleur » (208).

Comme son complice voleur Rémonencq, Magus ne connaît guère de variations désignatives. Tout au plus, comme l'Allemand qui est « bon » a-t-il droit lui aussi à son épithète homérique de stéréotype quand il est indiqué qu'une phrase est prononcée par « le vieux Juif crasseux » (284). Mais cela reste l'exception. Pour le reste du roman, Magus est « le Juif », et ce nom résume tout, définitivement, ethnotype et ontotype.

Il faut y insister : dans toute *La Comédie humaine* Balzac n'utilise ce groupe nominal substitut de nom propre en fonction de sujet ou de complément que dans le seul *Cousin Pons*. Il y eut une unique exception antérieure, mais que Balzac supprima. En effet, dans l'édition originale de *La Peau de chagrin* de 1831, l'antiquaire, qui est décrit lors de son apparition comme ayant « l'apparence de ces têtes judaïques qui servent de type aux artistes quand ils veulent représenter Moïse », est nommé « le petit juif » dans une phrase dont ce groupe nominal est le sujet actif lorsque Raphaël le rencontre à l'opéra devenu la créature pitoyable d'Euphrasie[27]. Pour l'édition de 1838, Balzac ne change rien à la comparaison avec les « têtes judaïques » ; en revanche, « le petit juif » est remplacé par le pronom « il » moyennant une réécriture syntaxique[28] : le Juif de la première *Peau de chagrin* a cessé de l'être sept ans plus tard, ne conservant que sa ressemblance esthétique avec les représentations

27 Voir l'édition originale de *La Peau de chagrin*, Paris, Libraire générale française (« Le Livre de Poche »), 1984, respectivement p. 46 et 260.

28 Texte de 1831 : « Le funèbre sourire du centenaire s'adressait à Euphrasie, dont la bouche rose répondit par un mot d'amour ; puis, lui offrant un bras desséché, le petit juif fit deux ou trois fois le tour du foyer [...] », éd. citée, *ib.* Texte de 1838/1846 : « Le funèbre sourire du centenaire s'adressait à Euphrasie qui répondit par un mot d'amour ; il lui offrit son bras desséché, fit deux ou trois fois le tour du foyer [...] », *in La Comédie humaine*, éd. citée, t. X, p. 223.

d'artistes. Il faut mettre en parallèle cette transformation avec celle de Gobseck qui va vivre l'opération inverse par un curieux chassé-croisé[29]. Car dans *Les Dangers de l'inconduite* de 1830, sa date de naissance génétique, Gobseck n'est pas juif[30] : il le devient à partir de la version de 1835 intitulée *Le Papa Gobseck*, avec l'indication de son ascendance, « né [...] d'une Juive et d'un Hollandais[31] ». Pour autant dans aucune des versions proposées par Balzac de son histoire jusqu'en 1842, le terrible usurier n'est jamais désigné comme sujet d'une phrase par le groupe nominal « le juif » : ce sera dans certaines rapides notations dans d'autres romans de *La Comédie humaine* que cette désignation pourra être utilisée, pour renforcer la notoriété du personnage et le rappel de son identification par cette étiquette romanesque conventionnelle[32]. On peut donc considérer, par ce fait de langue empirique, que Magus est le seul Juif héros de *La Comédie humaine* explicitement et volontairement désigné et nommé comme tel, et c'est en 1847 que Balzac fait cette proposition forte, très loin des simplifications de ses romans de jeunesse.

Ce choix discursif qui procède d'une réalisation linguistique radicalisant la représentation par la dénomination a un sens considérable du fait du référent culturel impliqué par l'étiquette. « L'Auvergnat » est un simple ethnotype régionaliste qui se décode dans la carte de France des provinces et des régions. Ce n'est en rien le cas du « Juif » : l'ethnotype, prétendu, n'existe pas selon un territoire répertorié ; sa géographie est imaginaire et fantasmatique, mais l'identité vaut pour essence et même pour race prestigieuse. Il n'est même jamais question de religion en ce qui concerne Magus : l'identité juive subsume toute origine comme toute détermination, tout explication et tout commentaire.

La récurrence du groupe nominal « le Juif » dans le récit, qui est aussi une variation poétique pour ne pas toujours répéter le nom « Magus » dans la même page, peut-être inspirée par des scrupules stylistiques, sature totalement le champ sémantique développé autour du personnage :

29 Remarqué par P. Citron dans son édition de *La Peau de chagrin*, *in La Comédie humaine*, éd. citée, t. X, p. 32.

30 Voir l'édition du texte original *in* Balzac, *Nouvelles et contes*, Paris, Gallimard (« Quarto »), 2005, t. I, et en particulier la première mention du personnage p. 228.

31 *In La Comédie humaine*, éd. citée, t. II, p. 966 (texte de 1835/1842).

32 Voir, par exemple, la correction de Balzac dans l'édition Souverain de 1842 d'*Ursule Mirouët*, remplaçant le texte de l'édition préoriginale de 1841 « comme l'eût fait un avare » par « avec plus de rigueur que Gobseck [...], si toutefois ce fameux juif a jamais eu de servante », *in La Comédie humaine*, éd. citée, t. III, p. 792.

Magus est un Juif et il n'est que cela, parce que, selon un implicite tautologique puissant, un Juif est un Juif et ne saurait être rien d'autre et qu'il n'y a rien d'autre à en dire. Il récuse par là même tout adjectif caractérisant comme toute prédication verbale : la dénomination excède toute description individualisante. Être de pure essence, il n'accède à l'existence, et au devenir historique, que dans la mesure où ses actions vont entrer en conflit avec le monde des non-Juifs, loin de la juiverie.

« VOUS ÊTES UN AMOUR DE JUIF »
Gloire et grandeur de Magus, le sauveur

Mais l'originalité de Magus, précisément, c'est que, on l'a vu, tout en étant le Juif de convention, le type littéraire et culturel de la tradition, il a un cœur qui, loin d'être sa faiblesse, va s'avérer sa force. De l'amour pour sa fille unique, autre trait du stéréotype[33], il ne sera finalement pas du tout question : fausse piste romanesque mélodramatique. Le cœur de Magus bat pour les chefs-d'œuvre. « Don Juan des toiles », « adorateur de l'idéal » (184), Magus est capable d'avoir « des larmes dans les yeux » en regardant les tableaux réunis de Sébastien del Piombo, de Fra Bartholomeo della Porta, de Hobbéma et de Durer, « quatre diamants » (204-205). Au point d'oublier sa nature juive sinon son identité. Il propose pour ces merveilles une forte somme à la Cibot, provoquant le commentaire suivant du narrateur : « L'admiration, ou pour être plus exact, le délire du Juif, avait produit un tel désarroi dans son intelligence et dans ses habitudes de cupidité, que le Juif s'y abîma, comme on voit » (205-206).

Autour de cette passion, Balzac a développé toute une isotopie résolument positive, du connaisseur supérieur, avec ses ridicules mais aussi ses grandeurs. Car Magus n'est pas un homme du passé, mais de l'avenir : et c'est cela qui signe sa victoire sur Pons, lui « homme-Empire » (55) en spencer, obsolète et impuissant. Homme d'action, Magus est, d'ailleurs, « aussi puissant [à Londres] qu'à Paris » (357). Certes, comme un petit vieux il époussète son trésor tous les matins, mais en avance sur son temps il sait

33 Qu'il partage, du reste, avec l'autre grand avare de *La Comédie humaine* qu'est le père Grandet, qui n'est pas Juif.

surtout que les musées modernes détruisent les toiles par excès d'éclairage avec un soleil « qui ronge les plus belles toiles en passant par des vitres dont l'action équivaut à celle des lentilles » : il a donc mis au point la réussite du futur des musées en comprenant que « Les galeries de tableaux ne sont possibles qu'éclairées par leurs plafonds » (187). Magus possède des Raphaël et des Titien originaux dont le monde entier ne connaît que les copies. Et il sait s'entourer des meilleurs spécialistes comme le très réel Victor-Auguste Moret (1794-1859)[34], restaurateur de tableaux qui travailla pour Balzac lequel avait pour lui une grande estime[35]. Le jour où, à sa mort, la France voudra acquérir la centaine de tableaux exceptionnels qu'il a réunis, elle devra « sacrifier sept à huit millions » (381).

Mais surtout, et tout le paradoxe moral du roman est là, le Juif Magus est celui qui, par son vol, permet que le plus beau de la collection Pons ne finisse pas entre les mains indignes des Camusot qui n'y connaissent rien. Le Juif contre les Bourgeois parisiens, car, ainsi que l'a compris Pierre-Marc de Biasi, si « dans le cabinet Pons, la collection n'existait pas encore, dans l'Hôtel Popinot elle n'existe plus[36]. » Contre cette disparition Balzac, résolument, choisit son camp qui est celui d'une transmission non familialement héréditaire mais choisie et agie, sélective et élitiste, résolument énergique[37] – celle que Schmucke, l'ange passif, a rendu impossible. Jusqu'au crime donc. Mais crime d'un homme supérieur, et cela peut ressembler à un acte héroïque de génie.

En effet, aidé par « l'Auvergnat », « le Juif » a donc pu dérober les quatre merveilles qui l'avaient fait pleurer d'émotion, les payant une misère au « bon Allemand[38] », quand son complice, qui a également soustrait quatre autres chefs-d'œuvre[39], les lui revend aussitôt pour gagner un peu d'argent, en vrai petit-bourgeois de Paris[40]. Au prix d'un vol, certes, mais

34 Voir p. 189.

35 Balzac avait confié la restauration de son *Chevalier de Malte* à ce « débarbouilleur de tableaux » : on lira son bel éloge de ce « petit veillard-Empire » à Mme Hanska le 19 juillet 1846 qui se conclut par la déclaration suivante : « il a une âme loyale ; il a la rude franchise de l'artiste, l'horreur du mercantilisme. (Est-ce joué ? Je ne sais, je l'étudierai », *in* Balzac, *Lettres à Mme Hanska*, éd. citée, t. II, p. 265-267.

36 *Loc. cit.*, p. 73.

37 Voir le testament de Pons, p. 315, qui lègue sa collection au Musée du Louvre.

38 Voir p. 281.

39 « [...] un Greuze, un Claude Lorrain, un Rubens et un Van Dyck [...] » (281).

40 « Les quatre tableaux de Rémonencq parurent si magnifiques à Magus, qu'il ne put se décider à les rendre, et le lendemain il apporta six mille francs de bénéfice au brocanteur, qui lui céda les quatre toiles par facture » (282).

il n'est pourtant pas exagéré, vu la charge balzacienne déployée contre les Camusot[41], d'estimer que le Juif a permis que ce qui avait été dans les mains de la vertu ne passe pas entièrement dans les mains du vice[42]. Ces huit merveilles, le trésor le plus précieux de la collection Pons, ne finiront pas chez des imbéciles ignorants et fiers de l'être mais seront conservées et protégées de toute vente intempestive par le plus grand « tableaumane » (188) d'Europe, le Juif Magus. Elles seront aimées, surtout, et contemplées dans leur vérité de peintures : elles figurent ainsi « un *ailleurs* [...], entièrement inaccessible » et jouent « le rôle eidétique d'une utopie de la collection inaliénable[43] ». Le vol de Magus précipite la mort de Pons par le coup qu'il lui porte, mais il est l'acte d'un protecteur des Arts et du patrimoine qui, certes, agit pour son plaisir personnel mais dont le geste permet d'éviter un éparpillement néfaste et surtout une transformation en argent[44]. Tous les amateurs de peinture et ceux qui n'aiment pas les Camusot et leur injustice familiale autorisée par la loi doivent dire à Magus ce que lui dit la Cibot : « Vous êtes un amour de Juif » (257). Et au-delà du paradoxe moral découvert par ce dénouement ouvert, il reste, pour le lecteur, à rêver de l'avenir de ces huit chefs-d'œuvre sauvés par le vol et qui continuent à briller de leur éclat prestigieux et tout romanesque quelque part dans la zone la plus précieuse de *La Comédie humaine* qui est celle que Balzac n'a pas rédigée mais qui n'en est pas moins présente. Et ce rêve qui ouvre sur le futur occulte et le mystérieux est le fait d'un Juif.

Voleur et sauveur, vil et supérieur : tel est le Juif, non pas *dans Le Cousin Pons*, mais *du Cousin Pons*. Le portrait stéréotypé de Magus ne vaut pas pour sa seule représentation sociale générale : il ne s'inscrit dans

41 Sur la famille Camusot comme représentation de « l'implantation » de la bourgeoisie au cœur de la société française, voir P. Barbéris, *Le Monde de Balzac* [1973], Paris, Kimé, 2000, p. 290-293.

42 Allusion au « mot charmant » de la conclusion concernant la collection (382).

43 P.-M. de Biasi, *loc. cit.*

44 Voir la lecture du *Cousin Pons* par P. Barbéris : « L'histoire du cousin Pons n'est pas l'histoire de bourgeois s'emparant de l'héritage d'un autre bourgeois. C'est l'histoire de l'argent devenu puissance, s'emparant de l'œuvre d'art pour en faire à nouveau de l'argent. Dans le musée caché de Pons, la collection était vivante ; pendant son agonie elle devient objet, et à sa mort, elle passe entre les mains d'un monde pour qui sa valeur est fermée. Mais elle devient *objet* parce que la bourgeoisie transforme tout, être ou chose, en marchandise. Sa valeur est *fermée* pour un monde socialement défini qui est celui de la bourgeoisie, fondamentalement, de par son caractère réifiant, contraire à toute culture, destructrice de toute culture. » – P. Barbéris, *Mythes balzaciens*, Paris, Armand-Colin, 1972, p. 261. Ce qu'empêche, dans une certaine mesure, par son vol, le Juif, cet homme d'argent.

une collectivité selon une cohésion sémantique qui assure une cohérence culturelle extratextuelle globale que pour se singulariser et exister. Si Magus est un ontotype, il est surtout un personnage individuel et presque un héros héroïque de l'Histoire de l'Art, voire de la monarchie de Juillet. Balzac le dote de son étiquette poétique résomptive et définitive, en forme de titre de récit ou de pièce de théâtre : le Juif. Sans adjectif anecdotique, sans prédicat secondaire. Le Juif Magus, l'homme du génie opportuniste pour qui la fin justifie tous les moyens, le gagnant, contre les purs qui sont les perdants. Jamais hommage n'aura été plus littéraire, plus romanesque, plus shakespearien aussi sous la plume de Balzac. Plus ambigu surtout, sans pourtant être équivoque. Et donc plus juste, sinon plus vrai. À son insu ? Quelques semaines après son roman, Balzac rédige la *Lettre sur Kiew* et, précisément parce qu'il cherche là à décrire un ethnotype de façon presque anthropologique, donne des Juifs de Pologne un tableau féroce, comparés à des « mouches » et des « vers », pour les distinguer très nettement des Juifs d'Allemagne et de France qui sont, eux, « des gens comme vous et moi », à quelques indépassables détails près, bien sûr[45]... L'odeur de juiverie est sans doute l'un de ces détails ; le génie redoutable de la compréhension et de l'action, et surtout de l'adaptation, en est un autre.

Éric Bordas

45 D'eux, il explique que « leur religion, leurs mœurs sont tellement fondues dans le mouvement social auquel ils s'agrègent que tout ce qui fait le Juif disparu, sauf son habileté commerciale, son avidité ; mais son avidité met des gants jaunes, son habileté se francise », *in* Balzac, *Œuvres complètes*, Paris, Bibliophiles de l'Originale, 1976, t. XXVI, p. 530.

CE(UX) QUI COMPTE(NT)

Heurs et malheurs de la valeur dans *Le Cousin Pons*

> C'était un spectacle à navrer le cœur, que celui de ces quatre cupidités différentes soupesant la succession pendant le sommeil de celui dont la mort était le sujet de leurs convoitises. L'estimation des valeurs contenues dans le salon dura trois heures. (284)

Roman de la vénalité, *Le Cousin Pons* s'organise tout entier autour des menées prédatives engendrées par la collection réunie par le personnage éponyme. Mais, chose étonnante, l'argent, la monnaie sonnante et trébuchante ou la monnaie-papier y sont relativement peu présents. En effet, on ne trouve pas dans cette œuvre l'extrême densité de pièces d'or, de billets à ordre et autres lettres de change qui caractérise la très grande majorité des récits de *La Comédie humaine.* Sans parler des grands romans de l'argent que sont *La Maison Nucingen*, *César Birotteau*, *Illusions perdues*..., il n'est pas une œuvre balzacienne qui ne soit ponctuée voire saturée de transferts financiers qui servent tout autant à rythmer la diégèse qu'à hiérarchiser et animer le système des personnages. Rien de tel ici. On y parle pourtant tout le temps d'argent, à tel point que, de manière peut-être encore plus systématique qu'à l'accoutumée, chacun des personnages entrant en scène est présenté avec ses revenus et ses dépenses[1]. Mais dans un roman où fourmillent les prix, jusqu'à donner parfois le tournis ou la nausée, on échange peu d'argent. Plus exactement, dans *Le Cousin Pons*, on parle tout le temps d'argent, mais il n'y a presque

1 Chaque portrait s'assortit de l'énumération minutieuse du rapport que procurent les biens fonciers aux Camusot, les biens mobiliers à Magus, le travail à la Cibot, Fraisier, Poulain...

jamais de monnaie. Cette relative absence est bien sûr troublante sauf à considérer qu'elle est en quelque sorte compensée par toute une série de dispositifs qui substituent à la circulation monétaire le troc, le don ou le vol. Mais ce système alternatif d'équivalence économique, que nous avons étudié par ailleurs[2], ne nous occupera pas ici. Nous souhaiterions plutôt analyser cette relative rareté monétaire comme un symptôme en considérant, à titre d'hypothèse, qu'elle exprime un malaise plus profond sur la capacité des individus à fixer un prix et à donner une valeur aux biens. Une lecture cursive du *Cousin Pons* suffit en effet à *mesurer* combien la valeur des choses fait problème dans un récit où les protagonistes passent le plus clair de leur temps à essayer de donner une valeur à la collection, certes, mais plus globalement à tous les biens, voire aux individus. Aussi comprend-on que, face à cette difficulté qui engendre quiproquos, malaises et conflits, la monnaie soit, en tant qu'unité de compte et instrument de mesure, mise en minorité. En un sens, elle est éclipsée par la véritable monnaie d'échange, par le véritable étalon, que constitue la collection, dont on sait qu'elle est bien « l'héroïne de cette histoire » (381) parce que tous les désirs convergent vers elle.

Mais cette convergence de tous les désirs vers la collection s'avère d'autant plus problématique – et particulièrement efficace sur le plan dramatique ! – que la collection n'a pas de valeur objectivement déterminée. Sans doute cela tient-il au statut particulier des œuvres d'art dont on sait que l'estimation ne repose que faiblement sur des critères objectifs, mais résulte d'un ensemble de considérations mêlant l'absolu du jugement de goût, la rareté, l'ancrage historique… et les errements de la spéculation. Cependant, l'indétermination esthétique qui pèse sur la collection Pons pourrait ici n'être qu'un prétexte, l'hystérisation d'une problématique plus fondamentale tenant à l'impossibilité de donner une valeur économique objective aux choses et aux êtres. Cette question de la valeur économique constitue d'ailleurs un problème balzacien récurrent que l'on a coutume d'aborder, voire d'évacuer, en soulignant la disjonction entre valeurs économiques et valeurs éthiques. *La Comédie humaine* ne cesse effectivement de démontrer que les valeurs morales sont reléguées voire bafouées par le développement d'une logique de l'intérêt qui, conformément à *l'ethos* libéral du XIXe siècle, est le moteur

2 Voir Alexandre Péraud, « Les régimes désordonnés de l'échange », *Honoré de Balzac, Le Cousin Pons*, Aude Déruelle (dir.), Rennes, PUR, « Didact Concours », 2018, p. 151-165.

et la condition du marché autorégulé. Karl Polanyi, dans son célèbre ouvrage *La Grande Transformation*, a d'ailleurs remarquablement théorisé le phénomène et les conséquences d'une économie se présentant comme « dissociée » (*disembedded*) de la relation sociale.

> La maîtrise du système économique par le marché a des effets irrésistibles sur l'organisation tout entière de la société : elle signifie tout bonnement que la société est gérée en tant qu'auxiliaire du marché. Au lieu que l'économie soit encastrée dans les relations sociales, ce sont les relations sociales qui sont encastrées dans le système économique[3].

Mais aussi critiques et anti-libérales soient-elles, les considérations de Polanyi ne font que reprendre et prolonger une position classique de la science économique moderne qui a tout fait pour autonomiser la valeur économique en attribuant son « objectivité » distinctive « à l'existence d'une substance sociale, travail ou utilité, dont la grandeur peut être mesurée[4] ». Par la mise en scène des tâtonnements, voire des conflits dans la détermination de la valeur, *Le Cousin Pons* nous semble pouvoir être lu comme une tentative de négation de cette fiction objectivante en montrant que

> contrairement à ce qu'ont cru des générations d'économistes, la question de la valeur ne se confond nullement avec la question du juste prix. [...] Pour ce qui est du prix des marchandises, ils sont variables : ils sont ce que les luttes d'intérêt entre producteurs et consommateurs font ce qu'ils sont. [...] C'est l'étude de la concurrence et des dispositifs d'échange qui permet de savoir ce qu'il en est[5].

Ce sont ces jeux d'échanges et ces luttes concurrentielles que nous nous proposons d'étudier pour comprendre comment se forme la valeur des choses et des êtres au sein du *Cousin Pons*.

---

3 Karl Polanyi, *La Grande Transformation*, Paris, Gallimard, 1983 [1944], p. 88.

4 André Orléan, *L'Empire de la valeur. Refonder l'économie*, Paris, Le Seuil, coll. « La Couleur des idées », 2011, p. 189.

5 *Ibid.*, p. 228.

« SOYEZ TRANQUILLE, [...] JE N'AI PAS PAYÉ LA CENTIÈME PARTIE DU PRIX » Des valeurs fluctuantes des choses et des hommes

La première démonstration du caractère fluctuant de la valeur survient assez tôt dans le roman, lorsque Pons, au chapitre VIII, tente de restaurer son image et sa place au sein de la famille Camusot en offrant à sa « cousine » le magnifique éventail ayant appartenu à la marquise de Pompadour. Celui qui a mobilisé toute son énergie et tout son savoir-faire pour dégoter un si bel objet est pourtant accueilli bien fraîchement par une donataire qui n'y voit qu'une « petite bêtise » (83), signalant par là sa grossière inculture – « elle ne connaissait pas le nom de Watteau » (*ibid.*) – mais surtout son incapacité à accéder à la valeur des choses :

> Vous ne voudriez pas de cet éventail, ma chère cousine, si vous deviez en donner la valeur, répliqua le pauvre homme offensé, car c'est un chef-d'œuvre de Watteau qui l'a peint des deux côtés ; mais soyez tranquille, ma cousine, je n'ai pas payé la centième partie du prix d'art. (*Ibid.*)

Mais le bonhomme a beau multiplier les arguments, exposer longuement, chapitre IX, le savoir-faire dont il fit preuve pour acquérir à si bon compte cette « trouvaille », il ne peut convaincre la présidente car celle-ci confond l'objet donné et le donateur. Elle qui « ne voulait pas avoir l'air de recevoir la moindre chose de son pique-assiette » (84) ne saurait concevoir la valeur de l'éventail car elle n'y voit qu'une métonymie de l'être qu'elle méprise. Aussi faudra-t-il, pour qu'il acquière prix auprès d'elle, qu'il fasse l'objet, par d'autres évaluateurs crédibles – son mari, le comte Popinot, un prince russe –, d'une estimation méliorative[6]. Conformément à la loi du désir mimétique, un bien est moins recherché pour sa valeur en soi que pour le désir qu'il suscite en l'autre, parce que le sujet « n'est pas maître de ses attirances » : « Ses préférences sont fluctuantes et indéterminées : l'individu souffre d'une infirmité du

6 « Ces petites bêtises-là, ma chère enfant, sont souvent les seuls témoignages qui nous restent de civilisations disparues. Un pot étrusque, un collier, qui valent quelquefois, l'un quarante, l'autre cinquante mille francs, sont des petites bêtises qui nous révèlent la perfection des arts au temps du siège de Troie, en nous démontrant que les Étrusques étaient des Troyens réfugiés en Italie. » (120).

désir qui le pousse à chercher en autrui les références qu'il ne réussit pas à se donner à lui-même par un acte de pure souveraineté intérieure[7]. »

Aussi la présidente se laisse-t-elle fléchir lorsque cet éventail est « reconnu par le comte Popinot pour un chef-d'œuvre » (119) : « [Il] valut à la présidente, [...] aux Tuileries, où l'on se passa ce bijou de main en main, des compliments qui flattèrent excessivement son amour-propre ; on lui détailla les beautés des dix branches en ivoire dont chacune offrait les sculptures d'une finesse inouïe. » (*ibid.*) Même si ces compliments d'ordre esthétique avaient laissé insensible la vaniteuse présidente, elle n'aurait pu qu'être définitivement convaincue par l'offre avantageuse d'une autre femme : « une dame russe (les Russes se croient toujours en Russie) offrit, chez le comte Popinot, six mille francs à la présidente de cet éventail extraordinaire » (*ibid.*). « L'augmentation du prix, dans la mesure où elle traduit un accroissement du désir des autres à l'égard du bien considéré, [provoque], chez le sujet imitatif, une intensification de son propre désir[8]. »

Cet épisode est fondateur, non seulement parce qu'il énonce très explicitement la loi économique du désir mimétique, mais aussi parce qu'il préfigure le traitement de la collection Pons. Conçue comme un bric-à-brac méprisable né de la bizarre manie accumulative de cet encombrant cousin, la collection devra également faire l'objet d'une réévaluation par un individu crédible, Brunner. En l'espèce, la capacité estimative du jeune Allemand est d'autant mieux reconnue qu'il représente lui-même un capital de quatre millions de francs, comme si afficher soi-même une telle valeur donnait légitimité à émettre des chiffres et à fixer des prix. Le jeune homme, enfin, est d'autant plus à même de susciter un désir mimétique qu'il est, en tant que gendre putatif, l'objet d'un désir matrimonial. Aussi suffit-il qu'il lâche, sur un pas-de-porte, « j'en donnerais bien cinq à six cent mille francs... » (138) pour que le mécanisme du mimétisme désirant se propage. Débutent alors des estimations en cascade qui vont circuler, évidemment se déformer et fluctuer, à mesure que se déploient les cupidités et s'ordonnent les alliances captatrices, synonymes de dynamique narrative. De manière symptomatique, le récit intercale toujours de longues pages entre l'apparition de l'objet et sa *mise en valeur*, comme s'il s'agissait de laisser se déployer, dans le

7 André Orléan, *L'Empire de la valeur*, *op. cit.*, p. 74.
8 *Ibid.*, p. 78.

silence du texte, les mouvements internes au terme desquels les sujets repositionnent leur désir en fonction de celui des autres.

Mais il n'est pas que la valeur des choses qui soit fluctuante. Les individus eux-mêmes sont soumis à de tels mouvements, comme le montre la recapitalisation dont est l'objet Cécile Camusot au cours de l'épisode matrimonial central. Cécile, la fille de M. et Mme Camusot de Marville, est toujours en mal de mari à vingt-trois ans malgré les efforts de ses parents pour l'établir. Cet « ange de perfection », qui a « pour père un président à la Cour royale de Paris, et commandeur de la Légion d'Honneur, pour grand-père un député millionnaire, un futur pair de France, le plus riche des marchands de soieries en gros » (91), reste une fille à marier… car sa dot n'est pas assez importante au regard des prétentions nouvelles des jeunes gens qui, « aujourd'hui, […], fussent-ils laids […], ont l'impertinence de vouloir une dot de six cent mille francs, des filles de grande maison, très belles, très spirituelles, très bien élevées, sans tare, parfaites » (129). Le fait que « mademoiselle de Marville laisse à ses prétendus le cœur assez tranquille pour que la tête soit à sa place » (128) n'arrange en rien l'affaire… Le mariage qu'elle réussit à conclure ne résulte donc ni d'un embellissement subit, ni d'un regain d'intelligence, mais du fait… que « le père et la mère [se sont décidés] à lui donner Marville en dot » (128). Consciente que le retrait soudain du millionnaire-prétendant Brunner humiliait sa fille au risque de totalement la démonétiser, « madame Camusot de Marville prit un grand parti, d'ailleurs exigé par la circonstance et auquel le président souscrivit » (148) :

> On résolut de donner en dot à Cécile la terre de Marville, l'hôtel de la rue de Hanovre et cent mille francs. Dans la matinée, la présidente alla voir la comtesse Popinot, en comprenant qu'il fallait répondre à un pareil échec par un mariage tout fait. […] la présidente fit reluire avec art l'avantage de se nommer Popinot de Marville et l'énormité de la dot. Au prix où sont les biens en Normandie, à deux pour cent, cet immeuble représentait environ neuf cent mille francs, et l'hôtel de la rue de Hanovre était estimé deux cent cinquante mille francs. (*Ibid.*)

Le monde socio-économique répondant à des règles mécaniques, l'effet est immédiat et Cécile reçoit instantanément la promesse de l'héritier Popinot. Les qualités intrinsèques de la jeune personne n'entrent évidemment nullement en compte dans ce retournement et seuls comptent, dans le processus de valorisation dont elle est l'objet, les actifs qui lui sont attachés. On reconnaîtra bien volontiers que ce genre de tractation n'a rien d'original en ce XIXe siècle bourgeois et reste tout à fait caractéristique de l'économie matrimoniale caustiquement décrite par le Balzac de la *Physiologie du mariage* dès 1829. Reste que cette recapitalisation de la femme prend une signification toute particulière dans ce roman de la valeur, où hommes et choses entretiennent d'étroits rapports de contamination réciproque. Ici, la femme-enseigne est ré-estimée par les biens qui entrent en sa possession alors que, là, l'éventail était dévalué du fait de la démonétisation antérieure de Pons. Car le personnage, grand prix de Rome, a d'abord été respecté pour ses talents et la finesse de ses compositions. Mais, « bientôt noyé dans les flots d'harmonie allemande, et dans la production rossinienne » (60), le musicien connaît une lente déchéance sociale, descendant au rang de « musicien agréable » avant d'atteindre « à la valeur d'une croche antédiluvienne » (*ibid.*). Devenu « une variété du Pauvre » (80), sa conversation n'est même plus soufferte par les domestiques comme en atteste la fin humiliante du chapitre XI. Sans doute n'est-ce pas un hasard si le narrateur choisit à ce moment-là de parler de « démonétisation » (*ibid.*) pour qualifier la situation du musicien : privé de son lustre et de son utilité sociale, le personnage n'est pas seulement relégué, banni, privé d'honneurs, il se dévalue comme une pièce trop ancienne et trop usée. Il n'a plus de pouvoir d'achat, réel et symbolique. Cette « démonétisation », dont l'effet ne sera annulé que de manière posthume, vient en quelque sorte avérer la théorie de l'universalité de la valeur que nous évoquions précédemment. L'économie des grandeurs et le phénomène de quantification ne sont pas réservés aux choses, ils s'étendent aux sujets.

PEUT-ON SE SOUSTRAIRE À L'EMPIRE DE LA VALEUR ÉCONOMIQUE ?

De ce point de vue, peut-être Pons ne compte-t-il plus, au sens intransitif, parce qu'il *refuse* de compter, au sens transitif. Il se soustrait au jeu permanent d'estimation des choses et des êtres auquel se livrent ses congénères, qui le bannissent précisément pour cette déviance par rapport à leur norme. Certes, il n'hésite pas à manier les chiffres pour prouver à sa cousine que l'éventail a un grand prix, mais outre le fait qu'il choisit sans doute de venir sur le terrain de la pensée calculante chère à sa bourgeoise cousine pour mieux la convaincre, reconnaissons que le musicien éprouve une forme de jouissance à « tromper » les vendeurs et à se jouer des prix. Il s'agit là d'une attitude ludique et combattive qui lui permet, à chaque transaction, de vérifier sa supériorité sur ses rivaux, à commencer par Magus, avec qui il forme un couple d'« amateurs féroces [qui] s'envi[ent] l'un l'autre » et ont « mesuré souvent leurs griffes » (190). Pons se délecte autant de l'objet que du récit de sa conquête :

> Et mon homme, allumé pour son bonheur-du-jour, oublie l'éventail, il me le laisse à rien pour prix de la révélation que je lui fais de la beauté de ce meuble de Riesener. Et voilà ! Mais il faut bien de la pratique pour conclure de pareils marchés ! C'est des combats d'œil à œil, et quel œil que celui d'un juif ou d'un Auvergnat ! [...] ma chère cousine, reprit-il, c'est la chasse aux chefs-d'œuvre ! Et on se trouve face à face avec des adversaires qui défendent le gibier ! c'est ruse contre ruse ! Un chef-d'œuvre doublé d'un Normand, d'un juif ou d'un Auvergnat ; mais c'est comme dans les contes de fées, une princesse gardée par des enchanteurs ! (89)

Mais on aurait tort de réduire cette attitude à une forme de pingrerie. Certes, « Pons n'admettait pas d'acquisition au-dessus de cent francs ; et, pour qu'il payât un objet cinquante francs, cet objet devait en valoir trois mille. La plus belle chose du monde, qui coûtait trois cents francs, n'existait plus pour lui. » (61) ; mais, outre le fait que son capital ne lui permet pas de payer le « vrai » prix, cette volonté résulte avant tout de préceptes moraux et esthétiques :

> Le vieux musicien pratiquait l'axiome de Chenavard, le savant collectionneur de gravures précieuses, qui prétend qu'on ne peut avoir de plaisir à regarder un Ruysdaël, un Hobbéma, un Holbein, un Raphaël, un Murillo, un Greuze, un Sébastien del Piombo, un Giorgione, un Albert Durer, qu'autant que le tableau n'a coûté que cinquante francs. (*Ibid.*)

Il regimbe à toute mise à prix de la collection, de même qu'il refuse de se livrer au jeu bourgeois de la capitalisation, car ses œuvres sont exclues du champ de la valeur économique. D'où sa violente réaction lorsqu'il découvre la présence des vautours-évaluateurs dans son cabinet : « Ah ! la charge est bonne, reprit-il en riant d'un rire de fou. Vous venez évaluer mes tableaux, mes curiosités, mes tabatières, mes miniatures !... Évaluez ! » (286). L'acte d'évaluation est déjà, pour Pons, un crime qui relève du sacrilège car il place, comme les Anciens, les biens et les œuvres de l'esprit du côté du « hors-du-prix ». Comme le montre Aristote à la suite de Platon, la nature intellectuelle et spirituelle d'un bien le rend « par nature inévaluable et donc impayable[9] ». Marcel Hénaff poursuit en expliquant que l'artiste, ou le philosophe, « communique quelque chose qui reste sans prix ou plutôt hors de prix » :

> L'artiste est celui ou celle par qui une œuvre est donnée à la communauté, quelque chose qui n'appartient à personne et qui doit s'offrir à tous. [...] Il y a donc une difficulté particulière à vouloir inclure l'œuvre d'art ou le savoir dans une circulation marchande, quelles que soient les procédés du marché pour fixer des échelles et rendre possibles des contrats[10].

De même qu'il avait refusé que Gaudissard « paye » – en sus de ses émoluments mensuels – par un cadeau de 1200 francs l'opéra qu'il avait composé (en offrant au théâtre un formidable succès commercial), Pons n'accepte pas de faire entrer ses tableaux dans l'ère du chiffre. Ce conflit de valeur joue un rôle fondamental dans *Le Cousin Pons* en ce qu'il permet de classer les protagonistes en fonction du type de valeur auquel ils souscrivent. Si l'immense majorité – le clan Camusot, la clique de la rue de Normandie... – se range du côté des valeurs vénales, quelques autres, beaucoup plus rares, s'en remettent soit aux valeurs esthétiques (Pons et Schmucke), soit à des valeurs morales qu'on retrouve chez Wilhelm, Brunner, Topinard et, globalement, du côté des gens de théâtre.

9 Marcel Hénaff, *Le Prix de la vérité*, Paris, Seuil, 2002, p. 143. Marcel Hénaff rend compte d'un passage de la correspondance de Flaubert avec George Sand, qui montre que cette conception a encore cours au XIXe siècle : « Pourquoi publier par les temps qui courent ? Est-ce pour gagner de l'argent ? Quelle dérision ! Comme si l'argent était la récompense du travail et pouvait l'être ! [...] Mon service reste donc infini et par conséquent impayable. [...] Je maintiens qu'une œuvre d'art (digne de ce nom et faite avec conscience) est inappréciable, n'a pas de valeur commerciale, ne peut donc se payer » (Lettre à George Sand du 4 décembre 1872, *Correspondance*, Paris, Conard, 1946-1954, vol. 6, p. 454-456).

10 *Ibid.*

COMMENT ÉVALUER LES ACTES DES SUJETS ?

Cette typologie des valeurs est essentielle en ce qu'elle fonde les jeux d'acteurs et régit les évaluations que les personnages font de leurs actes et de ceux des autres. Commençons par les mouvements d'introspection. Nombre de personnages s'interrogent en effet, tout au long du *Cousin Pons*, sur la valeur de leurs actes. Et ils sont peu nombreux à ordonner leur conduite en fonction d'un code qui reconnaît d'abord la valeur morale d'autrui. De manière apparemment paradoxale, ce comportement se retrouve majoritairement du côté des gens-de-théâtre qui, malgré la dissolution morale dont les accuse la société bourgeoise, restent les plus fiables. Certes, « Pons et Schmucke étaient exploités, pour se servir d'un mot à la mode ; mais ce qu'ils perdirent en argent, ils le gagnèrent en considération, en bons procédés. » (76) Cela explique qu'Héloïse se déplace auprès du vieillard, que Gaudissard, aussi roublard soit-il, apporte quelque secours (qui s'arrêtent, tout de même là où les menaces des Camusot portent atteinte à ses intérêts) ou que Topinard se dévoue pour déjouer la machination dont les deux musiciens sont les victimes. Toutefois, ce comportement moral, qui tente de mesurer la valeur des actes à l'aune d'éléments moraux absolus, indépendamment des jeux conjoncturels, reste évidemment minoritaire dans un univers dominé par l'intérêt et où les individus se laissent emprisonner dans des arbitrages précaires où domine la loi du coût relatif. La manière dont la Cibot fait son examen de conscience et évalue ses actes est, de ce point de vue, tout à fait édifiante. La portière, qui se targue d'être la plus honnête des femmes, de n'avoir « *nune centime à autrui* » (98), garde peut-être de ce reste de « probité stricte » une *tendance* à interroger la portée morale de ses actes ou tout au moins à s'arranger avec sa conscience. Car elle est bientôt soumise à un cruel dilemme quand, ayant consulté Mme Fontaine, elle doit arbitrer entre, d'une part, les gains importants que l'accès à la collection semble dessiner et, d'autre part, la vie de son mari, dont la voyante lui prédit qu'il succombera des suites de cette enrichissante aventure. Face à ce choix impossible, elle préfère transiger en s'en tenant à « une scélératesse purement morale » (192) et, surtout, en « objectivant » les données du choix, c'est-à-dire en les convertissant en données monétaires. Au terme d'une arithmétique fiduciaire quelque peu contestable, elle décide que les deux musiciens sont, comptablement, deux fois débiteurs. Ils lui sont d'abord redevables de sa bonne foi puisqu'elle s'est occupée d'eux sans avoir jamais éprouvé quelque sentiment de concupiscence à l'égard de la collection, dont la valeur lui échappait. Peu importe que ce sentiment de dévouement *gratuit* n'ait pas été troublé par le fait qu'elle a d'abord cherché à obtenir quelque rente pour prix de ses services. « Ignorant pendant dix ans la valeur du Musée-Pons, la Cibot se voyait dix ans d'attachement, de probité, de désintéressement devant elle, et elle se proposait d'escompter cette magnifique valeur » (192). Les deux casse-noisettes ont ensuite une dette à son endroit au regard des soins dont elle les a gratifiés. Une dette morale – elle s'est dévouée et ira jusqu'à risquer sa vie pour eux – mais aussi une dette financière puisqu'elle tient à leur disposition les deux mille francs qu'elle a économisés (170), oubliant de dire – comme elle l'avouera plus tard à Mme Fontaine – que cette somme coïncide avec celle qu'elle a pu accumuler sur le dos des deux musiciens. Les arbitrages moraux de la Cibot relèvent d'une rhétorique de l'auto-conviction tellement efficace qu'elle finit par conférer à cet endettement un fondement réel, mais sans valeur. Ainsi se justifie-t-elle, en pure perte – et inutilement, compte tenu de leur absence de moralité – auprès de Rémonencq et de Magus :

> Je vous jure que ces deux messieurs me doivent déjà près de trois mille francs, que le peu que je possède est déjà passé dans les médicaments et dans leurs affaires, et s'ils n'allaient ne me rien reconnaître de mes avances !… (107)[11]

Ces dettes imaginaires, d'abord utilisées pour conférer une valeur morale à ses actes, sont bientôt convoquées pour culpabiliser les deux musiciens et leur soutirer de l'argent : « La Cibot profita de la circonstance pour obtenir (et avec quelle facilité !) de Schmucke une reconnaissance des deux mille francs qu'elle disait avoir prêtés aux deux amis » (213). Puis, à mesure que les soupçons de Pons s'accroissent, ils deviennent objet de menace. C'en est fini de l'autosuggestion première qui, nimbée d'une forme de bonne mauvaise-foi, était avant tout conçue pour calmer sa conscience. La Cibot a abdiqué tout souci moral parce qu'elle s'en

11 La Cibot n'hésite d'ailleurs pas à « naturaliser » son comportement : « Moi, la Nature m'a bâtie pour être la rivale de la Maternité. Sans quelqu'un à qui je m'intéresse, de qui je me fais un enfant, je ne saurais que devenir… » (222).

remet uniment aux valeurs comptables. Il ne s'agit plus que de « faire [le]s comptes » (277) : « Vous me rendrez l'argent que j'ai mis ici... et que je ne vous aurais jamais redemandé... Moi qui suis allée chez monsieur Pillerault lui emprunter encore cinq cents francs... » (*ibid.*), leur dit-elle. Et, peu après :

> Pour lors, vous me devez trois mois à cent quatre-vingt-dix francs, ça fait cinq cent soixante-dix ; plus le loyer que j'ai payé deux fois, que voilà les quittances, six cents francs avec le sou pour livre et vos impositions ; donc, douze cents moins quelque chose, et enfin les deux mille francs, sans intérêt bien entendu ; au total, trois mille cent quatre-vingt-douze francs... Et pensez qu'il va vous falloir au moins deux mille francs devant vous pour la garde, le médecin, les médicaments et la nourriture de la garde. Voilà pourquoi j'empruntais mille francs à monsieur Pillerault, dit-elle en montrant le billet de mille francs donné par Gaudissard. (279)

Le mensonge se mêle à une rigueur comptable qui est certes toute rhétorique, mais dont l'objectivité tient lieu de performativité et joue comme argument d'autorité. Car cette rhétorique est à double adresse. Premièrement, la Cibot cherche sans doute à amadouer sa conscience et à se convaincre elle-même de la légitimité de ses actions, comme pour mettre à distance la perspective du châtiment que madame Fontaine et Fraisier lui ont prédit, la première en s'appuyant sur les cartes du « Grand jeu », le second, avec sa « consultation non gratuite » (chap. XLVI), fondée sur son expérience judiciaire. Mais la tentative de la portière pour faire reconnaître la valeur de ses actes ne s'explique pas seulement par quelque disposition perverse. Elle rencontre une aspiration plus fondamentale du sujet que Simmel considère dans la *Philosophie de l'argent* comme une pente naturelle puisque « la valeur inhérente à une chose, à une personne, à une relation, à un mouvement quelconques, *demande* donc à être reconnue » car « toute valeur que nous ressentons est par là même un sentiment[12] ». Ce besoin de reconnaissance, dont Simmel précise qu'il se situe « au-delà du problème controversé de la subjectivité et de l'objectivité de la valeur[13] », est évidemment le lieu de conflits et d'incertitudes qui fondent et dynamisent le système des personnages du roman. Car la quête de reconnaissance de la valeur caractérise bien entendu aussi bien les arbitrages que le sujet tente d'opérer en son

12 Georg Simmel, *Philosophie de l'argent*, Paris, PUF, 1997 [1987], p. 33.
13 *Ibid.*

for intérieur que les négociations avec autrui. Si le sujet, lorsqu'il se demande peut-être avec une forme de sincérité ce que valent ses actes, s'en remet à cette stratégie comptable (et finit éventuellement par se tromper lui-même), il est logique qu'il recoure à la même rhétorique pour convaincre autrui de la valeur de ses actes. La Cibot en fournit à nouveau un excellent exemple. Celle qui dépense beaucoup d'énergie à faire reconnaître la valeur de son travail[14] a compris qu'elle détenait, grâce à son monopole d'accès à la collection, un nouveau capital à « monnayer ». Cette négociation prend d'abord la forme classique d'une « commission » que la portière réclame à Magus. Le Juif commence par lui proposer la somme de quatre mille francs pour chacun des quatre tableaux, somme bientôt réévaluée à quarante-trois mille francs – « vous m'en remettrez quarante-trois mille, et [...] vous ne les achèterez que trois mille à monsieur Schmucke » (258) –, système de commission imposé au brocanteur Rémonencq qui « en achètera quatre pour deux mille francs et [lui] remettra le surplus » (258). L'inflation est sévère mais Magus, « une fois en possession des quatre chefs-d'œuvre », conduit la Cibot chez lui, « sous prétexte de faire leurs comptes » (282) :

> il chanta misère, il trouva des défauts aux toiles, il fallait rentoiler, et il offrit à la Cibot trente mille francs pour sa commission ; il les lui fit accepter en lui montrant les papiers étincelants où la Banque a gravé le mot MILLE FRANCS ! (*Ibid.*)

14 Il conviendrait ici de souligner que ce tropisme ne constitue pas une perversion du personnage liée à sa singularité psychologique, mais révèle plutôt un conflit de classe. Si l'on accepte de ranger le personnel romanesque du *Cousin Pons* en fonction du type de capital qu'il détient, on peut ainsi distinguer le capital économique et politique du clan Camusot, le capital symbolique qui caractérise le goût et le savoir esthétique de Pons et Schmucke, troisièmement la force de travail des habitants, commerçant ou concierge, de la rue de Normandie. On comprend donc que l'attachement de la Cibot à faire reconnaître son travail – quelle que soit l'honnêteté de ses « factures » – révèle fondamentalement un comportement socialement déterminé puisqu'elle ne dispose ni de la rente ni des jouissances symboliques.

L'INTROUVABLE VALEUR OU LA FICTION DE L'OBJECTIVITÉ ÉCONOMIQUE

Mais ce marchandage n'est qu'un simple entraînement au regard de la négociation en grand qui – dans un mélange de complicité et de rivalité – l'associe à Fraisier pour favoriser « l'acquisition » de la collection par le clan Camusot. En un sens, la même logique de commission prévaut puisqu'il s'agit de donner à un ou plusieurs intermédiaires le prix correspondant aux efforts consentis pour mettre un bien à disposition d'autrui. Mais le terme peut être trompeur dans la mesure où une commission s'apparente généralement à un pourcentage fixe prélevé sur le montant global de la transaction. Il n'en sera rien ici pour deux raisons : d'une part, la valeur globale de la collection n'est jamais fixée et, d'autre part, le « prix » des agissements de ces intermédiaires s'avère non pas calculé de manière objective, mais résulte d'un ensemble de considérations qui nous renvoient à l'impossibilité d'accorder une valeur économique objective aux biens et aux individus. Commençons par les multiples évaluations dont fait l'objet la collection, évaluations qui sont essentiellement le fait de Brunner. En homme prudent, le jeune Allemand lui fixe une valeur située entre six cent mille et un millions de francs. Sa première estimation prend la forme d'une confidence à Cécile :

> Eh ! mademoiselle, si monsieur votre cousin voulait me vendre sa collection, j'en donnerais ce soir huit cent mille francs, et je ne ferais pas une mauvaise affaire. Les soixante tableaux monteraient seuls à une somme plus forte en vente publique. (137),

valeur confirmée devant la famille :

> – J'ai dit à mademoiselle que les tableaux de monsieur Pons valaient cette somme pour moi ; mais au prix que les objets d'art uniques ont acquis, personne ne peut prévoir la valeur à laquelle cette collection atteindrait en vente publique. Les soixante tableaux monteraient à un million, j'en ai vu plusieurs de cinquante mille francs. (143),

mais minorée – Brunner reste un banquier ! – devant le propriétaire à qui il « en donnerai[t] bien cinq à six cent mille francs… » (138)[15].

Tous les autres évaluateurs s'inscriront dans les pas de Brunner, soit qu'ils se contentent d'en relayer ou d'en colporter les chiffres, comme le feront Rémonencq, Fraisier et par conséquent le clan Camusot-Popinot, soit que leurs connaissances leur permettent de les confirmer comme le fait Magus. Celui-ci ne recule d'ailleurs pas devant quelque effet d'emphase :

> en moyenne, dit le vieux Juif crasseux, chaque chose ici vaut mille francs. – Ce serait dix-sept cent mille francs ! s'écria Fraisier stupéfait. – Non pas pour moi, reprit Magus dont l'œil prit des teintes froides. Je ne donnerais pas plus de huit cent mille francs (284).

Moyennant quoi Fraisier lui propose et obtient qu'il « pay[e] neuf cent mille francs comptant la collection de monsieur Pons » (285), engagement écrit reçu par Mme Camusot en « une nappe de convoitise » (297). On sait que la collection ne sera jamais vendue et que sa valeur ne sera jamais « actualisée ». C'est pourtant à l'aune de cette valeur fluctuante que les personnages – tout au moins en discours – détermineront le prix des services des intermédiaires véreux, à commencer par la Cibot à laquelle Fraisier explique que « c'est de la valeur de cette collection que dépend le chiffre de votre rente, s'il y a huit cent mille francs, vous aurez quinze cents francs viagers… c'est une fortune ! » (284)[16].

Mais cet étalonnage comptable reste une fiction. Cette objectivité économique sera matinée de considérations morales stratégiques qui priveront la portière de sa « fortune ». De fait, à mesure que Fraisier pousse son avantage auprès de la présidente, la Cibot est à son tour démonétisée. Après l'avoir mise en garde :

> Écoutez, ma chère madame Cibot… Que vous tiriez de cette affaire une trentaine de mille francs, c'est possible ; mais la succession, il n'y faut pas songer… (236),

15 On se souvient que c'est cette estimation qui sera malencontreusement interceptée par « Rémonencq qui fumait sa pipe sur le pas de la porte » et mise en circulation au sein du personnel romanesque.

16 Fraisier servira également cette fiction à la Présidente à laquelle il dit « attend[re] maintenant les renseignements sur la valeur de la succession. – Tout est là, dit finement Fraisier en saluant la présidente » (270).

> Examinez bien votre position : elle est superbe. Si vous suivez mes conseils de point en point, vous aurez, je vous le garantis, trente ou quarante mille francs de cette succession-là… (238),

il la déshérite purement et simplement, trop content de sortir du jeu celle qui a triché :

> – Écoutez, ma chère madame Cibot, vous avez fait votre pelote, elle est dodue !… reprit Fraisier. J'aurai l'œil sur vous, je vous tiens… Servez-moi, je me tairai ! Dans tous les cas, vous comprenez que vous ne devez compter sur rien de la part de monsieur le président Camusot, du moment où vous avez jugé convenable de le dépouiller. (356)

La modalité impérative dit assez la mise en minorité de celle qui a joué contre plus fort qu'elle et dont les imprudences offrent le prétexte d'une exclusion qui était de toute façon dictée par la cupidité de madame Camusot et de son âme damnée[17]. Fraisier, le plus fin de tous les joueurs, a d'ailleurs très vite compris qu'il ne fallait attendre aucune retombée financière directe de ses services, mais plutôt des compensations symboliques en escomptant – « comme la lettre de change protestée d'un bon débiteur » (271) – un intérêt à terme. Aussi, parce qu'il porte comme un stigmate social le discrédit dont il avait été frappé à Mantes, au terme d'une sombre histoire de séduction, il commence par demander à la Présidente une lettre d'introduction à l'attention de Lebœuf, espérant de ce magistrat qu'il le réhabilite. Ainsi restauré dans sa légitimité, Fraisier sait pouvoir retourner à la table de jeu et, fort de la place de juge de paix que la Présidente Camusot s'engage à lui obtenir en l'échange de la succession Pons, s'assurer de confortables émoluments. Mais son habilité ne s'arrête pas là car en prétendant à cette fonction de juge de paix de l'arrondissement de Bolbec, il se met en position de servir les intérêts de Camusot… qui brigue précisément la place de député dudit arrondissement. Le contrat est clair – « le prix que j'attends de mon entier dévouement n'est-il pas pour elle un gage de réussite ? » (268) – et d'autant plus sûr qu'il garantit aux deux parties un enrichissement mutuel, indépendant de la valeur mobilière de la collection car largement ouvert aux possibles de la spéculation sociale.

---

17 On appréciera le fait que la Présidente convoque des arguments moraux pour mettre hors-jeu la concierge : « Je ne voudrais pas d'un million, dit-elle, au prix d'une indélicatesse… Votre ami doit éclairer monsieur Pons, et faire renvoyer cette portière. » (268).

Le Cousin Pons est une tragi-comédie des valeurs qui ne peut se clore que de manière ambivalente : d'un côté resurgit une providence burlesque qui, « excusez les fautes du copiste » (383), réintroduit une justice immanente que l'ensemble du récit aura bafouée, la portière ayant été jusque-là « mieux récompensée pour avoir causé tant de mal que si elle avait fait une bonne action » (258) ; de l'autre, les justes sont dépouillés d'une collection qui échoit aux marchands du temple. Seule consolation, le cher bric-à-brac de Pons, est transféré dans sa quasi intégralité, sauvé de sa désintégration par le comte Popinot, « car il est si affreux de voir disperser de belles choses qui [ont] tant amusé ce cher cousin » (382). Les optimistes verront ici une victoire de la valeur-art contre la valeur-argent, mais on peut aussi replacer ce sauvetage dans les eaux froides du capitalisme car la collection ne reste peut-être intacte que grâce à l'indétermination de sa valeur. Il en va de la collection comme des capitalisations boursières aujourd'hui. L'institution reconnaît leur faramineuse valeur, mais personne ne saurait garantir qu'une mise en vente réelle générerait le « cash » équivalent. Il n'y a là ni mensonge ni vérité, mais un chiffre, au-delà de l'objectivité et de la subjectivité de la valeur, sur lequel la multitude s'accorde dans une sorte de croyance et que nul n'ose remettre en cause car de cette confiance découle l'équilibre du système. La collection est, à l'échelle du roman, ce que la monnaie est à la société. De fait c'est bien à la collection que revient le rôle, normalement imparti à la monnaie, de polariser les affects.

> La polarisation mimétique des désirs individuels sur un même objet (ou une même représentation) dote celui-ci d'une puissance d'attraction d'autant plus grande que sont nombreux les désirs individuels. Il faut alors parler d'une composition mimétique des désirs transformant des affects individuels dispersés en un affect commun polarisé. La monnaie tire son pouvoir d'attraction de cet affect commun qui se trouve investi en elle[18].

En exhibant le caractère disparate et hétérogène de la fixation des prix, le roman montre que la valeur économique ne saurait être conçue comme une entité isolée et indépendante, intrinsèquement définie selon des modèles objectifs, mais constitue, comme le dit André Orléan, « une puissance de nature sociale » renvoyant – tel que le proposeront Durkheim ou Simmel – à une « loi commune de la valeur[19] ». Cela fait

18 André Orléan, *L'Empire de la valeur*, *op. cit.*, p. 196.
19 *Ibid.*, p. 189.

du *Cousin Pons* un roman éminemment politique et a-libéral ou, pour employer un terme contemporain, « hétérodoxe », puisque, refusant de séparer l'économie du social, il pose que « comme toute valeur, religieuse, esthétique, morale ou sociale, la valeur économique a la dimension d'un jugement portant sur les puissances des individus et des objets[20] ».

Alexandre PÉRAUD

20 *Ibid.*, p. 188.

FORMES ET ENJEUX DE L'ÉCRITURE DU DROIT DANS *LE COUSIN PONS*

Le Cousin Pons peut se lire comme l'un des romans « profondément juridiques[1] » de *La Comédie humaine*. Récit d'une captation d'héritage et de trois crimes, le roman met en scène de nombreux personnages d'hommes de loi, emprunte au discours juridique technique (avec le testament olographe de Pons ou l'acte de contestation de ce testament par exemple), joue avec les codes de la chronique judiciaire et inscrit le droit à même sa trame narrative.

L'influence du droit sur l'écriture de Balzac a été bien étudiée pour les récits des années 1830-1835. Pierre Barbéris et Maurice Bardèche[2] ont montré dans quelle mesure Balzac a trouvé dans le Code civil les ressorts thématiques et dramatiques ayant permis une double conquête poétique. Engendrant un déplacement des combats dans le « secret de l'étude[3] », soulignant la puissance dramatique de la loi et de l'argent, extirpant les intrigues du seul cercle familial pour les inscrire dans le domaine privé[4] (au sens où l'entend Jürgen Habermas), le droit assure à la fois la mutation du registre frénétique des romans de jeunesse au réalisme des récits des années 1830-1832, et la découverte,

1 Michel Lichtlé, « Balzac à l'école du droit », *L'Année balzacienne 1982*, p. 131 (repris dans *Balzac, le texte et la loi*, études réunies par Sophie Vanden Abeele, Paris, Presses de l'Université Paris-Sorbonne, 2012, p. 137).

2 Voir Maurice Bardèche, *Balzac romancier, la formation de l'art du roman chez Balzac jusqu'à la publication du Père Goriot (1820-1835)*, Genève, Slatkine Reprints, 1967, p. 392 *sq.*, et Pierre Barbéris, *Balzac et le Mal du siècle*, t. I, Paris, Gallimard, 1970, p. 699 *sq.*

3 Michel Lichtlé, « *Le Colonel Chabert*, roman judiciaire », dans *Balzac, le texte, la loi*, *op. cit.*, p. 176.

4 Habermas distingue le domaine public, qui correspond strcitement à l'espace où s'exrece l'autorité publique de l'État, et le domaine privé. Le domaine privé quant à lui, se subdivise entre la sphère privée (qui englobe à la fois les échanges économiques entre personnes et le cercle familial, et la sphère publique, où se déroulent les échanges d'ordre intellectuel, culturel et politique). Voir *L'Espace public. Archéologie de la publicité comme dimension constitutive de la société bourgeoise*, Paris, Payot, 1992 [1962].

en 1833-1835, de la grande formule romanesque : entrée en matière, long retour en arrière explicatif de la crise, drame lui-même, brutal, condensé et rapide. Cette formule n'est plus du tout celle du *Cousin Pons*. Paru dans *Le Constitutionnel* du 18 mars au 10 mai 1847 sous le titre *Le Cousin Pons ou les deux musiciens*, deuxième partie de *l'Histoire des Parents pauvres*, le roman est particulièrement marqué par l'esthétique du feuilleton, dont Balzac adopte le rythme d'écriture au jour le jour et « joue en maître[5] ». Pour autant, il paraît fondé de se demander ce que l'architecture du *Cousin Pons* doit au droit. Dans ce roman, la question de la succession n'est pas seulement un thème central : organisant les péripéties, les rebondissements et les retournements de situation, elle en constitue l'armature et en fonde le *suspense*[6]. Le droit serait alors à la source d'un romanesque faisant du Code civil à la fois la texture et l'objet de la « tension narrative[7] ». De plus, nous l'évoquions, Balzac joue avec l'esthétique de la chronique judiciaire : la narration est émaillée de microrécits satellites évoquant le fait divers criminel. Cet article se propose donc d'examiner selon quelles spécificités se met en place, dans *Le Cousin Pons*, une écriture romanesque du droit. Une première partie sera consacrée à la fonction structurante du Code civil dans son rapport avec l'esthétique feuilletonesque, et une seconde partie, au fonctionnement et aux enjeux des pseudo-chroniques judiciaires disséminées dans le roman. D'une part, il s'agira d'étudier les modalités d'intrication du juridique, du discours judiciaire[8] et du narratif, et d'autre part les effets de cette imbrication, tant sur la poétique romanesque que sur le discours du droit dans le roman.

5 Gérard Gengembre, préface de l'édition Garnier-Flammarion du *Cousin Pons* [1993] mise à jour en 2015.

6 Dans sa typologie du roman policier, Tzvetan Todorov distingue deux manières de soutenir l'intérêt du lecteur : la curiosité, dont la marche va de l'effet à la cause, et le suspense, qui va de la cause à l'effet. L'intérêt du lecteur est aiguillonné par l'attente de ce qui va arriver (*Poétique de la prose*, Paris, Seuil, 1971, p. 91).

7 La tension narrative est l'ensemble des procédés qui suscitent et maintiennent l'intérêt du lecteur en l'intriguant. Voir Raphaël Baroni, *La Tension narrative, Suspense, curiosité et surprise*, Paris, Seuil, 2007 et *Les Rouages de l'intrigue. Les outils de la narration postclassique pour l'analyse des textes littéraires*, Genève, Slatkine Érudition, 2017.

8 Rappelons que le juridique concerne ce qui se rapporte au domaine, à la matière et au contenu du droit, et le judiciaire, à la justice et à son administration, et à ce qui se fait devant les tribunaux.

LE COUSIN PONS : UN FEUILLETON JURIDIQUE ?

On peut déceler un premier indice de la dimension structurante du droit dans la genèse du texte. Comme le montrent les analyses d'Anne-Marie Meininger[9] et d'André Lorant[10], trois éléments liés assurent la métamorphose de la nouvelle en roman : la transformation de Pons en collectionneur, le thème lié de la captation d'héritage et l'apparition du personnage de Fraisier. Le personnage permet de nouer les crimes « d'en bas » aux crimes « d'en haut », le « gang du Marais[11] » au gang du Palais. Or, si l'avoué véreux tire toutes les ficelles de l'intrigue, c'est grâce à sa connaissance des lois. Davantage, ce sont les étapes et les règles de la succession, telles qu'elles sont décrites dans le Code civil, qui constituent la substance même de l'intrigue telle que la définit Raphaël Baroni. Ce dernier propose d'appréhender cette notion d'un point de vue fonctionnel, comme « une matrice de possibilités dont la fonction est de susciter un désir cognitif[12] ».

C'est une évocation générale des espérances des portières (98-99) qui sert d'introduction au thème des successions. Celui-ci se développe d'abord dans le discours de la Cibot, qui amorce ses attaques « *ad testamentum* » (214) dès la première disgrâce du musicien (106-107). Or, le thème se déploie également dans tous les récits secondaires (l'histoire de Brunner et Schwab, l'épisode des espérances que les Camusot font miroiter pour marier Cécile, et même une scène où Madeleine Vivet affirme avoir testé en faveur de Pons). Ce miroitement donne l'impression que les successions sont le moteur de la société. Dans ce contexte, la collection de Pons acquiert graduellement le statut juridique de succession. Les

9 Anne-Marie Meininger, « Introduction » au *Cousin Pons*, Paris, Garnier-frères, 1974 (rééd. Classiques Garnier, 2014), p. XII-LXIX.

10 André Lorant, « Histoire du texte », *La Comédie humaine*, éd. de Pierre-Georges Castex, Paris, Gallimard, « Bibliothèque de la Pléiade », 1977, p. 1377-1387.

11 L'expression est de Gérard Gengembre, dans sa préface à l'édition de référence, p. 24.

12 Raphaël Baroni, *Les Rouages de l'intrigue*, *op. cit.*, p. 39. Raphaël Baroni s'attache à redéfinir l'intrigue en partant de la fonction qu'elle remplit, à savoir : « l'établissement, le maintien et la résolution d'une tension dans la lecture, dont dépend l'intérêt du récit. » (*ibid.*, p. 40) Cette approche fonctionnelle met l'accent sur l'interaction entre le texte et son destinataire.

scènes de visites du « Musée Pons », démultipliées à partir du mariage manqué de Cécile, glissent progressivement, jusqu'à la scène des scellés, de l'inventaire muséal vers l'inventaire juridique. D'abord présentée sous l'angle de sa valeur esthétique et marchande (61-62 ; 135-137 ; 187 et surtout, 203-205), la collection devient « héritage » à partir du projet de mariage entre Cécile et Brunner, puis, dans la bouche de Fraisier, un ensemble des « objets dont se compose la succession » (244).

Plus le thème de la succession prend de l'ampleur, plus il implique des questions juridiques engendrant elles-mêmes toute sorte de péripéties et de rebondissements. Ces questions (savoir s'il existe des héritiers légitimes, savoir qui sera désigné comme héritier, déterminer la nature et la valeur de la succession), ainsi que la teneur et la nature du testament, renvoient précisément aux règles et aux cas de figure envisagés dans les titres « Des successions » et « Des testaments et donations entre vifs » du Code civil. De plus, le roman suit quasiment la trame du titre « Des successions », qui s'ouvre par la question de l'identification du donateur et se clôt par les règles d'acceptation de la succession, en passant par l'organisation du partage des biens et la désignation des héritiers. Le Code civil offre au romancier matière à établissement, maintien et résolution d'une tension *dans* et *par* la matière juridique.

La désignation des héritiers fournit une première série de péripéties et nourrit l'intérêt dramatique. La généalogie de Pons, au début du roman (77-78), doit faire comprendre qu'il n'a plus de « parents » selon la loi[13]. Sa cousine germaine, la première femme de Camusot, étant décédée, il n'existe plus aucun héritier collatéral légitime (ce qui est confirmé, pour le lecteur, par la scène de consultation entre Pons et Trognon, 303-304). La question de savoir en faveur de qui Pons testera est maintenue pendant un temps : après qu'il a affirmé, lors du dîner lui ayant valu sa seconde disgrâce, que son « héritier » était « Cécile » (143), l'information selon laquelle il entend léguer tout son bien à Schmucke n'est donnée que de manière indirecte au lecteur, par le personnage peu fiable de Mme Cibot, et n'est attestée qu'assez tard dans le récit. Or, le choix de Schmucke comme légataire ancre la « tension narrative » dans les problèmes juridiques et les questions de procédure. En effet, le conflit

13 Le chapitre III (« Des divers ordres de successions ») du Titre du Code civil concernant les successions définit très précisément jusqu'à quel degré de parenté et à quelles conditions l'on peut devenir « héritier ».

– et l'intérêt du lecteur en découlant – qui oppose les gangs du Palais et du Marais à Pons dans la seconde partie du roman, tient à la fois à la nature et à la forme du testament de Pons (le testament olographe et « très patriotique » [305], puis le testament authentique fait par devant notaires, difficilement contestable), et aux moyens mis en œuvre par Fraisier pour obliger Schmucke à transiger à force d'intimidation (la contestation du testament au motif d'abus de faiblesse engendrant l'apposition des scellés, 360, 362, et « la fatale assignation », 377). De là, de nombreuses scènes prennent une forte intensité : par exemple, la scène de rédaction du premier testament, dont le contenu n'est pas immédiatement donné, crée un effet d'attente attisant la curiosité du lecteur, d'autant plus qu'elle est relayée par celle de la Cibot, poussée à son comble en raison du silence de Trognon (305). Ou encore, la scène de vol du testament postiche, qui permet au lecteur de prendre connaissance du testament olographe, relance l'action en consommant la rupture de Schmucke avec Mme Cibot et attise les dissensions entre Fraisier et la portière. En outre, dans cette scène, le testament postiche, en se faisant preuve, devient un double moyen de chantage pour Fraisier (auprès de la portière et de Mme Camusot). Ou encore, dans les deux scènes successives contraignant Schmucke à transiger : la première, dirigée par Gaudissart sur le ton léger de la comédie, ne fait que souligner la cruauté de la seconde.

Comme dans la plupart des romans judiciaires balzaciens, le procès n'est pas représenté. Il demeure virtuel (même s'il importe, rappelle Michel Lichtlé, « de ne pas oublier que c'est bien par rapport à l'horizon du contentieux que se négocie l'accord[14] »). Thomas Conrad a bien montré que cette dramaturgie de l'évitement du procès permettait à Balzac de déplacer la bataille juridique dans la vie privée et de mettre l'accent sur « l'agrégat d'intérêts privés et de positions sociales dont dépend l'issue du procès[15] », tout en mettant « au premier plan [...] les rapports de force entre les personnages[16] ». La transaction, définie, en droit, comme le moyen d'éviter un procès[17], est ici présentée comme un abus de pou-

14 Michel Lichtlé, « *Le Colonel Chabert*, roman judiciaire », art. cité, p. 177.

15 Thomas Conrad, « Le duel judiciaire balzacien, hors des tribunaux », *L'Année balzacienne 2014*, *Balzac, homme de loi(s) ?*, p. 128.

16 *Ibid.*, p. 130.

17 « La transaction est un contrat par lequel les parties terminent une contestation née, ou préviennent une contestation à naître » (art. 2044 du Code civil).

voir. Jean Billemont explique que chez Balzac, les scènes de transaction donnent systématiquement lieu à des « abus entre les mains d'une partie forte contre une partie faible[18] ». Il analyse cette représentation comme une critique de l'égalitarisme juridique : le droit postule l'égalité des individus, mais sanctionne, dans les faits, leur inégalité devant la loi. L'ironie est d'autant plus féroce que la négociation est conduite par un futur juge de paix – Fraisier en l'occurrence. La justice de paix, il faut le rappeler, conçue « comme une justice de proximité » mise en œuvre par un juge « paternel[19] », fut instituée par les Constituants en 1790 pour favoriser la « concorde sociale »…

Pour fonctionner pleinement, le dispositif d'intrigue requiert des connaissances minimales de la part du lecteur, que le roman instruit. De là, de manière conventionnelle, des scènes entre un personnage ignorant et un initié. Or, dans *Le Cousin Pons*, la logique didactique d'insertion de savoirs dans la fiction (caractéristique du roman balzacien aussi bien que du roman-feuilleton) ne se dissocie pas de la logique narrative. Ainsi, la scène de consultation entre Fraisier et la Cibot, qui éclaire le lecteur sur les enjeux juridiques du récit, resserre l'étau autour de Pons en nouant les intérêts des deux « gangs » par le truchement de Fraisier (233-234). Dans la scène de consultation entre Pons et Maitre Trognon, le notaire explique les raisons pour lesquelles Pons est absolument délié des contraintes du Code qui pèsent sur les successions. Cette explication engendre un retournement de situation fracassant. Ici, c'est la matière juridique même qui devient la source et l'enjeu de la curiosité du lecteur en l'intéressant, nous le disions, à la nature et à la forme du testament. Ainsi les explications du notaire renvoient avec exactitude (parfois à la lettre) au Code civil, dont elles compilent des dispositions relatives aux successions : la section IV du livre III sur le legs universel, l'article 916 sur la liberté de disposer de ses biens, et les articles 969 à 976, sur le testament fait par devant notaire et le testament olographe. Tout comme les explications de Villemot sur la procédure d'acceptation des successions dans la scène d'apposition des scellés, elles exacerbent le suspense et relancent l'action. Toutefois, dans

18 Jean Billemont, « La transaction », *Balzac, romancier du droit*, dir. Nicolas Dissaux, Lexis/Nexis, 2012, p. 245.

19 Benoît Garnot, *Histoire de la justice, France, XVIe-XXIe siècles*, Gallimard, coll. « folio histoire », p. 374.

la scène des scellés, les motivations narratives semblent l'emporter sur l'exactitude juridique. En effet, d'après les articles 1006 et 1008 du Code civil, dans la mesure où Pons a fait un testament authentique et où il n'a pas d'héritiers auxquels une quotité de biens est réservée par la loi, la procédure de demande d'envoi en possession[20] est inutile. Faut-il conclure au sacrifice de l'exactitude juridique au profit du romanesque ? À moins qu'il ne s'agisse d'une incohérence à mettre en relation avec la rapidité d'écriture du feuilleton ? De fait, dans ce chapitre et dans le suivant, la Sauvage et Villemot, espions de Fraisier, prennent la défense du musicien – Villemot menace même d'assigner Fraisier en référé (363). Toujours est-il que l'intervention de Villemot replace le problème des procédures d'héritage au cœur de l'intrigue et relance l'intérêt du lecteur à propos des règles de succession, de la validité et de la *légitimité* du testament de Pons, et, au-delà, de la dimension sociale et politique de l'héritage, poursuivant alors une réflexion centrale de *La Comédie humaine*[21]. En définitive, la torsion d'un article du Code civil invite à une réflexion de fond sur le texte de loi.

Dans le Code civil, les successions relèvent « Des différentes manières dont on acquiert la propriété[22] ». L'héritage est, avec le mariage, l'un des deux piliers de l'ordre social postrévolutionnaire. Dans les travaux préparatoires du Code civil, Bigot-Préameneu justifie l'ordre des successions par la notion d'affection :

> Les liens du sang qui unissent et qui constituent les familles sont formés par les sentiments d'affection que la nature a mis dans le cœur des parents les uns pour les autres. L'énergie de ces sentiments augmente en raison de la proximité de parenté, et elle est portée au plus haut degré entre les pères et les mères et leurs enfants.
>
> Il n'est aucun législateur sage qui n'ait considéré ces différents degrés d'affection comme lui présentant le meilleur ordre pour la transmission des biens[23].

20 Cette procédure serait nécessaire si Pons avait opté pour un testament olographe ou mystique.

21 Sur cette question, nous nous permettons de renvoyer à la troisième partie de notre livre, *Le Père Balzac. Représentations de la paternité dans la Comédie humaine*, Paris, Classiques Garnier, 2015.

22 Chapitre III du Code civil.

23 Bigot-Préameneu, *Présentation au corps législatif des articles du Code civil sur les « Donations entre vifs et les testaments »*, 2 Floréal an 11–22 avril 1803, dans *Naissance du Code civil. Travaux préparatoires du Code civil*, Textes réunis et présentés par François Ewald, Paris, Flammarion, 2004 [1989], p. 303.

En enracinant le lien entre famille et héritage dans le droit naturel, le Législateur institue l'équivalence entre la logique de reproduction sociale et de reproduction biologique au fondement de la stabilité sociale. C'est précisément ce fondement que *Le Cousin Pons* interroge[24]. En effet, célibataire et sans collatéraux, Pons est un personnage « en défaut de loi commune[25] » selon l'expression de Christian Biet : il échappe à toutes les contraintes du Code pesant sur « ce qu'on peut faire de sa fortune accumulée[26] » et, à ce titre, perturbe le pacte social bourgeois.

Michael Lucey a analysé le dérèglement des protocoles de transmission dans *Le Cousin Pons*[27]. Il interroge notamment la différence de représentation des deux testaments dans le roman : car le premier, le testament olographe qui sert de leurre, celui selon lequel Pons lègue sa collection « au roi, pour faire partie du Musée du Louvre » (315) contre une pension accordée à Schmucke, est entièrement rédigé dans le roman. En revanche, le second, l'authentique, instituant Schmucke légataire universel, n'est que très rapidement résumé (322). Lucey montre que ce choix d'écriture permet à l'État d'entrer en scène et au roman d'enfoncer ironiquement un coin entre les intérêts de la Famille et ceux de l'État. En effet, outre la valeur marchande considérable de la collection, le legs très « patriotique » de Pons (305), assurerait un gain symbolique et idéologique important pour la monarchie bourgeoise en lui permettant de solder ses dettes avec le passé, de racheter la mémoire d'Empire et d'Ancien Régime[28]. Ce gain vaut bien la reconnaissance publique, pour une fois, d'une structure familiale « déviante ».

Le deuxième testament est, quant à lui, purement fondé sur l'ordre des affects. Il est légal, mais empêche toute confortation de l'ordre social. Il n'entre dans aucune logique de reproduction/production sociale : ni économique, ni symbolique, ni idéologique. Il représente donc une forme

---

24 Tout comme *Ursule Mirouët, Modeste Mignon* et *La Cousine Bette* le font, dans des perspectives sensiblement différentes.

25 Christiant Biet, *Droit et littérature sous l'Ancien Régime. Le jeu de la valeur et de la loi*, Paris, Honoré Champion, 2002, p. 225-283 en particulier.

26 Michael Lucey, *Les Ratés de la famille. Balzac et les formes sociales de la sexualité*, Paris, Fayard, 2008 [Duke Université Press, 2003], p. 202.

27 *Ibid.*

28 Sur ce point, voir l'article de Florence Terrasse-Riou : « La transmission des héritages dans *Le Cousin Pons, L'Interdiction* et *La Cousine Bette* : les dettes reparaissantes », dans *Balzac dans l'Histoire*, études réunies et présentées par Nicole Mozet et Paule Petitier, Paris, Sedes, 2001, p. 237-250.

de scandale que sanctionne très ironiquement la narration. La fin du récit suggère en effet que la manipulation de la loi par le clan Fraisier-Camusot est en définitive au service d'un retour à l'ordre, qui est un retour à la *norme* du Code, à savoir l'interdépendance entre l'héritage et une certaine conception de la famille. Dans les deux volets des *Parents pauvres*, la reproduction en miroir du crime légal pour assurer le retour de l'héritage dans la famille éclaire ainsi la violence des présupposés idéologiques fondant l'ordre social institué par le Code. Enfin, dans les deux romans, c'est au fils de famille que l'héritage échoit – Victorin Crevel et le jeune Popinot en l'occurrence. Si *Les Parents pauvres* dessinent incontestablement l'émergence d'un « pouvoir féminin » menaçant, qui coïncide avec une dégradation de la figure paternelle[29], ils mettent également en évidence la puissance toute nouvelle du fils de famille. Car c'est bien lui, le fils émancipé, « marié, père de jeunes enfants », le grand vainqueur du « Code civil, qui fait de ce citoyen-là un chef de famille dans toute la puissance du terme[30] ». Ce que la trame juridique éclaire, c'est aussi ce déplacement du centre de gravité du pouvoir, avec tout ce qu'il comporte de brutalité. Enfin, comme le montre Gérard Gengembre, c'est paradoxalement dans le cabinet de Popinot que la collection de Pons devient « ce qu'elle était potentiellement, c'est-à-dire à la fois un trésor à forte plus-value vénale et un symbole de liberté » (15-16). Le second testament de Pons pose donc aussi, en raison de la nature particulière de cette succession, la question (ouverte) de la légitimité du testament de Pons.

Au total, le tressage des procédés du feuilleton et du Code civil donne à l'intrigue du *Cousin Pons* le caractère implacable et nécessaire de la mécanique tragique. Cette mécanique à broyer les faibles rappelle d'autres romans judiciaires, comme *Le Colonel Chabert* ou *Le Contrat de mariage* par exemple. Pons s'en distingue cependant à bien des égards : d'une part, on l'a dit, la structure romanesque n'y est pas du tout la même. D'autre part, le ton y est plus cruel et plus léger à la fois, grâce à des contrepoints comiques empruntant à l'esthétique de la petite chronique judiciaire. Tout se passe alors comme si, outre le discours

29 Nicole Mozet, « La Cousine Bette, roman du pouvoir féminin ? », dans *Balzac et* Les Parents pauvres, études réunies et présentées par Françoise van Rossum-Guyon et Michiel van Brederode, Paris, Sedes, 1981, p. 33-45.

30 Anne Verjus, *Le Bon Mari. Une histoire politique des hommes et des femmes à l'époque révolutionnaire*, Paris, Fayard, 2010, p. 265.

juridique du Code, le roman intégrait une autre mise en forme du savoir judiciaire. Ce sont les modes d'intégration de ce discours et son impact qu'il s'agit à présent d'étudier.

FEUILLETON JURIDIQUE *VS* CHRONIQUE JUDICIAIRE ?

À l'instar des faits divers de *La Gazette des tribunaux*, *Le Cousin Pons* comporte une foule de petites histoires de crimes et délits punissables. Dans le roman, ils sont souvent impunis : l'histoire du malheureux coiffeur ayant acheté à mauvais compte une maison en viager (158), le résumé approximatif des *Deux mules noyées* des *Cent nouvelles nouvelles* (268), le récit de la tentative de vol chez Magus (à propos duquel le narrateur fait précisément référence à *La Gazette des tribunaux*) ou encore, la relation de l'empoisonnement de Cibot par Rémonencq et de ce dernier par la Cibot. La présence de ces anecdotes plaisantes peut être mise au compte des conditions d'écriture, le rythme quotidien imposant parfois au romancier de tirer à la ligne. Elles peuvent également être lues dans la perspective d'une appropriation par Balzac de l'esthétique feuilletonesque, marquée par la référence à l'actualité et au fait divers. S'agit-il alors, chez Balzac, d'un jeu avec l'une des caractéristiques du genre ? S'agit-il plutôt d'une interaction directe et intime entre le support médiatique – *Le Constitutionnel* en l'occurrence – et l'écriture romanesque ? Les travaux de Marie-Ève Thérenty ont démontré l'importance de l'expérience journalistique dans l'élaboration de la poétique romanesque balzacienne[31]. Sans doute n'y a-t-il pas de préméditation de la part de Balzac, surpris du succès de *La Cousine Bette* quelques mois plus tôt. Mais sans doute le processus d'écriture au quotidien n'est-il pas complètement imperméable non plus à un effet de « diarisation[32] ». À tout le moins y a-t-il des effets de lecture que

31 Voir en particulier Marie-Ève Thérenty, *Mosaïques. Être écrivain entre presse et roman (1829-1836)*, Paris, Honoré Champion, 2003 et *La Littérature au quotidien. Poétiques journalistiques au XIXe siècle*, Paris, Seuil, 2007.

32 Marie-Ève Thérenty, *La Littérature au quotidien*, *op. cit.*, p. 208.

nous voulons analyser. L'insertion d'anecdotes rappelant les chroniques judiciaires dans une histoire d'assassinat légal crée un écho avec la partie du journal consacrée aux affaires judiciaires. Se produit alors un effet de miroir déformant entre le roman et le journal.

En 1836, *La Presse*, le quotidien populaire lancé par Émile de Girardin, marque un tournant dans l'évolution de la presse judiciaire. En effet, ce journal non spécialisé accorde un volume très important au récit de crime par le biais du fait divers et de la chronique judiciaire, où « la rubrique consacrée aux tribunaux ressemble à une version miniature du journal spécialisé[33] » – *La Gazette des tribunaux* en l'occurrence. *Le Constitutionnel : journal du commerce, politique et littéraire*, qui a été racheté en 1844 par Louis Véron (un proche de Thiers), n'échappe pas à cette règle.

Fondée en 1825 par Jean-Achille Darmaing, *La Gazette des tribunaux* est le premier journal spécialisé dans « la jurisprudence et les débats judiciaires[34] ». Dans la période qui nous occupe, deux types antithétiques de chroniques judiciaires s'y côtoient : le compte rendu d'audience, reproduisant avec exactitude les audiences de cour d'assises, et de petits articles fortement fictionnalisés, adoptant le ton de l'anecdote pour présenter le délit (souvent pour traiter d'affaires de police correctionnelle et de justice civile) et les procédés de l'étude de mœurs pour caractériser les personnages. Ces « grandes » et « petites » chroniques sont structurées par « la chronologie préétablie du rituel » du procès : lecture de l'acte d'accusation par le greffier, interrogatoire par le président de l'accusé, etc.[35]. Le « grand » compte rendu d'audience se présente comme une « mise en scène de mise en scène » (celle du procès) : le chroniqueur « distribue les dialogues et les gestes (« M. le procureur général », « le témoin », « l'accusé »), façonne les bons mots, parsème son récit d'indications scéniques de didascalies [...]. Rarement discours

33 Amélie Chabrier, « "Que la fiction vous serve de guide au pays des réalités". Mutations de la poétique de la chronique judiciaire dans *Le Tribunal illustré* (1879-1882) », dans *Interférences littéraires/literaire interferenties* n° 7, « Croisées de la fiction. Journalisme et littérature », Myriam Boucharenc, David Martens et Laurence Van Nuijs (dir.), novembre 2011, p. 24.

34 Il s'agit du sous-titre de *La Gazette des tribunaux* (« journal de la jurisprudence et des débats judiciaires »).

35 Amélie Chabrier, art. cité, p. 24-25. Pour une étude complète de l'évolution du genre et de ses rapports à la littérature, nous renvoyons à la thèse d'Amélie Chabrier : *Les Genres du prétoire. Chronique judiciaire et littérature au XIXe siècle*, Université Paul Valéry-Montpellier III, 2013, consultable en ligne.

de presse est investi d'autant d'effets de texte, qui se veulent effets de réel autant que de suspense[36]. » La « petite » chronique quant à elle, « à mi-chemin entre le fait divers et le fabliau[37] », est une fenêtre ouverte « sur le petit théâtre des passions et des travers humains[38] ». Sa « chute, [qui] coïncide généralement avec la mention du jugement, comporte souvent une dimension morale ou édifiante[39] ».

Ces deux variantes de la chronique judiciaire se retrouvent dans *Le Constitutionnel*. Le « grand » compte rendu d'audience, réservé à des affaires importantes ou méritant, « en raison de la jurisprudence une relation plus fournie[40] », figure dans des rubriques intitulées, suivant le nom du tribunal où elles ont été jugées, « Cour d'Assises », « Tribunal de commerce », etc. Les « petites chroniques », rapportant, en quelques lignes, parfois de manière très cocasse, des affaires passées en jugement, occupent aussi bien les rubriques de la revue de presse des journaux nationaux et étrangers que la rubrique spécialisée intitulée « Cours et tribunaux », laquelle oscille entre une et deux colonnes, en page 2 ou 3 du journal. C'est dire leur importance. Or, il nous semble que *Le Cousin Pons* reflète cette structure d'ensemble, tout en la décalant dans le domaine de la vie privée et dans le temps *d'avant* le procès. Ainsi, au grand compte rendu d'audience répondrait l'intrigue principale, à savoir l'anatomie d'un crime légal (commis sur le personnage de Pons), et les anecdotes criminelles émaillant le récit seraient le pendant des petites chroniques. De plus, de la même façon que les petites chroniques fournissent un contrepoint récréatif au sérieux du compte rendu, ces anecdotes offriraient un contrepoint à l'intrigue principale. Reste à analyser le fonctionnement et les enjeux de ces effets de miroir et de doubles.

Les petites chroniques criminelles du *Cousin Pons* s'ouvrent généralement par le connecteur temporel « un jour » : tout en signalant leur singularité et leur autonomie par rapport à l'intrigue principale, il les inscrit dans le registre du conte vrai, de l'anecdote extraordinaire tirée de la vie. Le mode de narration est celui du fait divers : focalisation externe, enchaînement rapide

36 Dominique Kalifa, « La chronique judiciaire », dans Dominique Kalifa, Philippe Régnier, Marie-Ève Thérenty, Alain Vaillant (dir.), *La Civilisation du journal. Histoire culturelle et littéraire de la presse au XIX*e *siècle*, Nouveau Monde éditions, 2011, p. 1006.

37 *Ibid.*, p. 1004.

38 *Ibid.*, p. 1005.

39 *Ibid.*, p. 1004.

40 *Ibid.*, p. 1000-1001.

de faits sans commentaire du narrateur, sinon pour clore ou ouvrir le récit par un bon mot ou une petite morale implicite et ironique. La mésaventure du coiffeur, le récit des *Deux mules*, celui de la tentative de vol chez Magus et même la séquence de récit du crime perpétré par Rémonencq relèvent de ce schéma. Bien que ce crime soit annoncé à plusieurs reprises, ce qui lui donne une épaisseur temporelle absente du fait divers, et bien que les intentions du personnage aient été progressivement présentées au lecteur par le jeu de la narration omnisciente et du récit de pensées, sa relation relève de l'esthétique de la chronique judiciaire. Rapportée de manière très concentrée en moins d'une page (294[41]), au début du chapitre LVIII, elle allie narration factuelle alerte, description informative (sur les effets du cuivre oxydé), bons mots (comme l'expression « homéopathie criminelle » [294]) et commentaire comique (« L'idée de nettoyer sa rondelle économiquement dans la tisane de Cibot lui vint subitement » [294]). Dès lors, par-delà l'effet de réel, la référence à *La Gazette des tribunaux* à propos de la tentative de vol chez Élie Magus suggère que toutes les histoires du même type pourraient aussi bien y figurer.

Comme les généralisations balzaciennes et comme les digressions savantes, ces récits périphériques ont pour fonction première de renforcer la crédibilité de la fiction romanesque. Ainsi, la mésaventure du coiffeur est-elle introduite comme un « exemple [pouvant] suffire à corroborer celui que présente cette histoire » (157). La fonction de démarcation du métadiscours narratorial joue un rôle essentiel à cet égard : elle permet aux pseudo-faits divers de donner de la vraisemblance à la narration, et réciproquement. Enfin, faisant écho à l'intrigue principale sur le mode mineur et dans le registre du fait divers criminel, ces histoires soulignent, par contraste, tout le cynisme du crime légal dont Pons est victime. Par exemple : Pons et Cibot sont aussi innocents l'un que l'autre ; du reste, leurs convois funèbres roulent l'un derrière l'autre. Mais leur ton drolatique en fait également de joyeux divertissements, privilégiant une approche risible du monde. Ces petites chroniques relativisent alors la tragédie de Pons – c'est tout de même sur une histoire d'empoisonneur empoisonné que s'achève le roman. Du même coup, elles remettent en jeu le sérieux de la réflexion juridique portée par le récit (et, davantage, par *La Comédie humaine*), mais sur un ton proche de la blague supérieure. La légèreté est empreinte de mélancolie historique.

41 De « un matin … à dose de poison ».

À l'échelle du journal, les effets d'écho entre le roman et les rubriques judiciaires ne sont pas sans incidence sur le discours judiciaire médiatique. Si le rapport entre les petites chroniques médiatiques et les petites chroniques romanesques est de l'ordre de la ressemblance, la relation de l'intrigue principale (la trame juridique de l'assassinat légal de Pons) au grand compte rendu d'audience s'établit, elle, sur le mode du contraste.

La grande chronique, fondée sur le rituel judiciaire, en reproduit la théâtralité et la solennité. La trame romanesque en revanche, fondée avec précision sur l'organisation, les procédures et les articles du Code civil, relate une lutte secrète, des crimes ordinaires et oubliés, et constitue le prologue d'un procès qui n'a jamais lieu. La théâtralité n'est évidemment pas absente du roman – Balzac est un « romancier dramatique[42] ». Mais, même si elle sert l'écriture juridique, elle ne lui est pas propre. De plus, elle n'a pas du tout les mêmes fonctions que dans la chronique judiciaire. D'une part, de manière tout à fait habituelle chez Balzac, elle relève des effets de régie narrative et met en valeur le « drame » de la vie privée en train de se jouer. C'est ainsi qu'elle donne l'emphase nécessaire au démarrage de l'intrigue juridique :

> Ici commence le drame, ou si vous voulez, la comédie terrible de la mort d'un célibataire livré par la force des choses à la rapacité des natures cupides qui se groupent à son lit et qui, dans ce cas, eurent pour auxiliaires la passion la plus vive, celle d'un tableaumane, l'avidité du sieur Fraisier, qui, vu dans sa caverne, va vous faire frémir, et la soif d'un auvergnat capable de tout, même d'un crime, pour se faire un capital. Cette comédie, à laquelle cette partie sert en quelque sorte d'avant-scène, a d'ailleurs pour acteurs tous les personnages qui jusqu'à présent ont occupé la scène. (225-226)

D'autre part, elle est impliquée par la poétique de la scène, également caractéristique de l'écriture romanesque balzacienne, et plus particulièrement, pour *Le Cousin Pons*, par ce que Peter Brooks appelle le « mode mélodramatique[43] », à savoir « un certain substrat théâtral employé et

---

42 L'expression est de Thomas Conrad, « Le duel judiciaire balzacien, hors des tribunaux », art. cité, p. 123. Sur le déplacement de la notion de théâtralité dans le roman, nous renvoyons aux travaux d'Agathe Lechevallier, et notamment à *La Théâtralité dans le roman : Stendhal, Balzac*, thèse sous la direction de Dominique Combe, Université Paris III-Sorbonne Nouvelle, 2007. Voir également « Théâtres du roman : modalités de la référence au théâtre dans *La Comédie humaine* », *L'Année balzacienne 2011*, p. 199-212.

43 Peter Brooks, *L'Imagination mélodramatique. Balzac, Henry James, le mélodrame et le mode de l'excès*, Paris, Classiques Garnier, 2010, p. 7.

retravaillé dans les représentations romanesques », marqué par « des représentations intenses, excessives de la vie qui révèlent les véritables conflits en jeu par-delà la façade des conventions[44] ».

Par-delà le dessein mimétique, la théâtralité, dans la grande chronique, est constitutive de la dimension édificatrice du genre. Introduisant le lecteur dans les arcanes des assises pour lui montrer la manière dont s'élabore la vérité judiciaire, la chronique contribue « à la diffusion d'un savoir, d'un discours et d'un imaginaire homogènes de la normativité judiciaire, dont [elle dit] la puissance et la légitimité[45] ». L'intrigue juridique dans *Le Cousin Pons* a, au contraire, une fonction démystificatrice, précisément par rapport à ce type de discours judiciaire. Car dans le roman, la vérité légale ne rend pas compte des faits (il suffit de penser aux termes de l'assignation rédigée par Fraisier et aux résultats de la transaction). Surtout, les acteurs du monde judiciaire sont loin d'avoir la pureté que leur donneraient leurs places et leurs rôles bien définis au tribunal. Elisheva Rosen a bien mis en évidence la manière dont la représentation du droit, chez Balzac, implique systématiquement des situations « mixtes », c'est-à-dire, mettant en relief l'interaction de différentes sphères d'action sociale[46]. Chez Fraisier par exemple, les ambitions personnelles s'imbriquent complètement avec l'action juridique (c'est d'ailleurs pourquoi le drame juridique, chez Balzac, ne se résorbe jamais dans une étude de cas). « Est-ce à dire que la justice est corrompue[47] ? » Le point de vue balzacien est beaucoup plus nuancé que cela : axé sur une logique de l'action, le récit balzacien attire l'attention sur le fait que la justice est une pratique indissociable d'un ensemble de contraintes (administratives, politiques au sens large, etc.) mais aussi de marges de manœuvre et d'aléas humains[48]. Par exemple, les deux contretemps successifs de la fin du roman laissent croire que l'ami de Pons aurait aussi bien pu rentrer dans ses droits : l'envoi de l'assignation par Fraisier, qui ne rencontre pas Gaudissart, et l'arrivée de Topinard, alors que Schmucke est déjà dans le cabinet de « monsieur Berthier, notaire » (379). La justice, dans le roman, repose sur une mécanique bien mal huilée.

44 *Ibid.*, p. 139.
45 Dominique Kalifa, « La chronique judiciaire », art. cité, p. 1008.
46 Elisheva Rosen, « Droit et roman : le modèle balzacien », dans *Balzac dans l'Histoire*, *op. cit.*, p. 37-54.
47 *Ibid.*, p. 47.
48 *Id.*

En définitive, dans *Le Cousin Pons*, le feuilleton juridique joue contre la chronique judiciaire, dont il malmène les présupposés idéologiques. Les effets d'écho entre le journal et le roman ont également pour conséquence de suggérer la supériorité du discours romanesque sur le monde par rapport au discours judiciaire et médiatique, précisément parce que le premier est pluriel. Enfin, peut-être faut-il voir dans ces jeux de double, dans cette mise à mal du discours judiciaire, une adresse particulièrement ironique au lectorat du *Constitutionnel*, représentant du « parti niais[49] » dans le système de *La Comédie humaine* ?

Marion Mas

49 Marie-Ève Thérenty, *La Littérature au quotidien*, *op. cit.*, p. 363.

L'ÉVENTAIL DE LA MARQUISE DE POMPADOUR

Ou la largesse du parent pauvre

En offrant l'éventail de Madame de Pompadour à sa cousine, Sylvain Pons fait son propre malheur. Ce geste incongru et somptuaire produit un désordre qui menace l'équilibre familial des Camusot et provoque une irrémédiable inimitié, qui déterminera la maladie et la mort du musicien. Pour comprendre la violence des affects alors déchaînés, éclairer les motivations des personnages telles qu'on peut les déduire de leurs apparitions dans *La Comédie humaine* ne suffit pas ; il faut également prendre en compte les fondements archaïques des rapports humains dans leurs dimensions psychique et anthropologique. *Le Cousin Pons* révèle ainsi l'origine des relations secrètement agonistiques du célibataire et de sa parenté, du parent pauvre et de sa famille, qui redoublent l'antagonisme de l'artiste et du monde bourgeois.

QU'EST-CE QU'UN PARENT PAUVRE ?

La vie en société du parent pauvre serait considérablement restreinte sans la fréquentation de son entourage familial, mais sa situation ne saurait pourtant se définir en termes d'infériorité sociale. Sans parité sociale originaire le terme même de *parent* pauvre n'aurait aucun sens. Si les Camusot, qui entendent s'appeler « de Marville », sont « sciés en deux » quand Pons les appellent « *cousin* ou *cousine* » (82), c'est simplement parce qu'ils s'efforcent de dénier le milieu de leur aïeux. La pauvreté économique est également un critère insuffisant : Pons et Bette pourraient matériellement subsister sans l'aide de leur famille. La dépendance qui soude le parent pauvre à ses proches est moins économique et sociale que psychique : il ne s'agit pas d'un lien amical mais d'une ligature pulsionnelle. Dans *Le Cousin Pons*, elle est figurée par le caractère oral de la passion du héros : cette irrépressible *gourmandise* dont la privation le précipite dans une « mélancolie profonde qui le dévor[e] » (108), tandis que dans *La Cousine Bette*, l'*envie* d'Adeline, qui l'obsède depuis son enfance, l'attache à sa belle-famille.

De telles motions ne sont pas innocentes. Alors qu'Eugène Sue publie dès novembre 1847 dans *Le Constitutionnel* sa série des *Sept péchés capitaux*, compris, selon une influence fouriériste, comme des passions contrariées, bonnes en elles-mêmes si le sujet qui en est la proie leur laissait libre cours, Balzac considère que le passage à l'acte passionnel est en soi destructeur par la dépense d'énergie psychique qu'il occasionne. Toutefois, tant que Pons parvient à « concentrer ses jouissances dans le jeu de son estomac » (67), sans payer pour cela d'autre prix qu'un « déploiement de capacité vitale », il peut être considéré comme un « sage » (68). Cette perte d'énergie lui interdit certes de devenir « un grand homme » (67), mais sa gourmandise n'est encore que « le péché des moines vertueux » (67). En revanche, quand elle le réduit à s'humilier devant les Camusot, elle se révèle dans ses potentialités destructrices. De même, tant que l'envie de Bette ne la contraint qu'à l'affectation d'une indépendance farouche et au refus obstiné du mariage, elle a trouvé un *modus vivendi*, mais quand le complot familial la réveille, elle envahit alors toute la personnalité et la conduit à répandre le malheur autour d'elle. Balzac représente donc l'*invidia* et la *gula* avec la profondeur que la théologie leur conférait, comme des tendances psychiques qui poussent à l'actualisation du mal. Ces deux vices sont en effet à l'œuvre dans le péché originel : l'envie du Diable introduit le péché dans le monde, la gourmandise d'Ève la conduit à goûter au fruit défendu, et ils apparaissent chez l'*infans* augustinien des *Confessions* – agité par une avidité mauvaise du sein maternel et envieux de son frère de lait – comme les deux premières manifestations de sa transmission héréditaire[1].

Le parent pauvre occupe également une place importante dans l'économie psychique d'une famille. À l'aune de sa pauvreté essentielle se mesurent la plénitude de bonheur et la richesse de ses proches. Le parent pauvre est le porteur des péchés de la famille, entendons des manques, des souffrances, des blessures narcissiques. Ainsi la gêne financière, la

1 Saint Augustin, *Confessions*, trad. franç. Joseph Trabucco, Paris, GF, 1964, p. 22.

laideur et le célibat de Pons permettent à Mme Camusot de compenser sa souffrance d'être moins belle, moins riche, moins haut située socialement et économiquement, mariée à un homme moins capable, que l'ambition d'une fille d'huissier du roi, qui a toujours entendu parler des sommités sociales côtoyées par son père, ne le souhaitait. En présence de Pons, par de constantes *projections*, elle expulse d'elle-même ses soucis, ses pensées désagréables, et, en les partageant avec le vieil artiste, les lui fait supporter ; sûre que le gourmand les gardera secrètes. Un échange archaïque relie ainsi Mme Camusot et son cousin : la *donatrice* dispense des mets exquis, mais le *donataire* accepte en retour la charge des ordures. Le parent pauvre, dit Balzac, est « une espèce d'égout aux confidences domestiques » (92). Entre lui et les siens, il existe donc un *pacte manifeste* : sa famille offre un environnement protecteur et amical à cet être solitaire et marginal, mal doté par une nature marâtre, et il doit en retour une gratitude qui se manifeste par de petits services rendus à ceux qui le reconnaissent comme des leurs malgré sa pauvreté et ses tares. Mais celui-ci cache un *pacte latent* : en échange de l'accueil qu'il reçoit et des largesses dont il bénéficie, le parent pauvre doit être le réceptacle complaisant des projections familiales, c'est-à-dire l'incarnation des blessures d'amour-propre dont il exonère son entourage, et ne jamais s'écarter de cette fonction.

LE STIGMATE DU PARENT PAUVRE : LA LAIDEUR

Dans les deux romans de 1847 la blessure essentielle est la *laideur*, qui interdit de plaire et d'être aimé : « On pensait aussitôt que la nature avait interdit à ce bonhomme d'exprimer la tendresse, sous peine de faire rire une femme ou de l'affliger. Le Français se tait devant de malheur, qui lui paraît le plus cruel de tous les malheurs : ne pouvoir plaire ! » (56). « On ne m'a jamais si bien dit, reprit [Bette] avec un rire amer, que j'étais affreusement laide[2] ». Mais, la réaction est de nature différente chez les deux personnages.

2 Balzac, *La Cousine Bette*, *La Comédie humaine*, éd. Pierre-Georges Castex, Gallimard, coll. « Bibliothèque de la Pléiade », 1977, t. VII, p. 166. Hormis pour l'édition de référence du *Cousin Pons*, nous renvoyons toujours à cette édition.

Bette Fischer y réagit par le complexe de Richard III[3]. Puisqu'il lui est interdit d'être aimée, elle décide de se venger sur sa famille, et en premier lieu sur la belle Adeline qui à « quarante-huit ans fait encore des passions frénétiques[4] ». Bette est en cela un avatar de l'Aglaure d'Ovide envieuse de sa sœur Hersé[5]. Mais, spécificité balzacienne, elle déplace la relation d'amour impossible sur une relation d'*amitié*, fondée sur la parité *et* sur la différence. Bette rencontre en Valérie une femme dont le destin familial a été aussi malheureux que le sien : enfant illégitime, abandonnée par son père et livrée à l'ignoble Marneffe, mais qui possède une irrésistible puissance de séduction. Bette s'empare donc de la beauté d'une femme plus séduisante qu'Adeline, qu'elle utilise pour sa vengeance. Dans sa douleur d'être laide, comme dans sa révolte contre la famille et dans cette relation prédatrice, elle s'apparente à Vautrin. Les déguisements de « l'élève » de Jean-Jacques[6], révolté contre l'iniquité de l'ordre social comme Bette contre l'injustice de sa famille, n'ont en effet pas seulement la fonction de masquer son identité, mais aussi celle de dissimuler l'horreur de son visage[7].

Tout aussi privé d'amour et condamné au célibat par sa disgrâce, Pons échappe au sentiment d'envie par différentes formes de sublimation, dont il ne faut pas envisager la valeur absolue mais la fonction dans l'économie psychique. Le métier de compositeur chef d'orchestre, où le moindre geste fait surgir l'œuvre d'une façon quasi magique, est une réalisation métaphorique de l'omnipotence : Pons crée la beauté dont il est dépourvu. Il déplace en outre le besoin de possession sur la collection d'œuvres d'art[8], qu'il conserve avec « une avarice insatiable, l'amour de l'amant pour une belle maitresse » (62). Il s'agit d'une des variantes de la vie par procuration : celle par laquelle l'antiquaire de *La Peau de chagrin* possède les civilisations par l'intermédiaire des objets de sa boutique. Ainsi l'éventail de Mme de Pompadour condense le style Louis XV dans sa pureté, la vie de cour sous l'Ancien Régime et ses plaisirs libertins. Quant au courant tendre de l'amour, Pons le vit dans l'amitié avec Schmuke : une véritable *philia* fondée sur le partage de

3 Sigmund Freud, « Quelques types de caractères… », *L'Inquiétante étrangeté et autres essais*, trad. J.-B Pontalis, Gallimard, coll. « Folio », 1985, p. 139-171.

4 *La Cousine Bette*, éd. citée, p. 166.

5 Ovide, *Métamorphoses*, trad. Georges La Faye, Les Belles-Lettres, CUF, 1994.

6 *Le Père Goriot*, *La Comédie humaine*, t. III, p. 220.

7 *Ibid.*, p. 218.

8 Voir également *infra*, n. 19.

l'*éthos*, comme le veut Aristote, et qui se distingue autant de l'amitié factice qui prévaut au sein du « firmament bourgeois » (78) fréquenté par le musicien, que de l'amitié prédatrice de Vautrin à l'égard de Lucien ou de celle de Bette envers Valérie[9].

Mais alors que la laideur de Bette est relative à la beauté d'Adeline, celle de Pons est essentielle et tératologique. Sa monstruosité (67) le prédestine ainsi à occuper la place de parent pauvre des Camusot de Marville, famille marquée par une disgrâce physique et morale, exacerbée chez la présidente, comme en témoignent ses différents portraits.

Ainsi, dans *Le Cabinet des antiques* :

> Mme Camusot est une petite femme, grasse, fraîche, blonde, ornée d'un front très busqué, d'une bouche rentrée, d'un menton relevé, traits que la jeunesse rend supportable, et qui doivent lui donner de bonne heure un air vieux. Ses yeux vifs et spirituels, mais qui expriment un peu trop son innocente envie de parvenir, et la jalousie que lui cause son infériorité présente, allument comme deux lumières dans sa figure commune, et la relèvent d'une certaine force de sentiment que le succès devait éteindre plus tard[10].

Ou encore dans *Le Cousin Pons* :

> L'habitude de la domination absolue au logis avait rendu sa physionomie dure et désagréable. Avec le temps le blond de la chevelure avait tourné au châtain aigre. Les yeux encore vifs et caustiques, exprimaient une morgue judiciaire chargée d'une envie contenue. En effet la présidente se trouvait presque pauvre au milieu de la société de bourgeois parvenus où dînait Pons. (84)

La vulgarité des traits – ils s'opposent en tous points aux canons de la beauté balzacienne – d'une femme petite et grosse n'est compensée que par l'éclat que l'envie – conformément à la signification étymologique du terme latin si on interprète la particule *in* dans le sens intensif – donne au regard. La laideur, physique et morale de la femme du magistrat dont le narrateur (84), puis Fraisier (235-236) dressent d'inquiétants portraits moraux, se combine avec l'incapacité intellectuelle et le peu de grâce de son mari, qui porte « le nez de son nom[11] », pour renaître

---

9 Platon effectue la critique radicale de cette amitié prédatrice et envieuse qui relie vieillesse et jeunesse, laideur et beauté, dans le *Phèdre*, *Œuvres Complètes*, éd. Léon Robin, Paris, Gallimard, coll. « Bibliothèque de la Pléiade », t. II, p. 28.

10 *Le Cabinet des antiques*, *La Comédie humaine*, t. IV, p. 1075-1076.

11 *Ibid.*, p. 1078.

dans leur fille : « jeune personne très rousse, dont le maintien, entaché de pédantisme, affectait la gravité judiciaire du président et se sentait de la sécheresse de sa mère » (90), qui est dépourvue de tout don artistique – malgré des leçons gratuites Pons n'est jamais parvenu à en faire une musicienne (78) – et dont les cent mille francs de dot ne brillent pas suffisamment « aux yeux peu charmés du jeune vicomte Popinot » (80) : « Entre nous, mademoiselle de Marville, confie le notaire à Pons, laisse à ses prétendus le cœur assez tranquille pour que la tête soit à sa place » (128). Ou, comme le dit plus brutalement Brunner : « la petite est insignifiante » (138). En un mot, personne ne veut de Cécile, parce qu'à tous points de vue, elle ressemble à ses parents.

À ce lourd héritage de la disgrâce physique, intellectuelle et morale chez les Camusot, s'oppose celui de la beauté, de l'intelligence et de la valeur morale chez les Popinot. Tandis que la figure archétypale de la Justice est représentée dans *La Comédie humaine* par Jean-Jules Popinot, Camusot de Marville n'a réussi dans sa carrière de magistrat, malgré son incapacité notoire, que par sa soumission aux puissants. S'il a sauvé Victurnien d'Esgrignon des griffes des libéraux dans *Le Cabinet des Antiques*, il n'a fait le bien que par hasard, tandis qu'il aurait assuré le triomphe inique de la marquise d'Espard dans *L'Interdiction* sans l'intervention de Lucien – l'homme au pouvoir de séduction irrésistible – qui sera pour cette raison sacrifié par l'envie du juge[12], alors même que le bon juge Popinot signera le non-lieu. Mme Popinot, de la même génération que la présidente, née Césarine Birotteau, est d'une surprenante beauté[13], héritée de sa mère, qui ressemblait à la Vénus de Milo[14], une beauté qui lui a permis de se marier avec Anselme « sans un liard de dot[15] ». Grâce à son intelligence, celui-ci a fait fortune et est devenu ministre, et si la politique l'a condamné aux actions « les plus laides », il a contracté pour les compenser « la manie de collectionner les belles choses » (79), de sorte que Pons se sent « à l'aise à l'hôtel Popinot » (78), alors qu'il est moralement affecté par le décor triste et pompeux de la rue de Hanovre. Popinot est un symbole de l'ascension sociale réussie : la révolution de 1830 aurait été faite à son profit « selon

12 Voir *Splendeurs et misères des courtisanes*, *La Comédie humaine*, t. VI, p. 763.

13 *César Birotteau*, *La Comédie humaine*, t. VI, p. 103.

14 *Ibid.*, p. 80.

15 *La Cousine Bette*, éd. citée, p. 71.

les envieux du quartier des Lombards » (80). Il a été réellement anobli ; il est comte, sans avoir eu besoin de prendre comme Camusot un nom de terre. Mme Popinot a un fils, alors que Mme Camusot a perdu le sien, ce qui condamne le patronyme Camusot de Marville à disparaître. Les Popinot, dont l'origine sociale est comparable à celle des Thirion et des Camusot, sont donc les objets d'envie privilégiés de la présidente. La beauté native – physique et morale –, les réussites économiques et sociales, en un mot le bonheur dont ils lui offrent le spectacle journalier, la remplissent de la même tristesse que Bette, la beauté d'Adeline. Elle ne leur pardonne pas (84) et entend donc, soit se venger en triomphant d'eux pour leur imposer à son tour le spectacle douloureux de la réussite d'autrui, soit s'emparer de ce qu'elle envie en eux : telle est la finalité du projet sans cesse contrarié d'alliance matrimoniale entre Cécile et le vicomte Popinot.

Aussi longtemps que Sylvain Pons présente les signes manifestes de la privation et de l'avidité devant Madame Camusot de Marville secrètement blessée du bonheur de ses amis et tant que Lisbeth Fischer mène la vie triste et solitaire d'une vieille fille, alors qu'Adeline Hulot est elle-même abandonnée par le baron, ils assument pleinement, au sein de l'économie psychique d'une communauté familiale, le mandat auquel les destine leur laideur native.

RICHESSE ET BEAUTÉ SECRÈTE
La révolte du parent pauvre

Dans les deux romans de 1846-1847, les parents pauvres possèdent pourtant une richesse cachée, et le drame commence à partir du moment où sa révélation, qui témoigne de la révolte de ces parias dans un sursaut d'orgueil, produit un déséquilibre structurel au sein de leur famille. Dès que le parent pauvre sort de son rôle, il cesse d'absorber les projections de son entourage : le mal et le manque dont il était dépositaire, désormais à l'air libre, échappés de la boîte de Pandore, menacent la cohésion familiale et l'intégrité psychique de ses membres. Dans les deux cas, cette richesse se manifeste par la propriété d'un objet d'art précieux, *cachet* ou *éventail*. Celui dont le stigmate est la laideur se révèle ainsi détenir secrètement la beauté.

Blessée que ses cousines doutent de l'existence réelle de son amoureux, Bette montre à Hortense un cachet sculpté par Wenceslas. La possession d'un objet si précieux ne peut s'expliquer que par un don et un tel don que par l'amour : elle convainc ainsi sa cousine. Dès lors, l'envie change de camp. Hortense Hulot, qui ne parvient pas plus que Cécile Camusot à se marier sans dot, entend voler l'amant de Bette et, pour ce faire, commence par s'emparer du cachet. Don d'un amoureux certes, mais qui trahit néanmoins le caractère platonique de son amour : n'est-il pas une figuration de la sublimation, car il représente les vertus théologales – foi, espérance et charité –, les vertus de l'amour divin, foulant aux pieds les « mauvaises passions » (90), et donc une représentation de ce à quoi un jeune artiste vivant avec une « vieille chèvre[16] », est contraint ? Mais une fois qu'il aura vu Hortense… Pour Bette, qui envie plus Adeline qu'elle n'aime Wenceslas, la valeur affective ne s'attache pas au cachet mais au châle de cachemire donnée vingt-deux ans auparavant par Hulot à Adeline, puis transmis à Hortense qui a hérité de la beauté de sa mère. Le châle – vieux morceau de tissu usé – représente néanmoins l'objet de l'envie de Bette : par sa possession, elle opèrerait le rapt imaginaire de la beauté d'Adeline. Mais Hortense, qui contient son admiration devant le cachet, comme Pons devant l'éventail, fait le premier pas qui conduit au rapt réel de l'amant de Bette. Ce marché de dupe – où le contre-don n'a aucune valeur – préfigure le complot par lequel Adeline, Hortense, le baron, qui « envient la brebis du pauvre[17] », se coalisent pour voler l'amant de Bette et la ramener *in fine* à son statut de parent pauvre en lui constituant une pension, comme les Camusot envisagent de remercier Pons d'avoir permis un mariage de plusieurs millions, par une rente viagère de douze cents francs (142).

Depuis dix ans, Pons supporte des humiliations répétées pour prix de son plaisir gourmand. Un verre de Porto ou une caille valent bien de supporter un regard « insolemment protecteur » (66). Le don de l'éventail est le geste par lequel, s'instituant en donateur, il usurpe la place de la

16 *Ibid.*, p. 87. « Avez-vous envie de courir après les jupes ? Vous aimez les femmes, eh bien ! fondez-en, mettez vos désirs en bronze ; car vous vous passerez encore pendant quelques temps d'amourettes, et surtout de ma cousine, cher ami. » (*ibid.*, p. 109).

17 *Ibid.*, p. 147.

présidente et rompt sa soumission psychique. Pons arrive en avance : une telle transgression de la règle tacite de savoir-vivre annonce la révolte du parent pauvre. Connaissant la valeur esthétique et marchande de l'objet – il a calculé qu'il donnait en une fois autant qu'il avait reçu dans tous ses dîners – Pons entend ainsi « solder » (83) sa dette par ce contre-don. Dans les échanges avec sa famille, il n'a jamais été tout à fait naïf. Pendant qu'il était un musicien à la mode, il « éprouvait un certain plaisir à bien vivre au dépens de la société qui lui demandait, quoi ? de la monnaie de singe » (65). Pons roulait en quelque sorte ses hôtes comme il roule les antiquaires. Son contre-don, maintenant qu'il est contraint « de s'acquitter d'une multitude de commissions » (67), n'est pas le témoignage de la gratitude de l'artiste vassal envers la protection de son suzerain bourgeois, mais celui de l'orgueil révolté, qui rend plus qu'il n'a reçu, et manifeste ainsi son essentielle supériorité, car, s'il est incertain que les prix des repas offerts par les Camusot équivalent à la valeur marchande de l'éventail, ils ne pourront jamais compenser la somptuosité d'un tel présent. Par sa largesse le parent pauvre domine ainsi ses bienfaiteurs.

Dès lors la conversation prend une tournure agressive. Chacune des reparties de Mme Camusot témoigne du rejet de cette tentative d'usurpation : « Vous dois-je beaucoup d'argent pour cette petite bêtise ? » (83) ; « madame de Marville ne voulait pas avoir l'air de recevoir la moindre chose de son pique-assiette » (84). À la brutalité des questions, Pons répond par un éloge de l'éventail qui fait fi de toutes les règles de politesse et révèle le caractère secrètement agonistique de son présent. Il loue sans réserve ce « divin chef-d'œuvre » (87), « ces deux petits tableaux d'un laisser-aller, d'une exécution à ravir » (88), dispense un cours d'histoire des arts, qui souligne l'ignorance de ses interlocutrices, et rappelle à Mme Camusot qu'elle n'a pas les moyens de s'offrir de tels bijoux : « Vous ne voudriez pas de cet éventail, ma chère cousine si vous deviez en donner la valeur [...] Mme la présidente était beaucoup trop orgueilleuse [...] pour ne pas être atteinte au vif par une semblable observation, surtout partant d'un misérable musicien vis-à-vis de qui elle se posait en bienfaitrice. » (83). Enfin, quand Mme Camusot, formule un ultime refus pour la forme, tout en tentant de ramener Pons à sa condition d'inférieur : « S'il en est ainsi, je ne pourrais pas, mon cousin, accepter de vous un objet d'un si grand prix. Il vaut mieux vous en faire des rentes » (90), celui-ci répond par le plus paradoxal des compliments : « Il est temps que ce qui a servi au Vice soit aux mains de la Vertu ! [...] Soyez sûre qu'à la cour aucune princesse n'aura rien de comparable à ce chef-d'œuvre ; car il est, malheureusement, dans la nature humaine de faire plus pour une Pompadour, que pour une vertueuse reine !... » (90). La perfidie par laquelle Mme Camusot demande à sa fille de « veiller à ce que le dîner soit digne » de leur cousin pour lui rappeler son état de pique-assiette n'est en fait qu'une réplique à la légèreté du collectionneur qui vient de raviver la plus vive des blessures.

En donnant à Mme Camusot l'éventail de la marquise de Pompadour, Pons occupe la place du roi, dispensateur de largesses, mais surtout, il rappelle à celle qui est « enragée d'être vertueuse » (131) qu'elle ne saurait être identifiée à la maitresse du roi, mais aux seules reines vertueuses, de telle sorte que le compliment, en apparence des plus flatteurs, rappelle la cruelle réalité à celle que sa laideur condamne à faire de nécessité vertu. L'éventail, comme le cachemire jaune, symbolise le désir d'un homme puissant pour une femme belle, mais il est plus encore : le présent qui fut offert par le plus puissant des hommes à la plus séduisante des femmes. Il est enfin, comme le cachet de Wenceslas, un objet d'une grande valeur artistique. Mais ici encore, même hyperbole ; il est le « divin chef-d'œuvre » du plus grand artiste du XVIIIe siècle, Watteau, qui représente non une psychomachie, les vertus terrassant les vices, comme dans le cachet traduisant l'existence de ceux qui sont contraints à la sagesse, mais les plaisirs de l'été et les plaisirs de l'hiver de grands seigneurs qui se déguisent en bergers à la cour de Louis XV, et non de bourgeois parvenus qui se déguisent en grands seigneurs à la cour de Louis-Philippe. L'éventail réactive ainsi les souffrances d'amour-propre de la présidente dans les domaines amoureux, économique et social. Aussi, à peine l'a-t-elle accepté, avec un rire – que le lecteur devine de gêne –, qu'elle se venge en proposant à Pons de dîner en compagnie des seuls domestiques. L'ambivalence attachée au cadeau la poursuit toutefois : s'il arrive à la présidente de recevoir à la cour, « où l'on se passa ce bijou de main en main, des compliments qui flattèrent excessivement son amour-propre » (119), il provoque surtout d'humiliantes propositions qui lui rappellent son origine sociale, et cela sous le regard même de ses objets d'envie : « Une dame russe [...] offrit, chez le comte Popinot, six mille francs à la présidente de cet éventail extraordinaire, en souriant de le voir en cette main, car c'était, il faut l'avouer un éventail de duchesse. » (119). Il faut attendre la fin du roman pour que la blessure de la présidente soit enfin refermée par un courtois Milord qui, après avoir entendu le mot de Pons répété par Cécile, « regarda Mme Camusot de Marville d'un air de doute extrêmement flatteur pour une femme si sèche. » (382)

Une ambiguïté voisine entoure la présentation de Brunner, qui suit la réhabilitation officielle de l'artiste. Pons veut certes « rendre le bien pour le mal » (130) et « donner le bonheur » (147), mais aussi répondre à l'offense selon laquelle il n'était « pas probable » (94) qu'il trouvât un mari à Cécile dans le cercle où il vivait et s'instituer ainsi en *donateur* permanent des Camusot qui lui devraient alors l'éternelle gratitude naguère attendue du parent pauvre : « Ah ! ils auront d'immenses obligations à leur pique-assiette » (130). Cette ambivalence se manifeste également dans la nature même du prétendant. Si sa richesse excessive en fait un parti des plus enviables, Pons semble néanmoins avoir pris à la lettre les espérances modestes de la présidente : « Quant au jeune homme, ma chère cousine, vous savez ce que vous m'avez dit ! Eh bien, il a quarante ans passés, la moitié de sa tête est sans cheveux, il veut trouver dans la famille un port contre les orages » (132)[18].

La présidente est donc contrainte d'altérer fortement la réalité pour tenter de triompher quand même devant des amis : Brunner est « un joli homme », qui « est fou » de la *fillette*, « un charmant garçon plein de distinction », « un grand seigneur faisant tout en grand seigneur », qui possède « trois ou quatre millions ». Elle décrit ainsi dans le fiancé potentiel de sa fille ses propres « châteaux en Espagne » (138), ce dont elle a été frustrée en épousant Camusot, et avoue peut-être incidemment une souffrance plus secrète : « Ce n'est pas un gendre, c'est un fils que j'aurai » (139-140). Enfin, quand elle croit le mariage certain, la présidente ne résiste pas à convier, malgré le « mauvais goût » de la chose, les Popinot – « M. le comte et la comtesse Popinot, dont le fils ne s'est pas trouvé assez riche pour Cécile, et nous n'en sommes pas moins bons amis » (141).

En autorisant ainsi le triomphe de sa cousine, puis en la contraignant à une humiliante rétractation publique, Pons se conduit avec Mme

18 Il s'agit en outre d'un « étranger » (140) comme le fait perfidement remarquer Mme Lebas, soulignant l'impossibilité de trouver dans la bonne société quelqu'un qui pût s'accommoder de Cécile.

Camusot comme l'abbé Birotteau avec Mlle Gamard. Le curé avait introduit dans le « salon » de la vieille fille des personnalités éminentes de l'aristocratie de Tours, lui offrant l'occasion de dominer ses rivales de la bourgeoisie, puis l'avait réduite par sa désertion à essuyer leur compassion perverse : ses amies « ne cessèrent de lui répéter : "Comment, vous, si douce et si bonne, avez-vous inspiré de la répugnance[19] ?" ». La vengeance avortée de Mlle Gamard se retourne contre Birotteau comme celle de Mme Camusot – qui va devoir abandonner aux Popinot la totalité de sa fortune immobilière pour constituer la dot de Cécile – contre Pons. Mais avant de provoquer un ostracisme universel du musicien, semblable à celui par lequel Birotteau est chassé de Tours, la présidente le force à assumer une dernière fois sa fonction de parent pauvre en endossant l'ultime projection : celle qui est animée d'un « formidable désir de vengeance » (131) l'accuse d'être l'initiateur d'une « atroce vengeance » (146) et elle sacrifie ainsi l'« honneur » du musicien à celui de sa « famille ». En « pareille circonstance, chaque mère imitera Mme Camusot » (147), conclut pourtant le narrateur.

ARCHAÏSME DU DON
ET LOGIQUE SOCIALE DE L'HÉRITAGE

Dans son *Essai sur le don*, Mauss constate que les transferts de richesse sont soumis à une triple obligation : donner, recevoir, puis donner en retour[20]. L'analyse kleinienne de la psyché archaïque met en évidence les mobiles inconscients des contraintes que l'anthropologue perçoit dans les sociétés primitives. La mère est en effet enviée par l'*infans* si elle ne donne pas toutes les gratifications orales avidement désirées, mais également quand elle les donne[21]. Elle doit donc compenser la disproportion entre le pouvoir maternel d'oblation et la désaide infantile par sa capacité, non simplement à donner pour satisfaire l'avidité, mais aussi à recevoir

19 *Le Curé de Tours*, *La Comédie humaine*, t. IV, p. 201.

20 Marcel Mauss, *Essai sur le don*, *Sociologie et anthropologie*, PUF, coll. « Quadrige », 2003, voir p. 146-171. Voir également François Athané, *Pour une histoire naturelle du don*, PUF, coll. « Pratiques théoriques », 2011.

21 Voir Mélanie Klein, *Envie et Gratitude*, Gallimard, coll. « Tel », 1968.

quelque chose de son enfant pour éviter de le maintenir dans un état d'impuissance favorable au développement de l'envie. Les échanges de dons et de contre-dons dans le cadre des relations sociales remobilisent ces motions archaïques. Celui qui possède est envié parce qu'il possède ce qui est désiré avidement, et l'envie se déchaînerait contre lui s'il n'acceptait pas de donner. Mais celui qui donne est également envié pour la richesse que révèle sa capacité à donner. Accepter de donner et de recevoir sont les deux conditions de l'amitié. Toutefois le donateur ne doit pas humilier ses donataires par l'ampleur de son don – comme César Birotteau les commerçants de son quartier en leur donnant un bal trop dispendieux – ; le donataire ne doit pas davantage humilier son donateur en déniant toute valeur à l'objet du don – comme Mme Camusot. Dans les relations sociales évoluées se rejoue ainsi peu ou prou la dialectique du don et de l'envie/avidité[22], qui détermine les relations collectives primitives et les relations duelles de l'oralité archaïque.

Ces deux niveaux sont perceptibles dans *Les Parents pauvres. La Cousine Bette* représente essentiellement l'envie qu'on voit à l'œuvre dans la vengeance de Bette à l'égard d'Adeline et dans celle de Crevel envers Hulot ; mais l'avidité y joue également un rôle important : le caractère irrépressible de la sexualité du baron est une de ses formes transposée dans le domaine génital. *Le Cousin Pons* figure principalement l'avidité par la gourmandise du héros, sa manie d'accumulation d'objets d'art[23], et la convoitise de ceux qui veulent s'en emparer (301). La violence haineuse de la présidente, de la Cibot et de leurs hommes de main, implique toutefois conjointement l'action délétère de l'envie. On reconnaît cette dernière au fait qu'elle est provoquée par des attitudes opposées : rétention ou oblation. Si le refus de donner de Pons – il n'accepte pas de constituer

22 L'avidité est un *représentant affect* des pulsions de vie, qui peut, bien que tel ne soit pas son but, entraîner la destruction d'autrui. L'envie est au contraire un *représentant affect* des pulsions de mort, dont la destruction est la fin.

23 La collection que l'on contemple amoureusement, dont on fait briller les objets, dont on évalue la valeur marchande (184-187) est, par maints aspects, interprétable comme le résultat d'une sublimation, ou du moins d'une formation réactionnelle, qui métamorphose les intérêts du second stade du développement psychosexuel. La collection d'œuvres d'art s'inscrit dans la suite : boue, cailloux, pierres précieuses, pièces d'or, mise en évidence par Sandor Ferensci. Voir notre article « L'argent du père », *La Littérature au prisme de l'économie*, Francesco Spandri (dir.), Classiques Garnier, coll. « Rencontres », 2014, p. 145-146. Mais ses relations avec l'avidité orale sont également essentielles dans *Le Cousin Pons*, comme en témoigne, outre la gourmandise de Pons, l'anecdote des trois chiens affamés chargés de garder la collection de Magus (185).

une rente viagère à sa concierge – suscite l'envie de la Cibot, sa largesse – le don de l'éventail – l'éveille chez Mme Camusot.

La relation entre le musicien et ses mères nourricières qui règnent sur leur famille et sur l'immeuble du Marais, comme maman Vauquer sur la pension et ses pensionnaires, transpose une relation archaïque du stade oral. La terrible présidente comble Pons d'une nourriture exquise, mais à la condition qu'il reste éternellement dans son impuissance structurelle. Tente-t-il de manifester son autonomie par un don, elle le rejette aussitôt. Devant l'angoisse provoquée par cet abandon, qui laisse le sujet seul dans un univers hostile (95), se mettent en place les défenses primitives[24] : *clivage* – Pons élit une nouvelle mère en la Cibot – et *idéalisation* : Pons et Schmuke parent cet « anche » (170) de toutes les vertus nourricières. Mais l'*objet persécuteur* resurgit bientôt sous l'*objet idéalisé* : l'ange se révèle une voleuse sournoise. L'échec des mécanismes de défense laisse alors l'angoisse de persécution s'étendre au monde entier, soit à l'ensemble des protagonistes qui participent au complot contre Pons. Le complot est de ce point de vue la traduction des angoisses paranoïdes, des angoisses de rétorsion de l'*infans*. Son avidité qui veut se délecter, voire *dévorer* le contenu du sein maternel, est projetée sur les figures maternelles ; ainsi le collectionneur avide et gourmand, resté comme « l'enfant qui ne parle pas encore » (104), est entouré de femmes avides et envieuses, qui s'acharnent à dépouiller son *intérieur*, à lui voler ses bons objets internes, représentés par les objets de sa collection ; sa mort est enfin suivie d'un monstrueux et onéreux repas d'enterrement préparé par la Sauvage qui figure métaphoriquement sa dévoration[25] (333).

Le caractère sombre et cauchemardesque du *Cousin Pons* tient ainsi à la figuration des angoisses *archaïques* qui sont réactualisées par la violence

24 Celles-ci ont pour fonction, à une époque où la mère se confond avec l'univers, d'éviter que celui-ci ne soit ressenti comme intégralement persécuteur. Le clivage, en scindant l'objet en bon et mauvais, préserve ainsi un bon objet. L'idéalisation, défense pathologique, y parvient en déniant les aspects « persécuteurs » de l'objet. Sur les défenses, voir Hanna Ségal, *Introduction à l'œuvre de Mélanie Klein*, PUF, coll. « Bibliothèque de Psychanalyse », 1969, p. 42-43.

25 L'abondante littérature psychanalytique consacrée à la mélancolie – Freud, Abraham, Mélanie Klein – rapporte cette souffrance à un deuil impossible des plaisirs oraux et à une relation violemment ambivalente caractérisée par l'envie primaire avec la mère de cette période archaïque. Les métaphores balzaciennes illustrent avec évidence cette origine : Pons est *dévoré* par une « mélancolie profonde » (108) et souffre d'une « nostalgie gastrique » (109).

des rapports familiaux et sociaux *actuels*. Ces derniers s'expliquent par la situation nouvelle des membres de la bourgeoisie commerçante qui constituent la *famille* de Pons. La fortune de ces nouveaux riches n'est pas encore assez solide pour qu'un avenir social brillant soit assuré à leur descendance. L'exemple de Birotteau qui s'est perdu par sa démesure et ses largesses inconsidérées est encore dans les mémoires. Même s'ils ne tiennent leur fortune que d'eux-mêmes, ils se considèrent désormais comme les usufruitiers de biens qu'ils doivent transmettre, sous peine de déclassement de leurs enfants, et cela, alors même que la nouvelle obligation du « partage égal des biens » privilégie l'intérêt des individus sur celui des collectivités familiales, au point que Mme Camusot peut s'entendre dire : « avec deux enfants, vous seriez pauvre » (91). Son époux a beau être premier président et ami d'un pair de France, il ne peut marier sa fille unique qu'à la condition de lui transmettre l'intégralité de son capital. Les Camusot de Marville « presque pauvre[s] au milieu de la société de bourgeois parvenus où dînait Pons » (84) savent faire preuve d'une largesse mesurée en recevant pour maintenir leur rang, mais ils sont néanmoins contraints à un altruisme générationnel semblable à celui des vieilles familles de la noblesse qui tentent de retrouver leur splendeur perdue.

Dans un tel contexte, le célibataire n'est tolérable que comme *oncle à succession* – position que Pons occupe de façon éphémère lors de la soirée de présentation de Brunner (145) ou comme *parent pauvre*, ce qui lui confère une utilité morale. Dans tout autre cas, il est un monstre social. Ainsi Brunner qui dissipe la fortune de sa mère, mange l'héritage de Schwab, puis lui donne cinq cent mille francs, gaspillant à nouveau son patrimoine, et qui manifeste enfin son indifférence à la transmission des biens en refusant Cécile au motif, psychologiquement vraisemblable mais économiquement absurde, qu'elle est enfant unique. Ainsi Pons, qui possède des millions sans s'en douter, donne un éventail de cinq mille francs et lègue tous ses biens à son ami[26]. Si la scélératesse de la présidente justifie son geste, il n'en substitue pas moins l'arbitraire du don à la solidarité familiale. L'amitié de Schmuke et de Pons, aussi sublime soit-elle, est antisociale. Les Camusot et les Popinot s'allient donc nécessairement, en tant que représentants de la famille contre le célibat, du collectif contre

26 Le don d'une « tête de Singe de Goya » (316) au président Camusot dans le premier testament de Pons a de plus une connotation fortement ironique. En guise d'héritage ne lui lèguerait-t-il pas ainsi un miroir, un *memento*, de leur laideur commune ?

l'individu, de l'amour conjugal contre l'amitié, de la transmission du patrimoine, contre sa jouissance égoïste ou sa dilapidation, et, bien sûr, du réalisme bourgeois contre l'idéalisme romantique des artistes. Ils veulent fonder collectivement une aristocratie marchande qui transmettrait sa fortune à une époque démocratique où la législation privilégie l'égalité et l'individu. Le roman montre donc comment la richesse du célibataire réservée à son usage personnel ou gaspillée par ses largesses, est, de façon brutale et inique mais aussi logique, transférée à sa famille.

La transmission d'une telle fortune est toutefois rendue problématique par sa nature même. Elle est composée des souvenirs des temps révolus, d'un monde où l'on créait des œuvres que le XIXe siècle démocratique ne parvient qu'à singer, comme la Chine moderne les vases « *Grand-Mandarin* » (87), comme la monarchie de Juillet, le style Louis XV, comme les « deux mille peintres » (88) de Paris, l'éventail unique de Mme de Pompadour. Peut-il exister des possesseurs légitimes de ces œuvres dans le monde moderne, où elles ne demeurent souvent qu'au prix des spoliations permises par les bouleversements historiques ? N'est-ce pas pour cette raison qu'elles semblent funestes à leurs nouveaux propriétaires ? De ce point de vue le trajet de l'éventail est significatif. Propriété de la maîtresse du roi, il est soustrait au château d'Aulnay par la Bande-Noire (61) sans bénéfice pour les « dépeceurs », puisque il est alors renfermé dans un « *bonheur-du-jour* » (85). Monistrol l'y découvre mais se fait gruger par Pons (89), qui l'offre à la présidente en un geste qui inaugure ses déboires. Cette dernière en tire à son tour moins de bénéfices que de vexations. En revanche, Cécile, une fois vicomtesse Popinot, membre d'une famille anoblie depuis la génération précédente, peut arborer sans ridicule un éventail de duchesse. Faut-il en conclure que les objets d'art appartenant aux privilégiés de l'Ancien Régime passeront aux mains des riches bourgeois ? Le premier testament du musicien et le souhait du pair de France que l'État se porte acquéreur de la collection Magus (381) suggèrent plutôt que les musées privés auront le destin des collections Sauvageot ou Du Sommerard (120). Ces objets hautement symboliques rejoindront les collections publiques, abolissant ainsi l'ultime et dangereux privilège d'une jouissance exclusive et secrète du beau.

Fabrice WILHELM

INDEX

RÉSUMÉS

Marie-Ève Thérenty, « Anticonstitutionnellement. La fabrique médiatique du *Cousin Pons* »

En 1847, Balzac publie *Le Cousin Pons* en feuilleton dans la « bibliothèque de romans nouveaux » du *Constitutionnel*. La révolution Véron de 1845-1846 avec ses contraintes produit une grande inventivité dans le maniement du chapitrage et de nombreux effets de fictionnalisation du support dans le roman. À travers l'affrontement de l'imaginaire sordide, « démocratophile » du rez-de-chaussée et celui, bourgeois et triomphant, de la collection se dessine la victoire de *La Comédie humaine* sur la littérature industrielle.

Andrea Del Lungo, « Une poétique de la composition. Les chapitres mobiles du *Cousin Pons* »

Le Cousin Pons constitue un cas éditorial rare : celui d'un texte dont les quatre versions corrigées par l'auteur, et publiées dans l'espace d'un an, présentent des scansions en chapitres toujours différentes. Cet article apporte des données factuelles, à l'aide de tableaux comparatifs, afin d'analyser les enjeux d'une telle mobilité et la valeur stylistique des titres, et d'observer une poétique de la composition particulièrement dynamique qui contribue à créer un texte d'une grande plasticité.

Boris Lyon-Caen, « Centres de gravité, centres d'attraction »

Cet article vise à identifier les principaux centres de gravité du *Cousin Pons* et à comprendre leur force d'attraction : une façon d'examiner ce qu'*accorde* Balzac à ses créatures. Celles-ci doivent leur envergure et leur poids respectif à trois paramètres : à leur fonction narrative, à leur singulière saillance, et à la signification qui devient la leur dans le cadre d'une réverbération généralisée, valant à l'échelle de *La Comédie humaine* tout entière.

Pierre LAFORGUE, « Fiction de l'onomastique dans *Le Cousin Pons* »

L'onomastique balzacienne est le moteur de la fiction, particulièrement dans *Le Cousin Pons* où un très grand nombre de noms de personnages sont inventés. Ces noms se caractérisent par la prédominance d'une onomastique envahie par des noms en [o] (Camusot, Popinot, Cibot, etc. – et Pons). Elle a une fonction sociocritique, en ce sens qu'elle élabore à travers le réseau romanesque et dramatique constitué par ces noms une représentation de la société des années 1844-1846.

Ada SMANIOTTO, « "La comédie terrible de la mort". Relire les derniers chapitres du *Cousin Pons* »

Les derniers chapitres du *Cousin Pons* donnent à lire « la comédie terrible de la mort » de Pons. Il s'agit d'explorer cette partie sépulcrale du roman : que permet ce jeu avec la convention finale de la mort du héros et l'analyse pendant plusieurs chapitres des « effets de la mort » de Pons ? Ces chapitres donnent à voir l'au-delà pathétique de l'histoire d'un individu, mais aussi l'envers sombre de la *Comédie humaine.*

Bertrand MARQUER, « *Le Cousin Pons*, roman du parasite, roman atypique »

Cet article prend pour point de départ les hésitations de Balzac quant au titre de son roman, afin d'interroger l'exemplarité trouble du personnage éponyme. Musicien, collectionneur et gastrolâtre, Sylvain Pons relève en effet de plusieurs *types*, qui semblent se contredire et participer de sa monstruosité. Son statut de *parasite* (titre un temps envisagé) fournit néanmoins une clé pour interpréter ce parent pauvre caractérisé par l'écart.

Sophie VANDEN ABEELE-MARCHAL, « "Droit de fourchette" et passions démocratiques »

En 1847, avec *Le Cousin Pons*, Balzac met en scène la dramatique « nostalgie gastrique » et la maladie de foie mortelle d'un « homme estomac ». La double image de la « Table » et de la « cuisine *à la pourcheoise* » sert de support à un roman que cet article lit comme une « fiction du politique », dont le mécanisme herméneutique repose, comme dans toute la *Comédie humaine*, sur la transposition des modèles biologiques et physiologiques.

Éléonore REVERZY, « *Le Cousin Pons*, "une histoire complète de la société française du XIXe siècle" »

Homme entre deux siècles, Sylvain Pons, « homme-Empire », est ce survivant d'une ancienne société et à ce titre un « personnage archéologique », mais il est également ce collectionneur très au fait des dernières tendances de la mode (le XVIIIe rococo et galant, la peinture française, les pâtes de Sèvres) qui permet à Balzac de raconter son siècle et de le juger.

Christèle COULEAU, « Sublime et grotesque. Le guidage émotionnel du lecteur »

Comment faire comprendre au lecteur les comportements et les tourments intérieurs de deux personnages dont les valeurs sont étrangères à l'époque qu'ils habitent ? À travers une réappropriation des catégories romantiques du sublime et du grotesque, Balzac met en place, dans *Le Cousin Pons*, des stratégies de guidage du lecteur qui s'appuient sur le jeu complexe des deux registres émotionnels qu'elles impliquent.

Laélia VÉRON, « La "comédie terrible de la mort d'un célibataire". Le comique dans *Le Cousin Pons* »

Cet article étudie les manifestations, le rôle et les enjeux du comique dans *Le Cousin Pons*, en envisageant le comique comme un élément essentiel de l'esthétique et de la signification du récit. Le comique est en effet très présent dans *Le Cousin Pons*, sous toutes ses formes, dans les discours des personnages ainsi que dans le discours du narrateur, mais il est aussi un principe structurant du récit. On peut alors l'envisager comme régime de signification.

Cécile LEBLANC, « "Devenir Hérold". Sylvain Pons et la fabrique de la musique française »

Dans *Le Cousin Pons*, Balzac interroge la formation du musicien français entre 1803 et 1847, et explique son échec face aux esthétiques allemande et italienne à l'aune des idées romantiques exprimées par Berlioz. La musique française, très juste-milieu, n'a pas trouvé de voie originale et se réduit à produire des « Hérold » qui règnent sur le théâtre lyrique où le compositeur, comme le copiste et le romancier, excelle dans la re-production.

Jacques-David EBGUY, « Un arrêt au passage. *Le Cousin Pons*, roman de spectralité »

Cet article considère la longue digression du chapitre XXXII sur la voyance comme une possible description de l'activité du romancier : saisir les divers spectres de l'identité de ses personnages, déceler les causalités en marche, rendre visible l'invisible. Trois formes de « vision » des spectres (« liante », « saisissante », « au passage ») sont examinées, marquant à la fois le désir balzacien de totalisation et le dépassement joyeux de toute prétention à fixer le vrai.

Éric BORDAS, « *Le Cousin Pons*, réflexions sur la question juive »

L'article étudie les représentations du Juif dans *Le Cousin Pons*, entre stéréotypes fondateurs et originalités romanesques. Les choix énonciatifs invitent à prêter attention au phénomène discursif de la désignation dénominative du Juif Magus en tant que personnage. Ce pour envisager la puissance poétique supérieure de cet ontotype très précis et ethnotype très approximatif, dont la gloire morale ambiguë brille dans la partie la plus prestigieuse de *La Comédie humaine*, celle qui n'est pas écrite mais rêvée.

Alexandre PÉRAUD, « Ce(ux) qui compte(nt). Heurs et malheurs dans *Le Cousin Pons* »

Roman de la vénalité, *Le Cousin Pons* n'est pas seulement le récit de la concurrence des cupidités, mais constitue une réflexion dramatisée sur la valeur. Celle des objets d'art et de la collection, mais également celle des individus eux-mêmes qui s'emploient en permanence à estimer leurs actes et le prix des services rendus par les autres. Il en résulte une juxtaposition, voire une confusion des régimes de valeur qui contribue à déjouer la fiction de l'objectivité de la valeur économique.

Marion MAS, « Formes et enjeux de l'écriture du droit dans *Le Cousin Pons* »

Le Cousin Pons peut se lire comme l'un des romans « profondément juridiques » de *La Comédie humaine* : parce que le Code civil y a une fonction structurante, et parce qu'il joue avec les codes de la chronique judiciaire. Cet article se propose donc d'étudier les modalités d'intrication du juridique, du discours judiciaire et du narratif, et les effets de cette imbrication, tant sur la poétique romanesque que sur le discours du droit dans le roman.

Fabrice WILHELM, « L'éventail de la marquise de Pompadour ou la largesse d'un parent pauvre »

Le célibataire dans l'univers bourgeois n'a d'autre justification possible que d'être un *oncle à succession* ou un *parent pauvre*. Le cousin Pons devient dès lors un monstre social quand il se révèle possesseur d'une grande fortune par le biais de sa collection d'œuvres d'art. Cette communication étudie les affects mobilisés dans la relation du parent pauvre et de sa famille en les envisageant du point de vue social, mais aussi anthropologique et psychanalytique.

TABLE DES MATIÈRES

DEUXIÈME PARTIE

UNE HISTOIRE DES MŒURS

TROISIÈME PARTIE

QUESTIONS D'ESTHÉTIQUE

QUATRIÈME PARTIE

ENJEUX IDÉOLOGIQUES

Achevé d'imprimer par Corlet Numéric,
Z.A. Charles Tellier, Condé-en-Normandie (Calvados), en novembre 2018
N° d'impression : 153060 – Dépôt légal : novembre 2018
Imprimé en France